KEWAIJIANGTANG

课外讲堂 专供版

世界上下五千年

崔钟雷 主编

《世界上下五千年》作为世界历史的通俗性普及读物，力求在真实性、趣味性和启发性等方面达到一个全新的高度，并通过科学的体例和创新的形式，全方位、新[illegible]、多层面地阐释世界历史。全书精彩扼要地[illegible]出世界历史演进的基本脉络和[illegible]展历程。[illegible]、视觉、精美的图片、[illegible]有机融合，使历史与文字变得[illegible]伴青少年开始一段愉快的彩色读书[illegible]

寒来暑往，物[illegible]千年来，人类走过了一条不寻常的道路，[illegible]辉煌与悲怆，风和日丽与腥风血雨[illegible]烟而逝，多少事留传百代，多少人悄然而去，多少人浮沉史海……这一切汇成了浩瀚的历史长河，铸成了灿烂的现代文明。历史好比是一道目光，而全世界的历史就如同一道沉重幽远而睿智的目光，解剖着人类上下五千年的漫漫历程。

哈尔滨出版社
HARBIN PUBLISHING HOUSE

前言

古人云：开卷有益。阅读，尤其是经典阅读，是一种人生感悟，是一种历史回顾，是一种思想交流，是一种境界提升。经典名著凝结着古今人类的智慧，蕴藏着人类对真善美的追求，是人类思想的精华。作家将自己的人生感悟融入作品之中，而我们在阅读、在与名家大师对话的过程中，把作品还原到现实生活中，融入我们自己对人生、对社会的体验，贮存于我们的生命之中，经过时间的打磨，更加光彩照人，熠熠生辉。

书籍是人类进步的阶梯，人们需要不断从名著中汲取营养：从喜剧中获得前进的动力，从悲剧中看清社会的现实，从史书中借鉴历史的经验和教训，从寓言中体味人生的哲理和智慧，从诗歌中感悟心灵的丰富和个性的舒张……然而中国文献典籍浩如烟海，一个人穷尽一生的精力也难面面俱到。为此，我们精心编排了本套《课外讲堂》系列丛书。

本套丛书根据青少年学生的阅读特点，结合教育部颁布的《语文课程标准》，选取中华五千年以来在小说、散文、诗歌等方面具有代表性的作品、篇章，内容丰富全面，既与课内知识点紧密相连，又适当扩大了阅读范围。同时为了便于学生阅读，在忠实原著精髓的基础上，汲取精华，释疑解难，使之更为简明扼要、通俗易懂，力争为莘莘学子奉上一套编排精细、版本权威的课外读物。

目录

古埃及王国的建立

古埃及是最早步入文明社会的国家，所以世界文明社会的历史多从古埃及开始。提起古埃及,人们就会想起那条静静流淌的尼罗河。

尼罗河全长 6 671 千米,是世界上流程最长的河流。它发源于卢旺达西部高地,从现在的埃及南方边境到埃及首都开罗附近的一段河面很狭长;到了开罗以后,河面才渐渐开阔起来,从而形成了著名的尼罗河三角洲。

河水泛滥,一般来说都不是好事,可是对埃及来说却是一个例外。尼罗河的定期泛滥,给两岸带来了充沛的水源和肥沃的土壤,也给埃及带来了生命和繁荣。每年 7 月初,由于尼罗河上游地区进入雨季,暴雨和山洪并发,尼罗河水位开始上涨。到了 7 月中旬,河水逐渐淹没了埃及的整个盆地。8 月的水势最大,每年到这个时候尼罗河谷地变成了一片汪洋,到 10 月底,雨季过去,河水才随之下降，流入河床。但在河水泛滥期间积下的一层淤泥,却是谷物生长极好的肥料,使尼罗河成为埃及文明成长的一个摇篮。

大约在公元前五六千年,古埃

及人在尼罗河谷地定居下来。最初,他们过着原始生活——用简陋的工具清除两岸的荆棘和草木，然后开渠筑坝，在河水灌溉之后的土地上种植农作物。后来,古埃及人终于用勤劳的双手,使这个气候干燥的地区变成了古代著名的粮仓。

随着经济的发展,古埃及开始从原始社会缓慢地进入到奴隶社会。早在公元前5500年的时候,尼罗河沿岸便出现了几十个以原始城市为中心的奴隶制国家,而且每个国家都有自己的国王和信奉的神,后来这些国家又有了自己的军队以及代表本国的旗帜。每一个小国家都信奉弱肉强食的信念,他们彼此争战、兼并,最后把狭长的尼罗河谷地分成了北部和南部两个大的独立王国。北部叫下埃及王国,国王戴红冠,以神蛇为保护神,以蜜蜂的标志为国徽;南部叫上埃及王国,国王戴白冠,以神鹰为保护神,以白色百合花的标志为国徽。

上埃及国王叫美尼斯,他能征善战。在公元前3100年前后,他先巩固了自己在上埃及的统治地位,继而亲自率领大军北上,攻打下埃及王国。

上、下埃及王国的军队汇集在尼罗河三角洲,展开决战。美尼斯头戴冠顶上装饰着一只神鹰的白冠,亲自在阵前督战。在阵阵呐喊声中,两军刀剑闪烁,无数面画着白色百合花或蜜蜂的军旗在乱军之中错综交杂,双方早已厮(sī)杀得难解难分。激战之后,下埃及的军队终于被击溃了。战败的国王垂头丧气地站在一群俘虏前面,亲自摘下头顶上的红色王冠,然后跪在地上,

历史探微

克娄巴特拉七世是古埃及托勒密王朝的末代女王。公元前51年,她与托勒密十三世共同执政。公元前48年,二人争权,克娄巴特拉七世被逐,逃往叙利亚,后在恺撒的支持下重新执政,成为埃及唯一的一位女王。

双手把它奉献给美尼斯。美尼斯统一全国，定都提尼斯，后又迁都至孟斐斯。

美尼斯统一埃及的壮举比秦始皇统一中国早了将近三千年，他成为世界上第一个大国的君主。

统一以后的古埃及逐步建立起一套君主专制的统治机构。全国的最高统治者是国王，在国王之下设有各级官吏，负责办理各种国事。国王每年还要派人去清查全国的人口、土地和牲畜等，然后根据清查出来的数目决定国王应该向老百姓征多少租税。

国王在埃及的地位极高，人们认为他是神圣而不可侵犯的。国王不许别人叫他的名字，而是选用"法老"一词来称呼自己。埃及的国王为了让百姓们更加崇拜自己，服从自己的统治，他还经常把自己比喻成神，告诉人们他有神的力量。在很多的石刻或壁画上，国王总是被画成一个巨神，有时也被画成神鹰、神蛇的形状。但是在当时的人们看来，天地万物都无法同太阳相比，因为只有阳光才能普照四方、恩泽万物。于是到后来，埃及的国王们干脆自命为太阳神之子，告诉他的臣民，国王的权力是太阳神赐予的。当大臣们朝见国王的时候，都要匍匐(pú fú)在御座之前，上身贴着地，吻着国王脚前的尘土，而且绝对不能随便抬头看国王。

美尼斯统一埃及后，埃及开始进入前王国或早王朝时代，以后又经历了古王国、中王国、新王国等时代。到公元前 11 世纪前后，古埃及逐渐衰落，先后遭到亚述、波斯等国的入侵，最后被并入罗马帝国的版图。

古埃及是世界文明的发源地之一。古埃及人民在文字、历法、艺术、科学知识等方面的成就，对西亚和欧洲都有过相当大的影响，对人类文明的发展作出了巨大的贡献。

神秘的金字塔

在古埃及第三王朝之前，无论王公大臣还是黎民百姓死后，都被葬入一种用泥砖建成的长方形坟墓，古埃及人叫它“马斯塔巴”。后来，有个叫伊姆荷太普的人，在给埃及法老左塞王设计坟墓时，发明了一种新的建筑方法——他用山上采下的呈方形的石块来代替泥砖，并不断修改修建陵墓的设计方案，最终建成了一个梯形金字塔。

这是一种高大的角锥体建筑物，底座四方形，每个侧面是三角形，样子就像汉字的“金”字，所以我们叫它“金字塔”。

左塞王之后的埃及法老纷纷效仿他，在生前就大肆为自己修建坟墓，从此在古埃及掀起一股建造金字塔之风。由于金字塔起源于古王国时期，而且最大的金字塔也在此时期内建成，因此，埃及的古王国时期又被称为“金字塔时代”。

古代埃及的法老们为什么要将坟墓修成角锥体的形状式，即修成汉字中的“金”字形呢？

原来，在最早的时候，埃及的法老准备将马斯塔巴作为死后的永久性住所。后来，在第二至第三王朝的时候，埃及人产生了国王死后要成为神、灵魂要升天的观念。金字塔就是可以让法老升天的天梯。

同时，角锥体金字塔形式又表示对太阳神的崇拜，因为古代埃及太阳神“拉”的标志是太阳光芒。金字塔象征的就是刺破青天的太阳光芒。因为，当你站在金字塔棱线的角度上向西方看去，可以看到金字塔像洒向大地的太阳光芒。

古埃及所有金字塔中最大的一座，是第四王朝法老胡夫的金字塔。

这座大金字塔原高146.59米，经过几千年来的风吹雨打，顶端已经被剥蚀了将近十米。但在1889年巴黎建筑起埃菲尔铁塔以前，它一直是世界上最高的建筑物。这座金字塔的底面呈正方形，边长两百三十多米，绕金字塔一周，差不多要走一公里的路程。

胡夫的金字塔，除了以其规模的巨大而令人惊叹以外，还以其高超的建筑技巧而著名。塔身的石块之间，没有任何水泥之类的黏着物，而是一块石头叠在另一块石头上面的。每块石头都磨得很平，至今已历时数千年，人们也很难将一把锋利的刀刃插入石块之间的缝隙，所以金字塔能历数千年而不倒，这不能不说是建筑史上的奇迹。

另外，在大金字塔身的北侧离地面13米高处有一个用四块巨石砌成的三角形出入口。这个三角形用得很巧妙，如果不用三角形而用四边形，那么一百多米高的金字塔本身的巨大压力将会把这个出入口压塌；而用三角形，就使那巨大的压力均匀地分散开了。在四千多年前就对力学原理有这样的理解和运用，确实是十分了不起的。

胡夫死后不久，在离他的大金字塔不远的地方，又建起了一座金字塔，这是胡夫的儿子哈弗拉的金字塔。它比胡夫的金字塔低3米，但由于它的地势稍高，因此看起来似乎比胡夫的金字塔还要高一些。

第四王朝以后，其他法老虽然建造了许多金字塔，但规模和质量都不能和上述金字塔相比。第六王朝以后，随着古王国的分裂和法老权力下降以及埃及人民的反抗和有些人的盗墓，法老的"木乃伊"常被从金字塔里拖出来。所以埃及的法老们也就不再建造金字塔，而是在深山里开凿秘密陵墓了。

如果说关于金字塔大胆而奇妙的设计的传说还能为现代人所接受，那么如此规模巨大的建造过程就令人难以想象了。胡夫的金字塔是用上百万块巨石垒起来的，平均每块石头有两吨多重，最大的有一百多吨重。这些巨石是从尼罗河东岸开采出来，既无吊车装卸(xiè)，也无轮车运送。

被称为"西方史学之父"的希罗多德曾记载，建造胡夫金字塔的石头是从“阿拉伯山”(可能是西奈半岛)开采来的。不过我们现在知道,石头多半是本地开采的;修饰其表面的石灰石,是从河东的图拉开采运来。在那时开采石头并不容易,因为当时人们并没有炸药,也无钢钎。埃及人当时是用铜或青铜的凿子在岩石上打上眼儿,然后插进木楔(xiē),灌上水,当木楔被水泡涨时,岩石便被胀裂。这样的方法在今天看来也许很笨拙,但在四千多年前,却是很了不起的技术。

石头从采石场运往金字塔工地也极为困难。古埃及人是将石头装在雪橇上,用人和牲畜拉,为此需要宽阔而平坦的道路。修建运输石料的路和金字塔的地下墓室就用了十年的时间。

在建造胡夫金字塔时,胡夫强迫所有的埃及人为他做工。他们被分成十万人一大群来工作,每一大群人要劳动 3 个月。这些劳动者中有奴隶,但也有许多普通的农民和手工业者。古埃及奴隶是借助畜力和滚木,把巨石运到建筑地点的;他们又将场地四周天然的沙土堆成斜坡,把巨石沿着斜坡拉上金字塔。就这样,堆一层坡,砌一层石,逐渐加高金字塔。建造胡夫金字塔花了整整二十年的时间。

对于希罗多德的说法,后人提出了许多的疑问,但是到今天仍然没有一个人能做出完满的答案。人们怎能不佩服埃及人民的伟大力量和智慧呢!

然而,一位叫戴维杜维斯的法国化学家,提出了一个关于金字塔建造的全新见解。他认为,建造金字塔的巨石不是天然生成的,而是人工浇筑的。他从一位考古学家那里得到五块从埃及胡夫金字塔上取下的小石块，对它们逐个加以化验。出乎意料的是,化验结果证明,这些石块是由贝壳和石灰石组成的。尽管考古证明,人类在几千年前就已掌握混凝土制作技术,但这些贝壳和石灰石浇筑得如此坚如磐石,以至很难将它们与花岗岩区别开来,实在令人难以置信。

戴维杜维斯由此推测,当时古埃及人建造金字塔是采用“化整为零”的办法,即将搅拌好的混凝土装进筐子,抬上或背上正在建造中的金字塔。这样，只要掌握一定的技术，就能浇筑出一块一块的巨石，将塔一层一层加高。这种做法既省力又省工，据他估计，当时在工地上劳动的工人仅有一千五百人，而不是像希罗多德所说的那样每批都有十万人。

更出乎意料的是，这位法国科学家还在石块中发现了一缕一英寸长的头发。这缕头发可能就是埃及人民辛勤劳动和灿烂智慧的见证。但上述这些说法都还是一些推测。

但无论如何，修建金字塔，一定是集中了当时古埃及人的所有聪明才智，因为它需要解决的难题是很多的。但是这些问题都解决了，金字塔修起来了，而且屹立了四千多年，这本身就是一大奇迹。因此，可以说，金字塔是古代埃及人民智慧的结晶，是古代埃及文明的象征。

历史探微

在研究古埃及时，历史学家发现古埃及在执行国家政策方面表现了人道主义精神。历史资料表明：建造金字塔的工人并非奴隶，很可能是处于农闲时的农民，是自由人。他们不是免费为政府工作，政府以面包和洋葱作为报酬雇佣这些工人。在金字塔附近，考古学家发现了为工人而搭建的面包房和工人住宿的营区，还有工人的墓地。在墓地中挖掘出600多个古埃及人的遗体，研究发现，这些都是30岁到35岁之间的成年人，其中很多人的身体上都有伤疤，比如由于长期用手支撑木头，有12个人手部的骨骼留下了损伤的痕迹。还有证据表明，这些工人们为了争取更高的工资而举行了罢工。这大概就是人类史上最早的罢工了。

象形文字

象形文字是世界上最早的文字，是从原始社会中最简单的图画和花纹中产生出来的。古代埃及、古代印度、古代中国最早出现的文字都是象形文字，而古埃及的象形文字最像一幅幅简单的图画。

自从在公元前525年被波斯人征服以后，埃及就完全失去了自主权，变成了波斯帝国的一个省。从那时开始，波斯的文字就取代了古埃及的象形文字。而自从懂得这些图画文字意义的最后一位祭司去世以后，那些刻在墙壁上和无数芦苇制的纸版上的图画文字，就成了无人能够解释的谜。

1799年，地处欧洲的法国和英国又陷入战争状态。法军将领拿破仑率一支远征军取道埃及，南下攻打英国的殖民地印度，去摘取这颗帝国王冠上的宝石。一天，在埃及地中海沿岸一个叫罗塞达的村落旁修筑工事时，法军竟然意外地发现了一块黑色石碑。把泥土清洗掉后，可以清楚地看见碑上面刻着三种文字。当时有一位青年军官是考古爱好者，他知道石碑下面的54行文字是希腊文，那么石碑上面的文字一定是古埃及文字。于是，他迅速向在开罗的上司打了份发现石碑的报告，又派专人把石碑送到开罗，这就是著名的“罗塞达碑”。后来，这块石碑被辗转运到英国，现收藏于伦敦不列颠博物馆。

罗塞达碑的发现引起了学术界的重视，许多学者都想抓住这个契机，一举破译古埃及的象形文字。当时，法国有一个青年学者叫商博良，他从小就对语言文字充满了兴趣，长大以后，则专门研究古代埃及的语言文字、历史和文化。罗塞达碑引起了商博良的浓厚兴趣，他希望通过这块石碑弄明白古埃及象形文字的读法。

商博良估计石碑上面的14行文字应该是用不同的字体刻写的同一内容，它们就是埃及的象形文字。通晓希腊文的商博良从希腊文知道：这块石碑记叙的内容是公元前196年埃及各大神庙的祭司们为古埃及国王托勒密五世歌功颂德的言辞。在碑文的末尾，还特意指出，前面的两种不同文字是埃及象形文和象形文简化字。工作做到这里，要读出象形文似乎是一件很简单的事，因为只要找出希腊文与象形文中互相对应的、意义相同的词，问题就会迎刃而解。但是要在象形文字中找出与希腊文相对应的词，却不是一件很容易的事。

后来，商博良在研究其他象形文字时，发现古代埃及人在写到国王名字的时候，都要在名字上加方框，或是在名字下面画上粗线。受到启发的商博良注意到，罗塞达碑上也有一些用线条框起来的文字。这会不会是国王的名字呢？在经过一番探索之后，商博良对照希腊文，从象形文字中认出了埃及国王托勒密五世和王后克娄(lóu)巴特拉这两个人名。这样一来，商博良就知道了12个象形文字的读音。

在这一发现的基础上，商博良又陆续认出象形文字中其他国王的名字，其中就有亚历山大和恺(kǎi)撒等人的名字。在这之后，他不知疲倦地识读埃及的象形文字。最后，商博良弄懂了石碑上面14个小图画的意义，使埃及象形文字的解读前进了一大步。

在商博良之后，仍有许多人致力于解读埃及的象形文字。经过众人的一

历史探微

现存最古老的纸草叫普利斯纸草，因为这份纸草是法国人普利斯在古埃及的首都底比斯发现的，故称普利斯纸草。据专家推测，这份文献写于公元前2500年前后，其内容是告诫人们如何处世待人。普利斯纸草现保存在法国巴黎的罗浮宫博物馆。

番研究，人们终于弄清了石碑上那些奇妙的图画的意义。发现了这些图画的秘密，也就打开了古埃及历史宝库的大门，将古埃及五千多年的历史展现在人们的面前。

人们在识读这些图画的同时，也就了解了埃及象形文字的来历。这种象形文字产生于公元前4000年左右，古埃及的祭司或是负责记录的史官为了记下一些重要的事情，一开始就会将某事的发生发展如实地画下来，使之一目了然。有一块古埃及的石板，上面刻画的内容是：国王美尼斯用权杖打一个跪在地上的俘虏(lǔ)，俘虏的上面是一只鹰，它一只爪子抓着一根穿在俘虏鼻子上的绳子，另一只爪子则踏着6棵植物，令人奇怪的是，这6棵植物好像是从那个俘虏的身体里长出来的。其实，这幅图画表现的是国王在一次战役中获得了6 000名俘虏。

后来，在这种图画的基础上，埃及渐渐出现了表示音节的符号，形成24个辅音字母，出现了由各种符号组成的600多个词组，书写工作一下子变得简单了很多。

有了文字，当然要有写字的东西。尼罗河畔草木茂盛，有一种植物长得很像芦苇，茎干又长又宽。埃及人就把它割下来，把茎干剖成长条，排齐后连接成片，再压平、晒干成纸，叫做“纸莎草”，又称“纸草”，埃及人就把字写在这上面。写字用的墨汁是用菜叶加上烟渣调和出来的，笔则是用细小的芦管制成的。古埃及人正是用这样的书写工具，为后人留下了丰富的文化遗产。

古巴比伦文明

巴比伦是“神之门”的意思，它是两河流域文明（美索不达米亚文明）的主体，因此两河流域文明也被称为巴比伦文明。巴比伦最初只是幼发拉底河边的一个小镇。大概在公元前2200年，被阿摩利人占领。第六代阿摩利人的领袖汉穆拉比以此为中心，南征北战，四处征伐，最终建立了一个强大的帝国，史称古巴比伦王国，阿摩利人也被后人称为巴比伦人。汉穆拉比在位五十多年，政绩卓越。他征服了苏美尔人和阿卡德人，统一了美索不达米亚平原，建立了一个强大的中央集权制国家，使之成为西亚古代奴隶制国家的典型；他所颁布的《汉穆拉比法典》是古代西亚第一部较为完备的法典，也是世界上第一部较为完备的成文法典。汉穆拉比死后，古巴比伦王国渐渐衰颓(tuí)，公元前729年，被亚述帝国吞并。

公元前626年，亚述人派迦勒底人领袖那波帕拉沙尔率军驻守巴比伦，他到巴比伦后，却发动反对亚述统治的起义，建立新巴比伦王国，也叫迦勒底王国。公元前604年，尼布甲尼撒二世即位，在他统治期间，国力达到鼎盛。尼布甲尼撒二世死后，国内阶级矛盾及民族矛盾加剧，最后一个国王那波尼达统治时，国王与马尔杜克神庙之间的矛盾加剧，并试图另立新神。那波尼达离开首都，其子伯沙撒执政。公元前539年，波斯人崛起，居鲁士二世率军入侵新巴比伦王国时，祭司竟打开大门放波斯军队入城，伯沙撒被杀，那波尼达被俘，新巴比伦王国不战而亡。但是从巴比伦血色弥漫、烟硝蔽日的时空中挣脱出来的宫殿城墙却像绚丽的琉璃一样，熠熠生辉。

巴比伦雄伟壮丽的城垣、宫殿，标志着古代两河流域建筑艺术的成熟。巴比伦城由内外两道城墙环绕，外墙以外是一道土堤和一个注满了水的壕

沟。城内的主干道中央镶嵌着白色及玫瑰色石板;整座城有八个城门,著名的伊丝达尔门坐落在北面,它的表面装饰着青色琉璃砖,每块琉璃砖上都刻着富于神话色彩的浮雕。巴比伦城的瑰丽之姿,百年之后,仍然摇曳生辉。有“历史之父”美誉的希罗多德在100年后来到巴比伦城时,仍称它为世界上最壮丽的城市。

“空中花园”亦是巴比伦建筑文明的又一见证。被列为古代世界七大奇迹之一的“空中花园”,亦称“悬苑”,它屹立在幼发拉底河畔,由新巴比伦王国国王尼布甲尼撒二世(公元前604—前562年)主持建造。此园采用立体叠园手法,在高高的平台上,分设多个层次,遍植花草,并把灌溉用的水源和水管设在其中,花园的四周由镶嵌着许多彩色狮子的高墙环绕。因从远处望去,此园如悬空中,故又称“空中花园”。“空中花园”至今仍有一些谜底尚待揭示。在得到关于花园的地理位置、灌溉系统以及真正面目的最终结论之前,考古学家们仍在努力地收集足够的证据。

两河流域的居民在手工业的发展上也起到不可磨灭的作用，大约在5 000年前,这里的居民就会制作色彩富丽夺目、工序复杂的彩陶了。人们的日常生活用品,如酒杯、油缸、炉子、灯盏等几乎全是陶制的。让人啧啧称奇的是,人死后用的棺椁也是陶土制品。

古代两河流域人民在文化上也有巨大的成就，在人类文化宝库中留下了一笔丰厚的遗产。考古学家在古代的两河流域发掘出了大量泥版书。这些泥版书是用苏美尔人的象形文字书写的，上面标明的最早日期大约是公元前3000年。此后的1 000年间，象形文字发展成为楔形文字，在中东地区广泛流传，巴比伦人、亚述人、赫梯人和波斯人均以此作为记载文明的手段。泥版上记载的文字大多是与宗教或实际生活有关的文献，如契约、记录、文职人员的报告、法律、条例、公告等。还有一些资料是关于数学的。在这些记载中，古代天文图表以及关于日历和占星术的计算步骤已初见端倪。很明显，两河流域学校为不同类型的未来官员都提供了高级教育的平台。

谚语、神话和史诗是巴比伦文明在文学上的具体体现。考古学家挖掘出的泥版书上记录了大量谚语，这些谚语间接反映了当时的社会矛盾和风气。比如“穷人活着还不如死了”，“想吃肉就放弃羊，有了羊就没有肉”等。还有体现生活经验的“鞋子是人们的眼睛，行路增长人的见识”等等；这里的神话传说亦可作为基督教源头的考证资料。我们在这些神话中可以找到《圣经·旧约》中的一些故事的原型。《圣经》中讲蛇引诱亚当、夏娃偷食禁果，两河流域的神话也讲人的祖先因受到引诱而犯罪，可见一斑；史诗方面，流传于两河流域的《吉尔伽美什》史诗是人类历史上最早的史诗，诗中塑造了一个蔑视神意、为民造福的英雄形象，并表达了人们希望探求生命真实意义的愿望。而把人类本身的主体意识融入史诗的创作中更是文学上的一大进步。

在遥远的5 000年前，

历史探微

1978年，伊拉克政府开始了对古代巴比伦遗址的修建和整理工作，以此来振兴本国的旅游业。为了还原历史，政府在遗址上重现了古代的部分城墙和建筑，并开设博物馆，将发掘的巴比伦文物陈列其中。在这些文物中，有一块高度超过两米的黑色闪绿岩石碑的复制品，其历史价值最高。石碑的上半部是一幅精致的浮雕，表现的是太阳神将权标授予国王汉穆拉比的情景，下半部是用楔形文字记录的《汉穆拉比法典》。这是世界上第一部法典，由古巴比伦国王汉穆拉比制定。该石碑现存于法国的罗浮宫博物馆。

两河流域的文明就已灿若星辰，令人神往。代表欧洲古代文明最高成就的古希腊文化也对此望尘莫及。是的，当古希腊人还身处蒙昧时代的时候，两河流域的文明就已经延续了约 2 000 年了，它为希腊文明的进步奠定了基础。

巴比伦文明是西方文明的摇篮，它颁布了第一部法典，流传了最早的史诗、神话、药典、农人历书等，推动了历史的进程。巴比伦人继承了前人的文明成果，并结合自己的智慧，把两河流域文明发展到了顶峰。今天，人们仍然喜欢用“巴比伦”三个字来概括古代两河流域文明，足以表明巴比伦文明所创造的辉煌业绩和对世人所具有的魅力。

世界上最高的纪念性建筑——自由女神像

自由女神像又称“照耀世界的自由女神”，是法国在 1876 年赠送给美国独立 100 周年的礼物。1886 年 10 月 28 日的纽约港礼炮轰鸣，烟花齐放，美国总统克利夫兰在揭幕仪式上将闻名遐迩的自由女神雕像接到了美国，并置于自由岛上。自由女神头戴花冠，身穿长袍，右手擎着火炬，左手握着一本美国《独立宣言》。脚踩象征推翻暴政的铁链，女神头冠上有七条射线代表七个大洲。自由女神像气宇轩昂、神态勇毅被认为是美利坚民族的标志。全称为“自由女神铜像国家纪念碑”的自由女神像是世界上最高的纪念性建筑。

《汉穆拉比法典》

法国人和伊朗人所组成的考古队于伊朗南部的苏撒古城址上，先后发掘出了三块黑色玄武石。他们将这三块黑色玄武石拼凑在一起,恰好构成了一个椭圆柱形的石碑。

石碑高 2.25 米,顶部圆周 1.65 米,底部圆周 1.9 米。石碑的上半段有一幅精美的浮雕:备受古巴比伦人崇拜的太阳神沙马什端坐在宝座上,正在授予站在他面前的古巴比伦王国国王汉穆拉比这象征帝王权力的权标；而石碑的下半段所刻的是汉穆拉比所制定的一部法典,书写形式是楔形文字,其中有少数文字已被磨光,无法辨认。这便是闻名世界的《汉穆拉比法典》,它是世界上最早的一部比较有系统的法典。它的出现,使时光逆转,将我们带回到 4 000 年前的古巴比伦社会。

古巴比伦王国地处幼发拉底河和底格里斯河流域，大略相当于现在伊拉克所处的位置。汉穆拉比于公元前 1792 年成为古巴比伦国国王,他是一位具有雄才伟略的君主,勤于政事,不仅关心农、商和畜牧业的发展,更注意调节税收,亲自处理各种案件。其在位 40 年,令巴比伦王国成为了一个强大的国家。

汉穆拉比每天都要亲自处理大量的申诉案件,因此,他便命大臣收集整理过往的一些国家法规条文和社会上一些约定俗成的习惯，编订了一部法典。他还令人将已编好的法典刻于石柱之上,立于巴比伦马都克的神殿里。

该法典共计 282 条,在圆柱上分为 52 栏 4 000 行,大约 8 000 字。圆柱出土时,正面有 7 栏 35 条已经被磨损,剩下的部分基本完整。圆柱上面的字迹优美,可以看得出是一种只有王室才有权利使用的楔形字体。

《汉穆拉比法典》包括了序言、正文和结语三大部分。正文有282条,包含了诉讼程序、盗窃管理、租佃、雇佣、婚姻条例、遗产继承、奴隶管理及商业贷款和债务等多种条文。这个法典充分而全面地反映了当时巴比伦王国的社会状况。

古巴比伦王国中除了奴隶主和奴隶,还有自由民。该法典的大多数条文都是针对自由民的内部关系而制定的。处理自由民之间所存在的矛盾原则是:以眼还眼,以牙还牙。譬如,有一个自由民被另一个自由民弄瞎了一只眼睛,那么施暴者同样要被打瞎一只眼睛作为赔偿;如果有自由民被打折了腿,打人的人也要被打断腿来偿还;被人打掉了牙齿,同样也要敲掉施暴者的牙。还有更为严厉的规定:如果房子倒塌压死了房主的儿子,那么建造房屋的人便要交出自己儿子的性命。

这是《汉穆拉比法典》对自由民与自由民之间产生矛盾的处理方法,它对奴隶主、自由民与奴隶的规范是不同的。比如:如果是奴隶主弄瞎了自由民的眼睛,并不需要付出自己的一只眼睛,只要交出一定数量的银子就可以息事了;而如果是奴隶主弄瞎了奴隶的眼睛,则完全不需要作出任何赔偿。如果有奴隶不认自己的主人,只要这位奴隶主拿出该奴隶的所属证明,该奴隶就要被割去双耳。法典甚至还规定,如果是奴隶打了自由民的嘴巴,便要处以割耳之刑。而属于自由民的医生如果医治的对象是奴隶主更是心惊胆

历史探微

《汉穆拉比法典》中有一些关于诬告和法官错判的条款,但在当时看来仍是十分先进的:1.如果一个自由民控告另一个自由民杀人却无法进行证实,揭发者应被判死刑;2.在诉讼案件中,自由民提出罪证,如果案件涉及生死,提出人对所陈述之事又无从证实,提出人应被处死;3.法官在审理案件的过程中,如果作出判决后又进行更改,应将其罪行揭发,并撤销法官席位,永不录用。

战了,因为如果一旦在手术的时候发生意外,奴隶主因此丧生,医生是要被斩断双手的。

法典为了巩固奴隶主的统治地位,还有一些更为苛刻的条文:凡帮助奴隶逃跑或藏匿逃跑奴隶的人,一经发现马上处死;凡破坏桥梁水利建筑的人一经查实就要受酷刑直至处死;如果有人在酒馆图谋造反,酒馆老板没有将其捉住,也要被处死;凡逃避兵役的人一律处死。

巴比伦王国的自由民中还有租种土地的小农,他们同样遭受着奴隶主的压迫:每年要将收成的三分之一,有时甚至是二分之一交给奴隶主。另外,法典中还规定:债务奴隶给奴隶主打工三年便可恢复自由。这款条文看上去对自由民有好处,事实上却是那些奴隶主强迫无力偿还债务的自由民成为他们的奴隶,同时也用此条款来笼络他们。

有个小农名叫乌巴尔·沙马什,向奴隶主义鲁姆·巴尼租种了一块土地。经过了一年的辛勤耕耘,好不容易收上了粮食。义鲁姆·巴尼闻讯赶来,态度强硬地向他逼租,还有富商伊兴杜姆也来催要乌巴尔·沙马什春天向他借的500斤粮食。乌巴尔·沙马什还了地租和欠粮,又交了赋税,他一年的劳动成果就等同于零了。他只能把子女卖为奴隶,自己也做了债务奴隶。

在这部法典的威慑(shè)下,当时的古巴比伦社会成为了东方奴隶制国家中统治最为严酷的国家。

《汉穆拉比法典》是在苏撒发现的,为什么巴比伦的法典会从苏撒出现呢?事实上,苏撒在5 000年前也是一座古代都城。今天伊朗迪兹富尔西南的苏撒盆地在公元前3 000多年前,是一个强大的奴隶制王国叫做埃兰,也译为"依兰",苏撒就是埃兰的首都。据记载,埃兰人于公元前1163年攻占了巴比伦国,就将刻有《汉穆拉比法典》的石柱作为战利品运回了苏撒。后来苏撒又被波斯占领了,公元前6世纪时,大流士成为波斯帝国国王后,将首都定于苏撒。所以,刻有法典的石柱又归于波斯人了。

至于挖掘出来的圆柱正面损坏的7栏,是因为埃兰国王本想在上面刻上自己的功绩。只是,抹去了原来的文字后,为何没有再刻上新的文字就不得而知了。

现在,《汉穆拉比法典》圆柱被收藏在巴黎的罗浮宫内,被涂掉的7栏文字,可以依据后期发现的《汉穆拉比法典》的泥版传本进行校补。所以,迄今为止,石柱版的《汉穆拉比法典》仍是世界上现存的一部历史最悠久的、最完整的法典。

世界名城——维也纳

提起维也纳,首先让人们想到的是金色音乐大厅中回荡着的经典旋律。作为中世纪欧洲最大的三座城市之一的维也纳,在今天依然保持着它昔日显赫的地位。维也纳是奥地利的首都,更以"音乐之都"闻名遐迩。除此之外,这里也是建筑艺术精华的汇聚之地,包括巴洛克风格的城堡和庭院,还有19世纪晚期的环城大道。走在维也纳的大街上,无处不散发着迷人的风采。

太阳历和公历

公历,是世界上现行的通用历法,有人曾称之为“西历”。如果我们探其根源,这种历法实际上产生于6 000多年前的古埃及,并非有些人口中所讲的西方。

古埃及本属热带沙漠气候,温度高,雨水少,但是农业却异常发达。究其原因,是与尼罗河的定期泛滥紧密相关的。古埃及的大部分地区是沙漠,而尼罗河则如同一条绿色的绸带从南到北贯穿其中。直至现在,埃及本国95%以上的人口也仍是集中生活在尼罗河附近的。因此,在希腊时期,西方人称埃及为“尼罗河送来的礼物”。古埃及人也更将尼罗河珍而重之,视其为“母亲河”。

全长6 671公里的尼罗河,与亚洲的长江、南美洲的亚马孙河以及北美洲的密西西比河并称世界最长的河流。

尼罗河的主流叫做白尼罗河,发源于赤道一带,从乌干达流入苏丹境内,与发源于埃塞俄比亚的青尼罗河一起流入喀土穆,再流入埃及。

埃及境内的尼罗河,每年6月涨水,7月到10月则是泛滥期,此时的洪水中含有丰富的腐殖质,灌溉着两岸干涸的农田。几周后,洪水退去,农田上便留下了一层肥沃的淤泥,这样等同于给田地施了一层最好的肥料。埃及人在11月进行播种,收获于第二年的3月或4月。尼罗河的另外一个特点就是它每年的涨水是定时定量的,偶尔会有一些小出入,但是都不会有太大影响,它是绝对不会发生洪水淹没农田的情况的。古埃及人为了发展农业,不违农时,认识和掌握了这样的规律,为他们可以最早建立水利灌溉系统和制定历法提供了极大的便利。也是在这样的实践中,埃及人为制定历法积累了很多经验。

古埃及人在经过总结后发现尼罗河每次泛滥约相隔 365 天，他们还发现，每年 6 月的某一天清晨，当尼罗河的潮头临近开罗时，天狼星与太阳便会同时从地平线上升起。他们将这样的情况作为根据，以此划定一年为 365 天，将天狼星与太阳同时升起的那一天称为一年之始。又把一年分为 12 个月，每月有 30 天，年尾附上 5 天作为节庆，这就是初期的埃及太阳历。

埃及太阳历把一年划为 365 天，较之地球围绕太阳公转一周的时间，仅有四分之一天的差距，这样微小的误差在当时已属惊人之举了。但是，“差之毫厘，失之千里。”一年相差四分之一天，四年后便是相差一天。时间再长些，如果是 730 年后，埃及的太阳历则与实际的时间相差半年，冬天和夏天也就倒置了，这样，就还需要经过 730 年，误差才会消失。基于此，公元前 46 年，罗马统帅朱利乌斯·恺撒，也译为儒略·恺撒，将埃及的太阳历作为基础，决定重新编制历法。他所主持编制的历法，被后世称为“儒略历”。

针对埃及太阳历每年约四分之一的误差，儒略历做了如下的修改：设置平年和闰年，平年一年是 365 天，而闰(rùn)年则是 366 天。每四个平年后放置一个闰年，单数月份每月 31 天，而偶数月份每月 30 天。但是平年中的 2 月是 29 天，闰年中的 2 月则是 30 天。

儒略·恺撒死后，他的继承人奥古斯都从 2 月中抽出一天加在了自己的出生月 8 月上，这样 8 月便成为了含有 31 天的大月。与此同时，他还相应地将 9 月和 11 月定为小月，10 月和 12 月定为大月。如此一来，每月的天数与我们现行的公历就大致相同了。罗马皇帝君士坦丁于公元 325 年的一次宗教会议上，规定了基督教的历法为儒略历，但并没有确切地指出哪一年为起点。至公元 6 世纪，基督教徒将 500 多年前的基督教创始人耶稣基督的诞生日定为公元元年。而“公元”的拉丁文之意就是“主的生年”，用拉丁字母 A.D. 表示。那么在这年之前的就被称作“公元前”，英文含义是“基督以前”，用英文字母 B.C.表示。

历史探微

玛雅文明将地球的历史用几个纪元来进行划分，每一次地球毁灭性的破坏都是旧的纪元的终结和新的纪元的开始。在玛雅文化中，本次纪元开始的时间是公元前3113年，这是玛雅人定居于中美的时候；玛雅文明记载的上一个纪元发生于冰河期的终结，时间在公元前11000年；在此之前，他们还推算了三个纪元，每次纪元都要经历几十万年或几百万年。遵照玛雅文明的预测，本次人类文明结束的日期是在公元2012年12月21日。这一天以后，人类的文明将进入一个完全不同的时代。

经过修改后的儒略历虽然比埃及的太阳历更为精准，但是同回归年仍存在11分14秒的误差，也就意味着儒略历每经过128年又要同实际的历法相差一天。欧洲大陆通行儒略历有1 600多年，至16世纪下半叶时，历法上的日期比回归年又推迟了10天。譬如，1583年的春分时节本应在3月21日，但是历法上的春分则在3月11日。因为这样的差距，教会所规定的本应在春分月圆后第一个周日的耶稣复活节，也就提前了10天，由此不禁让人产生疑问：耶稣究竟是在哪一天复活的呢？基于上述的问题，对于儒略历的修改也是箭在弦上不得不发了。

1582年罗马教皇格雷果里十三世召集了一批天文学家，依据哥白尼日心说得出的计算数据，对儒略历进行了修正，宣布撤销1582年10月5日到14日间的10天，10月4日之后便是10月15日，删除了十天之后，1583年的春分又得以回到3月21日。又将过去每4年设一个闰年，即400年设100个闰年的做法改为400年中有97个闰年，这样的做法大体上修补了11分14秒的差距。具体放置闰年的方法是：每逢百年，用其做除数，除以400，可以除尽的就是闰年，有余数除不尽的就不是闰年。比如：遇1 600年、2 000年，用1 600和2 000分别除以400可以得到整数4和5，那么1

600 年同 2 000 年便都是闰年；如遇 1 700、1 800、1 900 这些年份，它们除以 400 所得结果皆不是整数，那么它们便不是闰年。此后，人们称这一历法为“格雷果里历”，也就是今天世界所通用的历法，简称为格里历或是公历。

中华人民共和国成立后，也采用了格里历为国家历法，同时也实行公元纪年，但并没有废除农历。

被广为接受的格里历也并非十全十美，它每月所包含的天数不等，规则性不强，每经过三千几百年也会存在一天的误差。然而，随着科学的不断进步，我们有信心可以将这些缺点改掉，使我们的历法尽善尽美。

世界上最小的主权国家——梵蒂冈

世界上有这样一个国家，它位于意大利首都罗马城西北角的梵蒂冈高地上，四面都与意大利接壤，是一个名副其实的“国中国”。虽然国土面积只有 0.44 平方千米，却拥有世界上最大的天主教堂——圣彼得大教堂。这就是以教宗为首的教廷的所在地，全世界天主教的中心——梵蒂冈。虽然梵蒂冈在地理上是一个小国，但因天主教在全球庞大的信仰人口，使其在政治和文化等领域拥有世界性的影响力。

犹太王大卫

犹太人，古时候被称为希伯来人，也叫以色列人。他们的祖先聚居在两河流域，以游牧为生。他们到过很多地方，巴勒斯坦、埃及等都有他们的足迹。他们在很长时间里受制于埃及，后来，在首领摩西的率领下，逃出埃及人的掌控，重新回到巴勒斯坦的这片故土上。

巴勒斯坦位于地中海沿岸，四通八达，是亚、非、欧三大洲的交通要道。迦(jiā)南人是这里最早的居民，之后海上民族腓力斯人也迁徙到了这里。“巴勒斯坦”的本义就是“腓力斯人的土地”。以色列人则把这块土地称为“淌着牛奶和蜂蜜的沃土”。公元前1025年左右，以色列首领扫罗在巴勒斯坦建立了第一个希伯来人的王国。为了巩固自己的统治，以色列人必须同腓(féi)力斯人战斗。大卫便是时事造就的英雄。

大卫出生于南方的犹太部落，是耶西最小的儿子。他在与敌族腓力斯巨人歌利亚的对决中一战成名。身材壮硕、骁(xiāo)勇善战而又骄傲自大的歌利亚成了少年大卫扬名于巴勒斯坦地区的第一块垫脚石，就像《特洛伊》中阿喀(kā)琉斯挥剑斩杀的巨人。不过，年轻的武士不仅仅是驰骋沙场的英雄，还是伴君左右的琴童,一个优秀的歌者。他的文治武功为扫罗的儿女们所倾倒。王子约拿单(Jonathan)深爱大卫,《圣经》上常有这样的记载:“约拿单视大卫如自己的生命”,公主米甲(Michal)也倾慕着大卫,最后嫁给了大卫。然而,更为狂热的是犹太人民,当时的民众中流行着这样的歌谣:“扫罗杀敌数千,大卫杀敌数万。”

大卫在犹太人中的威望,引起了扫罗的警惕,他开始提防大卫,对其百般刁难,后来竟然决定杀死大卫,除掉心中的隐患。但是大卫在妻子米甲和扫罗之子约拿单等人的帮助下,逃亡到南部边疆地区,后来又辗转逃奔到敌人腓力斯的迦特国避难。凭借本身的精明,大卫逃过了一次次考验。

公元前1000年左右,犹太人和腓力斯人的矛盾再次激化,双方进行了一场非常严酷而惨烈的战斗,扫罗和他三个儿子在战斗中不幸阵亡。大卫闻讯赶回犹太国,被当地人拥立为犹太国王,与此同时,扫罗幸存的儿子伊施波设在元帅押尼耳的支持下成为了以色列王。双方不可避免地进行了一场王位之争。最后,大卫的部下约押诱杀了押尼耳,伊施波设全线溃败,大卫最终成为犹太和以色列唯一的帝王。大卫登基时,年仅三十岁。

在争夺王位的过程中,大卫表现出了超绝的政治才能。他对扫罗的死表现得悲痛欲绝,还作了一首挽歌;伊施波设死后,他处决了向他领功的谋杀者。这些都使他的形象愈发高大起来,并使之获得了全民的拥戴。

在他的发迹史中,他的敌人腓力斯人起到了不可估量的作用,成为他既利用又打击的对象,他在与腓力斯人作战中一举成名,最后又利用腓力斯人夺得了王位。即位之后,大卫又集中兵力痛击腓力斯人,将其彻底驱逐出了以色列—犹太王国。与此同时,大卫还陆续征服了周边的小国,将犹太王国的领土扩充到前所未有的规模。他从迦南人手里夺取了耶路撒冷并将其改名为大卫城,并定都于此。大卫把盛放犹太教圣经的约柜运到耶路撒冷,为它建造了一座瑰丽的宫殿。此后,大卫宣布犹太教为国教,以色列人虔诚信奉的只有上帝耶和华神。于是,耶路撒冷便成了犹太民族的精神中心。

大卫在位四十年间，犹太国在他的统治下国力强盛，经济发展，贸易繁荣。但同大多数在位时间太长的帝王一样，他晚年逐渐变得昏庸自大，又太过娇惯自己的儿子，结果导致了诸子争位、骨肉相残的惨剧。

大卫最宠爱的嫔妃拔示巴，原是他的部将乌利亚的妻子，他设计害死了乌利亚，将拔示巴据为己有。拔示巴为大卫生下了儿子所罗门。大卫十分喜爱所罗门，便答应立所罗门为王储。结果引起了其他王子的不满。

大卫的第三个儿子押沙龙是个既有野心又有才干的人。他对所罗门可能成为王储十分不满，便收买人心，网罗人才，发动了叛乱，企图通过武力夺取政权。大卫被迫率大臣逃到约旦河以东，最后双方军队在以法莲森林一决胜负，叛军败绩，押沙龙被处死。但大卫并没有因胜利而感到高兴，押沙龙的死对大卫打击很大，使他日渐消沉。然而，围绕着王储展开的家门之争并没有就此结束。几年后，他的另一个儿子亚多尼雅企图发动政变，结果被幼子所罗门识破，所罗门先下手为强，包围并处死了哥哥亚多尼雅，然后更是残忍地杀死了所有对他有威胁的异母兄弟，并逼迫大卫把权力交到他的手中。至此，大卫时代宣告结束。

大卫本人是一个虔诚的教徒，他在位四十年，鼓励锡安崇拜，以王权为神在世间统治的工具，使人们对上帝耶和华的信仰更广泛地传播，对人类宗

历史探微

米开朗琪罗是意大利文艺复兴时期伟大的雕塑家，创造了无数坚强勇敢、体格雄伟的英雄形象，其中以《大卫》的云石雕像最负盛名。历史上将这尊雕像评价为：西方美术史上最值得夸耀的男性人体雕像之一。从表面上看，《大卫》是对人体的赞美，是对古希腊艺术的“复兴”，实质上却表现了人们充分认识到了人在改造世界中的巨大力量，以及对黑暗的中世纪束缚的挣脱，体现了文艺复兴时期的人文主义思想。

教史特别是西方宗教史产生了重大影响。《圣经·旧约》中也记载着大卫的精彩事迹。他让以色列—犹太王国成为具有鲜明民族特色的国家,他所创立的犹太教更是犹太民族被认同的标志。可以说没有大卫的强势王国,就没有今天的犹太民族。尽管大卫不是犹太民族的开创者,但绝对是犹太民族最重要的塑造者。

大卫死后的几个世纪里,他的事迹一直广为人们所津津乐道。著名的雕塑家米开朗琪罗更是倾注了巨大的热情与超乎寻常的想象力塑造出一尊大卫的雕像。这尊雕像被认为是西方美术史上最值得夸耀的男性人体雕像之一,同大卫的英雄事迹一样,将永远在世界文化长廊中绽放无限光芒。

世界上最早的天文著作——《甘石星经》

《甘石星经》传说是春秋战国时期甘公和石申二人天文著作的合集。在书中石申和甘公通过对金、木、水、火、土五大行星的研究,发现了它们的运行规律,并把这些规律详尽地记录了下来。他们把观测到的月亮运行的情况记录其中,从而使人们掌握了月亮的圆缺周期。这些记载便汇成了世界上最早的天文学著作。

亚述帝国

公元前3000年末期,位于两河流域的亚述人部落逐渐发展起来。至公元前8世纪后期,亚述国已经发展成为两河流域最强大的国邦。

公元前746年到公元前727年，是国王提格拉·帕拉萨三世在位的时间。当时亚述人创建了一支堪称世界上兵种最齐全、装备最精良的常备军。提格拉·帕拉萨三世及其继承者,倚仗这支精良的部队发动了一系列的侵略战争,先后占领了叙利亚、巴勒斯坦、巴比伦尼亚、腓尼基、埃及和小亚细亚东部等地,一举成为两河流域乃至北非地区最为强大的军事国家。

亚述帝国的军队之所以可以所向披靡，是因为他们拥有两种强大有力并且是自己所独有的攻城武器:一种叫做投石机,在一个个硕大的木框里面装有特制的转盘,转盘上面系有用马鬃(zōng)和橡树皮编成的绳索,只要用力一拽,这个机器便能发射出威力无穷的石弹和燃烧着的油桶;另外一种特有的武器叫做攻城锤,由青铜铸成,专门用于撞击城墙。

亚述国的军队兵种具体分为战车兵、重装步兵、轻装步兵、骑兵、工兵和攻城兵等。他们的行军速度极快,即便是面对河流也一样迅速。他们使用一种充气的皮囊过河,这种皮囊能够连接在一起置于河上,从此岸排到彼岸,再在上面放上些树枝,就形成了一条军用浮桥。

亚述国国王报复不肯投降又战败的国家,其手段极其残忍,他对这些国家实行杀光、烧光、抢光的残酷手段。一旦攻破城楼,亚述士兵就会对城内的无辜百姓百般折磨:打碎他们的头颅,割断他们的喉咙,烧毁他们的房屋,掠夺他们的财产,掳走他们的妻儿。

亚述军队于公元前743年攻占了叙利亚的首都大马士革。占领该城前,城中的军民殊死抵抗，攻破城池后，亚述士兵将城内的士兵头颅斩下，数量多得竟堆起了一座小山。他们还将数以千计的战俘绑在尖端的木桩上，眼睁睁地看着这些战俘在痛苦中死去。亚述人同样没有放过小孩子，一样夺走了他们无辜的生命。至于城中的贵重物品，更是悉数运回了亚述。公元前8世纪，亚述王辛赫那里布将都城由原来的萨尔贡迁至底格里斯河左岸的尼尼微。尼尼微在犹太人的字典中，意为“血腥的狮穴”。

公元前2500年左右，尼尼微初步形成了城市的雏形，并发展成为美索不达米亚地区的文化中心之一。变成了亚述的首都之后，尼尼微迎来了自己的鼎盛时期。亚述王辛赫那里布并不热衷于战争，他将全部时间与精力都用于建设尼尼微。他建造了一座边长约200米的“盖世无双王宫”，包括两座亚述风格的大殿、一个植物园、一座凉亭和一幢椭圆形的建筑物。光是王宫里的浮雕就长达3 000米，现在被收藏在大英博物馆。在“盖世无双王宫”的西北面，辛赫那里布为他的后妃们兴建了一座后宫，为皇太子筑起了东宫。除此之外，他还下令拓宽了尼尼微的道路，增建了城市公园，修建了供水网络。并且为了保证尼尼微城里的供水，他还从郊外60公里处的山上引水入城。

辛赫那里布的继任者阿萨尔哈东即位后，仍然以扩建尼尼微为主要任务。通过两任君主的不懈努力，尼尼微成为了一座类似《圣经约拿书》中所描述的拥有十二万多居民的大都城。

阿萨尔哈东的继任君主便是名声显赫的亚述巴尼拔王。亚述巴尼拔王除了大量收集亚述人的图书(除泥版文书外)，更建造了奢华庞大的亚述巴尼拔王宫。

亚述帝国于公元前7世纪中叶开始国力衰微。其管辖下的埃及首先挣脱了亚述的枷(jiā)锁。而东北方的游牧部落也强大起来，威胁着尼尼微。公元前626年，新巴比伦的迦勒底人和东边的米堤亚人联合向亚述发起了战争，他们的联军在公元前612年攻进了尼尼微。联军在洗劫了尼尼微后，更是点起了大火，一时蜚声国际的大都会和亚述帝国一起付诸东流，在大火中向世界说了再见。

现在的人们只能从历史书上寻找尼尼微的痕迹了……

法国的考古学家博塔在反复研究了《圣经约拿书》后，于1842年来到了伊拉克的摩苏尔市。在摩苏尔境内的底格里斯河左岸，他发现了大小两个山冈。大一点的山冈叫做“库容吉克”，小点的名叫“约拿之墓”。博塔认为古城尼尼微的遗址就是这两座山冈。

小山冈“约拿之墓”上，有一座纪念先知约拿的清真寺和一座小村庄。村庄里的村民不允许博塔在当地进行考古发掘工作，博塔便到“库容吉克”山冈下进行发掘，但是他的工作持续了好几个星期，并没有找到任何出土文物。

继博塔之后，一位名叫莱亚德的英国考古学家，也是在潜心钻研了《圣经约拿书》后，于1845年来到了这两座山冈。他在“库容吉克”山冈进行了长达六年的挖掘工作，皇天不负有心人，终于被他找到了辛赫那里布的王宫和亚述巴尼拔王的部分藏书室。这充分地证明了这里就是当年亚述帝国的首都尼尼微。

在亚述巴尼拔王的藏书室里，发现了许多刻有亚述楔形文字的大小不等的泥版。其中最大的一块泥版长3米，宽2米多；而最小的一块泥版还不足1寸长，上面仅有一两行文字。可以断定的是这些泥版就是2 500多年前亚述人的图书，它们涉及了历史、宗教、法律、文学、医学及天文等多方面的知识，为后世研究当时的历史提供了有力可靠的资料。

几年之后，当年同莱亚德合作进行挖掘工作的伊拉克考古学家拉萨姆重回这片土地。他在1852年—1854年的三年间，在“库容吉克”山冈下又发现了另一处王宫藏书室，也找到了更多的楔形文字泥版，同时还发现了亚述巴尼拔王的王宫。

拉萨姆在亚述巴尼拔王王宫废墟的墙壁上，发现了闻名世界的“皇家狩猎图”。新出土的泥版文书上，刻有不少有关亚述和古巴比伦的神话。其中就有描述美索不达米亚地区大洪水的神话史诗《吉尔伽美什》。这首史诗的内容不仅同《圣经》中诺亚方舟的故事相一致，而且记载所用的是第一人称，这就表明这是当时亲眼目睹了洪水状况的幸存者所记述的。还有一块浮雕描绘了当时亚述国的奴隶劳动时的情景:这些奴隶多数是战争的俘虏,他们手脚都带着枷锁,还有一些被铁链锁在一起,旁边站着手拿武器的亚述士兵。这些浮雕现今都收藏在大英博物馆内。

1927 年—1932 年,几名来自英国的考古学家又对这一地区进行了大规模地挖掘,这次考古挖掘到了地下 27.5 米之处。这次发掘再次挖出了大量的泥版文书、浮雕等,这些出土文物使我们得以清晰地看到亚述帝国和尼尼微的兴盛衰亡。但令人惋惜的是,由于 19 世纪在库容吉克山冈下发生的无计划无保护的发掘,尤其是单纯为了获取浮雕和泥版而进行的近似毁灭性的挖掘,尽管这一举动为大英博物馆增加了不少珍宝,却毁掉了一座历史名城尼尼微的遗址。

历史探微

在亚述人的观念中来世并不重要,今世才是最重要的。所以亚述人没有大修陵墓的历史,只有豪华的宫殿可以体现他们的建筑艺术。亚述的每一代国王即位后都要另外建造新的宫殿,他们创造了两河流域最辉煌灿烂的宫殿建筑历史。由于连年战乱,绝大多数的亚述王宫都被破坏殆尽。

胡尔西巴德的萨尔贡二世宫殿是亚述人宫殿艺术的代表。建造萨尔贡王宫共花费了 7 年的时间。它的基座是一个高 18 米,边长 300 米的方形土台,建有内院 20 多个、房间 200 多个。一对高 180 厘米的带翼人身像矗立在宫殿入口处。可从正、侧两面进行观赏,塑像似乎有 5 条腿,气势恢弘雄壮,体现了当年亚述王宫的富丽堂皇。

爱琴文化

所谓爱琴文化是指公元前3000年—前2000年分布于爱琴海诸岛及其周围地区的文化。在青铜时代，这些地区的原始社会逐渐解体，随后产生了奴隶制国家。

爱琴文化的发现，是近代考古学的一项重大成就。此区域所处的地理位置极佳，气候宜人，农业发达，森林茂盛。它位于腓尼基与意大利、埃及与希腊之间，既是战略要塞，也是贸易重地。亚里士多德曾指出此处地理位置的优越性，以及"它如何使得克里特王米诺斯获得了爱琴海帝国"。米诺斯王朝虽然被所有古典学者认为确实存在，但是却被现代学者斥为传说。直到六十年前，包括英国历史学家格罗特等学者在内，均认为爱琴文明的历史应该是始于多利亚人的入侵或者是奥林匹克竞技。

1871年—1890年，德国学者谢里曼根据荷马史诗《伊利亚特》中吟咏的特洛伊战争，以及有关战争发动者迈锡尼国王阿伽门农的传说，先后对小亚细亚西北部的古城特洛伊、南希腊的迈锡(xī)尼和太林斯等地进行考古发掘，并取得了惊人的成就。他的考古报告引起了当时考古界的极大重视。一些考古学者开始试图寻找古代希腊神话中提到的克里特岛米诺斯王宫的遗址。

1893年，英国考古学家伊文思博士在雅典买到了一些小石块，这些石块是被希腊妇女戴在身上当护身符用的。他对石块上面刻的象形文字深感好奇，但没有一位学者懂得这些象形文字。为了追溯这些石块的来源，他来到克里特岛，在岛上捡拾他认为是克里特文字的样品。1900年春天，他雇了150个人，连续挖掘了9个星期，终于挖掘出了现代历史研究史上最丰富的宝藏——米诺斯的宫殿。所有已知的古代遗迹均无法与这座壮丽的建筑相比，它的外观与古代希腊故事中的迷宫完全一样。在这个宫殿以及其他废墟中，就好像是要证实伊文思的直觉一样，伊文思又发现了数千块图记和泥版，上面所刻的图形文字(线型文A)跟他最初发现于小石块上面的相同。消息传出后，来自各国的学者纷纷赶到克里特，进行了大量而细致的发掘工作。其后，一些学者又在希腊半岛、爱琴海岛屿和小亚细亚等地进行了富有成果的发掘，进一步丰富了爱琴文化的内容，终于使湮没数千年的爱琴文化重为世人所知。

爱琴文化的发现，使希腊的历史可以追溯到更古老的年代，希腊也成为世界五大文明发祥地之一。从公元前2000年克里特岛上出现最早的奴隶制国家起，到公元前12世纪迈锡尼灭亡为止，爱琴海地区的上古国家存在了大约八百年。

历史探微

阿伽门农是《荷马史诗》中的迈锡尼国王。他在特洛伊战争中被选为希腊联军的统帅。在他出征期间，他妻子与人私通。当他得胜归来时，被妻子与她的情人杀害。后来，他的儿子俄瑞斯忒斯为父报仇杀死了母亲。

荷马史诗

希腊联军攻陷特洛伊城的战争，发生于公元前 12 世纪。希腊英雄们的战斗故事深深地打动了希腊人民的心。一些流浪于各地的行吟诗人终日讲述着特洛伊战争的故事，他们给百姓讲，也给王公贵族们讲。这故事在民间传了一代又一代，在广泛的流传过程中，逐渐加入了不少神话和传说，再经过民间艺人的加工，竟然形成了两篇精彩的神话长诗。到了公元前 8 世纪，希腊著名的盲诗人荷马，进一步对这两篇长诗进行了精心提炼，终于形成了两大巨著——《伊利亚特》和《奥德赛》。

"伊利亚特"是"特洛伊"的音译。这首长诗共一千五百多行，描写了特洛伊战争十年的历程。其中，作者以浓墨重彩描述了在战争的第十年，希腊英雄阿喀琉(liú)斯的故事。

在进攻特洛伊城时，希腊联军的主将阿喀琉斯英勇善战，屡立奇功。可是，在战争的第十年，希腊联军的统帅阿伽门农抢了阿喀琉斯心爱的女奴。阿喀琉斯一气之下，坚决拒绝参战，并准备带着自己的军队返回希腊。阿喀琉斯不出战，希腊军队立刻处于劣势，被赶到了海边。

面对特洛伊人的进攻，阿喀琉斯不愿出战，也不愿希腊人失败，他就让自己的好友帕特洛克拉穿上自己的盔甲，驾着自己的战车出兵来代替他迎战。最初，帕特洛克拉还能骗过特洛伊人，侥幸取胜。但是，特洛伊王国的太子赫克托也是一位智勇双全的将领。他很快发现了出战的将领并不是真正的阿喀琉斯，于是，他出其不意地奔上前去，杀死帕特洛克拉，并夺走阿喀琉斯的盔甲。

好友的牺牲使阿喀琉斯决定放弃个人恩怨，重新参战。他身先士卒，挥矛上阵，不仅把特洛伊军队打得落花流水，而且亲手杀了特洛伊太子赫克托。为了报复，他又把赫克托的尸体绑在战车后面，拖在地上，围着特洛伊城绕了三周。

特洛伊的国王本有五十个儿子，可他最喜欢赫克托。于是，他在夜里悄悄地潜入阿喀琉斯的军营，跪在阿喀琉斯的面前，请求赎回儿子的尸体。老人的泪水打动了阿喀琉斯，他不仅答应了老人的请求，而且约定，为了让老国王给儿子举行丧礼，双方停战十二天。

十二天以后，战争再起，谁都没有想到特洛伊的帕里斯竟然一箭射中阿喀琉斯，夺走了他的性命。

史诗《奥德赛》共一万两千多行，描写的是希腊英雄奥德修斯在特洛伊战争结束后，回国途中的十年。

奥德修斯是希腊伊色卡岛的国王，也就是那个想出“木马计”的希腊将领。希腊联军在特洛伊城内的大肆(sì)屠杀和掠夺触怒了天神。在他们回国的途中，天神掀起了一阵大风暴，多数希腊战舰沉没了，许多人淹死在大海里。剩下的少数人由奥德修斯带领着，在海上漂泊。他为了要回家同妻子团聚，经历了千辛万苦。海神波塞冬与他有宿仇，想尽办法折磨他，使他在海上从一个荒岛漂到另一个荒岛，几乎毁灭了他所有的船只，也几乎毁灭了他所有的希望；复仇女神也发誓要惩罚他，惩戒他曾经有过的嫉妒；宙斯的霹雳打碎了他最后一条船，劈死了他所有的同伴；太阳神的女儿喀耳刻用法术蛊(gǔ)惑他，使他在埃亚岛上梦幻般地住了整整一年；女神卡吕普索用她那甜蜜的爱情殷切地挽留他，许愿与他共享长生不老，他被迫在到处都是大森林的快乐仙岛滞留了七年。但他对家乡、对妻儿执著的爱终于感动了奥林匹斯圣山上其他所有的神祇,十年后,他终于在雅典娜女神的帮助下回到了自己的国家。

然而,好不容易回到家乡之后,他却从养猪倌的口里听到他的宫殿里住满了狂妄的求婚少年。这些人都以为奥德赛早已战死沙场,不会再回来了。如果他们能同奥德赛的妻子——王后结婚,这个国家岂不就是他们的了?可是奥德赛的妻子却拒绝了他们,因为她相信奥德赛一定会回来。可是这些恶少并不甘心,他们成群结队地到奥德赛家里大吵大闹,每天在那里大吃大喝。

奥德赛回家的第二天,便是太阳神阿波罗的纪念日。奥德赛的妻子为了摆脱这些恶少的纠缠,终于想出了一个办法:谁能把奥德赛的弓拉开,并且发箭射穿十二个斧柄孔,谁就有资格向她求婚。那些恶少本来就是些花花公子,根本没有那么高强的武艺。这时,化装成老乞丐的奥德赛却走上来拿起弓。恶少们不许他参加比试,可是奥德赛早已与自己的儿子见过面,他的儿子立刻把弓给了他。奥德赛弯弓搭箭,一箭就射穿了十二个斧头的柄孔,赢

历史探微

正如在其他方面胜过别人一样,在编织整一的情节这一点上——不知是得力于技巧还是凭借天赋——荷马似乎也有他的真知灼见。

——亚里士多德

一部杰作一经创作出,便会永存不朽。第一位诗人成功了,也就达到了成功的顶峰。你跟随着他攀登而上,即便达到了同样的高度,也绝不会比他更高。哦,你的名字就叫但丁好了,而他的名字却叫荷马。

——雨果

得了胜利。此后,父子便齐心协力,和两个仆人一起,把所有贵族恶少都杀了。后来,这些恶少的亲人联合起来向奥德赛报仇,但是天神宙斯和雅典娜女神都支持奥德赛,他们还是失败了。奥德赛不仅和妻子团聚,而且重新做了国王。

荷马史诗的内容曲折离奇,语言瑰丽多彩,是古希腊艺术史上的一颗明珠,也是世界文学宝库中的珍品。这部史诗中虽然穿插了很多神话和传说,但是,它真实地反映了公元前12世纪到公元前8世纪的希腊社会情况和生活习俗。

太阳黑子最早的记录——《汉书》

中国是世界上最早发现并记载太阳黑子活动的国家。在汉代班固编撰的《汉书》中,有最早的关于太阳黑子活动记录。《汉书·五行志》里有这样一段记载:"河平元年……三月乙未,日出黄,有黑气大如钱,居日中央。"史书所记载的事实确证了我国早在公元前28年的汉朝就观测到了太阳黑子的活动。在这些记录中,人们对太阳黑子的形状、大小、位置,甚至变化都有着详细记载。所有的这些记载都为我们研究太阳黑子活动提供了珍贵资料。

奥林匹亚竞技会

奥林匹亚竞技会是世界上最古老的运动会。古代希腊从公元前776年起，每隔四年就要在希腊南部的奥林匹亚举行一次竞技大会，也就是运动会。后来,人们就把这种竞技大会称为奥林匹亚运动会。可是,古老的奥林匹亚运动会又是怎样产生的呢？

公元前884年，古希腊各城邦之间陷入连绵不断的战争。各地战火连连,瘟疫(wēn yì)成灾,粮食歉(qiàn)收。饱受战争之苦的希腊人民非常渴望和平,特别怀念和平时期万民同乐的那种盛会。于是,奥林匹亚所在的伊利斯城邦国王就联络其他几个城邦的国王，达成了一项定期在奥林匹亚举行运动会的协议,并且规定在运动会期间,实行“神圣休战月”,时间为三个月。在这三个月内,任何人都不得发动战争;即使双方正在交战,也得放下武器,准备去奥林匹亚参加运动会，从此就产生了这种全希腊性的盛会。到公元前776年,古希腊人第一次用文字记载下获胜者的姓名,这就是后人所说的第一届古希腊运动会。由于这种每四年举行一次的比赛地点在奥林匹亚,所以它也被称为古代奥林匹亚运动会,简称古代奥运会。

在古代奥运会中,最早的竞赛项目只有短跑,距离为192米。后来又增加了许多其他项目,有角力、掷铁饼、投标枪、赛马、赛车等。其中驾着马车赛跑是最受观众欢迎的项目。

在运动会结束的时候,人们会给参加竞赛获得胜利的人奖以橄榄花环。戴上橄榄枝花环的人比戴上黄金王冠的国王还要受人们的崇敬和爱戴，有时候，他们甚至会被当做神一样来崇拜。在竞技大会的闭幕式上,优胜者将和奴隶主贵族们一起共享“国宴”。吃饭的时候,希腊最著名的诗人还要向他们奉献赞美诗。

古代奥林匹亚运动会一共举行了293次。公元394年,入侵希腊的罗马皇帝狄奥多西在举行了第292届奥运会之后,为了消除“异教”,下令停止举办奥林匹亚运动会。公元426年,罗马皇帝又以基督教的名义,放火烧毁了奥林匹亚的建筑。后来,在公元6世纪的特大洪水和地震中,古代奥林匹亚运动会的遗址在地球上永远消失了,只剩下泥沙和野草。可是,烧不绝、割不断的是人们渴望和平美满、渴望向自然展示自身体力和技巧的奥林匹亚精神。1894年,在法国人顾拜旦男爵的倡议下,国际体育大会决定将综合性的世界运动会叫做奥林匹克运动会。两年后,在希腊雅典举行了第一届现代奥林匹克运动会。从此以后,每四年一次,轮流在各成员国举行。这就是现代奥林匹克运动会的来历。

古代奥运会是希腊各民族文化的一部分, 对希腊社会生活的许多方面都产生了影响。它增强了希腊各城邦之间的联系,增进了各城邦之间的文化交流和贸易往来;运动会期间实行休战,在一定程度上也缓和了某些城邦之间的紧张关系。此外,运动会还促进了希腊文化艺术的发展,特别是希腊雕刻艺术的发展。

古希腊人的奥林匹亚运动会给人们带来了和平、团结和友谊,而今天的人们又一代一代地承接起奥林匹克火炬, 让美丽洁白的和平鸽欢快地飞上蓝天。

历史探微

被称为“现代奥林匹克之父”的顾拜旦,于1894年成立国际奥林匹克委员会, 并促成了第一届现代奥林匹克运动会于1896年在希腊的雅典胜利举行。顾拜旦还留下了许多作品,如《竞技运动教育学》等。

巴比伦之囚

阿拉伯沙漠地处非亚两洲之间。4 000 年前，一个名叫“塞姆族”，也被称为“闪族”的游牧民族，为了寻找水草，驱赶着他们的羊群在这片广袤的沙漠中寻找可以安居之所。

在阿拉伯沙漠的北部，有一块形状似一轮新月的肥沃土地，因此这片富饶的土壤也被叫做“新月形沃土”。塞姆人把这里看做天堂，特别想在这里放牧定居，但是每当他们带着牛羊来到这里，就会被当地的居民驱逐出去。他们心有不甘，便向当地居民发起了多次进攻，尽管经历了多次失败，最终，他们还是如愿以偿地占领了这里。

塞姆族内包含了很多不同的部落。其中有一支部落全部是希伯来人，他们想生活在新月沃土中的那片狭长地带，也就是今天的巴勒斯坦地区，因为他们早就听说那里是“流着奶和蜜的地方”。然而迦南人的部落早已生活在这片地带上，希伯来人为争夺这片土地，与迦南人进行了多年的争夺之战。事实上，希伯来人完全不是迦南人的对手，迦南人的勇猛是他们远远比不上的。

希伯来人在多年战败的情况下，情境堪忧。他们认识到不能再这样下去了，于是召集了全部落的人来商讨今后部落该何去何从。有一位老人说，有一个地方叫做埃及，它虽然遥远，但是那里牛羊遍地，年年五谷丰登，凡是到过那里的人都称它为“天堂”。如果我们想要过上安居乐业的生活，就应该去那里。全族的人听到这位长者这样说，就全部同意了。于是，他们离开了巴勒斯坦，向埃及进发了。

时间推移到公元前 1700 年左右，希伯来人的族长带领他的部族远离了巴勒斯坦，长途跋涉，到达了尼罗河三角洲东部的草原，并在这里定居了。

生活在埃及的希伯来人认识到这里是一片十分美好的土地，他们一住便住了几百年。

到了公元前1300年左右,这片安宁却不复存在了。埃及的法老拉美西斯二世意图兴建两座巨大的宫殿,他将希伯来人变成了他的奴隶,为他开山取石,服各种徭役。又过了几十年,拉美西斯二世去世了,而埃及则遭到了各方民族和海盗的侵扰。

这时的希伯来人首领摩西，乘此良机带领全族人越过红海，逃离了埃及。在他们出逃的过程中,并非一帆风顺。他们经历了很多苦难,不仅缺水少粮,而且还要风餐露宿,每日行走在无边无际的沙漠中。有很多人宁肯折回埃及继续做奴隶,也不想再这样痛苦下去了。

身为部族首领的摩西看到族人放弃了争取命运转机的机会，内心十分痛苦。当他们经过西奈山时,他独自爬到山顶。在山上他一待便是四十天,下山后他对族人说,他看到了他们所敬奉的耶和华,并得到了他的圣谕。他还说,只要得到了神的手谕,我们一定会交好运的。摩西,便是后来犹太教的创始者。

逃离埃及后，摩西认为只有重回迦南部落的所在地才是他们唯一的出路。然而,多数的希伯来人畏惧迦南人的勇敢彪悍,不愿再与他们作战。摩西也只能带着他的部族四处流浪。四十年后,摩西已年老体衰,不久之后就离世了。他的继承者叫约书亚,此时希伯来人的新一代已经成长起来了,在经过了多年艰难生活的磨炼后,希伯来人个个都能征善战。于是,约书亚带领他们再次与迦南人争夺那片土地,同样,经过了多次的失败后,他们终于能够渡过约旦河,在他们梦寐以求的地方定居了。

继承约书亚首领席位的是一位名叫参孙的战士。参孙的特别之处在于他力大无穷,他可以徒手撕裂猛狮,还曾经仅凭一块驴肋骨就夺去了1 000个敌人的性命。

当时的希伯来人内部又分为了多个小部落，其中两个较大的部落是以色列和犹太。参孙去世后,一直没有出现能够使全体希伯来人敬服的部族首领，所以，自此之后很长时间内，希伯来人的各个部落没有统一的领袖，他们又陷入了动荡的生活之中。就在希伯来人内部不和之时，居住在地中海沿岸的腓力斯部落强大起来，他们向希伯来人发动了战争。希伯来人没能抵住腓力斯人的进攻，不仅丧失了领地，连本族的圣物"约柜"也被抢走了。

就在希伯来人四分五裂之时，一位名叫扫罗的年轻人在一次战争中表现得异常机智勇猛，他也因此获得了全族人的尊敬。希伯来人一致推举扫罗为他们的部族首领，并为他举行了盛大的涂油圣礼，即把油涂抹在扫罗的身上，承认了他为希伯来部族的最高领导者。然而，这位英雄在一次战斗失败后，因无法面对自我和族人，最后自杀而死。

继任扫罗首领之位的是一位名字叫做大卫的青年人。大卫本是强盗头领，被扫罗收服后，做了扫罗的军官。大约在公元前 1000 年，大卫率领希伯来人打败了腓力斯人，也将他们原有的圣物"约柜"抢了回来。

大卫的部队战胜了腓力斯人后，又占领了迦南人一座意为"和平之城"而名为耶路撒冷的小镇。大卫本是出身犹太部落，他就将自己建立的国家定名为犹太王国，还将都城定在了耶路撒冷，把圣物"约柜"安放在了耶路撒冷的神殿内。此外，大卫还为耶路撒冷增建了新的建筑物，也就是他所需要的宫殿和神殿，他自己也过上了奢华的帝王生活。其子所罗门在大卫死后继承了王位，所罗门是一位很有智慧的国王。一天，一位官员带着两名妇女和一个小孩子来到了所罗门面前，官员告诉国王：这两位妇女都称这个小孩是自己的，他不知如何判断，只能向国王请求帮助了。所罗门稍微思考了一下，说："既然无法分辨这小孩的母亲是谁，那么我们就将这孩子用剑劈成两半好了，一人一半。"国王的话音刚落，一位妇女就痛哭起来，她请求国王道："我不要孩子了，不要了。只希望你们不要伤害他！"而另一位妇女则面无表情。见此情景，所罗门大笑着对那个官员说："谁是这孩子的母亲，你现在应该很清楚了吧，凡是亲生母亲都不希望自己的孩子受到任何伤害，她们是会不计任何代价去保护自己的小孩的。"

所罗门执政时期是犹太王国历史上最为鼎盛的时期。然而，所罗门是一个比他的父亲更爱享受的国王。他命令手下建造了很多宫殿和神殿，其中位于耶路撒冷小山上的宫殿及犹太教的圣殿是最为气势恢弘的。他们的圣物“约柜”也被送到了新建成的圣殿中。这个圣殿，在相当长的一段时间内，象征着犹太人的团结统一。

当中国处于春秋之乱时，也就是公元前586年，巴比伦灭掉了犹太王国，生活在耶路撒冷的所有犹太人都成为了俘虏，史称“巴比伦之囚”。六十年后，波斯征服了巴比伦。波斯国王居鲁士没有继续囚禁犹太人，而是还给他们自由。重获自由的犹太人在回到耶路撒冷后，也并没有过上安宁的生活，他们不断遭到外族的侵扰。绝望的犹太人，只能将命运的希望寄托于救世主“弥(mí)赛亚”的降临。时间推移到5个世纪后的公元66年，罗马总督提图斯向耶路撒冷发动了战争，意在掠夺城中神殿和宫殿里的宝物，而犹太人殊死抵抗，战争持续了4年。至公元70年，提图斯使耶路撒冷全城浸染在血泊中，他几乎屠杀了所有的犹太人，而幸存的一些犹太人，他将他们送到矿山采矿，或者变成罗马斗兽场的角斗士，或者被卖为奴隶。

从此之后，犹太人被迫离开了耶路撒冷，流散到了世界各地，更有人到了中国，住在河南开封等地。直到二战前，犹太民族仍是一个没有国家的民族。

历史探微

居住在巴勒斯坦的居民开始时是迦南人和其他部族。后来有一支说塞姆语的游牧部族从东边逐渐迁入巴勒斯坦，他们就是希伯来人，也就是后来的犹太人。经过长期的冲突之后，犹太人与原住居民逐渐开始了混合杂居。其中北方居住着以色列部落，南方居住着犹太部落。

紫红色的腓尼基人

古代的城邦国家腓尼基，地处叙利亚沿岸，东靠黎巴嫩山，南接巴勒斯坦，西临地中海，北连小亚细亚。腓尼基处在西亚海陆交通枢纽的关键地区，它的航海和商业都特别发达。

腓尼基在古埃及的文献里被称作“腓尼赫”，意思是“紫红之国”。古希腊人为什么要这样称呼他们呢？原因在于当时埃及、巴比伦、赫梯及希腊的贵族和祭司们都喜欢穿紫红色的袍子，而这种颜色的衣服又很容易褪色。但是他们看到地中海东岸的人所穿的紫红色衣服一直那么鲜亮，即便是衣服破了，经过了多次的洗涤，颜色依旧跟新的时候一样。这样一来，大家就称地中海东岸的居民为“腓(féi)尼赫”人，也就是腓尼基人。

腓尼基人是偶然间发现能够生产这种绛红色的染料的。传说有一位腓尼基的牧人，一日从海边带回很多海螺，用水煮熟海螺后，便随手丢了几个给猎狗。这几个海螺可把饥饿的猎狗高兴坏了，猎狗使劲地啃咬着海螺，瞬间嘴和鼻子都沾满了鲜红的汁水。牧人最初以为是海螺壳将猎狗的嘴巴戳坏了，连忙端来清水为猎狗洗伤口。洗了很久以后，猎狗的脸上还有鲜红色的印迹。牧人不禁一边自言自语一边拿起海螺壳仔细地观察起来，他发现在海螺壳里面有两块鲜红的染料。就在此刻，他的脑海里蹦出了一个想法：如果用海螺壳里的色料来漂染衣服，一定不会掉色。于是，他又到海边拾回大量的海

螺，敲碎外壳取出里面的染料块，放在热水里煮，果然熬出了紫红色的染料。

这件事情一经传开，许多人都跑到海边打捞这种海螺，将里面的颜色块做成染料，再给布匹上色。地中海沿岸许多国家的人民都很喜欢这种紫红色的布，这就促使了更多的腓尼基人去贩卖染料及布匹，他们也由此赚了许多钱，渐渐地放弃了农耕生产，变成以经商为主了。当时，从商的腓尼基人的足印遍布地中海南北的各个港口。

善于经商的腓尼基人，还擅长航海，也以此闻名于世。人类第一次的环绕非洲的航行就是由他们发起的。

谈到腓尼基人的绕非洲之行，已经是 2 600 多年前的事情了。

当时，执政的埃及法老尼科，在王宫里召见了几名最优秀的腓尼基航海家，命令他们开辟一条全新的、从来没有人行驶过的航海路线。尼科法老对他们说："听说你们腓尼基人经常吹嘘自己最善于航海驾船。现在我让你们从埃及出发，一次也不允许掉头行驶，并且自始至终要靠右海岸航行，最后还要回到埃及。假如你们无法达到我的要求，现在就坦诚相告，我不会处罚你们，只要求你们以后不要再自吹自擂了。如果办得到，那么等你们回到埃及那天我一定重重有赏。"

在浩瀚的大海中，开辟新的航道谈何容易！但是腓尼基的航海家不惧艰险接下了这个任务。就在几日后，这些腓尼基的航海家驾驶着三艇双层的划桨船出发了。时间一晃三年就过去了，尼科法老认为这些胆大的腓尼基人早就已命丧大海了。

有一天，一位大臣向尼科法老禀报："报告陛下，当年出海的腓尼基人已经回来了，正在殿外听候传召。"尼科法老听后大惊，说道："他们，他们居然没有死，赶快宣他们上殿！"当腓尼基的航海家步入王宫后，法老就板起了脸质问道："你们这些人真是大胆啊，居然敢欺骗我！赶快给我交代，这三年你们躲到哪里去了！"于是，腓尼基航海家不慌不忙地向法老讲解了这三年的航海过程，并呈上了沿途收集到的各种奇异的物品。在事实面前，尼科法老

历史探微

在近两年的时间里,牛津大学人类基因专家斯宾塞·威尔斯和黎巴嫩人类基因专家皮埃尔·札卢伊计划以随机抽样的方式,沿着地中海海岸收集当地人的血样,并将其带回实验室里进行基因实验。利用这样的方法将"海人"和迦南人、迦太基人之间的联系找出来,他们的理论基础是:人类DNA中包含长链和短链,短链比较容易产生突变。长链却可以在很长一段时间内保持稳定,长链有两条,分别为X链、Y链。父系的基因信息体现在Y链上,由此可以通过对这条长链的分析来了解父系家族的基本状况。

终于相信了,他说道:"腓尼基人果真是世上最优秀的航海家啊!"然后他也兑现了当年的承诺,重重地赐赏了这些腓尼基人。腓尼基人环绕非洲的航行,是人类航海史上的壮举。因为当时的欧洲人称大西洋就是世界的尽头,没有人可以穿过直布罗陀海峡。然而,腓尼基人经过地中海来到大西洋,向北直达英吉利,又转南直到西非。他们成功地向世人证明了腓尼基人在航海方面的天赋与能力。

正是由于腓尼基人以商业和航海事业为主,需要经常驾船到处做生意。在买卖记账的时候,便发现本族使用的楔形文字太繁复,急需创建一种简单的文字做为书写符号。于是,他们以埃及字母为基础,创造出一种只用22个辅音字母表示的文字。这种腓尼基字母与现在欧洲各国的拼音字母相差无几。提到了腓尼基字母,这里还有一个有趣的传闻:传说有一位腓尼基木匠名叫卡德穆斯,是位远近闻名的智者。有一天,卡德穆斯去别人家干活,恰巧忘带了一件工具。他随便拿起了一片木头,用刀在上面划了些什么,然后命一个奴隶将这个木片送回家中交给妻子。看到木片的妻子,什么都没有询问就直接递给了奴隶一件工具。奴隶大为吃惊,他觉得自己的主人卡德穆斯在木片上用一种神秘的方式传达出了自己想要的工具。而这块木片上所刻画的就被认为是腓尼基第一次出现的字母文字。后来更多的人知道了这件事情,都跑来向卡德穆斯请教,他也毫不吝啬地将自己发明创造的字母传授给了别人。从此,腓尼基字母就逐渐传播出去了。

乌加里特城是最早使用腓尼基字母的腓尼基城市，它大约兴建于公元前 4000 年左右,毁于公元前 1400 年的一场严重的地震。

乌加里特城在当时是一座名副其实的“国际大都会”,城里汇集了来自天南海北各行各业的人士。考古学家在乌加里特城的遗址上发现了许许多多的用楔形符号写的字母文字的泥版。自 1930 年开始,专家学者陆续读懂了这些用 30 个楔形符号写成的泥版,这些泥版中还包含了很多乌加里特诗章。

此外，考古专家在古城遗址上还发现了一本被誉为世界上第一本带有字母文字表的识字读本。而其后的腓尼基人所使用的 22 个辅音音符所组成的字母也是在乌加里特字母的基础上演变而来的。后来的古希腊人又以腓尼基字母为基础创造了希腊字母，罗马及其周围地区的人所使用的拉丁字母又是在希腊字母的基础上创建的。而现今欧洲各国的拼音字母基本上又是以希腊字母和拉丁字母为蓝本发展起来的。所以说,当代欧洲各个国家字母文字的始祖便是腓尼基古城乌加里特的字母文字。

世界第一高峰——珠穆朗玛峰

地处中国西藏自治区和尼泊尔接界处的喜马拉雅山中段的珠穆朗玛峰,山体整体呈现巨型金字塔状,地势极为险峻,环境异常复杂,山顶终年积雪,天气多变,纵使在一天之内天气状况也变幻莫测。珠穆朗玛峰不仅巍峨雄伟,而且气势磅礴。在它周围 20 千米的范围内,群峰林立,山峦叠障,且多为世界著名山峰。在尼泊尔,当地人称其为“萨迦——玛塔”,海拔 8 844.43 米的珠穆朗玛峰不仅是世界第一峰,也是中国最美、最令人震撼的十大名山之一。

大流士一世改革

波斯暴君冈比西斯死后，大臣们都投到了那个冒充巴尔迪亚王子的拜火教僧侣高墨达座下。

新皇帝登基8个月了，但从不召见大臣，他们都很纳闷：为什么新国王总是深居简出，拒绝召见大臣，也不在公众场合露面呢？有人传说这个巴尔迪亚其实是拜火教僧侣高墨达，大臣们都将信将疑。有一天，冈比西斯从前的一个王妃发现新皇帝没有耳朵。她把这件事告诉了他的父亲——大臣欧塔涅斯。欧塔涅斯马上认定这个新皇帝不是巴尔迪亚，而是高墨达。因为在居鲁士执政时，高墨达由于犯了过失被居鲁士皇帝下令割去了双耳。很快，欧塔涅斯将真相告诉了另外6名波斯贵族，其中也包括后来的君主大流士一世。他们决定再次发动政变，夺回政权，杀死高墨达。

这7位大臣先是派人在首都到处散布消息，说新皇帝不是真正的巴尔迪亚王子，而是高墨达假冒的。一传十，十传百，没多久，假巴尔迪亚的消息便弄得人尽皆知。高墨达知道真相败露，惊慌失措，马上逃到米底，最后被欧塔涅斯和大流士等人杀死。

高墨达死后，这7位大臣却在商议由谁来当新皇帝的问题上产生了分歧，谁都认为自己应该当皇帝。一天，7个人又为此事争执起来，最后只有欧塔涅斯退出了王位的竞争，只要求今后不管谁当了皇帝，都不得对他有不敬的地方。其余6人同意了他的要求，但是由谁当皇帝的问题还没有得到解决。最后6人商定，第二天早晨6人乘马在郊外集合，看谁的马先嘶叫就由谁来当皇帝。大流士让他的马夫使了一个计策，使他的马先叫了起来，于是他当上了皇帝。

大流士当上皇帝之后，开始的日子很不好过，因为在高墨达死后，全国各地都出现了叛乱。但是由于叛乱的军队之间缺乏联系，有利于大流士各个击破。大流士先是集中兵力进攻埃兰，擒(qín)获了起义军首领。然后又亲自率军攻打巴比伦地区，将在底格里斯河附近被击败的巴比伦军队赶进水中，死伤无数。巴比伦王尼金图·贝尔带少数骑兵逃回巴比伦城。不久大流士率军攻进巴比伦这座千年古城，杀了贝尔。就这样，大流士费时一年，前后进行了18次战役，终于平定了叛乱。

公元前520年9月，大流士功成身就，踌躇满志，并巡行各地。为了吹捧自己，他在巡行到爱克巴坦那附近的一个叫贝希斯敦的小村庄时，让人在村旁的悬崖峭壁下留下了有名的《贝希斯顿铭文》。这个铭文的上半部分是浮雕，浮雕上的大流士身罩披肩，气势轩昂，圆睁双眼，目视前方；左脚踏着倒在地上的高墨达，右手指向波斯人崇拜的光明与幸福之神——阿胡拉马兹达；8名被绳索绑缚着脖颈的叛乱首领被雕刻得很矮小，与高大伟岸的大流士形成鲜明对照。浮雕的下半部是用古波斯、埃兰、阿卡德语三种楔形文字写成的铭文，上面写着：我，大流士，伟大的王，万邦之王，波斯之王，诸省之王，叙斯塔斯帕之子，阿尔沙马之孙，阿黑门尼德。……按阿胡拉马兹达的意旨，我是国王。

大流士认为居鲁士和冈比西斯时代的宫庭缺乏规矩，自从当了皇帝之后，他便制定了一大套森严的宫廷规矩。在上朝时，大流士头戴闪闪发光的金皇冠，身穿绛红色的长袍，腰系金丝腰带，手握黄金“权杖”，高坐在金阶之上。身后则站着大群高擎羽扇和大伞的随从和侍卫。大臣要跪在地上朝见，在他和大臣之间还要用帷幕隔开，因为大臣的呼吸会亵渎皇帝。

大流士宫内有各种杂役人员1.5万人，他还建立了一支有1.2万人的卫队，称为“不死队”，因为他们的人数永远不变，随时有预备队员可以补缺。为了防止出现叛乱，大流士又把全国分成许多军区，军区的长官只对他一个人负责，任何人无权调动军队。

大流士日常的饮食极为讲究。当上皇帝之后，他便只喝故乡的水，因此每天都要派许多人用专门的银筒，把他故乡的水运来，即使在他出游各地时也不例外。大流士特别喜欢吃爱琴海产的鲜鱼，为了及时把鲜鱼送到宫中，他下令修了一条全长两千多公里长的驿道，称为“皇道”。这条驿道全程设有100多个驿站，沿路驿(yì)站的信差，就用接力的方法，快马加鞭地把鲜鱼送到宫中。从爱琴海到大流士的宫中，以往步行需要几十天的路程，但由于有了这条驿道，信使3天就可以到达。希腊人羡慕地说：“波斯王住在巴比伦，爱琴海鲜鱼进宫廷。”当然，修筑这条驿道也使波斯的交通得到了极大的改善。这条路在我国汉代张骞(qiān)通西域后，便成了丝绸之路的东段。此外，大流士还下令挖了一条由尼罗河到红海的运河，这条运河就是现代苏伊士运河的前身。

由于波斯的交通发达，沿途又有士兵保护商旅、行人免遭抢劫，波斯和印度以及地中海各国的贸易很快便发展起来。据说，水稻和孔雀就是在那个时候从印度传入波斯的。

大流士即位后，便将各行省的贡赋固定下来，并统一了度量衡。他还下令铸造和使用金币。金币的正面是他本人的头像，反面是一个弓箭手，这

历史探微

大流士一世语录：

这是波斯土地，阿胡拉赐给我，这是一块吉祥的土地，有好马，有好男人，承阿胡拉的恩典和个人品格，大流士王不怕任何敌人。

我祈求诸神的保佑，保护这个国家及这片土地不受仇恨、敌人、谎言和干旱之害，没有坏年成、没有仇恨、没有敌人，没有谎言侵扰它。

种金币叫做“大流克”。现在，这种钱币已经成为古币收藏家眼中的珍品。为了享受，大流士还调集埃及、巴比伦、腓尼基等地的大批能工巧匠，为他建造宏伟的王宫。

后世的历史学家把大流士的这些做法称为“大流士改革”。

自从王位坐稳以后，大流士便为自己树立了一个石碑，上面大言不惭地刻写道：“叙斯塔斯帕之子大流士，由于他的马和他的马夫欧伊巴雷的功绩，赢得了波斯帝国。”

和他一起杀高墨达的那几个大臣，此时谁也不敢说什么了。其中有个不识时务的人叫尹塔普列涅，因为冲撞了大流士，结果被大流士杀了全家。

公元前500年，大流士发动了对希腊的战争。在公元前490年的马拉松战役中，波斯军队被希腊人打得大败。10年后，大流士的儿子薛西斯再次远征希腊又惨败而归。从此，波斯帝国逐渐衰落。

大陆上最低的地方——死海

有着“世界肚脐”之称的死海虽然名字带有一个“海”字，但实际上并不是海，死海是一个内陆盐湖，位于巴勒斯坦和约旦之间的西亚裂谷中。西岸为犹太山地，东岸为外约旦高原。作为世界陆地最低处，死海湖面低于地中海海面398米，平均深300米，最深395米。之所以叫作死海，是因为其盐度高达300-332，水中几乎没有生物存活，甚至连沿岸的陆地上也很少有生物。死海是地球上盐分居第二位的水体，只有吉布提的阿萨勒湖的盐度超过死海。

雅典的民主制度

公元前 508 年，雅典的政治制度再一次迎来新改革——实行“陶片放逐”。所谓的“陶片放逐”是指：凡是破坏国家民主制度，企图个人独裁的人，经过召开非常公民大会口头表决，或通过投陶片表决，将企图威胁雅典民主制度的政治人物交“陶惩审判庭”审判，并由它做出是否把他逐出雅典的判决。这条法律是由雅典著名的政治家克利斯梯尼夺取政权后所制定的。

这天是第一次实行“陶片放逐”制度，具有资格的雅典公民都来参加公民大会了，他们紧张而激动，因为今天是投票的日子。在这次非常大会上，多数公民觉得有必要举行陶片投票，而且高声喊出了某个人的名字。出于这种需要所以就召开了“第一公民大会”。这次公民大会上可以让雅典公民清楚地知道谁将遭到放逐的命运，而众所周知一旦被逐出雅典就意味着声名狼藉，是非常不光彩的。

随着开会时间的临近，会场外挤满了前来参会的人们。会场被围上了篱笆，留出 10 个入口，与雅典的 10 个部落相对应。在门口执勤的监察员会将外邦人拦下，只放行雅典公民。过程如下：先是在各自选区的入口处，每个有投票资格的雅典公民领取一块陶片，规定陶片一人一张，不准冒领和多领。接着，他们经过慎重考虑，在陶片上写上认为应该放逐的人的姓名。然后在进主要会场大门时，他把陶片交给工作人员，陶片有姓名的一面朝下，因此，投票是为投票人保密的。投票结束后，公民大会的工作人员在公民公开监督下，做统计工作。如果某个人的票数超过了 6 000 票，他就要被判放逐 10 年，但放逐投票会议的召开并不意味着一定有人被放逐，因为雅典法律规定放逐投票须达到 6 000 人的法定人数。如果选票总数未达到 6 000，此次投票即宣告无效;如果超过6 000,再按票上的名字将票分类,得票最多的人士即为当年放逐的人选,放逐期限为10年。放逐期间,被放逐者的公民权和财产权被保留,期满后才能回到雅典,恢复他的公民权。

随着时间的临近,工作人员即将要揭晓投票结果,会场上的人们都感觉到越来越紧张的气氛。整个会场安静得只听得见工作人员的走动声,大家怀着激动的心情静候着结果。这一激动人心的时刻终于到来,主持投票的一个主要工作人员宣布了这次获票最多的是一个不得人心的贵族子弟。当他的名字被宣布时,整个会场一片欢呼雀跃,人们纷纷声讨他品质败坏,是民主的蛀虫,不适合再留在一个民主的城邦。

有公民不高兴地说道:“他不只反对建立海军,而且从不关心国家大事,总是将自己的个人利益放在前头。”

一个农民模样的公民也气愤地说:“是啊,他居然还想实行个人独裁,不断营私肥己,敲诈同胞,以此聚敛了大量资财。”

“让他从雅典滚出去!”会场上响起公民的一片激昂的喊声。这个贵族子弟在众目睽(kuí)睽下,即刻被押出会场,被放逐出雅典城。“陶片放逐法”是雅典民主政治中的一项主要政治制度。它的实施在克利斯梯尼改革时期,起到了保护雅典民主制度的积极作用,同时也维护了社会安定,保障了公民权利。

历史探微

在现代西方语言中,有很多专有名词来源于希腊语,英语中的君主制、寡头政治等词中代表统治的词根来源于αρχειν(archein,统治),有治理的意思。而“民主“一词也源于希腊语,由人民(δήμos)和强权(κρατos)两个词根组成,由人民掌握权力的意思。但强权(κρατos)在希腊语中语义粗俗,据推测这个词语出自蔑视民主的势力之口。但尽管如此,雅典的民主政治家们对这一词还是持欣然接受的态度。

伯里克利时期,雅典的奴隶主民主制度得到了更大的发展,雅典的民主政治成为希腊奴隶制民主高度发展的典型。

伯里克利实行了一系列措施削减了贵族会议和执政官的权力。伯里克利制定了公薪制——除大将军外,只要是担任公职的人员就可以得到由政府提供的每日津贴,他的目的在于为一般公民提供一定的物质保证,使他们都能担任国家公职。而事实也如此,雅典的公民因此都不再拒绝担任公职了,反而将能够担任公职视为一种为国家出力的荣誉;如果某个人一生中没有担任过任何公职,他就将被大家看做是一个没有出息的人。公民要想担任国家公职就必须通过公民大会的选举,因为它是国家的最高权力机构。

依据雅典城邦的规定,年满20岁的男性公民才有资格参加每隔9天在雅典城两边的广场上召开的公民大会。会上,每个公民自由登上讲台,提出针对国家的政策和所有公职人员的批评和建议。国家的一切重大决定必须经过公民大会讨论表决后方能生效。同时也规定在选举公职大会上只有年满20岁的男性公民才有选举权和被选举权。

公民大会的常设机构是500人组成的会议,也称“500人会议”。会议进一步设制50人团,从五百人中选出年满20岁的男性成员轮流担任,任期为一年。每天早晨50人团均需抽出一人出任主持人,相当于国家元首的执行主席,不得连任。主持人须全日待命以应付突发事件,并主持该日的500人会议。如果当日举行公民大会,他也必须负责主持公民大会。雅典由于采用抽签制度以保证每个公民都有出任议员的公平机会,议员任期只有一年,不得延期,这样可以防止那些想利用掌握的权力来拥有政治特权的野心家。

抽签的方式简单有趣。组织者在一所寺庙里放上两只箱子,左边箱子装着写有候选人名字的名单,右边箱子放着用来决定命运的白豆和黑豆。最先选出执政官,然后由他从左边箱子里取出那张名单,再从右边箱子里取出一粒豆。白豆意味着这个人就当选了;黑豆则意味着没有当选。所以在会场常常会听到此起彼伏的埋怨声:“真倒霉,竟然又是黑豆,只有明年再来碰碰运气了！”

雅典的重要职务则是通过另外一种方式来选举。像掌握着军队的将军和骑兵、步兵统帅，掌握国库钥匙的司库员等，关系到国家命运，是要害职务。这些职务通过公民举手表决，由获得了多数选票的人当选，并且当众宣布。

陪审法庭是当时雅典的最高司法机关，它不但审理诉讼案件，还兼管官吏的资格审查，纪律检查和投票表决国家法律废立。这个法庭是从全体公民中抽签选出的600名陪审法官组成的，审判员叫陪审员，任期一年，不得连任。开庭之前，再以抽签的方式分成10个陪审团，每个陪审团500人，另有100人以备急需，将这些陪审员分配到不同的法庭，审理不同的案件。它的主要目的是为了防止任何形式的贿赂。陪审法官任期一年，不能连任，基本上雅典的公民每3年就可以轮作一次陪审法官。雅典的法庭不设法官，只设主持官，负责组织审判并维持法庭的秩序，判决的权力则在陪审团。可见，陪审法庭的权力很大，它负责国家大小案件的审理和所有公职人员的资格审查，而且参加立法工作。法庭开庭之日，才以抽签的方式将这些陪审员分配到不同的法庭，审理不同的案件，判决结果是所有团员秘密投票决定的，以一天为审判的时间期限。陪审法庭极有权威，但严禁罪犯行贿法官，即使权势人物也不能干扰法庭，而犯罪者会得到公平的审判并为其罪行遭受应得的惩处。据说首席大将军伯里克利本人曾因挪用公款被罚款，并被革除了将军的职务。陪审团的作用，使得雅典公民“在法律面前人人平等”，也使它在公民中的威信极高。

雅典的民主政治在当时具有很大的进步性，但凡事都是相对的，雅典的民主政治也不例外。雅典民主统治的服务对象仍是奴隶主阶级，一般的公民无法担任掌握国家实权的大将军，统治阶级的上层不设将军职务津贴这种方式，把将军这个重要官职牢牢地垄断在自己手中。尽管如此，雅典经过伯里克利等民主领导人的改革，雅典公民成为了国家的主人，自己的命运由自已掌握，并拥有监督官吏，制裁违法乱纪的官吏的权力，这对保持政府的廉洁和政局的稳定起到了很好的作用。所以，雅典的民主制度不愧为希腊地区奴隶制民主制度的典范。雅典开世界民主政治之先河，在古代世界率先建立了较为健全的民主政治制度，为后世留下了一笔宝贵的政治文化遗产。

最早发明阿拉伯数字的国家——印度

1、2、3、4、5……在你写下一串数字的时候，有没有想过这样一个问题——阿拉伯数字到底是哪个国家发明的？虽然名为阿拉伯数字，但最早并不是出现在阿拉伯，而是由古代印度人首先发明的。在几千年前的典籍《吠陀》中，印度人就有了数字的记录。到了公元八世纪，由印度人毛卡将其传播到阿拉伯地区，那时的阿拉伯人将这种数学符号称为“印度数字”。后来，在阿拉伯人的不断改进下，这种数字又传入欧洲，并很快在世界范围内使用，被人们称为“阿拉伯数字”。

西西里之战

即使波斯人被赶走以后，希腊人梦寐以求的和平还是没有降临在他们身上。雅典和斯巴达为争夺霸权引起内讧,爆发了长达26年的战争,这就是伯罗奔尼撒战争。这漫长的26年,使雅典丧失了最精良的陆军和几乎全部的舰队。在雅典和斯巴达战争开头的10年里,双方未分胜负,但随后的岁月中,厄运似乎降临到雅典人的头上,一场失败接着一场失败,尤其是西西里之战的惨败,已经注定了雅典最后失败的命运。

公元前416年,西西里岛上雅典的盟友塞杰斯塔与邻国塞利努斯交战,请求雅典支援。主和派领袖尼亚西斯和主战派领袖亚西比德对于是否派兵支援的问题,在公民大会上展开了激烈的辩论。尼亚西斯指出了进行远征可能会困难重重,坚决反对远征西西里,并且当面指责亚西比德的自私,说他不过是借此机会来成就自己,而忘记这样对国家所造成的危害。亚西比德是当时最著名的哲学家苏格拉底的学生，是一位既年轻英俊又雄才博学的将军。对于尼亚西斯的指责，能言善辩的亚西比德自称他所做的都是为了国家,而绝不是为了自己。他说:“西西里人只是一群乌合之众,征服他们易如反掌。那里有取之不尽的金银财宝!斯巴达人正贪婪地盯着它。如果我们不去,就会落入斯巴达人之手！我们雅典取得西西里这片巨大的土地,才有可能取得全希腊的霸权。”结果,在公民大会上,亚西比德的意见竟占了上风。雅典公民大会任命主战派年轻将军亚西比德，主和派领袖尼亚西斯和拉马科斯为统帅,准备出征。

第二年夏天,远征准备就绪,雅典人集结了一支庞大的军队,共调集了136艘三层桨战船，两条50列桨大船和大量运输船，重装步兵5 100名,1

200 名轻装步兵，26 000 名桨手。这是雅典历史上最壮美、开支最大的一次起航。所有人都充满了远征的热情。他们将征服那些他们要去的地方，将会看到异地风光和取得宝贵的经验。另外，一般民众和士兵可以得到薪金，帝国也会因为领土得到扩大而获得更多的收入。伴随着悠长的号角声，战士们都满怀着希望与热情坐上缓缓离开港口的舰队，踏上征战之旅，计划是远征军先在科西拉与盟国支援部队会合，然后驶抵南意大利。

然而，突发的两件事给远征军的前途蒙上了一层阴影。第一件事是远征军出发后才发现塞杰斯塔很穷，没有办法支付远征军费用，这就使远征军大捞一把的企图破灭，出征时的亢奋骤然消失，军心开始动摇。第二件事就是三统帅之一的亚西比德叛逃到斯巴达。舰队远征前夕，雅典城内发生了一桩震惊的事件：一天夜里，许多竖立在十字路口的赫尔美神像的面部被人捣毁了。赫尔美神是希腊手工业和商业之神，也是航海和旅行者的保护神。雅典人认为这是远征的不祥之兆，在雅典城中引起了极大的骚动。因此，为追查肇事者，国家鼓励告密，亚西比德被指控参与了此事。愤怒的亚西比德率先坚决要求查清此事，但出征日期却不能更改，他也只好作罢，还是率远征军如期出发了。远征舰队在西西里岛东部靠岸后，大军迅速登陆，随即与斯巴达的盟友叙拉古的骑兵交锋。正当亚西比德准备在西西里岛施展自己的才华之际，不料发生了意外：雅典派来了一艘国家战舰，带来公民大会的一项命令，要亚西比德立即回雅典受审。原来，亚西比德一离开雅典，他的政敌们便联合起来，使公民大会通过决议，追查他所犯的渎神和阴谋反人民的罪过。亚西比德只好交出指挥权，随舰回国。中途，他乘机逃跑了，先到阿尔哥斯，后转赴斯巴达。消息传到雅典，公民大会对他做了缺席判决，判处他死刑，并没收他的全部财产。亚西比德知道后非常愤恨，便投奔了斯巴达，并立即向斯巴达提出了两项打败雅典的建议：一是斯巴达立即派舰队援助叙拉古；二是同时派出陆军去占领雅典附近的狄(dí)西里亚。斯巴达接受并完全实施了这两项建议。

自亚西比德叛逃后,尼亚西斯仍率舰队继续西进,一到西西里就与叙拉古人展开了激战。西西里的战局变得对雅典十分不利,由于长途跋涉和尼亚西斯的优柔寡断,雅典远征军几次胜机都没把握住,战争很快陷入僵持状态。为打破僵局,公元前414年春,雅典人决定进攻,尼亚西斯和拉马科斯指挥远征军发动强大攻势,先拿下叙拉古城外的制高点埃庇坡莱。然后修筑从陆地包围叙拉古的城墙。他们从海陆两个方向包围叙拉古,激战中,拉马科斯不幸阵亡,于是尼亚西斯成为唯一的统帅。他随后又指挥海军进入叙拉古港,基本完成对敌人的水陆合围,只剩下正北部距海边长约一公里多的一个缺口正在施工。

叙拉古人见城市几乎被完全围住而惊慌失措,但是斯巴达采用了一项方案:出其不意地占领了离雅典仅20千米的狄西里亚,并在那里设防,使雅典城受到严重的威胁。在这种情况下,雅典民众大会仍反对从西西里撤军和免除尼亚西斯的职务,并决定派德谟斯提尼统帅大军分两批前去援助。尽管派来72艘战舰,运来8 000名步兵,但几经交战,雅典人仍旧失利,最后不得不撤军。公元前413年8月17日夜里,正当他们准备撤军的时候,忽然发生了月食。迷信的尼亚西斯根据预言家的建议,决定推迟3个9天后再撤军。这就使叙拉古获得了训练和改进海军力量的时机,使雅典不再拥有海上的优势。经过训练后,叙拉古采取了先发制人的战略,首先对雅典舰队发起进攻,还在海港外设置了一排排木栅,用来阻挡雅典军舰出海。雅典军受到叙拉古军的突然攻击后,在统帅尼亚西斯和德谟斯提尼的"凡能作战的都登上船舰,不惜牺牲一切,冲破海上封锁"命令下,雅典战舰同时向海港外发起猛烈的突围,企图冲破栅栏封锁线。叙拉古的战舰立即向前阻击,雅典军毫不退缩,不顾一切继续向前冲击,当他们接近封锁线,正要设法破坏栅栏准备通过时,叙拉古的船只从两翼冲来,刹时间展开了厮杀。在狭窄的港湾里,集结了近300艘战舰。战舰的互相撞击声,两军的互相喊杀声连成一片,根本听不清指挥的号令,战斗异常激烈。最后叙拉古军竭尽全力,发动了猛烈的进攻。雅典军终于抵挡不住，一败涂地，竟损失了 50 艘战舰，而叙拉古只损失了 26 艘战舰。雅典骁将攸利密顿战死，残舰被迫退回自己的泊地。叙拉古人乘机堵住海湾出口，将雅典海军完全封锁。

海战是雅典人的特长，陆战则是斯巴达人的拿手好戏。4 万军队在途中不断遭到叙拉古骑兵和步兵的袭击，第一天走了 7 千米，第二天才行进了 3 千米，第三天他们为夺取一个隘(ài)口血战了一整天，直到第四天还没攻下。到第五天，雅典军队断绝了粮食供应，前进不到 1 千米。经过几天的血战，雅典军队只剩下了 7 000 人。最后，为求得一条路，尼亚西斯和德谟(mó)斯提尼被迫率部队投降。战后，叙拉古人和斯巴达人违背诺言，处死了尼亚西斯和德谟斯提尼。被俘的雅典士兵大部分被卖作奴隶。

雅典人在西西里惨败了，丧失了近 5 万人，损失战舰 200 艘，付出了大笔战费。从此以后，雅典海上同盟开始瓦解，称霸希腊的梦想灰飞烟灭。

历史探微

1787 年 4 月 13 日，著名诗人格斯为了找到西方文化的根源，首次踏上了意大利的土地。在到达西西里岛上的巴勒莫时，他发出了这样的感慨："如果没有看到西西里，就算是没有到过意大利，只有在西西里你才能将意大利的美丽之源找到。"西西里的确是一片奇妙、美丽的土地，它的面积在意大利所有省份中是最大的，在地中海上它也是最大的岛屿。多少年来，希腊人、古罗马人、拜占庭人、阿拉伯人、诺曼人、施瓦本人、西班牙人等都在这里生活过，他们的文化永久地刻印在这片土地上，形成了独特的风土人情。在这里，独特的风土人情与迷人的自然风景已经和谐地融为一体，让人感受到一种奇妙的美。

七大奇迹

早在两千多年以前，腓尼基的一位作家就曾用诗一般的语言描述并盛赞了当时世界上最壮观的七大建筑物——埃及金字塔、巴比伦空中花园、奥林匹亚宙斯神像、摩索拉斯陵墓、阿耳忒弥斯神庙、罗得岛巨人雕像、亚历山大港灯塔。在这七大奇迹中，除了埃及金字塔和巴比伦空中花园之外，其他的都是古希腊人在公元前6世纪到公元前3世纪时创造的，它们集中地体现了古希腊建筑技术和雕刻艺术文化的高度繁荣。

古埃及人把人的死亡看成是到另一个世界去继续“生活”，因此修建坟墓之风盛行。在埃及最著名的景观就是那一座座金字塔，而其中又以吉萨的三座金字塔最为著名。在吉萨的金字塔中法老胡夫的金字塔最大，整座塔原高146米，塔底面呈正方形，塔身由两百多万块巨石砌成，巨石之间黏接严密，刀片都插不进去。另外一座金字塔是胡夫的儿子哈夫拉的，还有一座是孟考拉的。这三座金字塔巍峨地矗立在广阔的沙漠上，几千年来，见证着这片土地的沧海桑田。

古巴比伦城中最为著名的建筑就是精巧华丽的空中花园，它建于公元前6世纪。这是一座阶梯式的多层建筑，逐层升高又逐层收缩，每一层都由坚固的砖石砌成的弯拱支撑，上面栽种了各种树木及异草奇卉，最高处则是一个储水池，用来灌溉花草树木。可惜，这座神奇的空中花园并没有留传下来，它毁于公元前3世纪，连遗迹都荡然无存，今天的人们只能从史书的记载中来想象它的丰姿了。

宙斯是希腊人的“天神之王”，掌管着天上和人间的一切。据说他就住在奥林匹亚山上。于是希腊人请雅典最杰出的雕塑家菲狄亚斯制作了一尊宙斯神像，把它竖立在希腊半岛南部的奥林匹亚。

菲狄亚斯用了整整8年的时间，才完成了这座高达15米的巨像。宙斯神的正身为12米，用乌木雕成；底座3米，用黑色大理石凿成。四周则是用从地中海的帕洛斯岛上采来的大理石砌成的墙壁。

菲狄亚斯总担心自己所雕刻的宙斯神像不够威严，又在神像之上加上许多金银珠宝修饰，使这位“天神之王”更有华丽、庄严的王者之风。宙斯神像的衣服，全部用黄金的薄片编缀而成，上面还镶嵌着珍珠和宝石；身体的袒露部分，则用象牙拼嵌；眼睛由宝石做成；头上戴的桂冠，也是由黄金铸成。神像右手擎(qíng)着胜利女神，左手握着象征权力的“权杖”，权杖上面雕着一只鹫(jiù)，威风凛(lǐn)凛，令人敬畏。神像的座椅也包着黄金，上面还雕着春、夏、冬三姐妹的女神像，下面则雕有胜利女神像、妖怪斯芬克司像，以及月亮女神和太阳神杀死骄傲女神之女的故事。可惜，这座伟大的雕像后来却下落不明。

在隔着爱琴海与希腊半岛遥遥相望的小亚细亚半岛上，高筑着摩索拉斯的陵墓。摩索拉斯是希腊城邦加利亚的国王。他在公元前395年建都哈利卡纳苏之后，立即下令动工兴建自己的陵墓。这座陵墓的规模极其浩大，大约在公元前353年，摩索拉斯死的时候，它还没有完工，以后的工程由王后主持完成。

摩索拉斯陵墓呈长方形，长40米、宽30米、高45米。陵墓的台基很高，全部用白色大理石砌成，上有十分华丽的雕饰。台基上有36根廊柱，气势雄伟。墓顶呈金字塔形，上面还有国王摩索拉斯和王后阿尔泰米兹乘坐四

历史探微

传说，作为世界七大奇观之一的空中花园，其建造者是新巴比伦王国的国王尼布甲尼撒二世。他为了取悦王后，便下令建造了这座空中花园，花园建好后，王后非常喜欢。国王经常陪王后游览空中花园。

驾马车的塑像，像高4米，人物形象刻画得栩栩如生。

这座陵墓反映了古希腊精美的人像雕塑艺术，但它并没有被长久地保留下来。陵墓于公元前262年被毁。后来，人们在发掘它的遗址时，发现了墓内的甬道和地下的墓室，以及墓室里安放的国王石棺。

在距离摩索拉斯陵墓不远的爱琴海滨，还有一座十分壮观的阿耳忒弥斯神庙。

阿耳忒弥斯是希腊神话中的月亮女神，也是主管狩猎的女神，希腊人十分尊敬她。这个地方原先就有一座女神庙，但简朴得出奇，所谓的庙只是在一棵空心的树干里放着一尊小雕像。到了公元前560年，位于这里的希腊城邦以弗所的国王决定重新建一座女神庙，以纪念阿耳忒弥斯女神。

新建的女神庙长126米、宽60米。下面有十级台阶，四周围绕着137根大柱子，每根柱子都约20米高，上面还盖着长方形的大理石屋顶，看上去非常壮观。庙前有三排石柱，每排八根；庙后有两排石柱，每排九根。这些石柱都附有一人多高的金属基座，每根柱上都雕刻着神话故事，且每根毫不相同，具有很高的艺术欣赏价值。令人遗憾的是，这座女神庙于公元前3世纪在战争中被毁坏了。现在，人们已无法看到它的原貌了。

在爱琴海与地中海之间，有一个罗得岛，岛上矗立着金光闪闪的太阳神巨像。

公元前4世纪时的罗得岛是地中海东部的一个港口。那里不仅商业繁荣，而且雕刻艺术也很发达，据说全岛处处有神像雕刻，其中仅巨型雕像就有一百多尊。公元前292年，罗得岛人在战胜马其顿人之后，把战争中缴(jiǎo)获的武器全部熔化，又请来希腊著名的雕刻家卡勒斯，将其塑成一尊巨大的太阳神像，以庆祝胜利。卡勒斯用了整整12年的时间，才完成这座巨大的金属塑像。

然而，这座神像的寿命太短了，仅仅在五十多年之后的一场大地震中就倒塌了，而断裂的金属块又被谋利的商人卖到了外地。至于太阳神像是什么样子，后人也无从考证。有人说它身高约32米，两腿并立，站在大理石基座上，头戴光芒四射的金冠，右手高举火炬，双眼炯炯有神地眺望着大海；也有人说，它身高46米，两腿分立，岿然跨立在港口上空，来往的船只都得在它胯下进进出出。

在古代世界七大奇迹中，上述六个都是帝王陵墓、花园或祭神的偶像，只有亚历山大港灯塔，才是唯一造福于人民的建筑物。在地中海南部，与希腊半岛遥遥相对的就是亚历山大城，在该城的港口，有一座耸入云霄(xiāo)的灯塔，这就是著名的亚历山大港灯塔。

灯塔位于亚历山大城外的法罗斯岛上，该岛与亚历山大城之间由一条一千米长的大堤互相连接。马其顿人在占领埃及后，由小亚细亚克尼多斯的建筑师索斯特拉特斯设计，在法罗斯岛上建造灯塔。整个工程完工共花了40年的时间。

亚历山大灯塔高约120米，分四层。灯塔最下层是方形底座，高约60米；第二层是八角形的塔墙，高15米；第三层是圆塔；顶层则是信号房。底下两层都有窗子；圆塔周围雕刻着半人半鱼的神像；信号房顶则雕刻着一个威武雄壮、手持渔叉的海神像。整个灯塔有梯子直通顶部。在建造这个塔的时候，为了使大理石的塔身结实牢固，石缝全用熔铅黏合；为了使信号灯能被遥远的航船看到，塔顶还安置了一只大火炉，每天夜里燃烧着熊熊烈火，再用巨大的青铜镜反射，火光可以被一直射到50千米以外的海域。从此，夜里在海中来往的航船都有了明确的航向。

亚历山大港灯塔是当时世界上最大的灯塔，一直使用了约一千六百年。后来，这座装饰精美的灯塔毁于两次大地震中。在今人眼中，亚历山大灯塔也成为了一个美丽而古老的传说。

西方哲学奠基人苏格拉底

苏格拉底(公元前469年—公元前399年)是古希腊著名的哲学家。他的父亲是雕刻匠,母亲是助产婆。

青少年时代,苏格拉底曾跟父亲学过雕刻石像,熟读《荷马史诗》及其他著名诗人的作品,靠自学成了一名很有学问的人。他以传授知识为生,三十多岁时做了一名不收取报酬也不设馆的社会道德教师。许多有钱人家和穷人家的子弟常常聚集在他周围,跟他学习,向他请教。苏格拉底却常说:“我只知道自己一无所知。”

苏格拉底的一生大部分时间是在室外度过的。他喜欢在市场、运动场、街头等公众场合与各阶层的人谈论各种各样的问题,如战争、政治、友谊、艺术、伦理道德等等。他曾三次参战,当过重装步兵,不止一次在战斗中救助受伤的士兵。四十岁左右,苏格拉底成了雅典远近闻名的人物。

苏格拉底一生过着艰苦朴素的生活。无论酷暑严寒,他都穿着一件普通的单衣,经常不穿鞋,对吃饭也不讲究,只是专心致志地做学问。

苏格拉底的学说具有神秘主义色彩。他认为,天上和地下各种事物的生存、发展和毁灭都是由神安排的,神是世界的主宰。他反对研究自然界,认为那是亵渎(xiè dú)神灵。他提倡人们认识做人的道理,过有道德的生活。他的哲学主要研究探讨的是伦理道德问题。

苏格拉底经常和人辩论。辩论中他通过问答形式使对方改正、放弃原来的错误观点,并帮助人产生新思想。他采取“讥讽、接生术、归纳、定义”四个步骤,从个别现象中抽象出普遍的东西。“讥讽”即通过不断追问,使对方自相矛盾,承认对此问题无知;“接生术”即帮助对方抛弃谬见,找到正确、普遍的东西，即帮助真理问世；“归纳”即从个别事物中找出共性，通过对个别的分析比较来寻找一般规律；“定义”即把单一的概念归到一般中去。

苏格拉底教育学生时也从不给他们现成的答案，而是用反问和反驳的方法使学生在不知不觉中受到他的思想影响。请看一个他和学生问答的有趣的例子：

学生：苏格拉底，请问什么是善行？

苏格拉底：盗窃、欺骗、把人当奴隶贩卖，这几种行为是善行还是恶行？

学生：是恶行。

苏格拉底：欺骗敌人是恶行吗？把俘虏来的敌人当做奴隶是恶行吗？

学生：这是恶行。不过，我说的是朋友而不是敌人。

苏格拉底：照你说，盗窃对朋友是恶行；但是，如果朋友要自杀，你盗窃了他准备用来自杀的工具，这是恶行吗？

学生：是善行。

苏格拉底：你说对朋友行骗是恶行；可是，在战争中，军队的统帅为了鼓舞士气，对士兵说，援军就要到了，但实际上并无援军。这种欺骗是恶行吗？

学生：这是善行。

这种教学方法有其可取之处，它可以启发人的思想，使人主动地分析、思考问题。他用辩证的方法证明真理是具体的，具有相对性，在特定条件下可以向自己的反面转化。这一认识论在欧洲思想史上具有重大的意义。

公元前 404 年，雅典在伯罗奔尼撒战争中失败，“三十僭主”的统治取代了民主政体。“三十僭主”的头目克里提阿斯是苏格拉底的学生。据说，一次克里提阿斯把苏格拉底叫去，命令他带领四个人去逮捕一个富人，想霸占他的财产。苏格拉底拒不从命，拂袖而去。他不但敢于抵制克里提阿斯的非法命令，而且公开谴责其暴行。克里提阿斯恼怒地把他叫去，不准他再接近青年，警告他说：“你小心点，不要叫我们不得不再减少羊群中的一只羊。”苏格拉底对他的警告根本就不予理睬，依旧我行我素。

后来，“三十僭主”的统治被推翻了，民主派重掌政权。有人控告苏格拉底与克里提阿斯关系密切，说他反对民主政治，用邪说毒害青年。苏格拉底因此被捕入狱。按照雅典的法律，在法庭对被告判决以前，被告有权提出一种不同于原告所要求的刑罚，以便法庭在二者中选其一。苏格拉底借此机会发表了慷慨激昂的演说，他自称无罪，认为自己的言行不仅无罪，而且是有利于社会进步的。结果，他被判了死刑。在监狱关押期间，他的朋友们拼命劝他逃走，并买通了狱卒，制订了越狱计划。但他宁可死，也不肯违背自己的信仰。公元前 399 年的一个傍晚，雅典监狱中年届七旬的苏格拉底就要被处决了，只见他衣衫褴褛，散发赤足，而面容却镇定自若。打发走妻子、家属后，他与几个朋友侃侃而谈，似乎忘记了就要到来的处决。直到狱卒端了一杯毒汁进来，他才收住“话匣子”，接过杯子，一饮而尽。之后，他躺下来，微笑地看着

历史探微

苏格拉底的学生很多，其中最著名的是古希腊哲学家柏拉图。柏拉图出身于雅典贵族家庭，后来他成为希腊最主要的唯心主义哲学家，他反对民主制度，认为现实世界是由另一个理念世界所决定的。

前来告别的朋友，然后安详地闭上双眼。

苏格拉底无论是生前还是死后，都有一大批狂热的崇拜者和一大批激烈的反对者。他一生没留下任何著作，但他的影响却是巨大的。哲学史家往往把他作为古希腊哲学发展史的分水岭，将他之前的哲学称为前苏格拉底哲学。作为一个伟大的哲学家，苏格拉底对后世的西方哲学产生了极大的影响。

最古老的法典——《汉穆拉比法典》

在伊朗迪兹富勒西南部的一个椭圆形石柱上发现了一部法典，经考察是公元前18世纪古巴比伦王国国王汉穆拉比颁布的。这部法典分为序言、正文和结论三个部分。内容涉及财产、婚姻、继承、债务等方面，范围十分广泛。《汉穆拉比法典》是古巴比伦社会情况的一个客观反映，是研究古巴比伦王国的重要史料。这部有3 800多年历史的法典现存于巴黎罗浮宫博物馆。

柏拉图

柏拉图生于公元前427,卒于公元前347年,是古希腊伟大的哲学家,也是西方哲学乃至整个西方文化最伟大的哲学家和思想家之一,在西方哲学史上是第一个使唯心论哲学体系化的思想家。他和他的老师苏格拉底,学生亚里士多德并称为古希腊三大哲学家。

柏拉图出身于雅典贵族,他的母亲是雅典立法者梭伦的后裔。柏拉图原名阿里斯托勒斯,为何改称“柏拉图”呢?原来阿里斯托勒斯自幼身体强壮,胸宽肩阔。因此体育老师就替他取了“柏拉图”的名字,“柏拉图”希腊语意为“宽阔”。后来,柏拉图的名字被延用下来,流传至今。

柏拉图生于伯罗奔尼撒战争期间,青年时期从师苏格拉底,受到良好的教育,并接触到当时的各种思潮。对柏拉图一生影响最大的人就是他的老师苏格拉底。柏拉图跟苏氏学习了10年,直到苏氏被雅典民主派处死。他继承了自己老师的政治主张,反对民主政治,认为人所做之事应和他的身份相符合,农民只管种田,手工业者只管做工,商人只管做生意,平民不能参与国家大事。而使他更加坚决地反对平民政体的原因就是苏格拉底的死。他认为治理国家是一件大事,随便交给什么人是件荒唐的事。

苏格拉底死后,柏拉图离开雅典,开始游历四方。从28岁到40岁,柏拉图一直在海外漫游,到过埃及、小亚细亚和意大利南部,并在其所到之处从事政治活动,企图实现他的贵族政治理想,可惜没有成功,返回途中还不幸被卖为奴隶,他的朋友花了许多钱才把他赎回来。公元前387年回到雅典后,他建立了一所学园,开始他的执教生涯,直至逝世。

柏拉图在雅典城外西北郊的圣城阿卡德米创立了自己的学校——阿卡

德米学园,阿卡德米学园成为西方文明最早的有完整组织的高等学府之一,后世的高等学术机构也因此而得名。学园也是中世纪时在西方发展起来的大学的前身。这个学园成为古希腊重要的哲学研究机构,开设四门课程,分别是:算术、几何学、天文学和声学。据说,柏拉图在学园门口立了块碑:“不懂几何者不准入内”。柏拉图要求学生不能生活在现实世界里,而要生活在头脑所形成的观念世界里。他举例说道:“划在沙子上的三角形可以抹去,可是,三角形的观念,会不受时间、空间的限制而留存下来。”柏拉图深知学以致用的道理,在他的学园里按照他的政治哲学培养了各方面的从政人士。他的学园又被形象地称为“政治训练班”。学园还培养出了许多知识分子,其中最杰出的是亚里士多德。

后来,柏拉图曾两次前往西西里,都是应狄奥尼修斯二世的邀请,结果都是败兴而归。但是,此时的柏拉图早已声名远播,叙拉古因为柏拉图的到来,在宫廷的地板上都铺满了沙砾(lì),以代表人们热衷于在那上面研究几何学。

柏拉图留下了许多著作,多数以对话体写成,常被后人引用的有:《辩诉篇》、《曼诺篇》、《理想国》、《智者篇》、《法律篇》等。《理想国》是柏拉图的代表作。

柏拉图是西方客观唯心主义的创始人,其哲学体系博大精深,对其教学思想影响尤甚。柏拉图哲学体系的核心是理念论。他认为世界由“理念世界”和“现象世界”所组成。理念的世界是真实的存在,永恒不变,而人类感官所接触到的这个现实的世界,只不过是理念世界的微弱的影子,它由现象组成,而每种现象是因时空等因素而表现出暂时变动等特征。由此出发,柏拉图提出了一种理念论和回忆说的认识论,并将它作为其教学理论的哲学基础。以美为例来理解柏拉图所说的感觉世界、理念世界和人的思想认识三者的关系:世间有许多类的事物,当你判断它是否为美时,心中必然已有了一个美的原型,这存在于心目中美的原型是来源于理念世界中存在的那个绝对的美。任何美的事物都是对美的原型的一种模仿,美的事物有千千万,而美的原型或理念的美却只有一个。其他事物也是如此,比如有了桌子的理念才有各式各样的桌子,有了房子的理念才有了各式各样的房子,有了绿色的理念才有了世间的绿色……显然,他的理论是客观唯心的,根本的错误在于抹煞(shà)了客观世界而把假想当成了客观存在。

柏拉图认为人的一切知识都是由天赋而来, 它以潜在的方式存在于人的灵魂之中。人在降生以前,他的灵魂在理念世界是自由而有知的。一旦转世为人,灵魂进入了肉体,便同时失去了自由,把本来知道的东西也遗忘了。要想重新获得知识的方法不是对世界物质的感受,而是对理念世界的回忆。教学目的是为了恢复人的固有知识。教学过程即是“回忆”理念的过程。在教学中,柏拉图重视对普遍、一般的认识,特别重视对学生思维能力的培养,认为概念、真理是纯思维的产物。同时他又认为学生是通过理念世界留在现象世界里的影子,才将理念世界回忆起来的,承认感觉在认识中的刺激作用。他特别强调早期教育和环境对儿童的作用。认为在幼年时期儿童所接触到的事物对他有着永久的影响,教学过程要通过具体事物的感性启发,引起学生的回忆,经过反省和思维,再现出灵魂中固有的理念知识。就此而言,柏拉图的教学认识是一种先验论。他还认为,这种回忆的本领只有少数有天赋的人即哲学家才具备。只有由哲学家当统治者,或者让统治者具有哲学家的智慧和精神,才能将国家治理好。这种所谓“哲学王”的思想即是他理想国的支柱。

《理想国》又译作《国家篇》、《共和国》等,它与柏拉图大多数著作一样,都以苏格拉底为主角用对话体写成,这部“哲学大全”不仅是柏拉图对自己哲学思想的概括和总结,而且是当时各门学科的综合,它探讨了哲学、政治、伦理道德、教育、文艺等各方面的问题,以理念论为基础,主要是探讨理想国家的问题。他认为,国家就是放大了的个人,个人就是缩小了的国家。柏拉图根据人的品德——智慧、勇敢和节制,把国家分为三个阶层:受过严格哲学教育的有智慧之德的统治阶层、保卫国家的有勇敢之德的武士阶层、有节制之德的平民阶层。他鄙视个人幸福，无限地强调城邦整体、强调他一直坚持的“正义”。在柏拉图眼中，前两个等级拥有权力但不可拥有私产，第三等级拥有私产但不可拥有权力。他认为这三个等级就如同人体中的上中下三个部分，协调一致而无矛盾，只有各司其职，互不侵扰，在上者治国有方，在下者不犯上作乱，就达到了正义，当统治者与被统治者能够和谐一致，这个国家就达到了自治。

但柏拉图心中完美优越的城邦只是空想的乌托邦。柏拉图明白他的理想国家还不能真实存在，但现存各种国家都应向它看齐，即使不能完全相同，也应争取相似，因为它是唯一真实的国家。

关于文艺、美学等方面，柏拉图也有自己一系列的理论主张。从任何方面来说，他都是西方传统文学上最耀眼的作家之一，也是哲学史上最有洞察力和广泛影响力的作家。然而，他认为，一切文艺家的作品归根结底是模仿别人的仿制品，这显然贬(biǎn)低了文学的价值。其创建的学园由门徒主持，代代相传存在了数世纪之久。对后世影响最大的，仍是柏拉图这位开山鼻祖。在后世哲学家和基督教神学中，柏拉图的思想保持着巨大的辐射力，被称为是西方哲学的奠基人。

历史探微

柏拉图式的爱情并不是只有一种意义，它有四种不同的理解：第一种说法将其解释为极为浪漫或根本无法实现的爱情，是极度理想化的爱情；第二种说法认为它是纯精神的而非肉体的爱情；第三种说法认为这指的是一种男女平等的爱情；第四种说法认为，任何一个人，都有其完美的对象，而且只有一个。具体说来就是，在世间，有且仅有一个人，会让你觉得完美，同时你也让他觉得完美。

亚里士多德

公元前4世纪的雅典城郊外，常常可以看到一位举止潇洒、仪态优雅的六十多岁的老人，身边跟随着十多位青年，他们或是在树林中逍遥自在地漫步交谈，或是坐在山谷溪旁的大石块上，热烈地讨论着。

“老师，您再讲讲‘三段论’大前提、小前提、结论……”

老人捋了捋胡须，缓缓地说：“我们希腊人有个很有趣的谚语：如果你的钱包在你的口袋里，而你的钱又在你的钱包里，那么，你的钱肯定在你的口袋里。这不正是一个非常完整的‘三段论’吗……”

雅典人都知道，那是亚里士多德正在给他创办的吕克昂学园高级班的学生上课呢。

亚里士多德的父亲是马其顿王国的宫廷御医。亚里士多德17岁时，就被父亲送到当时著名的柏拉图学园学习，在那里他度过了20年的时光。由于他勤奋刻苦，涉猎广泛，柏拉图对他很是器重。可是，柏拉图又说：“要给亚里士多德戴上缰(jiāng)绳。”意思是说，亚里士多德非常聪明，思维敏捷，不同于一般人，不加以管教，就不能成为柏拉图期望的人。亚里士多德很尊敬他的老师，但是，在很多问题上，他又有着自己独立的思考和见解。他曾说过这样一句话：“我爱老师，我更爱真理。”

在学园里，亚里士多德经常和柏拉图争论，有时候，会把老师问得答不上来。他不同意柏拉图把真实存在看成是“人的理念”的唯心观点。他提出这样的问题：“树就是树，由种子长成，结出果实；离开实实在在的树，仅仅是头脑中的树的概念，那又有什么意义呢？”后来，亚里士多德终于抛弃了柏拉图的许多唯心论观点。他认为，客观存在的物质世界是永恒的，不是靠什么观念产生的——是先有了现实生活中的各种三角形状的东西，然后在人们头脑中才有三角形的观念；代数和几何的定律是从自然现象中抽象出来的；他还认为，生命和世界都在运动，没有运动就没有时间、空间和物质。这些都是具有一定的辩证思想的观点。但是，亚里士多德碰到一些解释不了的现象，还是要把老师的一些唯心论的观点搬出来帮忙，常常弄得自相矛盾，在唯物论和唯心论这两种观念中摇摆不定。

柏拉图死后，亚里士多德离开学园。从公元前343年起，他给当时的马其顿王国的太子亚历山大当老师，并在亚历山大继承王位后，来到雅典办学。

他首先提出了对青年学生必须进行“智育、德育、体育”三方面教育的理念，并且提出了划分年级的学制。他主张，对于7岁到14岁的儿童，国家应该为他们办小学，让他们学习体操、语文、算术、图画和唱歌；对于14岁到21岁的青少年，国家应该为他们开办中学，教他们历史、数学和哲学。体育是为了强健体魄，德育是为了培养自尊心和勇敢豪放的性格。他还主张，在青年中学生毕业之后，还要对其中的优秀分子继续培养。因此，他创办了吕克昂学园。这所学校是古希腊科学发展的主要中心之一。

亚历山大国王十分支持亚里士多德办学，据说他曾先后为亚里士多德提供了800金塔兰(每塔兰重合黄金60镑)的经费。亚里士多德在吕克昂学园里建立了欧洲第一个图书馆，里面珍藏了许多自然科学和法律方面的书籍。

亚历山大还通令全国，凡是猎手和渔夫抓到稀奇古怪的动物，都要送到亚里士多德那里。学园里开展生物学的研究，时常解剖各种动物。经过无数次的解剖，师生们发现一条规律：动物进化

历史探微

亚里士多德在哲学上的贡献最大。他提出关于第一哲学、实体、四因、潜能与现实等学说，这些学说在很多问题上接近唯物主义，并且显露出很多辩证法思想。最终，亚里士多德还是陷入了唯心主义和形而上学的世界观之中。

愈是高级,它的生理机构也就愈是复杂。

亚里士多德的学识非常渊博。教课之余,他还写了大量的著作:《工具论》、《气象学》、《物理学》、《政治学》、《分析前篇和后篇》、《形而上学》、《诗学》等等,涉及到哲学、逻辑学、心理学、伦理学、政治学、历史学、美学、物理学、动物学、植物学、生理学、医学等众多方面,并且都作出了有价值的贡献。值得注意的是,他的认识是有系统的、分门别类的,是从基本知识出发,加以分析推论或归纳,从而形成一个体系。他是形式逻辑的创始人,他的逻辑学在2 000年前的欧洲思想界就已形成体系。

在亚里士多德之前,科学还处于胚胎时期,亚里士多德孕育了这一"胎儿"并使它降生。希腊人之前的文化都是用超自然的力量来解释自然界中各种神秘变化的,到处都是神的作用。亚里士多德的光辉成就之一就是能以宽广的胸怀和勇气把科学组织成一个有条不紊的庞大机体。

但是,亚里士多德是拥护奴隶制度的。他认为社会上有一部分人做奴隶,一部分人做主人,是"当然而合理"的事,这又说明他思想中的阶级局限性。

公元前323年,亚历山大死后,雅典人激烈地反抗马其顿的统治。有人告发了曾做了亚历山大老师的亚里士多德,准备将他逮捕。亚里士多德的学生及时得到消息,护送着他们的老师逃出雅典,来到亚里士多德的故乡优卑斯亚岛的卡尔喀斯城避难。第二年春天,这位伟大的思想家、哲学家,在凄凉的境遇中死去。

亚历山大大帝

亚历山大大帝(公元前356年7月20日—公元前323年6月22日)是古代马其顿国王,世界历史上著名的军事家和政治家。足智多谋、雄才大略的他担任马其顿国王后,仅仅用了13年时间,东征西讨,先是确立了在全希腊的统治地位,后又灭亡了波斯帝国。接着,亚历山大大帝率领浩浩荡荡的大军踏上了征服亚洲的征途。这就像希腊最著名的雄辩家的雄心——“让我们把战争带给亚洲,把财富带回希腊”。只可惜当时的希腊已经处于日暮西山的状态,没有了当年的气势。但亚历山大却做到了这一点。

雅典和斯巴达为争夺希腊世界的领导权,进行了近30年的伯罗奔尼撒战争。结果,雅典和斯巴达两败俱伤。希腊北部的小国马其顿乘机崛起。马其顿本是一个贫瘠落后、默默无闻的城邦。亚历山大的老师亚里士多德是当时希腊“最博学的人”,他向老师学习了哲学、医学、科学等各方面的知识。他最喜欢的书是《伊利亚特》,他一心想向阿喀琉斯学习,渴望创下辉煌的伟绩。公元前336年,腓力二世在参

加其女儿的婚礼时，被刺杀身亡，亚历山大的时代来临了。

腓力二世的儿子——亚历山大，年仅 20 岁就即位了。年轻的亚历山大在短短的两年里就平息了那些企图摆脱马其顿帝国控制与奴役的城邦所发动的起义与暴动。亚历山大并不满足于此，他知道为了维持庞大的军队，为了实现自己征服世界的壮志雄心，他必须把目光投向更远的地方，而领土辽阔、资源丰富、财富滚滚的波斯就是他的一个目标。

公元前 334 年的春天，亚历山大开始了远征东方的行动。临行前，他把自己的所有地产收入、奴隶和畜群都转送给他人。那么他给自己留下了什么呢？亚历山大这样回答别人的疑惑："希望，我把希望留给自己，它会给我带来无穷的财富！"亚历山大的雄心壮志极大地激励了将士们，使他们下定决心追随他的脚步到东方去掠夺更多的财富。

亚历山大率领 35 000 人的军队和 160 艘战舰出征，部队首先攻克了小亚细亚，消灭了驻守在那里为数不多的波斯部队；然后他又挥师北上，向叙利亚的伊苏斯进军。途中，波斯皇帝大流士三世御驾亲征，从亚洲腹地征调几十万大军，出现在亚历山大的背后，切断马其顿军的供应线。亚历山大回身勇敢地面对大流士的优势兵力，最终打败波斯王大流世三世，赢得伊苏斯战役，并俘获波斯王的母亲、妻子和两个女儿。

接着，亚历山大继续南进，向叙利亚和腓尼基进军。他攻占了大马士革，从大流士的军械库里获得大量战利品。随后他亲自率领部队经过 7 个月的艰苦战斗，攻下了推罗城，把推罗城的 3 万居民卖为奴隶。在围攻推罗城期间，亚历山大收到波斯国王的一封书笺，提出为了达成和平协议，他愿把半个波斯帝国割让给亚历山大。亚历山大的将军帕曼纽认为这个建议很好，他说："如果我是亚历山大，我就采纳这个建议。"亚历山大回答："如果我是帕曼纽，我也许会采纳这个建议。"

公元前 332 年，亚历山大南下征服埃及，并宣称自己是太阳神"阿蒙之子"，他亲自勘查设计，在尼罗河三角洲西部，建立今天埃及著名的港口城市亚历山大城，他要它永存人世，作为他伟大战绩的纪念碑。年仅24岁的亚历山大在埃及被誉为“法老”。在庆功的宴会上，亚历山大十分兴奋地说：“不断开疆扩土，不断增加权力，尽情享受珍馐(xiū)美味才是英雄的伟大之处。”

历史探微

亚历山大大帝的名言：

山不走到我这里来，我就到它那里去；

把世界当做自己的故乡；

把财富分给别人，把希望留给自己，她将带给我无穷无尽的财富。

公元前331年，征服埃及以后，亚历山大率军穿过美索不达米亚北部，在高加米拉平原和波斯进行王朝最后的战斗。亚历山大将古老而庞大的波斯帝国一举击溃，大流士三世败退逃出战场，被自己的部下杀死。亚历山大先后从巴比伦、苏萨、波斯波利斯和埃克巴坦那波斯王宫，掠夺了金银财富达15万塔勒。公元前330年亚历山大击败了大流士的继承人柏萨斯，并将他斩首，经过三年奋战，攻克了整个伊朗东部地区，征服了整个波斯帝国。

亚历山大本可以返回家园，重新筹划他的新领土，但是他征服的欲望并没有得到满足，他又开始计划着进入印度。经过修整，公元前327年，他率领军队离开中亚，南下侵入印度，在印度河谷建立了两座亚历山大城，迅速占领了西北印度的广大地区，彻底击溃了波拉斯的军队。此时亚历山大手下的军队已经厌战，纷纷举行集会，拒绝前进，要求回家。亚历山大不得不停止远征，开始西归，途中他又击败了一些不服从他的部落。

公元前325年，亚历山大撤出印度，回到巴比伦境内的奥皮斯城。由于长途跋涉和战争消耗，亚历山大的部队损伤极大。在历经了近10年的远征之后，亚历山大建立了一个以巴比伦为首都的庞大的帝国。它的版图西起希腊、马其顿，东到印度河流域，南临尼罗河第一瀑布，北至药杀水。

亚历山大从小就认为希腊民族是世界上独一无二的民族，是唯一真正具有文明的民族，而其他非希腊民族都是野蛮的民族。尽管亚历山大已经彻底打败了波斯军队，但是他逐渐认识到波斯人根本就不是野蛮人，他们与希腊人一样具有智慧和才能，一样值得尊敬。因而亚历山大的思想观念发生了改变，他认为各民族应该公平、平等、和睦地相处。他产生了一个伟大的计划，融其帝国的两部分为一体，由此创造了合二而一的希腊波斯民族共和王国，而他自己成为最高统治者。为了促进马其顿人和波斯人、东方人的融合，亚历山大先后和大夏贵族罗克珊娜、波斯国王大流士三世的女儿斯塔提拉结婚，以此来鼓励马其顿人和东方女子结婚。并宣布：马其顿人和东方女子结婚，可以享受免税的权利。在国王的鼓励下，有一万多名马其顿将士娶了亚洲女子为妻。

回到波斯的第二年，亚历山大在巴比伦用了近一年的时间对他的帝国和军队进行改编，将 3 万波斯青年编入马其顿部队。这是一次重大的改编。亚历山大准备继续进行远征。这一次他瞄准了阿拉伯与波斯帝国北面的土地，并且计划再次入侵印度，征服罗马、迦太基和地中海西岸地区。不管他的计划如何，结果进一步的征服活动都未能进行。公元前 323 年 6 月初，亚历山大在巴比伦突然患恶性疟疾，10 天后就死去了。就这样，他匆匆地离开了世界，去世时还不满 33 岁。

由于死亡的突然降临，亚历山大尚未明确他的接班人，传说，当他的朋友在他临死前要求他指定一位继承人时，他含糊地说："让最强者继承。"导致了争夺王权的激烈斗争，而他的母亲、妻子与儿女在这场斗争中全部都被反对党杀死。将领们纷纷拥兵自立为王，由三位胜利者(即托勒玫、塞琉西、马其顿)瓜分了亚历山大帝国的版图，开启了希腊化时代。横跨欧亚非三大洲的亚历山大帝国在历史上只存在了短短的 13 年时间。

从长远的观点来看，亚历山大的东征所带来的最重要的影响就是促进了东西方文化的交流，开拓了人们的眼界。希腊式雕塑和建筑出现在东方的城市，东方的天文学和数学知识也传入希腊甚至整个西方，极大地丰富了这两个民族的文化。亚历山大的东征，还开辟了东西方贸易的道路。亚历山大在其征战期间，建立了二十多个城市。其中最著名的是埃及亚历山大市，它很快便成为世界主要的城市之一，至今仍是埃及著名的大海港。

最早的一部成文宪法——《美利坚合众国宪法》

美国1787年颁布的宪法是世界上最早的一部成文宪法。美国在独立战争后，建立了联邦国家。政权建立之初，美国的内政外交都很不稳定，于是各联邦决定召开制宪会议来加强统治。1787年5月，各代表开始讨论宪法草案，1789年正式宣布这一宪法为《美利坚合众国宪法》。这部宪法以“三权分立”作为政府组织的原则，这对后来的许多资本主义国家宪法的制定产生了重大影响。1787年的美国宪法不仅巩固了美国的国家统治，也对美国政治经济发展起到了十分积极的作用。

罗马帝国

罗马帝国可以用来表示所有在罗马统治之下的土地。罗马的扩张使它超出了一个城邦的概念,成为一个帝国。罗马疆域的全盛时期是图拉真统治时期,罗马帝国此时总共控制了大约590万平方千米的土地,成为世界古代史上最大的国家之一。

罗马共和国在马略和苏拉的争权夺利中被削弱, 紧跟着是恺撒对庞培的内战。在这些动乱中,许多元老院议员阵亡、被处死、被谋杀或是自杀。元老院里充斥着前三头恺撒、克拉苏、庞培同盟的支持者,后来则是后三头同盟的支持者。

后三头(即屋大维、安东尼、雷比达)同盟瓦解后,屋大维、安东尼分掌罗马的东西部,双方矛盾日趋激烈。公元前31年9月,屋大维、安东尼和埃及女王克娄巴特拉七世在希腊的亚克兴进行会战。在战争最激烈的时候,埃及女王认为安东尼获胜无望,便将自己的军队撤回埃及,安东尼也一起到了埃及。屋大维随后入侵埃及,女王和安东尼自杀,埃及也被罗马占领。

公元前27年,屋大维一面表示卸除一切大权,恢复共和制;一面又装做迫于元老院和公民的请求, 接受与共和制度完全违背的绝对权力, 成为元首、最高统帅、最高的代行执政官、终身执政官、保民官、大祭司长、第一元老等,并获得了"奥古斯都"和"祖国之父"的称号(以后的皇帝也有这些头衔)。屋大维的这场精彩的演出宣布了罗马帝国的建立。

自奥古斯都当政至安敦尼努王朝,社会经济仍持续发展。在安敦尼努王朝图拉真统治期间,罗马帝国国力达到极盛。

从公元101年起图拉真就率兵入侵达西亚, 至公元106年完全征服达西亚，设达西亚行省。公元 105 年，图拉真占领阿拉伯北部，设阿拉伯行省。公元 113 年，图拉真攻入亚美尼亚，设亚美尼亚行省。然后，图拉真继续东进，击败了安息(帕提亚)军队，于公元 116 年占领安息首都忒息丰。当年年底，图拉真兵抵达波斯湾，他是罗马统帅中唯一一个到达过此地的统帅。公元 117 年，图拉真病重撤军，设亚述和美索不达米亚两个行省。图拉真临终前宣布收哈德良为养子，并由他继承王位。

公元 395 年，狄奥多西王朝的狄奥多西在去世前把帝国一分为二，东部分给长子阿卡迪乌斯，西部分给幼子霍诺里乌斯。至此，罗马帝国分为东西罗马帝国两部分。罗马帝国分裂后，哥特人首领阿拉里克不断入侵罗马帝国。而东西罗马帝国不是团结起来一致抗敌，而是坐视阿拉里克强大，希望他去攻击对方。

公元 476 年，罗慕路斯·奥古斯都被日耳曼雇佣兵首领废黜(chù)。西罗马帝国灭亡。

西罗马帝国灭亡后，东罗马帝国被称为拜占庭帝国，名正言顺地成为了罗马帝国的正统。1453 年，拜占庭帝国为奥斯曼帝国所灭。

罗马帝国在农业、医学、天文学、地理学、哲学、法学、史学、建筑学等多方面有着令人炫目的辉煌成就。

历史探微

关于罗马的起源，还流传着一个古老的传说：在台伯河下游有一个王国，国王的弟弟篡夺了哥哥的王位，并将国王女儿所生的孪生子抛入台伯河。这对孪生子被一头母狼救活，后来这对孪生子长大成人后，夺回了王位，并建立了罗马城。

“法西斯”的来历

“法西斯”一词意味着集权、恐怖和暴力。第二次世界大战使这个名词世人皆知，从此，人们一听到这一词语总是会不寒而栗。然而，有谁知道，法西斯却有着不同寻常的来历。

奥古斯都在建立起罗马之后，他的统治权力也确立起来，成为罗马的“王”。在他死去之后，这种权力又代代相传，200 年之后，一个名叫塞维鲁的人成为罗马的第六代国王。塞维鲁本来是一个女奴的儿子，但由于他生性聪慧，果断而又勇敢，颇得当时罗马统治者老塔克文的欣赏。于是他很快就娶了老塔克文的女儿为妻，一跃而成为国王的乘龙快婿。在老塔克文死后，塞维鲁又继承了岳父的王位，极其幸运地成为罗马的统治者。

塞维鲁并不是一个因循守旧的人，当他看到罗马居民混杂、贫富分化、社会秩序日益混乱时，就大胆地制订了改革方案。他把三个血缘部落按地区划成四个地域行政部落，贵族和平民都属于部落正式成员；然后又把人们按财产多少分成五个等级，不同等级的人承担不同的义务；同时他创设了一个百人团会议，专门处理国家的重大事务。但是在这个会议中，多数人是第一等级中的人。塞维鲁的改革使罗马国家体制在氏族部落制的废墟上建立了起来，而塞维鲁本人也从部落王变成真正的国王。

然而，就在塞维鲁对内巩固王权、对外大肆扩张领土的时候，却祸起萧墙。一天，小塔克文忽然穿着只有国王才能穿的高筒红靴子和宽大的红斗篷，率领着一批手持武器的军队，冲到罗马城的中心广场，又大摇大摆地走进元老院，坐在国王的宝座上。就在塞维鲁还没有弄清楚发生了什么事的时候，小塔克文已一声令下，打手们便立刻一拥而上，当场将塞维鲁活活打死，并把尸体抛到大街上。而第一个来祝贺塔克文成功的,就是他的妻子,塞维鲁的女儿。

以阴谋手段篡(cuàn)权夺位的塔克文深恐有一天自己也会死得不明不白,因此,他完全实行个人独裁,凡事都由他定夺。要是谁对他不满,塔克文就会给他扣上一顶反国王、卖国的帽子,轻则被罚重金、流放,重则被抄家、处死。此外,他还崇尚军功,到处作战;又大兴土木,修建自己的城市。连年的战争、沉重的劳役和血腥的杀戮(lù),使罗马人的不满情绪越积越深。

有一天,塔克文的儿子依仗权势,竟然当众侮辱了一位被罗马人公认为最美丽、最贤惠的妇女。他的暴行使燃烧在人们心间的怒火立刻汇成一座喷发的火山。人们手持各种武器,涌向罗马城内的王宫。塔克文眼见自己大势已去,只得仓皇出逃。

在这群义愤填膺(yīng)的罗马人中,有一个名叫布鲁图的人。他的父亲本是罗马最富有的一个贵族,却被塔克文处死了。布鲁图为了留住自己的性命以待将来为父亲报仇,他便卧薪尝胆,一直伪装成愚笨不灵的人,塔克文也从不把他放在眼里。然而,就在这紧急关头,布鲁图不仅汇入反塔克文的洪流之中,而且成为众多罗马人的首领。在他的倡议之下,罗马元老院决定永远废除君主制,如果个人企图确立独裁统治,则要被处以死刑。他们拟定的新的政治体制是:由元老院提名,公民大会批准,产生两名最高行政军事长官——执政官,由他们来行使国王的权力。

历史探微

提到罗马,人们就会想到恺撒。恺撒是古罗马时期优秀的政治家和杰出的统帅。他在担任执政官期间,为古罗马打下了大片疆土。但他的军事独裁也严重破坏了古罗马共和制的传统,最终他死于保守派之手。

罗马的执政官没有薪俸(fèng),但享有很高的荣誉。他们享有类似原国王的徽记,身穿象征权威的紫红袍;他们还有十二名侍卫官,每名侍卫官的肩上都扛着一捆打人用的荆条,荆条中间通常插着一把斧头。这种装备被称为“法西斯”,象征着国家最高长官的权力。荆条是用来惩戒那些违抗在任执政官命令的人;斧头则在战时或非常时期,被侍卫官用来砍掉严重违纪者的头。罗马人也十分尊重执政官的权威,他们甚至用执政官的名字来做每年的纪年。

罗马执政官的权力并非是无限期的。他们的执政期只有一年,到期之后就变成罗马的普通公民。另外,两位执政官的权力均等,其中的一名随时可以撤销另一名的命令。

在新确立的政治体制中,元老院的权限也扩大了。元老院负责管理国家财政、外交和占领区的事务,批准所有法律,选举公职人员等。由于执政官和元老院的成员都来自罗马贵族,罗马实际上也就变成了贵族专政的共和国。罗马共和国的第一任执政官之一,就是为推翻塔克文做出重大贡献的布鲁图。

执政官制度确立以后,罗马人都对两位执政官敬畏有加,每个人都在揣测侍卫官肩上的“法西斯”将会在谁的身上一展统治者的雄风。但谁都没有想到执政官的儿子竟然会成为法西斯的受刑者。

被放逐之后的塔克文并不甘心失败。为了夺回已经丧失的权力,他煽动罗马的一些贵族青年反对共和国。然而,塔克文的阴谋并没有得逞,参加叛乱的贵族青年都被抓了起来。不幸的是,布鲁图的两个儿子和另一位执政官的两个外甥也参加了叛乱。罗马人都在密切地注视着,看这两位执政官会如何惩罚他们的亲人。

审判的日子到了。罗马人齐集在中心广场上,群情激奋。绰号“残忍者”的布鲁图生性严厉,嫉恶如仇,铁面无私。他强压住心中的舐犊之情,率先对自己的两个儿子作了宣判。侍卫官们听令后,立刻抓住布鲁图的两个儿子,扒去他们的长袍,再用荆条将他们打得皮开肉绽,鲜血淋漓;最后,四个侍从把他们掀翻在地，当场拔出斧头砍下两颗人头示众。这时，一直注视着行刑过程的布鲁图才示意另一位执政官继续宣判。

然而，另一位执政官却没有布鲁图那样坚定的意志和大义灭亲的勇气。无论如何，他也下不了决心，让自己的外甥也身受“法西斯”之刑。最后，他提议将他们放逐出罗马来代替他们应受的死刑。他的命令刚下，会场立刻沸腾起来。罗马人不想原谅那些卖国贼，也不想原谅那位徇(xún)私护亲的执政官。于是，在布鲁图的提议下，罗马人投票表决，一致赞成用“法西斯”处决所有叛乱者，同时放逐那位不称职的执政官。

罗马中心广场上的审判与公民表决表明了罗马人对君主的憎恨，标志着罗马人与国王的彻底决裂，以至后来500年里再也没有人胆敢称王。在创立和巩固共和制中立下卓越功勋的布鲁图也就因此成为罗马人推崇备至的先驱。而“法西斯”一词，作为统治权力的象征，也被一代一代地传了下来。

世界上最古老的国旗

丹麦的国旗是世界上最古老的国旗，国旗以红色为底，上面偏左有一个白色的不对称的“十”字。关于这面国旗的由来，还有一个有趣的小故事：1219年6月的一天，丹麦国王瓦尔德玛·维克托里斯率军队同敌人作战，这场战斗进行得十分激烈。正在双方激战之时，忽然一面带白色十字的红旗从天而降。丹麦军把这面旗帜看成是上帝的旨意，士气瞬时高涨起来，个个英勇奋战，最终丹麦的军队获得胜利。自此，白色十字红旗变成了丹麦的国旗。事实上，这当然不是上帝的旨意，而是瓦尔德玛·维克托里斯有意安排的，为的就是鼓舞士气，取得战争的胜利。从那以后每年的6月15日就成为了丹麦的“国旗日”。

布匿战争

在罗马的历史上，曾经发生过三场持续了118年的战争，那就是“布匿战争”。

公元前259年的盛夏，在意大利中部海岸的一片沙滩上，一片热火朝天的景象正在发生。只见在中午的烈日下，一片望不到边的凳子排列在沙滩之上。每条凳子上都有几个赤裸着上身的年轻力壮的小伙子拿着长长的木桨，口里喊着号子，一起做着划船的动作。

烈日当空，小伙子们没有几天便被晒得一片黝黑，汗水不停地从他们的身上滴到沙子上，一下子就看不到踪迹了。渐渐地，号子声低了下去，原本整齐一致的动作也因有人跟不上而显得杂乱无章，好几个人都热得昏倒在地。在场的军官们上前纠正不合规矩的人，但是一个刚纠正过来，另一个却又走了样，没办法只好喊起了口号，以鼓励他们继续练习：“小伙子们，你们这是怎么了，勇敢的罗马人民是不想看到这样的情景的。来，大家听我口令：一、二、三、四……”

其实，划桨手心中充满了怨言和疑惑，只是没有人提出来。好不容易熬到了休息时间，一位划桨手大着胆子上前向军官询问：“将军，为什么战舰还没有建好就让我们训练呢？这样练习根本起不到作用啊！再这样练下去，恐怕船造好了，我们却都累死了。”

“我的小伙子，你知道西西里岛吗？它对我们罗马人的生存来说实在太重要了。虽然陆军已经占领了西西里岛的许多地方，但是没有海军的保护，陆军早晚会被赶出来。迦太基人对那里觊觎(jì yú)良久，一旦让他们得逞，罗马人就会受到威胁，一切努力将烟消云散。所以要提前训练你们。如果等到船造好了,再训练就晚了。"

"既然迦太基人那么厉害,那我们为什么不早作准备呢?现在才造船还来得及吗?"

将军被问得心烦,大手一挥,说道:"我们必须在船造好的时候把你们训练成熟练的划桨手。现在休息时间结束,大家加紧训练。"

划桨手带着满肚子的疑问回到了自己的位子上,接着众人又回到了枯燥的训练当中。

但是他并没有将疑问烂在心里,而是在不停地思索着。一天的训练结束后,其他的水手早已进入梦乡,但是白天那位划桨手却悄悄走出营地,前往将军帐中,向将军提出了自己思考的结果:这样的训练即使再好,那也与战舰脱钩,无法取得战争的胜利。

其实此时的将军也想到了这个问题,也在担忧这个问题。看到如此执著的划桨手,他就询问道:"你想到什么好办法?说得对,我就赏你。"

划桨手见状,知道将军想听听自己的意见,就说:"在陆地上,没有人是我们的对手。但是海战就不行了。如果我们能够借鉴陆战经验,那么我们就天下无敌了。如果我们在每一艘船的船头都装一只乌鸦嘴巴一样的挂钩做小桥……"

一句话说得将军紧皱的眉头舒展开来,引起了将军的极大兴趣,于是划

历史探微

迦太基人大约于公元前8世纪到公元前6世纪控制了北非的大部分腓尼基人殖民地。迦太基人的野心并没有就此罢休。此后,他们又开始向西地中海进发,并占领了西班牙南部海岸及其附近岛屿以及撒丁岛、科西嘉岛和西西里岛西部等。至此,迦太基人开始掌控西地中海区域,并与掌控地中海的希腊分别控制着地中海的东西两边。

桨手将自己的想法和盘托出。“好,实在是太好了。你不要再做划桨手了,你明天去造船指挥部报到,按你的想法,指挥工人造船。”一年以后,罗马人造出了120艘形状怪异的战舰,水手也训练好了。公元前260年,罗马舰队开始出征,挺进西西里岛。没多久,就发现了迦太基舰队,一场大战一触即发。

迦太基人的陆军不怎么样,但是海军实力却十分强大。迦太基海军在对罗马战争中一直处于优势地位。所以对于罗马舰队的到来,他们并不害怕。前几年刚把罗马海军打得大败,一年的时间,还能有什么发展!就是有船,短时间内也不可能训练出好的划桨手来。傲慢的迦太基指挥官步出指挥舱,向瞭望员询问道:“你看到了多少艘罗马船?”

“一共120艘,有100艘五层的,还有20艘三层的。”

“哼,120艘船就想打败我,他们做梦吧!传我的命令,派130艘战舰迎敌!”指挥官发令道。

传令兵问道:“指挥官大人,用什么阵型呢?”

只见指挥官走向甲板,用望远镜观察罗马的舰队,哈哈大笑起来,说:“那样的战舰我还是第一次看到,就那样的破船还想打败我。传令下去,各军舰根据自己的情况迎敌,就是撞,也能撞沉他们。”

渐渐地,两支舰队越靠越近。瞭望员又向指挥官报告说:“敌人的舰船十分奇怪,我看到在每个船头都有一个像乌鸦嘴的东西。”指挥官其实也看到了,他也不知道那是什么,出于对自己战舰的信任,他毫不在意罗马人的新玩意,就说:“管他什么东西,就那个破玩意,起不到多大作用。传令舰队全力冲撞敌舰!”

迦太基的战舰都加速向罗马舰队冲去。在舰队相撞的一瞬间,罗马舰队上响起了震耳欲聋的呐喊声:“罗马的士兵们,罗马的存亡就靠你们了。我们罗马战士从来就不缺少什么勇气。让迦太基人尝尝我们的厉害吧,冲啊!”

一时间,双方爆发了激烈的战斗。只见雨点般的石弹、长矛、箭镞在双方士兵的头上到处飞。紧接着,舰队撞在了一起。可是令迦太基指挥官没有想到的是，罗马人并没有像以前一样躲避，反而迎头撞了上来。突然罗马舰船头上的那个乌鸦嘴伸了过来，一下子就扣在了迦太基的舰舷上。

迦太基人从来没见过这种阵法，一下子就慌了手脚，这个乌鸦嘴竟然起到了桥的作用。只见一个个罗马战士冲上敌舰，与敌人打了起来。罗马人在陆战中的优势凸显了出来，喊声震天，刀锋过处一片血雾飞舞，到处是受伤倒地的迦太基人的呻吟声，本来是一场不占优势的海战，最终却演变成了陆战。遥远的海平面上，鲜血映着初升太阳的光芒，一片火红。迦太基的舰队溃败了，指挥官急忙命令剩下的舰队后退，但是一切都太迟了。乌鸦嘴牢牢地勾在他的战舰之上，想跑都跑不了。毫无陆战经验的迦太基划桨手，在罗马战士面前连招架之力都没有，更别说反抗了。这简直是一方面的屠杀，罗马人将自己陆战的作战水平发挥得淋漓尽致，海面上到处都是残破的迦太基战舰，到处都是折断的木桨，但是最多的还是迦太基人的尸首。一场大战下来，迦太基人只有十几艘战舰逃出了战场。但是在这十几艘战舰上却没有发现迦太基指挥官，他失踪了，或许早已葬身大海。

看着眼前这一幕，罗马的将士欣喜异常，振臂高呼："胜利了，我们终于打败了迦太基海军！""乌鸦舰万岁！""罗马万岁！"

消息传回罗马，全城都沉浸在胜利的喜悦中。罗马政府决定在广场上竖一块大理石纪念柱来纪念这次伟大的海战。这个柱子上刻着一只乌鸦用嘴咬着的迦太基船头的形象。这次海战的指挥官也成了罗马人的英雄，元老院为了表彰他的荣誉，决定无论他走到哪里，身边都有一名火炬手和两个吹笛子的人跟随。人们只要听到笛子声，看到火炬，就知道英雄来了。

从此以后，罗马人又造了许多"乌鸦"战舰，他们十分相信这种船在战争时的战斗力。于是罗马决定去非洲占领迦太基国。公元前256年，远征军成立。这支由330艘"乌鸦"战舰，10多万划桨手还有4万步兵组成的庞大舰队开始向迦太基国挺进。还没走到非洲，迦太基国就派出了战舰拦截，面对350艘巨舰，15万士兵组成的迦太基舰队，罗马人毫无惧色，勇敢迎敌。在

“乌鸦”战舰的帮助下，罗马人再一次取得了胜利。其后，罗马人踏上了非洲的土地，并包围了迦太基城。但是远道而来的罗马士兵由于环境生疏，气候不适，始终无法攻占迦太基城，只好从非洲撤军。但是，在回罗马的途中，舰队遇到了可怕的风暴，有280艘乌鸦战舰，2万多名士兵和10万划桨手再也没有回到罗马。公元前241年3月，罗马人在重组了“乌鸦”舰队后，再一次地在西西里岛西面海域与迦太基舰队相遇。此次战争有10艘迦太基战舰被击沉。迦太基人只好向罗马求和，并支付了大量金钱，还割让了西西里岛才平息了与罗马的战争。

世界上最古老的语言和文字

中国的语言文字是世界上最古老的、具有最长连续历史的语言文字之一，它从产生到现在已经有六千多年的历史，从仰韶文化开始一直沿用到今天。因此，中国汉语被称为“世界上最古老的语言”之一。世界上最古老的文字也在中国，那就是甲骨文。甲骨文是三千多年前中国殷商王室的占卜文字，是一种正在形成中的汉文字，是早期人类文明发展阶段中带有普遍性的象形文字。

斯巴达克起义

“你们快看啊，拿匕首的那个角斗士身体多么强壮啊！谁敢和我打赌，我赌他赢。我这里有20塔仑，就当是我的赌资了。”“我和你赌，别看他长得强壮，但是拿长剑的人的武器占有很大的优势。”

在古罗马的斗兽场里，两名在看台上准备观看比赛的罗马贵族，正在讨论着谁将取得胜利。

两名角斗士此时就像两只动物一般，等待着厮(sī)杀，用自己的生命来为罗马贵族增添一点乐趣。不一会儿，格斗正式开始了。残酷的杀戮摆在了两个角斗士面前。只见他们一会儿互相进攻，一会又用盾牌保护着自己的身体，以防止那致命的刀剑刺入自己的胸膛。终于，其中一个角斗士发现了对方防守的一个漏洞，把刀捅进了对方的身体。霎时间鲜血便从身体里喷射出来。

观众席上发出了震耳欲聋的呼喊声：“好，打得太漂亮了！给他补一刀，杀死他。”

终于，受伤的一方因流血过多而倒地不起。这时候，看台上一个女巫站了起来，人们都在注意着她的手势，因为只要她的大拇指向下一伸，那么就是代表失败者的生命将在获胜者手中结束。反之，只要她的大拇指向上，那么失败者就能够保留住一条命。终于，她的手抬了起来，是大拇指朝下！顿时，失败者的躯体上就多了几个被刀剑刺穿的窟窿。观众席上的人们被这一幕刺激得连连欢呼。

以人的生命取乐，这就是古老的罗马帝国最为野蛮的娱乐活动——角斗。奴隶主们从被抓到的奴隶中挑选出那些身强体壮的，把他们送到专门为角斗而开设的学校中接受培训。等到培训结束，就把他们带到斗兽场或其他

公开场合，让他们彼此厮杀或者与饥饿的野兽搏斗。这样的活动每年都会举行，而贵族们就在这样野蛮的活动中获得一种变态的乐趣。

角斗士们根本就没有做人的尊严。他们，每天受到严密的监视，无论做什么事情，身边都会有人时刻注意着他。他们活下去的希望很渺茫，因为在竞技赛场上，他们随时会被杀死，实际上，他们只是一群被判死缓的犯人罢了。

这样一种残酷的制度，渐渐地引起了角斗士的极度不满，他们在私下里开始秘密组织起来，准备反抗罗马帝国。公元前73年的一个深夜，罗马中部卡普亚城中的一个角斗士居所里发出了凄惨的叫声。这种叫声在寂静的深夜里显得格外恐怖。听到惨叫声，3名卫士立刻赶了过去，隔着铁窗骂道："大晚上的叫什么！想死的话明天就把你们送到斗兽场去喂狮子！"

"死人了，死人了。"一名角斗士急急忙忙地说道，"里面的高卢人打死了我们的伙伴，还想逃跑，被我们抓到了。我们要给伙伴报仇，你们不处死他，那么我们就自己把他杀死。"

卫兵听见以后，立刻拿着油灯上前去查看，模糊中果然看到一个人躺在地上一动不动，而另外还有一个人被几个角斗士控制住了，反扭着双手。"你们把死尸处理一下，出来几个人把他抬出去。凶手就交给我吧，明天就审判他。"其中一个当官模样的卫兵说道。角斗士们都在盯着卫兵手中的钥匙，门刚刚打开，角斗士们立刻打倒了这三个卫兵，抢走了他们的短剑，冲出了监狱。紧接着，一扇扇的铁门被打开了，一大群角斗士呐喊着向屋外冲去。

"大家快跑啊，前面不远就是维苏威。"一声号角划破了寂静的夜空，角斗士们纷纷向维苏威前进，不一会儿就消失得无影无踪。

只见在队伍前面领头的那个人，长得英俊潇洒，强壮的身体体现出了不屈的坚韧。他就是这次暴动的组织者——斯巴达克。他本来是希腊东北的色雷斯人，在罗马侵略希腊的战斗中被罗马人捉到，成为了奴隶。斯巴达克从小便十分聪明，还接受了一些教育。当他被带回罗马时，主人见他体格健壮，又有教养，便决定把他送到角斗士学校接受培训，希望他能成为一个出色的角斗士。在学校里，他表现得极其勇敢，很快就成了角斗士的精神领袖。他对角斗士制度十分痛恨，就利用一切可以利用的机会，劝说角斗士起来反抗。他教育他们说："我们生来并不是用厮杀来取悦贵族的工具，我们应该为自由而死。"他的劝说起到了作用，有 200 多个角斗士决定和他一起起义，但是由于秘密泄露，他们决定提前行动，最后有 78 人逃出了虎口。这就是以上的一幕。

斯巴达克带领着 78 个人来到了维苏威火山，建立起自己的营寨，准备号召更多的奴隶起来反抗罗马。越来越多的奴隶杀死他们的主人然后来到维苏威火山。斯巴达克的队伍很快就达到了 1 万多人。他们下山杀死那些作恶多端的奴隶主，把抢来的财富分给那些贫苦的人。一时间，罗马的贵族叫苦不迭，纷纷向政府求助。公元前 72 年，元老院派出的 3 000 人组成的军队前往维苏威火山镇压起义军。军队包围了火山，却没有进攻，他们打算使用围困的方式困死起义军。这一策略很快就起作用了，起义军一万多人的补给立刻成了问题。于是斯巴达克对战士们说："敌人想围困我们，我们不能让他们的诡计得逞。我们宁可战死，也不要饿死。"他积极地准备反抗敌人，并不断观察敌军，以寻求突围的策略。有一天，他正在巡视部队，突然看到一群战士正在用野葡萄藤制作盾牌，他见状大喜，不由得计上心来：利用野葡萄藤的韧性编成软梯，从罗马军队背后的悬崖下山，打他一个措手不及。这个计策正是抓住了敌人大意的弱点，得到了众人的支持。很快，作战准备就完成了，一条长长的软梯顺崖而下。他们来到罗马人背后，发起突然进攻，毫无准备的罗马军队立刻被打得阵型大乱，3 000 敌人还没有见到斯巴达克的样子就被击败了。首战就取得了如此大的胜利,起义军士气大振。但是获胜后的斯巴达克却很冷静,他在仔细分析当前局势后决定离开意大利,摆脱罗马的控制。因为此时起义军虽取得了胜利,但是敌强我弱的局面并没有改变,罗马军队一旦再一次来袭,起义军很难再有立足之地。

在斯巴达克的号召下,起义军开始向意大利北部转移。他们打算翻过阿尔卑斯山,到高卢地区继续反抗罗马帝国。

罗马的元老们见到自己的军队被打败，于是就又派出了 1 万多人前去追击起义军。他们兵分三路,很快就追上了起义军。但是斯巴达克早就等着他们来了,一场激战下来,三路军队被斯巴达克打败了两路。但是由于起义军长途跋涉,疲惫不堪(kān)的起义军不得不来到一个山谷中休整,就在这时,第三路罗马军队赶到,将起义军包围在了山坳里。罗马人兴高采烈地以为起义军已插翅难飞了。等到半夜,斯巴达克计上心来,他命令将敌人的尸体绑在木桩上,在旁边点一堆火,给罗马军队造成一种仍旧被围困的假象。而起义军就在敌人的鼻子底下,悄悄地沿着山间小路突出了敌人的包围。天亮以后,罗马人才发现自己中计了,于是就匆匆前去追击起义军,斯巴达克早已埋伏好,就等着罗马人的到来,不出所料,罗马军队又一次惨败。

斯巴达克带领着起义军一路上突破了敌人的重重堵截，继续向阿尔卑斯山挺进。沿途中又有很多奴隶加入到队伍中,到了公元前 72 年,起义军已经发展为 12 万人的部队,阿尔卑斯山也出现在众人的眼中。

但是此时斯巴达克发现,如此庞大的队伍,想要翻越终年积雪、气候恶劣的阿尔卑斯山是一件不可能的事。可能就是这样一种困难,迫使斯巴达克放弃了原来的计划,准备掉头向意大利南部转移,到海边后,渡海前去西西里岛,就这样为起义的失败埋下了伏笔。

本来罗马元老院害怕起义军跑出意大利，以后会给自己带来巨大的麻烦,但是现在起义军自己回来了,于是又开始千方百计地阻止起义军进入意大利中部了。罗马在沿途建立了好几道封锁线来阻止起义军前进。但是此时的起义军士气正旺，一路高歌猛进。就连元老院派出的两位执政官都无法阻挡起义军。没有办法，元老院只好派出了大奴隶主克拉苏带兵镇压起义军并宣布罗马处于紧急状态。公元前71年的整个夏天，克拉苏是在恐惧中度过的，他率领的6个兵团的士兵屡(lǚ)战屡败，根本打不过起义军。为了重整军备，克拉苏恢复意大利军队残酷的“十一抽杀律”制度，它规定：士兵作战时临阵逃脱的，每10人一组，每组抽签处死一人。看到如此严厉的军令，士兵们只好拼死作战。这样一来，罗马军队的战斗力迅速提高。但此时的斯巴达克已经率领起义军来到了意大利南部海边。面对一眼望不到边的大海，斯巴达克只好找到海盗，商定好只要海盗把起义军运到西西里岛，就给他们一大笔钱。约定的时间到了，却看不到任何一艘海盗船，原来，海盗们假意同意运送起义军，实际上他们早就被西西里总督收买了。这一卑鄙的行为将起义军逼到了绝境。但是面对如此窘境，斯巴达克一点也没有丧失信心，他开始组织起义军砍伐木材，准备自己编造木筏渡海，但是海上刮起的大风迫使斯巴达克不得不放弃这个方法。克拉苏见到起义军处于两难的境地，就命令士兵在地峡最窄处挖了一条壕沟，宽深高达4.5尺，并且还修筑了高大坚固的护墙，企图困死起义军，防止起义军突围。

在这种情况下，斯巴达克不得不与敌人展开决战。公元前71年初秋的一天，6万起义军血洒疆场，斯巴达克和剩下的1万多名起义军仍然没有突围，虽然遭到了惨败，但是起义军没有一个投降，他们发起了一次次的进攻。

斯巴达克此时也和起义

历史探微

斯巴达克的军队之所以在与罗马精锐部队的长期作战中表现出众，是因为起义军拥有较为完善的组织体制和作战计划。起义军士气高昂、作战英勇。其作战部署的特点是：尽力夺取和掌握战斗的主动权，力求采取攻势。他们善于采用外线进攻，步骑兵能够协同作战，在战线内能够巧妙运用部队机动，行军隐蔽，出其不意，速度极快，善于将对手各个击破。

军们一起激战着,所到之处,一片血雾横飞。突然,一个罗马军官趁他疏忽之际,将自己的长矛刺进了斯巴达克的身体,斯巴达克腿被刺穿,掉下马来,战士们一看斯巴达克受伤,不顾一切地冲上前来保护他并劝他赶快上马,他们掩护斯巴达克突围。但是斯巴达克拔出自己的短剑,杀死了那匹黑色骏马说:“我发誓和你们同生共死。”腿部受伤的斯巴达克只能单膝跪在地上,举着自己的盾牌迎击敌人,一直到战死为止。

战斗结束后,人们发现斯巴达克全身有十几处伤痕,早已气绝身亡,六千多名被俘的起义军都被残暴的克拉苏钉死在了十字架上,从卡普亚到罗马城,路上全是死亡的俘虏。但是这样并不能彻底镇压起义军,那些逃出重围的起义军仍然和罗马政府对抗了十几年。为了彻底解决起义军,罗马政府投入了大量的人力、财力。

十几年后,斯巴达克起义彻底被罗马剿灭,但是在这一过程中,罗马政府付出了惨重的代价。斯巴达克以自己的智慧和勇敢赢得了世人的尊敬。马克思曾经赞美他说:“斯巴达克起义,为我们树立了一个榜样。他是一个伟大的统帅,他高尚的人格值得我们学习,是古代无产阶级的真正代表。他是整个古代史中最辉煌的人物。”列宁也说:“斯巴达克是几千年来最伟大的一位英雄。他的起义影响了世界。”

恺 撒

恺撒(前 102 或前 100—前 44)出身于罗马的名门贵族,他年轻时就渴望取得罗马的最高权力。为此他学习演讲和写作技巧,后来成为一位出色的演说家。他的努力使他成为当时知识最渊博的人物之一。他初生牛犊不怕虎,年轻时就敢于控告罗马总督贪污腐败,为此他赢得了极高的声誉。当时的罗马处于共和时代的后期,元老贵族和民主派之间斗争尖锐,享有公民权的只是罗马城内的奴隶主和自由民;而城区以外,意大利各地和海外行省的自由民却享受不到罗马的公民权,但还要担负着和罗马自由民一样的义务。恺撒接近平民,和他们一起进行反对元老贵族的活动,这样他在平民中的声望越来越高。公元前 60 年,他和罗马另外两个统帅庞培和克拉苏结成反对元老贵族的秘密同盟,这是罗马历史上有名的前三头同盟。为了巩固这一同盟,恺撒把自己 14 岁的女儿嫁给了庞培,尽管她当时已与别人订了婚。第二年,恺撒当选为执政官;公元前 58 年,恺撒担任高卢行省的总督。在高卢,恺撒征服了骁(xiāo)勇强悍的高卢民族。不到十年时间,他占领了八百多个城市,歼灭和俘虏了几百万人,使高卢成为罗马的行省。恺撒还把罗马的边境推进到莱茵河岸;不久,他又越过海峡攻入不列颠岛(今英国)。恺撒显赫的战功和卓越的军事才能,使他在罗马人中的威望日益提高,这使庞培嫉妒和不安。这时克拉苏在远征波斯的时候死了,庞培便利用自己的权力和元老院联合,颁布法律,要解除恺撒的兵权,命令他立即从高卢返回罗马。

恺撒知道这是庞培的阴谋,他经过深思熟虑,决定带领军队打回罗马,趁机夺取罗马的最高权力。

公元前 49 年初,恺撒率军打回罗马。庞培没有料到恺撒会如此果断地进攻罗马,他迎战不及,仓皇逃往希腊。恺撒进入罗马,成为罗马的“独裁者”,随后他又得到统治整个意大利半岛的权力。第二年恺撒率军进攻希腊,讨伐庞培。庞培被打败,逃到了埃及,恺撒也追到埃及。埃及国王为讨好恺撒,派人刺杀了庞培。当埃及国王把庞培的首级和戒指献给恺撒时,恺撒看着庞培苍白而熟悉的面孔,流出既感伤又欣慰的泪水。他为昔日的同盟和女婿、今日的敌人举行了正式的葬礼,并杀了谋害庞培的凶手。

按照当时父亲的遗嘱,埃及国王应和他的姐姐克娄巴特拉七世共掌朝政,但他却篡夺了姐姐的王位。当恺撒到来时,克娄巴特拉女王像欢迎自己的伙伴一样欢迎恺撒。

按照传统,第一次见罗马要人时,要带去一条珍贵的毛毯。趁着黄昏,克娄巴特拉七世悄悄进了恺撒驻扎的亚历山大城,她让人把自己用毛毯裹起来,送到恺撒的住处。她这个举动,一是为了躲避弟弟雇佣的刺客,二是为了给恺撒留下一个深刻的印象。她的勇气和美貌打动了恺撒,恺撒将她扶上了王位,并且爱上了她。他们有了自己的儿子“小恺撒”。

这之后,恺撒又率军进入小亚细亚,他只用了5天的时间,就平定了庞培部下本都王子的叛乱。他用最简洁的拉丁文字写了捷报送回元老院:“到,见,胜(veni,vidi,vici)。”这就是历史上著名的“三V文书”。这充分显示了恺撒用兵神速、语言简洁的特点。

在埃及女王和他们的儿子小恺撒的陪同下,恺撒班师凯旋,回到罗马,全罗马都沉浸在狂欢之中。他们纵情玩乐,游行庆祝,只见战旗在明媚的阳光下迎风飞舞。游行队伍抬着二千八百多个金冠进入城市,威风凛(lǐn)凛的恺撒高坐在战车上接受人民的欢呼致敬;在恺撒身后是规模庞大的步兵、骑兵游行和战斗表演;晚上还有非洲人与400头雄狮的搏斗表演,以及亚洲的战斗舞和希腊的芭蕾舞。

人民大会和元老院授予恺撒终身荣誉头衔——“大将军”和“祖国之父”。恺撒对罗马的共和制度进行了改革:元老院增补了300名成员,他们多数来自为人们所轻视的商业和一般职业阶层，甚至有被征服国的代表，他们宣誓绝不反对恺撒的任何命令。恺撒给自由奴隶的子女和高卢人公民权，给受迫害的犹太教徒以宗教信仰的自由；他将居民移居到法国、西班牙、希腊等地，而且为罗马招募了数千名清洁工和市容美化工人；他制止了税收官在各地勒索商人及农民财物的投机活动。他使货币流通稳定；他还制定了对各地总督的任用制度，打破以往总督职务由元老院恩赐的传统。恺撒请一位希腊天文学家将罗马历法改为新历法(儒略历)：每年 365 天，每四年中有一次闰年……恺撒给人民带来了一个最公平、最仁慈、最开明的时期。恺撒想让他的人民生活在自由的世界里。有人认为今天的西方文明，是在恺撒的罗马帝国的古老基石上逐渐建立起来的。

恺撒的权力越来越大，渐渐走向军事独裁，这引起了部分固守罗马共和传统的元老贵族的强烈不满——他们不是为了人民的自由，而是为了他们自己的利益，因此他们组织起一个阴谋集团谋杀恺撒。

公元前 44 年 3 月 15 日，恺撒只身一人到元老院开会。虽然有人事先警告他这天有人要暗杀他，但他没带卫队，他认为那是胆小鬼干的事。他从容地坐在他的黄金宝座上，笑着说："今天不就是 3 月 15 日吗？"一个刺客假装恳求他办事，抓住他的紫袍——这是行动的暗号。所有阴谋者一拥而上，刀剑像雨点般落在他的身上。恺撒看到了布鲁图——他的义子向他扑来，给了他致命的一刀。恺撒用最后的一点力气说了最后一句话："你也在内吗？我的

历史探微

庞培是古罗马的统帅，公元前 70 年他任罗马执政官，后来奉命远征东方，占领本都王国和塞琉西王国。他害怕恺撒在高卢战争中势力会扩大，想要削弱恺撒的兵权。结果导致双方内战，庞培战败逃亡埃及，后被杀。

孩子！”他的身上中了23刀，其中3刀是致命的。他在其旧敌庞培的雕像底座前倒地身亡。

恺撒不仅是个伟大的军事家，还是一个著名的文学家。他的主要著作《高卢战记》和《内战记》，是他自己亲身经历的战争的回忆录。他的文章文笔清新质朴，行文巧妙，是初学拉丁文者的必读之书。

恺撒留下了一个强大的中央集权帝国，还有一部他制定采用的历法——儒略历。这部历法就是现在大多数国家通用的公历的前身。恺撒死后，西方帝王常常用他的名字来作为自己的头衔。人们称恺撒是历史上才干卓越、仁慈大度的君主的楷模，认为他是一位出类拔萃的真正的政治家。他对人民的安抚政策有效地治愈了战争给罗马带来的创伤，是恺撒使罗马帝国成为古代最负盛名的帝国之一。

最早的长篇小说

日本紫式部的《源氏物语》是世界上最早的长篇小说。“物语”的意思是故事或杂谈。这种体裁是在日本名剑平话的基础上形成的，深受中国六朝、隋唐时期传奇文学的影响。《源氏物语》共54回，近百万字，故事一共经历四朝天皇，跨时80多年，囊括400多个人物。书中以上层贵族为主要人物，也有下层贵族，甚至侍女、平民百姓。全书反映了当时日本宫廷贵族的生活、思想及争夺权势的斗争，由此折射出当时日本的社会现状。

奥古斯都

了解罗马历史的人都知道，在罗马的历史上有一个近乎于是神的人，他的名字叫奥古斯都。奥古斯都，原名盖乌斯·屋大维，创建了罗马帝国。公元前29年，屋大维开始上台执政，到公元14年逝世，他一共执政了43年。在这43年间，罗马达到了鼎盛时期，周边和国内一片太平，百姓不会受到战争的威胁，过着宁静而幸福的生活，这一时期是整个古罗马历史上最为富饶的时代，开创了古罗马文学史上的“黄金时代”。他曾经自豪地说过：“我来之前，看到的是一座由砖头建立的罗马城，在我执政之后，我把一座由大理石建成的新罗马城交到了人民手中。”在他死后，罗马元老院将他列入“神”的行列，并将罗马历8月称为“奥古斯都”。

屋大维出身于官僚世家，祖父曾当过地方官吏(也有人说是一名货币兑换商)，父亲曾是一名骑士，后来进入元老院，成为元老。他的父亲的官职如此之高，家庭十分富有，而且声望也很高。还有一层关系是，屋大维是恺撒的侄孙，屋大维从小就受到恺撒的喜欢，并认恺撒为干爹，恺撒对这个义子投入了巨大的精力，培养他做自己的继承人。同时还决定把自己四分之三的遗产过继到屋大维名下。恺撒遇刺后，其心腹大将安东尼控制住了局势，认为自己是恺撒的继承人，成为执政官。此时屋大维刚从国外赶回罗马，当他见到安东尼的时候，受到了安东尼极端的蔑视，安东尼说：“年轻的屋大维，我可以把恺撒的名字给你，别的你就得不到什么了！钱？哼哼，那就不知道去哪里了？给你权力吧，但是你敢要吗？”听了安东尼的话，屋大维什么也没说就离开了，他知道，自己同安东尼的战争开始了。

可是屋大维现在手里什么也没有，想要夺回属于自己的权力，就必须拥有一支军队。于是他就把自己的财产变卖了,用得来的钱招募那些原来是恺撒的部下,很快,他的部队就初具规模。有了军队,还要有一个夺回权力的契机,这个机会终于在公元前43年7月出现了。这年7月,安东尼领兵在外作战,屋大维趁机率兵进入罗马,以武力威胁元老院任命他为执政官。这个要求正合元老们的心愿,他们早就想找人来限制安东尼了,于是很快屋大维的委任状就颁布了。当时,罗马有三大力量——屋大维、安东尼、雷必达。雷必达原来是恺撒的骑兵长官,在罗马西部各省有很高的名望,很多人都支持他。这三个人谁都无法战胜其他两方,谁都无法建立独裁政权,于是为了共同的利益,三人暂时放下了成见,于公元前43年组成了"后三头"的政治同盟,共同执掌罗马政权。公元前42年,三巨头消灭了共同的敌人元老院贵族以后,就开始倾轧,展开了内斗。6年以后,屋大维成功地解决了雷必达,三巨头正式变成了两巨头。

公元前42年,安东尼以罗马东部行省总督的身份前往埃及,见到了集智慧与美貌于一身的埃及女王。女王本是恺撒的妻子,恺撒死后回到埃及,自己统治一个庞大的帝国。安东尼早就被女王迷住了,于是安东尼展开进攻,将埃及女王收入到自己的帐下,并生育了一对双胞胎。安东尼被女王的美貌迷昏了头脑,竟然把东方行省的地区赠送给了埃及女王及其子女。这种瓜分罗马领土的行为引起了罗马人的强烈不满。屋大维见到时机一到,便大肆煽(shān)动民众的不满情绪。最后,罗马元老院和公民大会宣布安东尼的权力无效,并授权屋大维征讨安东尼及埃及女王。

屋大维受命后积极做好征讨准备,公元前31年9月,准备完毕的罗马舰队与安东尼、埃及女王的舰队在希腊西北部的海面上相遇,双方立刻展开了决战。一开始,双方谁都无法战胜对手,战争一时陷入僵局。然而,不知什么原因,在最为紧张的时刻,埃及女王突然抛下安东尼的舰队,自己逃回了埃及。安东尼见大势已去,就弃军逃跑了。没有主帅的安东尼舰队很快被屋大维消灭。第二年夏天,屋大维兵临埃及城下。安东尼走投无路,想用决斗的方法杀死屋大维,但是屋大维却说:“多此一举,我可以用很多办法让你死。”见到这样的回答,安东尼被迫自杀身亡。埃及女王也用一条毒蛇结束了自己的生命。

屋大维军事上的成功,极大地提高了他的声望,人们已经将他和恺撒相提并论。他建立起了自己庞大的帝国:东起两河流域和小亚细亚半岛,西至比利牛斯山脉,北达多瑙河,南到非洲(包括埃及在内的北非一带)。这个帝国竟然使地中海成为了罗马的内陆湖。这么庞大的帝国在历史上极为罕见。

罗马的人们常年遭受战乱之苦,屋大维看到百姓的疾苦,决定努力使人民摆脱战争。从他开始,到以后的200多年间,罗马再无战事。

元老院决定授予屋大维“奥古斯都”称号。公元前27年1月,他接受了人们的请求。“奥古斯都”就是“神圣”、“至尊”的意思,这个称号比皇帝更光荣,后来西方帝王也以此为头衔。由此可见,屋大维在人民心目中的地位是何等之高!屋大维还是“元老院首席公民”(即“元首”),授予元帅的荣誉称号,集行政、军事、司法和宗教大权于一身。后来流行的元首一词,就是源于此处。

屋大维当政的时候年仅36岁。在他死后的200年间,罗马进入高速发展时期,政治、经济、文化事业欣欣向荣,被称为“罗马的和平”时期。庞大的罗马帝国以罗马为中心,由四通八达的道路连接起来,“条条道路通罗马”的谚语就是从这时在世界上广泛流传开来,足以说明罗马的繁荣。

历史探微

盖乌斯·屋大维,恺撒的继承人,公元前27年,被罗马元老院尊为奥古斯都。在古罗马的历史上,他起到了承先启后的作用。奥古斯都死后,立即被人们神化,并被列入神的行列。奥古斯都神一直是罗马人崇拜的偶像。正因如此,现代人仍可以欣赏到许多精美的奥古斯都雕像及半身像。

罗马帝国的灭亡

屋大维建立罗马帝国以后，罗马帝国在公元1世纪至2世纪达到了鼎盛，他占据地中海一带，傲视群雄。但是随着时间的推移，到了公元3世纪的时候，以前的繁华早已不复存在，帝国遇到了重重危机。奴隶制日渐衰落、农业生产停滞、政局动荡不安，这一切都成为制约帝国发展的因素。罗马犹如一个久病的老人般苟延残喘着。

而国内的奴隶主们，却依然过着穷奢极欲、荒淫无度的生活。他们的房子是一座座别墅。豪华而富丽，里面的一切达到一种让人无法相信的地步。就以洗澡为例，你可以随时调整温度，每一个浴室分成了很多暖房，每个暖房的温度都不一样。洗澡的人在里面还可以蒸桑拿，往往一次澡要洗好多遍，冷水、热水、温水都有，使人可以有多种选择，最后还会涂抹软膏，用来防寒。这只是普通奴隶主，皇帝的生活就更加奢华了。宫廷内的生活非常腐败奢侈，光皇帝的美容师就多达数百人。而且皇宫一天到晚都有活动，就是皇宫外，皇帝也会以各种借口举办各式各样的活动，以彰显帝国的繁华。例如，公元106年，图拉莫皇帝在达西亚获得了胜利，为了纪念自己的功绩，各种节日娱乐竟然接连123天都没停止。公元4世纪，一个大官僚为了炫耀财富，就给儿子举行了一个庆典，7天花了2 000磅金子。

繁华的背后却隐藏着巨大的危机。统治者之间争权夺势的斗争越来越明显。经常今天皇帝刚登基，明天就被废掉了。公元235年以后的50年内共换了10个皇帝。

公元284年深秋，在一个阳光明媚的午后，一支罗马军队正在行军途中。他们刚从波斯战场上回来，带着一大批从波斯掠夺的财物。但是，可怜的皇帝却在返回意大利的途中染病死去，而他的小儿子即位还不到一个月就身染重病,连路都走不了了,看来日子也不长久了。

后来,抬担架的几名侍卫总是闻到一股臭味,却不知道是从哪儿来的。队伍缓慢地向前走着。近卫军长官不停地催促军队加快行军速度,“快快,别磨磨蹭蹭。”长官来到担架前面,轻轻掀起被子看了一眼,士兵们终于知道臭味的来源了,但是他们不知道自己抬的是谁,也不敢向长官询问,只好继续前进,直到傍晚时分,队伍来到尼科美地区,士兵偷偷掀开被子一看,原来担架上是年轻皇帝的尸体,皇帝都已经死了好几天了。

“皇帝被人杀死了,我们一定要找出凶手！”士兵们看到眼前的惨状,纷纷要求严惩凶手。

军官阿培尔训斥那几个士兵说道:“嚷嚷什么,皇帝死了就死了,我们再选一个就是了,再叫嚷就把你们也杀死！”

这时,远处传来一个响亮的声音:“你是什么东西,说换皇帝就换皇帝,这个月已经死了两位皇帝了。看样子就是你谋杀了皇帝,你应该受到惩罚!”这个人走上前来,大家一看原来是戴克里先。阿培尔和戴克里先拔剑厮杀,阿培尔技不如人,当场被戴克里先杀死。士兵看到戴克里先的英勇行为,就推选他为罗马帝国皇帝。

回到罗马后,戴克里先立刻颁布新的法令,他下令重新建造宫殿,以满足自己的欲望。他还规定,想要见他的人,必须向自己行跪拜礼。见到他的人回来说,新皇帝衣着华丽,通常都是穿织金的丝制衣服,头上戴的头巾也镶满了珍珠,鞋子上也有灿烂夺目的宝石。戴克里先将大权都集中到自己的手中,他想出了一个新的称号“君主”。君主制后来成了后期罗马帝国世代相袭的一种政治体制。

戴克里先知道只凭自己一人无法对付奴隶的反抗和外敌的入侵，于是就让好朋友马克西米帮助自己治理帝国的西部。罗马帝国出现了奇怪的一幕:有两个最高统治者。任何政令都是以两人的名义共同发出的。后来,两人又分别设立了副职恺撒。从此以后，罗马帝国实际上就有了四个统治者，史称“四帝共治制”。他们四个人各统治罗马帝国的一个部分。后来戴克里先退位，由君士坦丁大帝继承帝位。公元330年，君士坦丁迁都拜占庭，并把拜占庭改名为君士坦丁堡，称号是“新罗马”，这样，就为罗马东西分治奠定了基础。

公元395年，罗马帝国再也无力维持统一，分裂成了东西两部分，东罗马帝国以君士坦丁为首都，西罗马帝国以罗马城为首都。此时的罗马帝国早已没有了往昔的鼎盛，民怨沸腾，四起的奴隶起义让统治者伤透了脑筋。其中高卢人掀起的“巴高达”（高卢语意为“战士”）运动最令统治者头痛。他们的步兵大多来源于农民，而骑兵主要是由牧人组成的，他们实行游击战术，四处打击罗马统治者。公元408年，罗马统帅撒拉带领军队回意大利，半路在阿尔卑斯山隘被巴高达战士打了伏击，战利品全部被劫。巴高达“把奴隶主变成奴隶”的政策，赢得了奴隶们的热切拥护。他们不断地出击，打击那些罗马官吏。100多年以后，一位剧作家将这一幕搬上了舞台，形象地反映了当时的情景：“一个贫苦人已经活不下去了，他向神请示该怎么办，神说：‘在罗亚尔河一带你会遇到一群强盗，那群强盗公正无私，你去那里就可以过上称心如意的生活了。’”巴高达就在罗亚尔河一带活动。作者借神的口劝说人

历史探微

罗马帝国在自然科学方面取得了诸多成就。就天文学方面而言，天文学家托勒密（公元85年—公元168年）的《天文集》便是一本集古代希腊罗马天文学之大成的著作，该书共13卷，包含有1 022颗恒星的星图（这在古代已经是非常完备的了），书中用几何系统描述天体运动，此外还涉及到历法的推算、日月食的推算以及天文仪器的制作与使用等等。托勒密信奉“地心说”，在哥白尼提出“日心说”之前，托勒密的“地心说”一直占据着欧洲天文学的统治地位。

们去做一名巴高达战士。

内忧还未解除，又来了外患：东方日耳曼人中的哥特人勇士阿拉里克开始进攻意大利。临行前，阿拉里克对妻子说："我要让罗马的贵妇人做你的奴仆，把罗马的财宝抢来，作为我送给你的礼物。"

可是这一许诺没有能够实现，阿拉里克被罗马的司令官斯底里哥打败了。摆脱危机的罗马城举行了盛大的庆典，来纪念这次来之不易的胜利。不过罗马人此刻没有想到，这将是罗马历史上最后一次庆祝胜利，角斗士也在这里做了谢幕演出。

当时对罗马威胁最大的不是哥特人，而是来自伏尔加河的匈奴人。斯底里哥知道罗马人不是匈奴人的对手，于是就和阿拉里克结成联盟来阻挡匈奴人的步伐。但是他的策略受到了罗马国内贵族的诋毁，说他企图勾结哥特人来篡夺霍诺留的帝位。愚蠢(chǔn)的霍诺留不分青红皂白就下令处死了斯底里哥。

阿拉里克以此为借口，于公元408年，再一次侵入罗马。这一次没有人能够阻挡阿拉里克前进的脚步，他们占领了罗马的港口，切断了罗马人的粮道，粮食根本就运不进来，城内的人们忍受着饥饿，听着城外的马蹄声，不知道灾难什么时候会降临到自己头上。

元老院只好派人前去求和。

经过谈判，双方终于达成了协议：罗马人交出5 000磅黄金，3 000磅白银，还有4 000匹绸料，3 000张皮革以及3 000磅胡椒。为了交出5 000磅黄金，罗马城中一时间竟然都见不到黄金了。

在罗马人交出了规定的钱物以后，阿拉里克才撤军，罗马人才能出城买粮食。

但是事情并没有就此结束，公元410年，阿拉里克决定占领罗马城，并且向士兵们宣布：进入罗马城以后，三天内随意抢劫。

罗马城的灾难降临了。一个雷电交加的夏夜，成千上万的哥特人穿着兽皮，吹着牛角号，攻陷了罗马城。士兵们纵情抢劫，三天三夜过后，到处都是断壁残垣(yuán)，到处都是残缺的肢体。哥特人将一车车的金制神像和黄金器皿拉回了自己的家中。

第 6 天，哥特人撤出了罗马，并开始向意大利进军，但是途中阿拉里克抱病而亡。至今还有一个关于哥特人宝藏的传说：当年，哥特人强迫罗马俘虏排干了一条河，并将阿拉里克的遗体和无数宝物一起埋在河底，再把河水引回。为了保密，所有的俘虏都被杀死了。所以这一地点始终没有被人发现。

公元 476 年，6 岁的西罗马末代皇帝被废黜。这个在历史上曾称霸地中海，纵横了 12 个世纪的奴隶制大帝国在内忧外患之中，终于寿终正寝了。西欧历史从此揭开了新的一页。

被带上太空的第一书

《圣经》不仅是第一本被带进太空的书，而且也是全球发行量最大的书，其一年的销售量就超过 6 000 万册。《圣经》虽然不是文学书，但它文笔的独特和优美却是举世公认的。《圣经》不是由一人在一个时期、一个地点写成的，而是 40 多位不同职业、背景、学识的人在三大洲、用三种语言历经 1 600 年才最终完成。《圣经》被译成多种语言在全球发行，拥有世界上最广泛的读者群。

《一千零一夜》

《一千零一夜》是著名的古代阿拉伯民间故事集，在西方被称为《阿拉伯之夜》，在中国却有一个独特的称呼——《天方夜谭》。它是世界上极具生命力、极负盛名，拥有极多读者和影响极大的作品之一。同时，它以民间文学的朴素身份却跻身于世界古典名著之列，深受世界人民的喜爱，享有“世界最大奇书”的美称。这本书其实并不是哪一位作家的作品，很多故事来源于古代波斯、埃及和伊拉克的民间传说，但经过了阿拉伯人民吸收、改造和再创作。它是这个地区广大阿拉伯人民、波斯人民聪明才智的结晶。这些故事多以赞美人民的善良和智慧，抨击坏人的邪恶和罪行为主要内容。

在很久很久以前，有个岛国国王叫山鲁亚尔。他因为发现王后和奴仆们嬉戏取乐便心怀怨恨，怀疑王后对他不忠诚，因此杀死王后、宫女和奴仆。从此，山鲁亚尔深深地厌恶女人，存心报复，他开始每天娶一个女子来过一夜，次日便杀掉再娶，他已完全变成一个暴君。这样年复一年，持续了三个年头，整整杀掉了一千多个女子。城市里弥漫着恐怖的气息，有女儿的家庭都害怕自己的孩子成了国王的刀下鬼，纷纷外出逃命。很快，城里的人都逃空了。

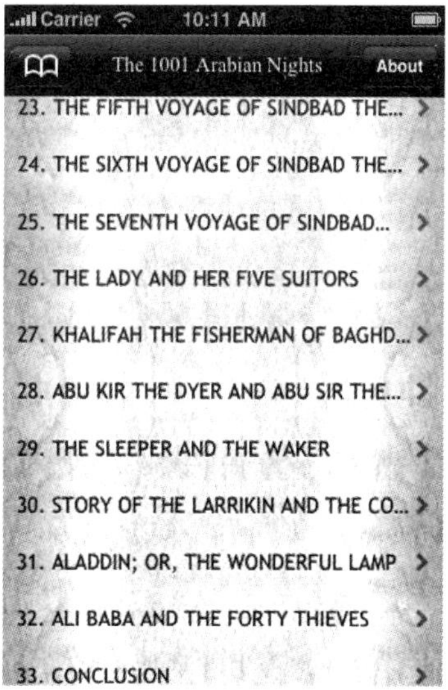

国王一意孤行，继续命令宰相为他寻找女子进宫。可是城里的姑娘都已逃走，宰相实在找不到女子了，他由于害怕国王怪

罪而整日愁眉不展。宰相的大女儿山鲁佐德,对父亲说她要嫁给国王,她要试图拯救千千万万的女子。进宫后山鲁佐德每天晚上都给国王讲一个故事。

第一天,山鲁佐德讲的故事是阿拉丁和神灯。

阿拉丁家里很穷,他从小游手好闲,四处游荡,他的不争气居然把他的父亲给气死了。父亲死后,阿拉丁和他的母亲过的日子越发穷困,常常吃不上饭。

在阿拉丁 15 岁的时候,一个没见过面的自称是他伯父的男人来找他,说是要带他去找神秘的宝物。其实,这个伯父是假的,他的真实身份是一个非洲魔法师。他精通占卜,得知中国的地下埋藏着稀世宝物,有一盏神灯可以满足人的一切愿望,但必须由一个大胆、机灵名叫阿拉丁的男孩去取。所以,他找到了阿拉丁,便冒充他的伯父,想利用阿拉丁帮他取灯。

魔法师带着阿拉丁来到了一个荒凉的郊外。魔法师嘴里喃(nán)喃地念了几句咒语,大地竟然就裂开了一个缺口。随后魔法师拿出一个神奇的戒指让阿拉丁戴在手上,告诉他怎样取得神灯。阿拉丁好不容易取到神灯想爬出缺口时,魔法师却要他先交出神灯,其实魔法师在心里早就计划好了,一旦阿拉丁交出神灯就不会让阿拉丁出来了。阿拉丁识破了魔法师的阴谋,二人争吵起来。魔法师见阿拉丁怎么也不肯交出神灯,十分生气地念起咒语,把大地合起来了。阿拉丁在黑糊糊的地道里急得像热锅上的蚂蚁,想出各种办法以便出去,一不小心触动了法师戴在他手上的戒指。忽然,冒出一股浓烟,一个巨神从戒指里出现在阿拉丁的面前,恭敬地问:“主人,你有什么愿望我都可以帮你实现。”阿拉丁急忙要求把他送回家。一阵风把阿拉丁带回了家。他很高兴地把自己从地下得到的珠宝和神灯拿出来给母亲看,母亲看灯很脏很旧,就试着擦了擦,不想一擦从灯里出现了一个巨神,恭敬地问:“主人,你有什么愿望我都可以帮你实现。”阿拉丁的母亲吓坏了,于是阿拉丁拿过神灯说:“我想吃些东西。”灯神马上送来了一桌美味佳肴。

但他们没有乱用神灯。阿拉丁改掉了先前的坏习惯,开始学做生意,过着节俭的生活。再加上有了神灯的帮助，就这样，阿拉丁母子的日子越过越好了。

后来阿拉丁和公主相爱，在结婚之前，他命令神灯盖了一座世界上最富丽堂皇的宫殿送给公主。他和公主在宫殿里过着幸福美满的生活。

魔法师不甘心失去神灯，悄悄来到阿拉丁生活的地方，琢磨着怎么把神灯弄到手。他终于找到了机会。一天阿拉丁去打猎了，魔法师化装成小贩，沿街叫喊："谁家有旧油灯，拿来换新灯。"公主不知道神灯的秘密，听到有人愿意旧灯换新灯，十分高兴地将家里又脏又旧的神灯换了一盏普通的新灯。魔法师拿到神灯后，立即命令神灯把公主和宫殿移到非洲去了。

阿拉丁回家后不见自己的妻子和宫殿，急得团团转。幸亏他手中还有戒指，在戒指神的帮助下，他来到了非洲，潜入宫殿找到公主。两人商量了一个办法：公主在酒中下了麻醉药把法师醉倒，阿拉丁趁机杀死了魔法师。这样，阿拉丁重新夺得了神灯，并命令神灯把宫殿搬回中国。后来，阿拉丁继承了王位，成了一个贤明的国君，受到了老百姓的拥护和爱戴，他和公主过着幸福美满的生活。

阿拉丁的故事讲完了。山鲁亚尔国王听得津津有味，高兴地说："今天不杀你，但是你明天还要讲一个故事。"

第二天，山鲁佐德讲了阿里巴巴和四十大盗的故事。

古时候，有两个兄弟，哥哥叫高西睦，弟弟叫阿里巴巴。哥哥高西睦娶了一个富商的女儿，做起生意，成了全城有名的富人。弟弟阿里巴巴生性老实，娶了一个穷人家的女儿，整天以砍柴卖柴为生，生活并不富裕。

一天，阿里巴巴在山上砍柴时看见一群强盗带着许多东西来到一个山洞前，只听到强盗对着山洞念咒语："芝麻芝麻，快开门。"轰的一声，山洞的大石门就开了，强盗们把东西放进山洞后便出来了，又念咒语："芝麻芝麻，快关门！"又听一声巨响，洞门自动关闭了。

等强盗们走远了，阿里巴巴心下十分好奇，便试着念了咒语，"芝麻芝麻，快开门”，山洞大门像刚刚那样自动开了。山洞里满满当当塞着各种各样的的金银财宝、锦缎(duàn)地毯等。原来这是强盗们窝藏抢来宝物的秘密仓库。于是阿里巴巴背了几袋金币回家。阿里巴巴一夜发财的消息被贪心的哥哥知道后，他想尽办法从弟弟口中探知秘密，也到山洞去运财宝。可是被金银财宝迷了心神的他，只顾着多装宝贝却忘了出洞的咒语，结果强盗们回来时发现了他并把他杀死。高西睦(mù)的女仆莫吉娜和阿里巴巴偷偷地把高西睦的尸体抬回家。

强盗见高西睦的尸体不见了，得知还有第二个知道山洞秘密的人。他们派出一个人去找知晓秘密的人。那人用尽各种办法找到了阿里巴巴的家，并在他家墙上划上记号便回去报告首领。莫吉娜发现后，料到这是强盗的阴谋，她就把全城的房子都标上同样的标志。因此强盗没有找到懂咒语的人了。

强盗头子十分生气，决定亲自出马来杀阿里巴巴。他想了一个办法，赶了 19 匹骡子，每个骡子上驮了两个大瓮，其中只有一只骡子驮着油，其余每个瓮中藏了两个强盗。强盗头子假扮成油商到阿里巴巴家借宿，寻找机会杀死阿里巴巴。碰巧油灯的油不够了，莫吉娜想到油商的瓮中取点油。瓮中的强盗们听到脚步声，以为是他们的头子，便悄悄地问：“动手的时间到了没有？”莫吉娜心中一惊，马上就随机应变地压低声音说：“还不到时候呢。”

莫吉娜无意中识破了敌人的阴谋。她急忙想办法应对，灵机一动便把强盗带来的一瓮油烧沸，把滚烫的油浇进其他油瓮中，将强盗们都烫死了。晚上强盗头子想要行动时却发现同伴都死了，连忙狼狈逃窜。

逃走的强盗头子十分不甘心自己的失败，于是他想尽办法同高西睦的儿子搞好关系，以接近阿里巴巴。阿里巴巴没有识破强盗头子的诡计，邀他回家一起喝酒。但莫吉娜认出了强盗头子，还发现他的衣服下藏有一把短剑。于是她主动请求为客人跳舞助兴。莫吉娜舞姿优美，趁强盗头子看得出神的时候，莫吉娜迅速将匕首刺进他的胸中，结束了他的性命。阿里巴巴非常欣赏莫吉娜的机智和勇敢，为报答救命之恩，他还这位女奴以自由，并让侄儿与她结为夫妻。

山鲁亚尔国王依然听得津津有味，高兴地说："今天不杀你，但是你明天还要讲一个故事。"

这样，山鲁佐德每天讲一个故事，她的故事无穷无尽，一个比一个精彩，一直讲到第一千零一夜，终于感动了国王。山鲁亚尔说："凭安拉的名义起誓，我决心不杀你了，你的故事让我感动。我将把这些故事记录下来，永远保存。"于是，便有了《一千零一夜》这本书。

历史探微

《一千零一夜》是生活在中东地区的普通百姓在几百年的时间里，经过口耳相传、提炼加工而形成的，是该地区广大阿拉伯人民以及波斯人民聪明才智的结晶。《一千零一夜》中所收录的故事，最开始由阿拉伯地区的人民口耳相传；在公元8世纪到9世纪时出现了最早的手抄本；到12世纪，埃及人首先使用了《一千零一夜》的书名；但直到15世纪末16世纪初时才基本定型。书中故事的主要来源有：波斯和印度的民间故事、以巴格达为中心的阿拔斯王朝(750年—1258年)时期流行的故事、埃及麦马立克王朝(1250年—1517年)统治时期流传的故事等。

日本的大化改新

“大化改新”——日本的社会政治变革运动，发生于公元646年，此年为大化二年。这一事件史称“乙巳之变”，革新派以唐朝律令制度为蓝本，参酌(zhuó)日本旧习，从经济到政治方面进行了改革，规定了中央集权的封建国家体制，并诏书公布革新的内容，律令严格划分良贱的身份制。大化革新从某种程度上解放了生产力，完善了日本的统治制度，奠定了日本的国家发展方向，具有非常积极的意义。

日本的国土面积很小，由几个大岛和若干小岛组成。在古代，大海是人们与外界交往的最大障碍，像日本这种岛国的内部矛盾必须自己来解决，外部势力很难加以干涉，所以自身的改革极其必要。公元3世纪以后，日本本州地区出现了一个较大的政权——大和国家。大和国家的最高统治者是天皇。大和国家原来只统治了本州中部的大和地区。但大和国家这个政权并不满足局限于这个地区，它不断地扩张，逐渐占领了许多邻近地区的领土。5世纪时，现在日本的大部分地区已经归于这个国家统治。今天的日本就是在此基础上发展起来的。

扩张的结果是，大和国家占有了大量土地和土地上的人民。大和国家把土地分为屯仓和田庄两部分，屯仓属于皇室成员，田庄属于大贵族。同时劳动人民也被分成两部分，主要用于家内劳动的奴隶(只占一部分)和主要用于生产劳动的部民。什么是部民？部民是在大和国家向外征服的过程中，一些归顺的部落和被征服的部落被集体安置下来，保留了原来的部落组织，在原有土地上继续生活，有许多仍保留着原来的原始血缘关系；此外还有一些专门从事专业生产的部，其劳动者也被称做部民。这是日本国家形成过程中的特殊现象。部民分为田部和品部。从事农业生产的称做田部、米部，在手工业或其他行业从事生产的总称为品部，在品部内又按照行业的不同分为衣缝部、锻冶部等。部民可以有自己的家庭和生产工具，可以有少量的家庭财产。法文规定：主人不得随意杀害或买卖部民，但允许把他们作为礼物送给他人，这与奴隶的待遇没有多少差别。在当时，日本人口的一半以上是部民和奴隶。平民的地位在贵族和部民之间，由于财产的变化使他们的地位也在变化，他们时刻会沦为部民。

大和国家在基本上统一了全国之后，由于是海中岛国已经不能继续向外扩张，于是内部开始了争夺。一些较大的贵族为了获得更大的利益，极力想独自控制中央政权。物部氏在6世纪之前控制朝政。后来，新兴的苏我氏强大起来，取代物部氏控制中央，苏我氏家族不可一世，连天皇的废立都由他们说了算。上行下效，下面的中小贵族疯狂地兼并土地，残酷地剥削部民，剥夺平民的土地。长此以往，土地和财富被集中在了上层统治阶级手中，下层被统治阶级生活困难，社会矛盾空前尖锐。奴隶、部民和平民迫于这种情况不得不纷纷起来造反。

公元6世纪，整个社会已处于混乱状态。如何找出更好的统治方法，以取代过时的部民制，成为统治阶级必须考虑的问题。早在公元5世纪，日本就与中国南朝的刘宋和朝鲜的百济交往密切，亚洲大陆上先进的文化和科

历史探微

大化改新后，大和正式更名为日本国，其意为“日出之处的国家”。日本国仿照唐朝的教育制度，设太学于中央，设国学于地方。日本国对中国文化具有很高的学习热情，中国的唐诗和书法都颇受欢迎，佛教在传入日本后也得到了极大的发展。后来，由于各地苛捐杂税过于繁重，农民因而苦不堪言，有的逃往他地，有的成为了地主、贵族和寺院的依附农民。

学技术不断进入日本。当时的中国繁荣强盛，日本非常羡慕，于是出现了向中国学习的改革。

苏我稻目(？—公元570年)领导了这次从上层开始的改革。作为改革代表者的他曾任两朝天皇的大臣，掌管财政。而他本人一向亲近中国的来日人员，并立志向中国学习。公元555年苏我稻目在吉备五郡设立过屯仓，但成果并不理想。于是他使用了编制户籍的办法，建立户籍的办法使过去以部为单位受奴役的田部民，变成以户为单位的小生产者。这些小生产者直接向国家交纳年贡，实际上成了自由的国家农民。这取得了良好效果，部民不再逃跑，并开始安心耕作。苏我稻目这种做法得到了天皇的奖赏。但是朝廷中的顽固势力反对改革的主张，因为这触犯了他们的利益。尤其掌管军事的大贵族——物部氏的物部尾舆，极力维护以前的统治方式。

而佛教信仰问题直接导致双方发生冲突事件。公元522年，百济王献给日本佛像和佛经。在钦明天皇询问群臣可否崇拜佛教时，稻目本着以佛教来统一思想的立场主张崇拜佛教，但尾舆(yú)却认为崇拜原来各个氏族的神比信仰佛教更能给日本带来福音，所以他极力反对佛教。两个对立的势力的僵局持续了半个世纪，愈演愈烈。公元587年，用明天皇去世，稻目之子苏我马子和尾舆之子物部守屋在谁继承皇位问题上发生了激烈的争吵。半个世纪的势力交锋在衣折战役中终于有了结果，苏我马子战胜了物部氏。苏我马子先是拥立泊濑天皇，后又在公元592年拥立推古天皇(他自己的外甥女)。

公元593年，推古天皇立圣德太子(公元574年—公元622年)临朝摄政。圣德太子即是用明天皇的遗子厩户，他从小欣羡中国文化并努力学习了解它。他极力主张加强皇权并积极准备改革。他认为中国的大一统国家体制值得效仿，于是进行了公元603年—公元604年的“推古改革”，先后制定了冠位十二阶和宪法十七条。冠位十二阶是指按照才能和功绩授予个人官位，而且是非世袭的官位。这样一来那些世袭的贵族如果没有才能就无法再继续做官，天皇的权力就相对增大。宪法十七条是指用中国儒家三纲五常和以和为贵的思想规定了日本臣民的行为守则。“国非二君，民无两主，率土兆民，以王为主”。冠位十二阶确立了国家的政府官僚体制的雏形，而宪法十七条减少阶级对立。圣德太子还采取了许多措施提高日本的国际地位，比如在与中国加强来往的同时采取了对等的称呼，不再以臣相称，并派遣大批留学生到中国学习。但是圣德太子的改革由于遭到了顽固势力的抵抗，而没大力推广开来，公元622年，圣德太子死后，苏我氏害怕圣德太子的儿子山背大兄皇子继承皇位并进一步改革，妨碍苏我氏独揽朝政，于是杀死了山背大兄皇子。刚刚开始的改革夭折，没有取得太大的成果。

但是改革却解放了思想，苏我氏的专权遭到朝野反对，人们都企盼利用改革改变矛盾尖锐的社会。公元645年(日本皇极天皇四年)6月12日，在日本飞鸟板盖宫太极殿发生了一场中大兄皇子和中臣镰足预谋已久的政变。这一天皇极天皇接见高句丽、百济、新罗使节，举行“受贡”仪式。突然宫门全部关闭，中大兄皇子迅速拔剑刺杀了大贵族苏我入鹿，令在场的许多贵族惊慌失措。13日，苏我入鹿的父亲走投无路，被迫自杀。这一事件史称乙巳之变。政变后，皇极天皇退位，革新派拥立孝德天皇，以中大兄为皇太子，中臣镰(lián)足为内臣，僧旻和高向玄理为国博士(顾问)，建元大化，迁都难波(今大阪)。

公元646年正月元日，新政权颁布了《改新诏书》，并全力向全国贯彻。为了使改革顺利进行，新政权在全国各地登记人口和检查田产。藤原不比等于大宝元年(公元701年)编成日本封建国家最完备的法典《大宝律令》，最后完成大化改新的以开元盛世的唐朝为楷模的天皇制国家的理想。大化改新加强了中央集权，促进了国家的统一，是日本进入封建社会的起点。大化改新是个逐步的过程，大约经历了半个世纪，改革的纲领在实施中也不断完善和修改。大化改新之后，经济上废除了部民制，建立起封建土地国有制。政治上废除了贵族的世袭特权，建立以皇权为中心的中央集权国家。军事上实行征兵制，在京师设立了五卫府，在地方设军团，所有军队归中央统一指挥。

大化改新从某种程度上解放了生产力，加强了中央集权，促进了国家的统一，完善了日本的统治制度，是日本进入封建社会的起点。

影响最大的现代百科全书

《不列颠百科全书》又叫《大英百科全书》，是世界上影响最大的一部百科全书。《不列颠百科全书》始创于1768年，它的内容囊括了政治、经济、美术、文学等200多个学科，收录条目106 207条，共有4 000多位专家、学者参加了这部图书的编写，他们来自130多个国家，都是学术领域的权威人物，其中还包括100多位诺贝尔奖的获得者。《不列颠百科全书》作为一部历史悠久、享誉世界的权威性、学术性综合百科全书，被奉为百科中的“楷模”。

查理大帝

查理大帝(公元742年—公元814年),或称伟大的野蛮人查理曼等,是中世纪公元800年左右的法国国王,后来加冕为“罗马人的皇帝”。查理曼勇武善战,善恶分明。他控制了大半个欧洲的版图,并在天使的指引下挑起了保卫基督教世界的重任。

法兰克王国以今天法国的东北部为中心,随后扩展到法国全境和周围地区。公元6世纪到8世纪,法兰克王国的封建制度得到巩固。公元751年,身为法兰克王国大臣的查理的父亲——丕平在教皇和教会的支持下,篡夺了王位,宣称自己为法兰克国王,从而结束了昏庸无能的梅罗文加王朝的统治,建立起一个新王朝,今称加洛林王朝,是根据查理曼的名字命名的。丕平为报答教皇,他进军意大利,把抢到的罗马附近一大片地盘献给教皇,形成了一个“教皇国”。公元768年丕平驾崩,法兰克王国被查尔斯和他的长兄卡洛曼两人瓜分。公元771年卡洛曼猝然去世,这对查尔斯和法兰克的统一来说却是幸运降临,使29岁的查尔斯成为法兰克王国唯一的君主,该王国当时已是西班牙最强大的国家。

查理身材魁梧(kuí wu),精力过人,从不知疲劳。查理登基之时,法兰克王国主要包括今日的法国、比利时和瑞士以及今日荷兰和德国的许多地区。他继承父位后,就开始了大规模的扩张领土行动。他一生的大部分时间都用在了战争上,据说,他在位的14年间,发动过对伦巴底人、撒拉森人、撒克逊人等的大大小小五十几场战争,后世流传的歌谣中把他形容成为一个神话般的人物。

公元778年,为确保南部边疆的安全,查理率大军顺利地翻越高峻的比利牛斯山脉，南侵西班牙。当时，那里由哥尔多瓦王国统治，一支从北非来的阿拉伯人建立的政权。这场战役的结果是哥尔多瓦的军队和查理的大军两败俱伤。哥尔多瓦国王提议讲和，查理军中一些将官也主张和解撤军。查理的侄子罗兰侯爵表示应该继续作战，不同意派主和人物盖内隆去进行和谈。但是，形势十分不利，没有把握获胜，查理考虑再三，没有接受罗兰的意见，而是派盖内隆同哥尔多瓦人议和。盖内隆早就对罗兰心怀怨恨，在和哥尔多瓦谈妥了议和条件后，也想借助敌方的力量除掉罗兰。哥尔多瓦对年轻有为的主战派罗兰也有畏惧，于是双方订下密谋，暗害罗兰。

议和成功，查理就率大军回国，委任罗兰担任后卫。盖内隆将这一情报送给了哥尔多瓦国王。夜幕降临大地，哥尔多瓦集结起一支强大的部队，借着夜色埋伏在险要的比利牛斯山朗塞瓦尔峡谷两侧。当罗兰的后卫部队排成长列通过隘口时，哥尔多瓦部队迅速包围了罗兰的部队。罗兰急忙带着部队应付来势汹汹的敌军，只可惜寡不敌众。当查理听到那微弱的求援号声，率大军赶回峡谷时已经晚了。罗兰和所有的同伴都已英勇战死。

这就是著名的《罗兰之歌》。后来的文学家将这次战事加工成为一部著名的悲壮史诗，这也是法兰西最早的民族史诗。它感动了无数人。

公元801年，查理再次率军越过比利牛斯山远征西班牙。这一次他终于如愿以偿，吞并了山南广大地域。

在查理大帝一生中，也许更重要当然也更困难的是对北方撒克逊人的征服战争，他先后发动8次进攻。第一次发生在公元772年，最后一次在公元804年，时间长达33年。他以传播基督教为借口发起战争，最终征服了撒克逊人，使之成为法兰克国的臣民。

在几十年的征战之后，由于查理获得了多次战争的胜利，成功地使西欧大部分地区都归属于他的统一领导之下，他的帝国实际上达到包括今天大部分法国、德国、瑞士、奥地利和低地国，以及意大利的一个地区和许多的边界地区。自从罗马帝国衰亡以来，欧洲还没有这么广阔的领土被一个国家控制过。而随着版图的日益扩张，查理对国王的称号已经不再满足了。

公元800年的圣诞节，在罗马发生了查理统治期间最著名的一件事。教皇利奥三世看到查理势力强大，也为便于和查理共同控制西欧，于是，就为查理举行了加冕。公元800年的圣诞节之夜，罗马圣彼得大教堂灯火辉煌，装饰一新。这一天，教皇利奥三世把一顶皇冠戴在查理的头上，宣布他为罗马人的皇帝。查理正式成为皇帝。从主要方面来讲，这意味着在3个多世纪前被毁灭的西罗马帝国正在复辟，查理现在是奥古斯都·恺撒的合法继承人。从此，法兰克王国成为“查理帝国”，查理国王成了“查理大帝”。

查理对基督教极为虔诚。出于为宗教神学服务的目的，在他统治时期，下令教会和寺院办学，并在宫中成立学院，邀请大批僧侣学者前来讲学。他不仅要求富贵子弟接受教育，还从中等人家和低微门第人家中挑选子弟让他们也有机会读书。这样，出身贫穷，学习优异的青年教士也有资格成为主教。但是这并没有从根本上改变这一时代教会垄(lǒng)断文化教育的局面。他定都阿亨后，大兴土木，为基督教修建了许多富丽堂皇的宫殿和教堂。阿亨的宫廷礼拜堂一直保存至今，仍是美轮美奂。建筑的兴盛带动了绘画、雕刻等艺术的发展，给后人留下了许多优秀作品。查理还派人搜集和抄写了许多拉丁文和希腊文手稿，为后代保留了许多古典作家的著作。查理大帝的举动使文化得以繁荣发展，后来的历史学家把查理时代的文化称为“加洛林文化”。

历史探微

关于查理大帝有这样一个故事：教皇要为查理大帝加冕，但查理大帝辞而不受，以示“谦让”。在一个重要的日子，教皇趁查理大帝不注意时，将王冠戴在了他的头上。加冕后的查理大帝装出很不高兴的样子，好像在埋怨教皇陷他于不义。但实际上，帝位一直都是查理大帝梦寐以求的。在查理大帝死后，他的三个孙子将帝国一分为三，这三个国家就是德意志、法兰西和意大利三个国家的雏形。

查理死后不久，帝国就出现了分裂。查理在政治上通常是机智敏锐、洞察秋毫的，但他却在王位继承人的问题上犯下了严重的错误。到了公元843年，他的三个孙子各自为王，帝国一分为三。第一部分由今天法国的部分地区构成；第二部分包括德国的一个广大地区；第三部分包括今天意大利北部和横跨法德边界的狭长地带。以后的西欧各国就是在此基础上逐渐发展起来的：东法兰克王国成了以后的德国，西法兰克成了以后的法国，东、西部之间的地区成了以后的意大利。法兰克人的语言也出现明显的分化，形成了法语、德语和其他西欧国家的民族语言。

十字军东侵

1095 年 11 月，大批教士、封建主、骑士和老百姓，集中在了法国克莱蒙城郊外的空地上。初冬寒冷的风中，万人攒动，声音嘈杂。

太阳已经爬上了树梢，一阵号角伴着鼓声飘进了人们的耳朵，远处走来了一队人，手里举着巨大的十字架，队伍的后面是一辆装饰华丽的马车。随后，十字架被安放在石头和泥土所筑成的约 3 米高的台子中央。教皇乌尔班二世从停在台旁的车中走了出来，登上高台。而台子的旁边肃然围绕着两百多名手执长矛的卫兵。

躁动的人群安静了下来，他们的视线集中在了教皇身上，一起聆听着这次宗教大会的主人公讲话。

空地上人们的宗教情绪被煽(shān)动了起来，有人不禁大声喊着“拯救东方兄弟”、“消灭异教徒”、“解放圣地”的口号。声音回荡在旷野，久久不散。教皇又继续说道：“教民们，东方之国牛乳、羊乳和蜂蜜遍地，黄金、宝石也是随处可见。任谁到那里都会成为富翁！大胆地去吧，染红十字架，作为你们的徽(huī)号。你们就是‘十字军’，主定会保佑你们战无不胜的！”

那些如痴如狂的骑士、封建领主和平民们，欢呼雀跃着，争先恐后地向教皇的随行人员领取红布做成的十字，佩戴在自己的肩上或胸前。凡是戴上了十字红布的人，就被认为是踏上了“主的道路”，成为了十字军中的一员。

教皇的号召很快传遍了西欧各地。饱受灾荒之苦的农民、渴望得到东方财富的骑士以及一心想扩大自己政治经济势力的大小封建领主们，纷纷组织参加了十字军。

法国北部、中部和德国西部穷苦农民组成的十字军于第二年春天，首先从各自的本乡出发,踏上了征程。他们个个衣衫不整,甚至有人拖家带口,幻想着到富饶的圣地过上安稳幸福的生活。然而这批根本无法称为军队的“穷人十字军”,历尽苦难到达小亚细亚草原时,却遭遇了塞尔柱土耳其人装备精良的铁骑。“穷人十字军”自然不是这些土耳其人的对手,他们大部分被歼灭,只有一些人侥幸逃回。所以,经历了这场恶战之后,他们带回的并非金银财宝,而是残存在记忆中的悲伤与痛苦。

由骑士组成的十字军,秋天时从法国、意大利和德国西部出发。他们由封建领主率领,武器装备精良,组织结构也比较严密,总人数约 4 万人,由小亚细亚半岛向耶路撒冷进发。

当时的小亚细亚和巴勒斯坦等地归塞尔柱土耳其人统辖,但实际上已经分裂成一些独立的小国。这些小国面对如此强悍的十字军,一时之间难以组成统一的反抗力量。十字军一路得以顺利前进,并于 1099 年 7 月攻陷了耶路撒冷。疯狂的十字军士兵,在城中大规模地抢劫(jié)和屠杀。十字军士兵在著名的阿克萨清真寺杀死了一万多名无辜的男女老幼,残酷的场面可谓触目惊心。

十字军不仅在宫殿、寺院和民居等地到处搜夺金银财宝,还定下这样一条骇人听闻的规矩:谁先闯进某家宅院,那么他就是这座宅院的主人。耶路撒冷整座城市被洗劫一空,那些十字军将士们都在一夜之间变成了富翁。

十字军在他们占领的地区建立起数十个十字军国家,最大的便是耶路撒冷王国。此外,还有安条克公国、的黎波里伯国等等。

但是这些国家的政权并不稳定。1187 年,东方人民在能征善战的领袖萨拉丁带领下,消灭了十字军主力,收复了耶路撒冷。虽然德国皇帝、英国和法国的国王又组织了第二次和第三次十字军东侵,但都以失败告终。

13 世纪初他们又组织了第四次十字军远征,并计划从威尼斯坐船去进攻埃及。但在威尼斯商人的怂恿利诱下,十字军的进攻对象却变成了东罗马帝国。这批欧洲骑士毫不留情地进攻和洗劫了同他们有着相同信仰的国家。

历史探微

12 世纪初，耶路撒冷最大的税收来源便是宗教观光业。1118 年，300 名朝圣者在前往耶路撒冷的朝圣途中惨遭穆斯林杀害。因此，来自法国香槟区的骑士——巴勇在面见耶路撒冷国王时，提出了成立宗教教团的建议，以此来保护前往耶路撒冷的朝圣者。鲍德温二世批准了巴勇的建议。巴勇遂连同约 30 名骑士组成了第一批"基督的贫苦骑士团"，他们的身份是武僧，主要职责是维持朝圣道路的安全。他们居住在圣殿区前面的清真寺所在地，所以该骑士团又被称为"耶路撒冷所罗门圣殿骑士团"。

他们不仅早已忘记了收复"圣地"的圣谕(yù)，也暴露出了他们只是打着征讨异教徒的旗帜而到处掠夺的事实。拜占庭帝国千年来的文化艺术珍品遭到了毁灭性的破坏。

十字军远征持续了近 200 年，共进行了 8 次。1291 年，穆斯林攻破了十字军所占领的陆上最后一个据点阿克城。至此，十字军东侵宣告结束。

欧洲的骑士、封建领主和教会在十字军东侵期间大发横财，但却没有分给劳动人民任何福利。许多农民被编入十字军后，一路上不是忍饥挨饿，就是客死他乡或埋骨战场，还有不少人被抓去做了奴隶，成千上万的农民就这样魂不归乡。

而最悲惨的莫过于"儿童十字军"。1212 年，在教皇和封建主的哄骗煽动下，3 万多名儿童也参加了十字军。他们大多是农民的孩子，平均年龄不过 12 岁。这些孩子在法国马赛集合后，被送上了"东征"的渡船。结果，有的船遭遇风暴沉入大海；有的船上的儿童全被船主卖给了埃及的奴隶主。德国同样也有 2 万儿童受骗参军。他们好不容易翻越了阿尔卑斯山却饿死了一大半，剩下几千人坚持到了意大利，又被拐卖掉不少。最后"儿童十字军"坑害了五六万天真无辜(gū)的孩子。

从1096年到1291年，这场进行了近200年的十字军东侵，不仅给东地中海地区的人民带来深重的灾难，也使西欧人民付出了惨重的代价。

最古老的大型乐器

中国的编钟是世界上最古老且保存最为完整的大型乐器，其中以战国早期的曾侯乙墓中发掘出的编钟为最。这套编钟共65件，重4 400千克，都是青铜铸造，制作十分精细。全套编钟音质纯正、音色优美、音域宽广。虽然在地下埋藏了2 400多年，现在仍能演奏出乐曲。被誉为“世界奇观中独一无二的珍宝”、“古代世界的第八大奇迹”。编钟凝聚着中国古代劳动人民的智慧，是中华民族文化艺术的瑰宝。

《自由大宪章》

《自由大宪章》是一部具有宪法性质的文件，诞生于英国封建专制时期。是约翰王在英国贵族的胁迫下于1215年6月15日在兰尼米德草原签署完成的。文件采用拉丁文书写，包括63条。人们通常将其简称为《大宪章》。

《自由大宪章》的内容多为维护贵族和教士权利的，包括：教会保有自由选举教职人员的权利；贵族和骑士的领地继承权受到宪章保护，不允许国王违反规定对领地继承税进行征收；国王向直属地征派补助金和盾牌钱，必须征得贵族、教士和骑士组成的"王国大会议"的同意；国王监禁、抓捕自由人以及对他们的财产进行没收，必须经过同级贵族的判决；取消国王对封建主法庭有司法审判的权利。宪章内还有一部分条款关系到城市：统一度量衡，明确城市享有的权利，确保商业的自由权利等。《自由大宪章》限定了王权，由25名贵族组成委员会，委员会有权对违背宪章的国王采取武力手段。此后，在近代的资产阶级革命中，资产阶级制定法律的重要依据中就包括《自由大宪章》。

诺曼人从1066年开始发动对英格兰的侵略战争，11世纪及12世纪时担任英国国王的诺曼人的力量开始强大。因为诺曼人不仅建立了集权政府，还利用英国本土盎格鲁—撒克逊人的方法统治国家，再加上盎格鲁人和诺曼(màn)人在诺曼底拥有的大片土地，致使1199年欧洲最有权力的国王的头衔落到了英国国王的头上。13世纪初英王约翰即位，在一大堆事件的引发之下，英格兰的封建贵族开始反抗他的统治，对国王的绝对权力提出反对意见。英王约翰遭到反抗的原因主要有三个：第一，他得到王位的方法一直受到人们的质疑。约翰的上一任英王理查一世(Richard)死于1199年，与约翰一同具有继承王位资格的还有他的侄子亚瑟。为了成为国王,约翰先囚禁了亚瑟,后来亚瑟便消失了。人们质疑约翰杀害了自己的亲人以夺得王位;第二,英国在诺曼底大部分的土地被法国占领,国王被要求夺回土地,约翰于1214年对法国发动了战争,结果大败而回,第三,教廷向英格兰施以绝罚,因为在坎特伯雷大主教任命的问题上约翰与教皇出现分歧,1213年教皇迫使约翰屈服。

1215年6月10日,英格兰国王约翰被聚首在伦敦的封建贵族势力挟持。在贵族们的胁迫下,约翰同意了贵族提出的“男爵法案”。约翰于当年的6月15日,在兰尼米德将皇室的印章盖在了法案上。6月19日,贵族明确了对约翰效忠的态度。这一协议最终由国王的秘书正式记录下来,最早的《大宪章》由此而来,秘书抄下多份副本送达各地,由各地受指派的皇室官员及主教保存。

1215年的《大宪章》中有一条对于国王权力限制的创举:由二十五名贵族组成的委员会具有否决国王命令的权力;可以使用武力征讨国王,对国王的城堡和财产进行占有。这一内容记录在宪章的第六十一条之中,史称“安全法”。这一内容源于中古时期,但这种法律程序加诸国王身上却是第一次。

英王约翰是在被胁迫的情形下才接受宪章的,对于《大宪章》的条款,他一直没有遵守的心意,尤其是第六十一条几乎剥夺了国王的所有权力。所以当贵族解除在伦敦的武装回到封地后,约翰就以《大宪章》的此项条款为借口,声称教皇剥夺了贵族的权力,侵犯了他的尊严,发动了内战。

在战争激烈进行的时候,1216年10月18日,约翰病逝,随着新王——九岁的亨利三世的即位,战事终结。10月12日,在亨利的名义下皇室大臣将修改过的《大宪章》发布,新的宪章删去了包括第六十一条在内的部分条款。随后1217年和1225年,亨利三世先后两次重新发布《大宪章》。1225年,亨利十八岁,宪章由亨利亲自发布,至此,《大宪章》的内容只剩下了三十七条。

1272年,亨利三世逝世,在他统治五十六年后,《大宪章》已作为英国法律被确定下来，在此以后的国王也无法将《大宪章》完全推翻。1297年10月12日亨利三世之子——爱德华一世将最后一次经过修订的大宪章发布，添加到“肯定法案”之中。

《自由大宪章》是法律之中出现人权，是对人权的最初实践。人权与权利不同，人权的意义更为丰富。人权的获得需要人的地位与专制权力的相对应。人类权利的历史，可以追溯到远古时代，但人权却是近代存在的。《自由大宪章》中获得权利的主体并不合格，它只包含了一部分人民而没有扩展到所有的人民。人们之所以评价《自由大宪章》是人权出现的首次，是因为它的历史作用。在长时期的冲突中，英格兰贵族体会到了权利的意义，并用文本给以固定的形式。从此，权利有了存在的形式，不再像从前以约定俗成的形式存在。以历史形成和传承确定下来的权利，由人一代一代传下来，其稳定性、安全性极差。而一旦以文本的形式确定权利，使其合法化，便大大增加了它的稳定性，而且可以广为流传。《自由大宪章》中确定下来的财产权、人身权（第39条）以及抵抗权（第61条）用文字确切表达出来，也固定于历史之中。

《自由大宪章》将国王也列于法律的范畴(chóu)之内，并以文本的形式将其记录在案。在贵族反抗国王集权的过程中，人们形成了限制王权的思想。法律改变了过去只限制臣民的状态，人们也可以把法律作为限制王权的工具。在君主拥有统治人民的权利的同时，人民也拥有反抗的权利。

历史探微

《自由大宪章》孕育了英国宪政，而英国宪政又孕育了世界宪政。《大宪章》的形成过程昭示了缔造现代社会制度的三个基本原则：一是用自由保障自由的原则，自由是人类社会发展进步的源泉之一；二是以分权保障自由的原则，分权是自由与权利发展的必然要求；三是以法治保障自由原则，自由民主指的是“让民众自己统治自己”，而不是“少数人拥有统治多数人的权利”，更不是“让人民直接当家做主”；宪政指的是“法律下的政治”，而不是“有宪法的政治”。

在亨利三世时这种思想就已经存在于人民的头脑里，并以《自由大宪章》为载体流传下来，后来不断地发展壮大。

严格来说，《自由大宪章》是一个具有封建性质的文件。受它保护的主体是教会、各大主教、贵族以及自由民，这是封建贵族的利益。占全国人口大多数的农奴没有受到它的保护。在一辈又一辈人们的思索、修正下，它带来的意义超出了它本身。在现代人看来，《自由大宪章》将限制王权的思想传统传达了下来，并在人们不懈的战斗中成为了现实，这样才有真正意义上的人权出现。

最著名的火山

维苏威火山是欧洲大陆唯一的活火山，位于意大利南部那波利市东南10千米处。维苏威火山形成于远古时期，火山形状类似一个没有顶端的圆锥体。维苏威火山是一座活火山，曾多次喷发过。在公元63年，发生过一次大地震，从那以后，这个地方便小地震不断，公元79年，频率越来越高、强度越来越大的地震终于导致了一次大火山的爆发。这一次灾难，吞噬了10千米之外的庞贝古城。

俄罗斯的统一

在公元6世纪以前，欧洲东部、黑海以北第聂伯河流域到伏尔加河流域一带的广大地区，居住着东斯拉夫人，他们就是现在的俄罗斯人、乌克兰人和白俄罗斯人。早在公元9世纪时，东斯拉夫人就走出原始社会，建立起许多小国家。然而，直到15世纪后半叶，东斯拉夫人才在伏尔加河畔建立起统一的俄罗斯国家。

东斯拉夫人在公元9世纪由部落联盟发展而来的许多小国家叫公国。公元862年，一个名叫留里克的人率领大批亲兵队，攻占诺夫哥罗德，建立了诺夫哥罗德公国。公元882年，诺夫哥罗德的王公奥列格不满足于已占有的土地，他沿第聂伯河南下，征服其他公国，并以基辅为首都，建立起基辅罗斯公国，统治着从第聂伯河到伊耳缅(miǎn)湖之间的土地。周围的一些小国也要向它纳贡，基辅罗斯的统治者则被称为罗斯大公。

为了体现自己对臣民的统治权，罗斯大公便强迫臣民纳贡。每年初冬，罗斯大公都会率领亲兵到所属的居民居住区，挨家挨户征收毛皮、蜂蜜、蜂蜡等贡物，这种索取贡物的方式叫"索贡巡行"。一般大公和亲兵都是连征带抢，肆无忌惮地搜刮人民财物，有时还要掠夺人口，将其变为奴隶；征来的贡物则在大公和亲兵之间进行分配，各得其所。

“索贡巡行”是一种野蛮的剥削方式，遭到了人民的强烈反抗。公元945年，愤怒的德烈夫里安人杀死了前来索贡的伊戈尔大公。大公的妻子奥尔加疯狂地报复了德烈夫里安人——大批居民或被屠杀，或沦为奴隶。但是，她也害怕人民再度造反，不得不限制贡物征收的数额。后来，这种索贡方式渐渐被征收租税所取代了。

从11世纪中叶起，基辅罗斯开始解体，到12世纪时，已分裂成十几个小公国。各公国间相互争权夺利，混战不已，给外族入侵创造了可乘之机。1237年，蒙古军首领拔都率大军入侵，并于1240年攻克基辅；1243年，拔都以伏尔加河为中心，建立钦察汗国。由于蒙古人的帐篷宫殿都是金黄色的，所以又称为“金帐汗国”。从此，俄罗斯处于蒙古人的统治之下，各公国都要向蒙古人称臣纳贡，承担军役。金帐汗还从各王公中选出一人，册封为“弗拉基米尔大公”，由他负责征集给金帐汗国的贡赋。俄罗斯各大公都把这一称号视为特殊的荣宠，互相角逐；金帐汗则以此为诱饵，经常挑起他们之间的内讧，以保证自己的统治地位。

在遭受蒙古军蹂躏(róu lìn)的同时，俄罗斯于13世纪中叶又遭到瑞典封建主和日耳曼骑士团的侵袭；至14世纪初，新兴的立陶宛大公国又开始向俄罗斯扩张，兼并了包括基辅在内的整个第聂伯河流域和斯摩棱斯克；14世纪中叶，波兰又吞并了西南部的加利支公国。这样，俄罗斯的土地被分割为三大部分：东北被金帐汗国控制；西南被立陶宛大公国统治；更西则属波兰统辖(xiá)。至15世纪时，东斯拉夫人的三大民族即俄罗斯、白俄罗斯和乌克兰逐渐在上述三个地区形成。

领导俄罗斯走向民族独立的是莫斯科大公国。莫斯科公国是13世纪前半叶由弗拉基米尔公国分封而成的，首都莫斯科城建于1147年。由于莫斯科大公国位于罗斯东北部，四周有许多小公国做屏障，不易受蒙古、立陶宛等的直接威胁，因此，经济发展迅速。此外，莫斯科公国的历代统治者也极善于玩弄权术，他们凭借蒙古统治者的势力，欺压其他公国，壮大自己的力量。

1325年,伊凡一世继任莫斯科大公。他以重金贿赂金帐汗国的王公贵族,以至于得到了“伊凡·卡里达”(意为“钱袋伊凡”)的绰号,又帮助金帐汗国镇压了特维尔公国。经过一番苦心经营,伊凡终于得到“弗拉基米尔大公”的封号。他又利用这一封号,大肆搜刮民脂民膏,兼并邻国领土,使国势日益强盛。此时,基督教大主教彼得又将驻地从弗拉基米尔迁到莫斯科,从而提高了莫斯科在宗教和政治方面的地位。到伊凡死时,莫斯科已成为全俄罗斯最强大的公国,为统一俄罗斯奠定了基础。

在伊凡的孙子德米特里·顿斯科伊统治之时, 莫斯科公国已达盛世,多数诸侯都归附于它。金帐汗国害怕它的强大,与立陶宛大公联合起来向它进犯。1380年,德米特里在涅普利雅德瓦河与顿河的汇合处的库利科沃击败联军,赢得“顿河英雄”的美誉。不料,两年后,蒙古汗趁莫斯科大公国松懈之际,突袭莫斯科,德米特里猝不及防,在战败后仍被迫纳贡。

在此后的一个世纪中,蒙古国力日衰,而莫斯科公国的国力日渐强盛。到伊凡三世统治时期,莫斯科大公国已经统一了俄罗斯大部分国土,中央集权国家基本形成。金帐汗国此时却已分裂成几个小汗国,伊凡三世趁机停止向金帐汗国纳贡。1480年,金帐汗为强迫伊凡三世纳贡,与立陶宛大公订盟, 于夏天同时进攻莫斯科。金帐汗与伊凡三世的军队在乌格拉河两岸对峙,一直到初冬河水结冰也没有开战。由于蒙古人饥寒交迫,同时伊凡三世的同盟者克里米亚汗不断地从背后袭击他的领地,而答应前来增援的立陶宛大军又迟迟不至,蒙古人只得撤兵,伊凡三世不战而胜。至此,俄罗斯人

历史探微

俄罗斯是世界上领土面积最大的国家。这个地跨欧、亚两大洲的国家有着悠久的历史和辉煌绚丽的文明。而它成为一个统一国家的过程也充满了传奇色彩。

民彻底摆脱了蒙古人的统治。

伊凡三世之子瓦西里三世即位后，又将普斯科夫和里亚赞并入莫斯科大公国的版图。从此，俄罗斯成为一个统一的国家。瓦西里之子伊凡四世既是俄国历史上最著名的一位暴君，也是一位颇有作为的君主。他在位 51 年间，通过一系列的政治、军事、经济改革，加强了中央政府的权力，并开始大肆对外扩张。16 世纪时俄罗斯已成为欧洲版图上的一个强大国家。

1547 年，莫斯科大公伊凡四世自称沙皇，“沙”是古罗马帝国皇帝恺撒的谐音。此后，俄国君主都称沙皇。

最长的河流

尼罗河有两条支流——白尼罗河和青尼罗河。发源于埃塞俄比亚高原西北部的青尼罗河，在喀土穆附近与白尼罗河汇合，最后在埃及境内注入地中海。尼罗河是埃及文明的发祥地，现在尼罗河流域还保存着古埃及的历史遗迹。这里的人民修建水渠，开掘河道，利用尼罗河的河水灌溉两岸的农田，使尼罗河流域成为中外驰名的“鱼米之乡”。

文艺复兴

文艺复兴是指发生在14世纪至16世纪西欧各国的一场资产阶级思想、文化运动。最初,文艺复兴运动在意大利兴起,16世纪时影响至德意志、尼德兰、英国、法国和西班牙等地区。当时意大利的人文主义作家和学者就已经使用“文艺复兴”这个概念,并且一直沿用至今。“文艺复兴”一词概括了但丁、乔托及其后的思想文化活动的特点。在中国曾被译为“再生”或“再生运动”,但世界各国已普遍接受“文艺复兴”这种译法。当时的人们认为,希腊、罗马古典时代文艺曾高度繁荣,但在中世纪“黑暗时代”却衰败甚至消失,直到14世纪以后才得以“复兴”。因此,文艺复兴是一个以古典为师的新文化运动,但又不是单纯的古典复兴,而是一个反封建的新文化运动。文艺复兴运动的成就主要表现在科学、文学和艺术方面,但由于西欧各国的社会经济和历史条件不同而带有各自的特征。

意大利的文艺复兴运动发生于13世纪末14世纪初,意大利是欧洲最早产生资本主义萌芽的国家,但由于其政治、经济发展不平衡,所以发达的地区仅限于少数几个城市,其中佛罗伦萨、威尼斯最为发达。佛罗伦萨地处意大利中部,在那里出现了以纺织、银行、布匹加工业等为主的大行会,这些行会不仅控制了佛罗伦萨的经济,也掌握着城市政权。其最高权力机构是长老会议,长老会议的成员则由大行会从其会员中选举产生,贵族的参政权被剥夺,广大工人更加没有政治权利。在这种政治、经济背景下,佛罗伦萨一跃成为意大利乃至整个西欧文艺复兴运动的发源地和发展中心。

意大利文艺复兴运动最初的代表人物是佛罗伦萨诗人但丁和画家乔托。但丁的传世著作《神曲》以恢弘的篇章描写了诗人在地狱、炼狱和天堂的幻游，虽然仍是以基督教的宗教观念为基础，但其精华与主流却是文艺复兴运动的新思想。但丁借助幻游地狱、炼狱和天堂的奇幻经历刻画现实生活及形形色色的人物，以此抨击教会的贪婪腐化和封建统治的黑暗残酷；同时又用普通市民的思想感情呼唤人们关心现实生活，积极参与政治。但丁强调人的自由意志，反对封建统治阶级和教会宣扬的宗教宿命论，歌颂有远大抱负和坚毅刚强性格的英雄豪杰形象，从而表现出人文主义思想的先进性。但丁的这种人文主义思想标志着中世纪封建统治的终结和近代资本主义的开端，他既是中世纪的最后一位诗人，同时也是近代的最初一位诗人。乔托在艺术上的成就与贡献和但丁相当。他的壁画虽然以宗教题材为主，却力求表现真实生动的人物形象和丰富多彩的现实世界，摒弃了中世纪宗教艺术的抽象与空洞，从而表现出新的时代精神。他的作品不仅在内容上独具匠心，技法上也有极大的革新，其作品中的人物形象有极强的立体感，呈现出良好的空间效果，成为文艺复兴运动中现实主义艺术的杰出代表。因此，后人称乔托为第一个奠定了近代绘画传统的天才。佛罗伦萨的文艺复兴运动以但丁、乔托为代表蓬勃发展起来。14 世纪下半叶，出现了两名新文化的代表人物，即彼特拉克和薄伽丘。彼特拉克的作品诗文并茂，主张古典学术的研究，人们称其为“人文主义之父”。薄伽丘的代表作《十日谈》以诙谐生动的语言讽刺教会和贵族，赞扬人民群众，是欧洲文学史上第一部现实主义巨著。

15 世纪时，人文主义在意大利迅速发展起来，出现了一种“言必称古典”的局面。随着人们对古典文化的学习，人文主义思想也日益深入人心。在

历史探微

《蒙娜丽莎》是达·芬奇受意大利佛罗伦萨商人佐贡达的委托，为其妻子所画的一幅半身肖像画。蒙娜丽莎长发披肩，双手相搭，她的嘴角微微上翘，露出一丝含蓄的笑容，艺术史上称之为“神秘的微笑”。

这种思想的影响下,当时的许多人以成为“全面发展的人”为目标,他们蔑视宗教禁欲主义和封建门第观念,力求成为学识渊博、多才多艺的人。封建统治和教会对文化垄断钳制的局面被打破了,在文化领域中出现了“百家争鸣”的局面,同时这也为资本主义经济、政治的发展开拓了道路。这一时期文艺复兴运动的代表人物有:人文主义者布鲁尼(约1370年—1444年)和瓦拉(1405年—1457年)、建筑家布鲁内莱斯基(1377年—1446年)、数学家阿尔贝蒂(1404年—1472年)、雕刻家多那太罗(1386年—1466年)、画家马萨丘(1401年—1428年)和波堤切利(1445年—1510年)。

16世纪是意大利文艺复兴运动的鼎盛时期,出现了三位伟大的艺术家,即达·芬奇(1452年—1519年)、米开朗琪罗(1475年—1564年)和拉斐尔(1483年—1520年)。达·芬奇不仅是一位艺术家,同时也是一位科学家,是当时“全面发展的人”的杰出代表。他在人文主义思想和现实主义手法的掌握上达到了一个全新的高度,塑造出一系列不朽的艺术形象。如肖像画《蒙娜丽莎》被誉为世界美术杰作之冠,体现出艺术家对女性美和人的精神生活的完美刻画;壁画《最后晚餐》则反映出艺术家对人物形象和其内心世界超强的表现能力,通过作品深刻地描绘出人物的性格和心理活动,布局严谨而富于变化,是后人学习的杰出典范。

达·芬奇不仅在艺术创作上贡献巨大,而且在科学领域也有卓越的成就。他在许多学科领域都有重大发现,他在解剖学、生理学、地质学、植物学、应用技术和机械设计方面尤为突出,为许多现代发明奠定了基础。

米开朗琪罗是一位艺术大师,他在建筑、雕刻、绘画、诗歌等方面有着很多不朽的杰作。他在罗马梵蒂冈西斯廷礼拜堂创作的巨幅屋顶壁画,虽属宗教题材,却有着众多热情奔放、力量无穷的英雄形象,被称为世界上最宏伟的艺术作品之一。他的许多雕塑作品如《大卫》、《摩西》和《奴隶》等,在技艺上与希腊古典名作相比也是有过之而无不及。

拉斐尔是一位伟大的画家,被后世尊为“画圣”。他集各家之长,创造了独特的艺术风格，为后世留下了许多不朽的杰作，如《花园中的圣母》、《西斯廷圣母》，以及梵蒂冈教皇宫中的许多壁画，其中《雅典学派》、《教义的争论》等是不朽的传世之作。

此外，这一时期的代表人物还有布拉曼特、马基雅维利、阿里奥斯托。布拉曼特在罗马创作的作品，开创了文艺复兴时期的建筑风格。马基雅维利的《佛罗伦萨史》和《君主论》等是其最重要的作品；阿里奥斯托的代表作则是长诗《疯狂的罗兰》。他们的作品都对现实问题进行了深刻的分析和探讨。

岛屿最多的海

在希腊半岛和小亚细亚半岛之间有这样一个地方，那里海水湛蓝，沙滩洁净，纵使是几米深的海水依然清澈见底，这里就是爱琴海。作为古希腊文明的摇篮，爱琴海海岸线十分曲折，数以千计的大小岛屿散布在这里，岛上的建筑也极具特点，大多数有雪白的墙壁和蓝色的圆形屋顶，一座座岛屿与岛上的建筑构造出了一个充满浪漫气息的童话世界。

新大陆的发现

“发现新大陆”现已成为一切新发现的代名词。其实，它最早是指哥伦布在航海事业上取得的伟大成就。

当葡萄牙人沿着非洲海岸探寻通往印度的航路时，西班牙人却另辟一条途径，向西航行。1486年，意大利热那亚人哥伦布(约1451年—1506年)向西班牙国王提出了一个大胆的主张，他认为按照地圆学说，从大西洋向西航行可以到达中国和印度。西班牙国王为了把势力扩张到海外，就批准并赞助他的西航计划。1492年8月3日拂晓，哥伦布率领八十多名水手，分乘三艘帆船，从西班牙南端的巴罗斯港出发，经过69天的艰苦航行，于同年10月12日到达了巴哈马群岛中的一个小岛，哥伦布将其命名为“圣萨尔瓦多”(意为“救世主”)。哥伦布认为他所到的地方就是印度，所以称当地居民为“印第安人”，所到的群岛为“西印度群岛”，这些名称一直沿用至今。哥伦布从圣萨尔瓦多岛继续向南航行，到达今天的古巴、海地等地。

1493年3月15日，哥伦布返回西班牙。1493年9月25日哥伦布从西班牙的加的斯港出发，开始了第2次远航。这次规模更大，共有17艘船，1 500多人，这支船队仅用了20个昼夜就到达了小安的列斯群岛。1498年5月，哥伦布又率领6艘船，300名船员开始第3次航行，这次航行到达了特立尼达

历史探微

哥伦布发现新大陆的积极意义显而易见，但其消极意义也不可忽视。在他发现新大陆获得成功以后，欧洲的早期殖民国家开始派遣大量探险队开辟新航路，此举使得世界上许多落后的地区沦为了殖民地。

岛，并镇压了当地印第安人的暴动。1502 年 5 月，他率领 4 艘(sōu)船，150 名船员，又开始第 4 次远航。这次他虽然到达中美洲大陆，但仍不认为它是一块“新大陆”，他还在到处寻找出海口。因为达不到目的，哥伦布不得不于 1504 年 11 月 7 日回到西班牙。此后，哥伦布身染重病，卧床不起，于 1506 年 5 月 20 日病逝于西班牙的瓦里阿多里德城。哥伦布在逝世前一直误认为自己所到之地是印度，而不知道那是“新大陆”。

意大利佛罗伦萨人亚美利哥·维斯普奇于 1499 年—1504 年到南美洲海岸进行考察，肯定这一地区不是亚洲，而是一块“新大陆”。后来人们用他的名字给新大陆命名，从而出现了“亚美利加洲”这个名称，这就是今天美洲名称的由来。

麦哲伦环球航行

葡萄牙杰出的航海家麦哲伦，在1519年9月到1522年9月率领探险队完成了著名的世界第一次环球航行。

麦哲伦1480年生于葡萄牙北部的一个破落的骑士家庭。10岁左右他进入王宫服役,充当王后的侍从;16岁时进入葡萄牙国家航海事务厅,因而熟悉了航海事务的各项工作。

当时哥伦布已经发现了美洲新大陆,达·伽马也从印度返航并带回了很多东方的财富。怀着对东方财富和远洋探险的向往,麦哲伦于1505年参加了海外远征队,从此开始了远洋探航的生涯。在这次远征印度、马六甲、马来群岛的过程中,为了与阿拉伯人争夺贸易地盘、取得亚洲南部海洋的霸权,远征队与阿拉伯商人和沿途的居民打过几仗,麦哲伦因而也三度负伤。

麦哲伦伤愈后,在返回葡萄牙的途中船只触礁。在大家心灰意冷之际,麦哲伦挺身而出,带领幸存的海员克服重重的困难,直到得到援救。由于这次事件,麦哲伦被提升为船长,留在了印度。此后,麦哲伦在印度和东南亚一带参加了殖民战争,并在这一带进行了探索和游历。

他从实地了解到在东南亚群岛的东面是一片汪洋大海。他坚信地球是圆形的,并猜测在这片大海的东面,肯定是哥伦布发现的美洲大陆。他下定决心一定要做一次环球探航。

1513年麦哲伦回到葡萄牙。他一再请求国王允许他组织船队进行环球探险,然而国王却不理睬他,绝望的麦哲伦只好在1517年离开祖国,投奔西班牙塞维利亚城的要塞司令。要塞司令非常欣赏他的才能和魄力,不仅把女儿嫁给他,还向西班牙国王举荐了他。麦哲伦的环球航行计划得到西班牙国王的批准，与他签署了远洋探航协定。

1519 年 9 月，麦哲伦率领一支由 200 多人、5 艘船只组成的浩浩荡荡的船队，从西班牙塞维利亚城的港口出发，开始了环球远洋探航。

船队经过两个多月的海上漂泊，越过大西洋来到巴西海岸。船队沿海岸向南继续航行，在 1520 年 1 月来到了今天乌拉圭的拉普拉塔河的出口处。

船队继续向南前进。南半球与北半球的季节刚好相反，3 月的南美洲已临近冬季，风雪交加，航行极其困难。月底，航队来到圣胡安港，并在这里抛锚过冬。

由于几次探索海峡的失败，大多数海员都感到灰心丧气，有 3 个船长也借机反对麦哲伦。麦哲伦设计平定了这次叛乱，避免了远航半途而废的结局。

经过近 5 个月的休整，到了 8 月，又到了这个地区春暖花开的季节，麦哲伦又率领船队出发了。由于有一艘船在 5 月份的探航中沉没，此时只剩下 4 条船了。

两个月后，船队在南纬 52 度处又发现了个海口。这个海峡弯弯曲曲，忽窄忽宽，港汊交错，波涛汹涌。麦哲伦派出一艘船去探航，然而这艘船却调转船头逃回了西班牙。麦哲伦只好率领着剩下的 3 条船像钻迷宫似的在海峡中摸索着前进。麦哲伦以坚强的意志率领船队前进，在这个海峡迂回航行一个月后，他们终于走出海峡西口，见到了浩瀚的大海。向来以沉着、坚定著称的麦哲伦激动得掉下了眼泪。

为了纪念麦哲伦这次探航的功绩，后人把这条海峡命名为“麦哲伦海峡”。

船队在这片大洋中航行了 3 个多月，海面一直风平浪

历史探微

麦哲伦突出贡献不仅仅在于环球航行本身，更在于他的顽强拼搏精神和坚定不移的信念以及其出色的指挥。他是历史上第一个从东向西跨太平洋航行的人，他打破了“从新大陆乘船向西几天便可到达东印度”的旧观点，证明了地球是圆的。麦哲伦的环球航行对后世有其重要的意义。

静。因此,他们就为它取了个名字叫“太平洋”。

1521年3月初,在水尽粮绝、人人疲乏虚弱之际,船队来到了富饶的马里亚纳群岛,受到当地居民的热情款待。

3月底船队来到了菲律宾群岛。当麦哲伦从马六甲带走的仆人亨利用马来语同当地土人交流时,麦哲伦是多么激动啊!他的环球航行的梦想终于要实现了,他从西方向西航行终于到达了东方,他以不可辩驳的事实证明了,地球的的确确是圆形的。

为了征服这块盛产香料的富饶土地,这个坚韧果敢却满怀野心的麦哲伦,企图利用当地部族间的矛盾来达到他的目的,然而,在一次与当地部族的冲突中,麦哲伦被杀害了。

最后,麦哲伦的助手烧掉一条破烂不堪的船,带领仅存的2条船载满香料越过马六甲海峡,经印度洋,过好望角,辗转一年多,终于在1522年9月回到了西班牙。这时,整个船队仅剩下1条船与18名船员了。

从1519年9月到1522年9月,麦哲伦和他的船员们,花了整整3年的时间,终于完成了人类历史上第一次环球一周的航行,并以确凿的事实证明了地球是圆形的。这在科学史上、航海史上,都是永远不可磨灭的功勋。

马丁·路德

马丁·路德是16世纪德国宗教改革运动的发起者,新教路德教的奠基人。

1483年11月11日,马丁·路德出生在德意志东部的一个小山村。

那时的德国,经济比较发达,地理位置重要,商业比较繁荣,但缺乏统一的国内市场。经济的分散性加剧了政治上的分裂割据状态。政治经济互为因果,恶性循环,导致国内一片混乱。天主教会借机扩大自己的影响,僧侣们无恶不作,整个国家处于一片"混沌"状态。

少年时的马丁·路德目睹了天主教会的腐败糜烂,便下定决心要进行宗教改革。大学毕业以后,他进入雷尔福特圣奥古斯丁修道院当修士,在那里学习神学,并且洁身自律。1508年他成为维滕贝格大学的神学教授。教皇和天主教会的腐败奢侈,日益坚定了他进行宗教改革的决心,他开始着手创建自己的宗教学说——"因信称义"说。他认为一个人灵魂的获救只须靠个人虔诚的信仰,根本不需要什么教会的繁琐仪式。这就从根本上否定了教会和僧侣阶层的特权。

1517年,为反对教皇利奥十世借颁发赎罪券盘剥百姓,路德在维登堡大教堂门前贴出了《关于赎罪券效能的辩论》。该文所引起的强烈反响,甚至出乎路德自己的预料。路德一下子成为德国全民族的代言人,各阶层的热烈支持,使路德走上了同罗马教廷彻底决裂的道路。

1519年,罗马教会的神学家约翰·艾克同马丁·路德在莱比锡展开了大论战。在路德唇枪舌剑、咄咄逼人的攻势之下,约翰·艾克狼狈不堪地败下阵去,这场大辩论无疑成为路德宗教改革生涯中的一次重大转机。

1520年是宣扬路德学说最热烈的一年。那一年共出版德文书籍、文章

208 册，其中路德的著作有 133 册之多，被称作宗教改革三大论著的《致德意志贵族公开书》、《教会被囚于巴比伦》、《基督徒的自由》都发表在那一年。在这些著作中，马丁·路德的攻击矛头并非指向某一教皇或教廷的奢侈腐败，他矛头所指的是整个封建神权政治。他的学说从根本上否定了中世纪的教会组织，否定了奴役人们的圣礼制度和教会法规，提出建立与资本主义发展相适应的资产阶级廉俭教会，并在宗教理论上以资产阶级自律的宗教取代了封建主义他律的宗教。

这一切点燃了下层人民的热情之火，表达出了人们的心声。人民拥戴路德，以教皇为首的教会人员却对他恨之入骨。1520 年 10 月，教皇下诏书，勒令他在 60 天之内悔过自新，否则将开除他的教籍。路德面对威逼利诱毫不动摇，在拥护者的赞美声中把教皇的诏书付之一炬。路德的反抗行动进一步划清了自己同教会的界限，同时也极大地鼓舞了德意志和西欧各国的人民，他们更加崇拜路德，也更加向往宗教改革。

面对这种可怕的局面，教皇有些慌了手脚，只好一再敦促德皇查理五世为路德定罪。德皇终于决定于 1521 年 4 月 17 日至 26 日，在沃尔姆斯召开帝国会议，为路德定罪，给这样一个离经叛道的叛逆者以惩戒，同时也要给路德的拥护者们表演一次杀鸡儆(jǐng)猴的把戏。路德并没有被教皇的淫威吓倒，他昂首挺胸地到达沃尔姆斯，在帝国会议上据理力争，毫不让步。他声称：“我坚持己见，决无反悔！”这掷地有声的话语，充分表达了当时德意志人民要求摆脱罗马教廷控制的强烈愿望和坚定信心。

查理五世、教皇等人无计可施，只好蛮横地对路德进行人身迫害，宣布路德为不受法律保护的人。路德无法立足，只好隐居到瓦特堡，从事圣经翻译工作。

1543 年，路德翻译的德文圣经面世了，海涅认为路德对圣经的翻译是

“创造了德语”。路德所译的圣经是依照着未经后世篡改的希伯来文和希腊文的原本而来的，他的翻译为人民提供了对抗天主教会的思想武器；从另一种意义上说，他译的圣经使用的是德国语言，这种统一的语言成为联系德意志各邦的重要纽带。

但路德不能代表人民。当德国农民要把宗教改革变成一场推翻现存剥削制度的政治革命时，路德退缩了，最后走向背叛，成为世俗统治者的代言人。他先写了《劝基督徒勿从事叛乱书》，又开始回维登堡讲道，平息骚乱，最后写了《反对杀人越货的农民暴徒书》。他对待农民起义的态度由劝抚、调解到力主镇压，后来又叫嚣：“无论谁，只要力所能及，无论是暗地里也好，公开也好，都应该把他们戳(chuō)死、扼(è)死、刺杀，就像必须打死疯狗一样！”路德丑恶狰狞(zhēng níng)的面目暴露无遗。路德彻底脱离了人民，路德教在德国蜕变成为世俗诸侯的工具。以路德为代表的市民阶级温和的宗教改革运动，仅在宗教形式上进行了一些改革。

1546 年 2 月，路德死于出生地艾斯勒本，享年 63 岁。

路德一生功过参半。他所发起并领导的宗教改革运动席卷整个欧洲，永久性地结束了罗马天主教会对于西欧的封建神权统治；他的宗教学说为新兴资产阶级提供了革命的思想武器。

历史探微

在西欧文化发展中，宗教改革运动起到了一种微妙难言又非常重要的作用。在 1517 年之前，只存在一种国教即罗马天主教，如果有人不信奉国教，那么他必定会被戴上一顶持异端邪说的帽子。显然，这种制度对思想独立十分不利。在宗教改革运动后，原先单一的国教变为两种教派。结果长期的斗争引起天主教在 17 世纪发生变革，从而引入了人文主义的色彩，因此，18 世纪出现了法国的自由思想。此时，基督教发动了改革运动，最终产生了现代的各种思想，这其中就包括社会主义。

闵采尔起义

1524年的德国国内革命形势风起云涌,用“四海翻腾云水怒,五州震荡风雷激”这两句诗来形容一点也不为过。欧洲历史上规模最大的农民起义即将爆发,领导这次起义的人名叫托马斯·闵采尔,他是一位德国农民的孩子,正是这个农民出身的孩子,大力宣传、鼓动和参与了整个起义的过程。

那么,闵采尔为什么要领导农民起义呢?他要推翻的是什么呢?我们不妨来看看这个人的生活经历。闵采尔从小便遭到了贵族阶级极大地不公平待遇,父亲在他很小的时候就被当地的伯爵处以死刑,这在他幼小的心灵中种下了复仇的种子。上学以后,他就在学校组织秘密团体来反对天主教会。毕业以后,他成为了一名神父。当时的德国政局十分混乱,全国有7个大诸侯,还有200多个中小诸侯以及上千个独立的帝国骑士。天主教统治着整个国家,三分之一的土地都集中在教会手里。这些都是压迫在德国人民头上的土皇帝。在他们的残暴统治和掠夺下,德国人民的生活越来越困难,他们吃不饱穿不暖,就连最基本的生存权利和人身权利都得不到保证。他们随时都会被贵族、地主像牲畜一样地卖掉。有的农民忍受不了这样的处境,就起来反抗,但是很快就遭到残酷的镇压,到处都能看到被割掉耳朵、挖掉鼻子眼睛、断了手臂的人走在路上,还能看到路上躺满了被斩首、车裂、火焚、四马分尸的尸体。如此深重的灾难,一味地忍受是无法改变现状的,唯一的出路就是拿起武器反抗。一场起义正在酝酿之中。闵采尔个人的苦难遭遇和他对农民们的深切同情使他冒着生命危险,不断地向农民宣传自己的革命主张:建立一个国家,它的权利属于人民,没有压迫,没有剥削。人民不必等到死后再进天堂,因为他们要建立一个人间天堂。要做到这一点,那么就必须是整个社会都来一次“大地震”,农民必须拿起武器推翻眼前这个不公平的社会,而不是一味地忍受和祈求上帝。他还建立了一个叫“基督教同盟”的组织,吸收广大的市民和农民入会。在他的努力下,全国各地都建立起了秘密社团,积极策划反抗封建贵族和教会的斗争。

在大起义爆发以前,各地小起义已经不断地爆发:阿尔萨斯的农民们组成了“鞋会”,以一只草鞋为标志,表示自己的斗争对象是穿长靴子的贵族。这个组织后来发展成为“穷康拉德(农民常用的名字)”的秘密组织。1524年夏,星星之火终于燎(liáo)原了,全国性的大起义爆发了。约有三分之二的德国农民参加了起义。他们组成军队,进攻城堡,杀死恶霸,许多中小城镇都在他们的控制之下。他们还编了一首战歌,在战斗中鼓励自己:

我是穷康拉德,这里,田野里,丛林里,无处不在!
明亮的钢盔,干净的盾牌,打倒一切敌人!
教皇和贵族,在战斧下战栗。
在法庭,领主被判死刑。
我是穷康拉德,我就在这里!
长矛向前猛刺吧!
棍棒向前横扫吧!

此时的闵采尔正在四处奔波,士瓦本、阿尔萨斯等地都看到过他的影子。图林根和萨克森地区的农民起义就是在他亲自领导下发动的。他指挥由工人、贫民、农民组成的起义军推翻当地的政府,建立起理想中的政权形式——“永久会议”,闵采尔还当选了主席。建立政权以后,他宣布:没收教会土地分给农民;贵族强迫农民签订的协约无效;废除封建特权。起义军的规模越来越大,一座座城堡、寺院在烈火中化为灰烬,一个个罪大恶极的封建领主遭到处决。看到农民如此大规模的反抗,贵族和教会勾结,就连极力推动教会改革的路德也出来指责起义军。路德在农民中有着极高的地位,他的出现动摇了一部分贫民和手工业者的斗志。

1525年5月，闵采尔与前来围剿的诸侯部队相遇，双方最后在米尔豪森进行决战。面对菲力浦率领的好几万诸侯军，只有几千人的闵采尔毫不畏惧。有的人看到起义军和诸侯军的差距太大，就劝闵采尔先撤出弗兰肯森豪，前去寻找其他起义军队。但是怒火中烧的闵采尔坚决地说："面对残忍的豺(chái)狼，逃跑只能带来死亡。与其在逃跑的路上被敌人杀死，还不如拼死一战！"听到闵采尔的话，起义军士气大增，他们高呼："宁死不降！"战斗开始后，起义军一个个奋勇向前，个个以一当十，打得敌人鬼哭狼嚎，死伤惨重。但是由于起义军装备落后，经验不足，最后寡不敌众，在一场血战后，遭到惨败。闵采尔也因伤被敌人俘虏。

在监狱里，闵采尔受到了敌人惨无人道的对待，但是无论什么都无法摧毁闵采尔的信仰，他义正言辞地对敌人说："让我投降，那么你们先让上帝向你们投降！"最后残忍的敌人杀死了年仅35岁的闵采尔。

闵采尔死后，敌人的反动统治更是变本加厉，社会停滞不前。正是由于这个原因，德国在欧洲的发展史上远远落后于其他国家。

历史探微

托马斯·闵采尔，德国伟大的思想家和革命家。纵观其一生，都在致力于宣传平均共产主义学说。通过宗教改革的形式，他主张用暴力推翻封建专制制度，从而建立一个理想社会，该社会将没有剥削、没有私有财产和阶级差别。尽管公侯联军击败了他领导的农民军，他本人也因此被送上了断头台，但是他的活动和思想给后人以启迪，并在德国思想史和革命史上写下了光辉的一页。恩格斯曾给予其很高的评价："他和他的同时代人，也就是人文主义者托马斯·曼都是近代社会主义的先驱者。"

尼德兰革命

尼德兰是个地名，意思是低洼的地方，泛指欧洲莱茵河、马斯河、斯海尔特河下游及北海沿岸一带地区。相当于今天的荷兰、比利时、卢森堡和法国东北地区。1566年，尼德兰爆发了反对西班牙统治的人民起义，历史上称作尼德兰革命。

16世纪时的尼德兰是西班牙哈布斯堡王朝的领地。西班牙的专制统治引起尼德兰社会各阶层的普遍不满。西班牙统治者拼命地从尼德兰搜刮勒索、榨取钱财。查理一世时，西班牙国库一半以上的年收入来自尼德兰，但信奉天主教的西班牙国王对信奉新教的尼德兰人进行残酷的迫害，被宗教裁判所处死的新教徒达5万人之多。腓力二世继位后，变本加厉地迫害尼德兰人民。他拒绝偿还国债，使尼德兰的银行家遭受了巨大的损失；他提高西班

历史探微

《盲人》是彼得·勃鲁盖尔（尼德兰著名的画家）的作品。在这幅画中，画家描绘了一幅栩栩如生的场面：有6个瞎子，他们彼此扶持着，沿着画面对角线由左上方向右下方运动，但他们却不知道自己的处境已十分危险，领头的第一个瞎子已跌入壕沟，第二个瞎子被第一个瞎子牵动着，失去了平衡，其他的瞎子将会是同样的命运。很明显，从画中可以看出画家的匠心独运，渗透出了画家对尼德兰革命的失望，同时还有对人类命运的哲学思考，具有人生和社会的普遍意义。画家意在借此对人类敲响警钟：一个国家、一个民族如果由盲人来引路，那么必然会遭遇大难。

牙收购羊毛的价格，使输入尼德兰的羊毛减少，导致许多手工工场倒闭，成千上万的工人因此失业；他还禁止尼德兰商人同西班牙殖民地直接贸易，加强宗教裁判所对新教徒的迫害；对于传播新教，甚至只是稍稍接触新教书籍的人，一律处死。

尼德兰人从贵族、市民到广大劳苦大众终于忍无可忍。愤怒的群众纷纷组织起来，冲向天主教堂和修道院，将神龛(kān)里的圣母像掀倒在地，捣毁教堂内部的装饰物，爆发了大规模的破坏圣像运动，参加者达数万人之多，掀起了一场声势浩大的起义。尼德兰革命由此拉开了序幕。西班牙贵族辱骂造反的尼德兰人为“乞丐”，起义者则喊出了“乞丐万岁”的口号，用它嘲讽西班牙统治者。

贵族阿尔瓦来到尼德兰镇压尼德兰起义。阿尔瓦是个很残暴的人，对许多城市实行野蛮的洗劫，叫嚣说：“我宁愿留一个穷死的尼德兰给上帝，也不会留一个富庶的尼德兰给魔鬼。”他采取了残酷的措施镇压起义，大肆逮捕、屠杀尼德兰人。在一年多时间里，他就处死了 8 千人，对数以千万计的人施行各种酷刑。这种残忍的统治，更加激怒了尼德兰人民。

在南方的弗兰德尔和海诺特的密林里，尼德兰人民在密林中组成“森林乞丐”游击队，当地居民为他们通风报信，提供粮食和住处。他们不断袭击小股西班牙军，惩罚西班牙人的爪牙，并逐渐从林区游击活动转变为进攻市镇。还有一次，一支游击小队攻占了布拉奔地区的一个城堡，全副武装的西班牙大军马上进行镇压。游击战士虽然仅有 24 个人，但他们都是真正的勇士，英勇战斗，顽强抵抗，杀伤了大批敌人。后因寡不敌众，全部壮烈牺牲，被敌人攻入城堡。

在辽阔的大西洋上，“海上乞丐(gài)”游击队向西班牙人发起了猛烈攻击。一个晚上，西班牙舰队排成行列在海上缓缓前进，船上装满了从美洲大陆掠夺来的无数金银财宝。突然，远处出现了几个小黑点，在波浪中时隐时现。瞭(liào)望哨兵报告道：“前面有海盗船！”西班牙船队的长官举起望远镜看了看,说:“我们的船可是‘宝船’,修造得如此坚固,还有大炮,那几艘小破船没什么大不了的。”他根本不把普通的海盗船放在眼里。小艇们借着夜色神不知鬼不觉地迅速靠了上来,从四面包围了西班牙船队,只听见小艇上发出了喊声:“我们是‘海上乞丐’,赶快投降!”还没等西班牙的司令官反应过来,无数火枪和火炮早已对准了西班牙大船尾部的司令舱。西班牙司令官在这种情况下已毫无斗志,生怕丢了自己的性命,不得不下令全船投降,乖乖地交出了船上的金银财宝。这个消息让西班牙国王暴跳如雷:“又是这些该死的尼德兰‘乞丐’!”

尼德兰人们在森林、海上不断地打击着西班牙人,“乞丐”变成了西班牙统治者最害怕听到的字眼儿。

1572年北方各省举行大起义。4月,一支由24只战船组成的“海上乞丐”游击队和群众互相支持配合,攻占了尼德兰北部西兰省的港口城市布里尔。这意味着阿尔瓦的军事防线被撕开了一个大缺口,海上游击队在尼德兰本土建立了据点。7月,几乎整个北方(除了阿姆斯特丹)都得到了解放,脱离了西班牙的血腥统治。8月,贵族奥兰治威廉一世被推为北方各省执政。失败的阿尔瓦则被罢免,灰头土脸地离开了尼德兰。

1579年,北方各省为了进一步保卫起义成果而结成联盟。

1581年,联盟正式宣布废除西班牙国王的统治,成立联省共和国——荷兰共和国。因为这7省中以荷兰省地域最大,经济也最发达,因此国家命名为荷兰共和国。虽然北部已经成立了独立的国家荷兰,但南部仍然处在西班牙统治之下。

独立的荷兰共和国损害了西班牙统治者的利益。西班牙不能容忍荷兰的存在,任命了新的总督,组织部队向北方反扑。新建的共和国有着良好的群众基础,西班牙再也无力打败它。1588年7月,西班牙的“无敌舰队”在英吉利海峡被英国海军彻底击溃。西班牙的海上霸权被英国夺走,这导致其国力急剧衰落。在这种情况下,西班牙对尼德兰的镇压更是无力。荷兰共和国乘机收复了被西班牙占领的北方领土，还夺取了南方的部分地区。

随后，西班牙完全衰落。1609 年 4 月，腓力二世的继任者不得不停战，与荷兰政府签订《十二年休战协定》，承认荷兰共和国的独立。尼德兰革命在北方获得了胜利。与此同时，北方革命的胜利推动了南方各省人民的反抗运动，南方革命形势也日趋高涨。

尼德兰革命是人类历史上第一次成功的资产阶级革命，具有鲜明的民族解放斗争性质。它通过民族解放斗争、全民动员，结成广泛的民族统一战线，推翻了西班牙的专制统治，在欧洲建立了第一个资产阶级共和国。它的形成具有重要的历史意义。从此，荷兰走上了飞速发展的道路，也开始了海外的殖民扩张。“海上乞丐”变成了“海上马车夫”，几乎垄断了欧洲的海运贸易。小小的荷兰逐渐成为当时资本主义最发达的国家之一。

三十年战争

近代开端后一直到19世纪中叶为止，政治上的分裂与经济上的落后是德意志的两大历史特点。

从11世纪以后，神圣罗马帝国的疆域逐渐缩小，到1500年只限于德意志领土了。而且15世纪以后，当英、法诸国逐步形成中央集权的统一国家的时候，神圣罗马帝国仍处于分崩离析的状态。所谓神圣罗马皇帝不过是徒有虚名的国家元首，帝国境内的封建诸侯各自为政，他们的领地实际上等于独立的王国。以皇帝为代表的中央政府毫无实权，无法干预诸侯领地的内政。皇帝是由选举产生的，并且终身任职，他是从几个特定的选帝侯中选出来的。最初一共有八个选帝侯，从1692年起，又出现了第九个选帝侯——汉诺威。但是自从1273年以来，哈布斯堡王朝的代表一成不变地被选为皇帝，这是因为这个王朝在帝国境内拥有奥地利这样强大的领地，当时德意志时常遭到土耳其的侵略，奥地利的强大及其地理位置的优越，使它成为了抵御土耳其侵略的前哨。

这种政治上的分裂，到16世纪进一步加深，这是宗教战争所造成的。在宗教改革的过程中，帝国境内有许多天主教教会的土地被没收了，封建诸侯乘机抢到大块教会土地，并且使新成立的路德派教会服从自己的支配。这便增大了他们的力量，从而更加强了他们的独立性。

但是，皇帝是不甘心自己处于无权地位的，他渴望加强帝国中央的权力，而诸侯却力求维持独立自主的地位。于是就发生了皇帝与德意志诸侯之间的斗争，这个斗争后来演变为“三十年战争”。

1618年捷克反对哈布斯堡王朝的起义，成为三十年战争的导火线。神圣罗马帝国皇帝为在捷克(波希米亚)恢复天主教,指定斐迪南二世为捷克国王。斐迪南二世下令禁止捷克的新教活动,拆毁其教堂。1618年5月23日,布拉格民众冲入王宫,把几个官吏从王宫窗口掷了出去,史称"掷出窗外事件"。这一事件引发了"三十年战争"。

三十年战争从1618年—1648年,历时30年,共分为4个阶段:

①捷克—普法尔茨时期(1618年—1624年):"掷出窗外事件"发生后,捷克摆脱了哈布斯堡王朝的统治。1619年捷克议会选举普法尔茨选帝侯弗里德里希为国王。1620年,神圣罗马帝国皇帝斐迪南二世(1619年—1637年在位)依靠德意志天主教同盟军入侵捷(jié)克。为援助蒂利伯爵采尔克莱斯率领的天主教同盟军,西班牙出兵普法尔茨。1620年底,捷克和普法尔茨联军战败,弗里德里希逃亡荷兰,捷克重归奥地利统治。

②丹麦阶段(1625年—1629年):神圣罗马帝国皇帝的胜利,引起外国参战。丹麦得到英国和法国的资助,于1625年攻入帝国境内。捷克贵族瓦伦斯坦率雇佣军协同蒂利伯爵打败丹麦军队。丹麦王国同帝国皇帝于1629年5月签订《吕贝克和约》,保证不再干涉(shè)德意志事务。

③瑞典阶段(1630年—1635年):神圣罗马帝国皇帝和天主教同盟势力北进,促使瑞典与法国结成同盟。瑞典国王古斯塔夫二世·阿道夫率军于1630年7月进入波美拉尼亚,同勃兰登堡和萨克森选帝侯联合。1632年,蒂利伯爵在累赫河战败身亡。1634年皇帝联合西班牙打败瑞典军队,返回波罗的海沿岸。萨克森和勃兰登堡于1635年5月同皇

历史探微

神圣罗马帝国全称为德意志民族神圣罗马帝国或日耳曼民族神圣罗马帝国。神圣罗马帝国是中世纪欧洲的封建帝国。公元962年,德意志国王、萨克森王朝的奥托一世由教皇加冕称帝,成为罗马的监护人和罗马天主教的最高统治者。从1157年起,罗马帝国被称为神圣罗马帝国。

帝缔(dì)结《布拉格和约》。

④法兰西—瑞典阶段(1635年—1648年):瑞典军队战败,促使法国直接出兵,与瑞典联合对哈布斯堡王朝作战。1635年5月,法国又联合荷兰进入莱茵地区,瑞典军队在莱比锡附近的布赖滕(téng)费尔德取胜,并继续南进。法国军队大败西班牙军。瑞典的胜利,又引起丹麦的不满,1643年—1645年丹麦同瑞典开战,结果,丹麦战败求和。此后法、瑞两国军队进入德意志南部。长期战争使双方都有极大的消耗,帝国方面的困难更为突出。皇帝斐迪南三世(1637年—1657年在位)被迫求和,得到法国和瑞典的赞同,战争至此结束。

1648年10月24日,参战各方代表齐集明斯特市政厅签署《奥斯纳布吕克条约》和《明斯特和约》。奥斯纳布吕克和明斯特两个城市都在威斯特发利亚境内,故两个和约统称《威斯特发利亚和约》。

三十年战争和《威斯特伐利亚和约》削弱了哈布斯特堡王朝的统治,加深了德意志境内的分裂割据局面。政治上的分裂割据也导致了关税壁垒。易北河上,从皮尔纳到莱比锡要通过32道税卡。从柏林到瑞士,要经过10个邦国,办10次手续,换10次货币,交10次关税。度量衡和货币十分复杂,仅货币就有6 000种。皇帝的最后一点权威已荡然无存,帝国各种机构形同虚设,德意志民族的神圣罗马帝国已名存实亡。

恩格斯指出:“三十年战争所造成的严重后果,使德国有200年不见于政治积极的欧洲国家之列。”直到18世纪末19世纪初,在外力的作用下,德意志才重新步入欧洲资本主义发展的轨道。

1688年英国光荣革命

1685年2月6日,英王查理二世去世,由詹姆士二世即位。他的封建统治更加变本加厉。

詹姆士二世作为一个"君权至上"论者,又是一个虔诚的天主教徒,还是一个遵照法王路易十四旨意的亲法派,他一即位就大批释放天主教徒,并在宫廷中公开举行天主教祈祷仪式,还任命天主教徒为大学校长、军官等,同时他在牛津成立出版社,印发天主教的宣传品。他还不顾议会拥有批准税收的特权,以自己的权力为中心,私自决定征税。詹姆士二世的这些措施严重地损害了大资产阶级和新贵族的利益,遭到英国民众的反对。这主要是因为新贵族中有许多人曾以低价购买土地, 如果天主教恢复, 将会夺去这些土地。就连国教的主教和教徒也都反对恢复天主教。对于他们而言,恢复天主教就意味着丧失领地、什一税和其他世俗福利等。詹姆士二世的反动统治引起了社会各阶层的不满和反抗。

1685年5月11日,王位觊觎(yú)者蒙默思公爵发动起义。他带领150人在多塞特郡的莱姆登陆,并发表宣言,许诺恢复自由、各教派宗教信仰自由、每年召开议会、废除常备军代之以民兵等。由于复辟王朝的倒行逆施在广大民众中引起了普遍的不满,农民、手工业者和工人等纷纷参加蒙默思公爵的队伍,起义人数很快达到15 000人。但人民群众参加起义的热情吓坏了资产阶级,蒙默思本人也发生了动摇,而开始对起义采取观望的态度。于是国王有了喘息之机,很快集结了大量兵力,于7月6日击溃了起义军。蒙默思仓皇逃走,而装备很差的起义群众仍进行英勇的战斗,近千名起义者阵亡,起义最终失败了。接着,政府又对起义者进行镇压,而中途逃走的蒙默思本人也被抓获处死。

在镇压起义的过程中,詹姆士二世把军队人数增加到近三万人,其中近一半驻守在伦敦,大大加强了反动统治的力量,使其能肆无忌惮地推行高压专制的反动政策。

《宣誓法》是1673年3月29日通过的一部要求所有从事国务活动的人按国教仪式宣誓，并放弃天主教信条的法律。而此时的詹姆士二世却违背《宣誓法》,大量任命天主教徒为军官,还在爱尔兰组织天主教徒的军队,让天主教徒参加枢(shū)密院,担任政府要职,其中掌玺(xǐ)大臣阿伦德尔就是天主教徒。在1685年11月召开的议会上,议员们强烈谴责了国王的做法,独断专制的詹姆士二世干脆解散了议会。

1687年4月和5月,国王两次颁布《容忍宣言》,企图恢复天主教,争取不信教的人的支持。宣言遭到了多数教徒的拒绝,宣言并未按詹姆士二世命令的那样被宣读。更有主教向国王呈递请愿书,要求取消《容忍宣言》。詹姆士二世勃然大怒,下令逮捕了各主教共7人,并将他们投入伦敦塔监狱。但在审判时,同样反对天主教专制的陪审团宣判他们无罪,主教们胜利回到伦敦,受到了当地人民的热烈欢迎。

这样,恢复天主教的政策遭到了大多数人的反对。在16世纪上半叶的宗教改革以后,信仰天主教的只有多数的爱尔兰居民,以及英格兰西部和北部的一小部分贵族，而多数英国人则不信奉天主教。不论是英国国教的僧侣、资产阶级者,还是一般群众,都不愿天主教被恢复。僧侣担心失去自己在教会中的地位,资产阶级害怕商业活动被损害,群众不愿再受天主教会严酷的精神束缚和经济剥削。1685年,法国为维护天主教的权威,大肆残害新教徒，这使人们对亲法的詹姆士二世是否会采取复辟天主教的行动更加忧虑。

而此时的詹姆士二世虽然气焰嚣张,但他早已失去了可依靠的臂膀,原来忠于国王的托利党贵族和僧侣改变了对国王的态度。这些人害怕会引起人民的革命，便不敢对詹姆士二世采取什么行动，大家都很焦虑，对国王只有一个愿望——希望他早点死，因为詹姆士二世已经55岁了。

资产阶级和贵族还物色好了王位继承人——玛丽。玛丽是詹姆士二世的女儿，是王位的合法继承者，她的丈夫是荷兰执政官奥兰治亲王威廉。夫妇二人都是新教徒，荷兰又是法国的敌人，法国又是英国资产阶级的竞争对手，这样的安排简直可以让大家都满意，不论资产阶级还是贵族、僧侣，谁的利益都不会被触动。

但命运总是和人作对，英国反天主教独裁的一派又遇到了难题：1688年6月，詹姆士二世的妻子给他生了个儿子，詹姆士二世这个天主教徒有了一个天主教徒的王位继承人。这样，玛丽就失去了王位继承权，眼看可以实行的计划就要落空，英国两党——托利党和辉格党感到事不宜迟，决定请求玛丽的丈夫威廉以武力干涉英国。6月30日，英国两党向威廉发出联名邀请，许多军队的军官也宣布效忠于他。威廉也希望得到英国王位，慨(kǎi)然地接受了这个邀请，宣布将去英国保护“新教、自由、财产及自由的国会”。

经过一番准备后，威廉率领一支由11 000名步兵和4 000骑兵组成的大军，乘600艘运输舰于11月5日在英国西南部德文郡的托尔斯港登陆。当时詹姆士二世的军队多达4万人，但大多不可靠，他的主要将领总是避免与威廉作战，一些军官干脆直接缴械投降，就连王军总司令约翰·丘吉尔也于11月24日投向威廉。许多贵族包括詹姆士二世的小女儿安娜和她的丈

历史探微

英国辉格党的“辉格”原意为强盗，19世纪中叶辉格党演变为自由党。辉格党成立于1679年，1833年改称保守党。该党领导人撒切尔夫人、梅杰，先后出任英国首相。随着工党的出现，保守党与工党成为英国两大主要政党。

夫也投奔到姐姐、姐夫这里来了。

詹姆士二世众叛(pàn)亲离，只好于12月11日逃离伦敦，接着伦敦出现了反天主教的骚乱。伦敦主教、市长、市参议员经会议决定，请求威廉率军赶快开进伦敦，以“恢复秩序”。于是威廉率军队加紧向伦敦进发。

12月17日，威廉的一支近卫部队在伦敦逮捕了又重新回到都城的詹姆士二世。12月18日，他们将詹姆士二世押往罗彻斯特堡，并故意放他从海上逃走。12月25日，詹姆士二世逃到法国。

詹姆士二世被擒的第二天，1688年12月18日，威廉进入伦敦。21日，他下令召集查理二世的最后三届议会和上、下两院的议员开会。会议决定推举威廉为国家的临时元首——摄政王，并授权他向各郡发出召开新的立宪协商会议的邀请信。1689年2月，立宪协商会议通过了詹姆士二世“退位”的决议，并立威廉为国王，称威廉三世，立玛丽为女王，称玛丽二世，因玛丽几乎不理朝政，所以实际王权掌握在威廉三世手中。至此，复辟28年的斯图亚特王朝被推翻了。

1688年12月18日的政变便是英国历史上的“光荣革命”，被英国人称为“不流血的革命”。而它并不是一次真正意义上的革命。它的胜利是建立在资产阶级和贵族之间，代表不同阶级利益的辉格党和托利党妥协的基础之上的，是借助于荷兰执政官威廉的外部力量而实现的。

但“光荣革命”还是有着重要的历史意义的，它巩固了资产阶级的革命成果，削弱了王权，并将这些用法律的形式规定下来，这便是本次革命后于1689年2月13日通过的《权利宣言》。

《权利宣言》于1689年10月更名为《权利法案》，法案规定今后英国国王必须是国教徒，对国王权利构成了种种限制，确定了议会的最高权力，为英国君主立宪制的形成奠(diàn)定了基础。但《权利法案》只代表了资产阶级的利益，根本不能保障劳动人民的利益。

“光荣革命”还改变了复辟王朝的亲法政策，并同法国进行了长期的商业战争，削弱了竞争者，扩大了英国的殖民版图和殖民利益。“光荣革命”在英国历史上开创了一段长期稳定的时期，为18世纪下半叶的工业革命奠定了政治基础。

伏尔泰

启蒙，就是开启智慧，通过教育和宣传，把人们从愚昧、落后、黑暗的封建社会中解放出来，使人们摆脱教会散布的迷信和偏见，从而为争取自由与平等而斗争。启蒙运动是发生在18世纪欧洲的一场反封建、反教会的思想解放运动，它为资产阶级革命做了思想准备和舆论宣传。

启蒙运动的中心在法国。法国启蒙运动的领袖是伏尔泰。他的思想对18世纪的欧洲产生了巨大影响，所以后来的人曾这样说："18世纪是伏尔泰的世纪。"

伏尔泰本名叫弗朗梭阿·马利·阿鲁埃，1694年出生于巴黎一个富有的公证人家庭。少年时期，他在基督教会主办的贵族学校读书。中学毕业之后，父亲一心想让他学法律，将来当法官或律师，但伏尔泰却立志成为诗人。他的确有诗人的天赋，经常出口成章，即兴写诗。他由于写了一首嘲笑贵族的讽刺诗，结果被关进巴士底狱。在狱中，他仍然坚持创作，完成了他的第一部悲剧《哀狄浦斯》。1718年，《哀狄浦斯》在巴黎上演，获得成功，他也因此一举成名。

伏尔泰成名之后仍然写讽刺诗嘲笑法国贵族，结果遭到贵族子弟的毒打，第二次被关进巴士底狱。出狱后，他被宣布驱逐出境，不得不流亡到英国。在伦敦，伏尔泰以新奇的眼光观察了英国的政治制度和经济生活，研究了唯物主义哲学和牛顿的物理学。他还接触到了英国新兴文学，对莎士比亚的戏剧产生了浓厚的兴趣，并把他的剧作翻译介绍到法国。

1743年，伏尔泰发表了《哲学书简》。在这部书里，他赞扬英国革命取得的成就，批评法国封建制度，宣传唯物主义哲学思想。他认为人一生下来就应当是自由的，在法律面前应当人人平等。他主张在法国建立一个在哲学家引导下，依靠资产阶级力量的开明君主制，国内有言论、出版自由等等。他反对天主教会，强烈谴(qiǎn)责教士的贪婪和愚民的说教，他称天主教的主教为“恶棍”，称教皇为“两足禽兽”，号召人民粉碎天主教会这个邪恶势力。此书一出版，即被法国政府判为禁书，并当众烧毁。

为了躲避灾难，伏尔泰来到法国和荷兰边境一个古老偏僻的贵族庄园，隐居在他的女友德·爱特莱侯爵夫人家中，一住就是15年，直到1749年侯爵夫人去世。在此期间，他写下了悲剧《恺撒之死》、《穆罕默德》，讽刺长诗《奥尔良的少女》，哲理小说《查第格或命运》，历史著作《路易十四时代》以及科学论著《牛顿哲学原理》。

1750年，伏尔泰应普鲁士国王腓特烈二世邀请访问柏林。他来到一个比法国更黑暗、更残酷的封建专制国家，却幻想借助“开明君主”的力量，进行某些社会变革，实现启蒙主义理想。然而，腓特烈二世只把伏尔泰当做宫廷点缀，给外人一个“开明君主”的形象，实际上他实行的是军国主义的野蛮扩张政策。伏尔泰丝毫不能改变德意志的现实，1752年，他离开柏林。

1760年，伏尔泰在法国与瑞士边境的费尔奈庄园定居下来，在此度过了他一生中的最后二十余年。在这期间，他写下了大量的文学、哲学和政治著作，包括哲理小说《老实人或乐观主义》、《天真汉》、哲理诗《自然规律》等，他还把中国元杂剧《赵氏孤儿》改编成《中国孤儿》。

伏尔泰虽远离巴黎，却仍然关心法国社会现实，他晚年写了许多文章和小册子，抨击教会和专制统治。这些小册子以化名和匿名的方式在欧洲各地流传，推动了进步的思想运动。当时欧洲成千上万的哲学家、艺术家、演员慕名拜访伏尔泰，还有人给伏尔泰写信求教，伏尔泰都热情接待或回信，小小的费尔奈庄园成为欧洲启蒙运动的中心。

伏尔泰还积极参加社会活动，他积极为无辜受害的人士奔走，最突出的是发生在1762年的震惊欧洲的卡拉事件。

当时，法国社会中天主教教会的权力极大，天主教僧侣被列为法国封建社会的第一等级，教会经常残酷压榨(zhà)和迫害人民。1762年有个名叫卡拉的新教徒，他的儿子因欠债而自杀了。天主教会马上向法院诬告卡拉，说他儿子因为想改信天主教，被信新教的父亲杀死了。法院于是把卡拉全家逮捕，进行严刑拷打，将卡拉判处死刑。行刑的这一天，刽子手们先用铁棒打断了卡拉的双臂、肋骨和双腿，然后把他挂在马车后面，在地上活活拖死，最后还点上一把火，把尸体烧成灰烬。

伏尔泰听说这件事之后，异常愤怒，他亲自调查事件真相，把这件冤案的调查报告寄给欧洲许多国家，全欧洲都对此感到震惊和愤怒，纷纷痛斥法国图卢兹的地方法院。四年后，教会不得不宣布卡拉无罪，恢复了他家人的自由。从此，伏尔泰被称为"卡拉的恩人"，受到法国人民的尊敬。以后，伏尔泰又为新教徒西尔文、拉巴尔等人的受迫害案鸣冤，经过多年的斗争，终于使他们恢复名誉。所以伏尔泰被誉为"被压迫者的保护人"，声望越来越高。

历史探微

腓特烈二世为普鲁士国王。他对内实行开明专制，改革经济，扩充军队；对外大肆扩张，参加七年战争，第一次瓜分波兰，侵占大片疆土，提高了普鲁士在欧洲的地位，为德意志统一打下坚实基础。

伏尔泰不仅是一位伟大的思想家，而且还是一位杰出的文学家。他最有成就的文学作品是哲理小说，《老实人或乐观主义》是其代表作。

《老实人或乐观主义》的主题是批判盲目乐观主义哲

学,小说中的邦葛罗斯是个哲学家,在他看来,世界是完美的,一切人和一切事物都尽善尽美,“在这最美好的世界上,一切都走向美好。”邦葛罗斯一生的遭遇是对他的“哲学”一个极大的嘲讽,他先染上梅毒,接着又遭到宗教裁判所的火刑惩罚,后又被作为奴隶卖掉,但他冥顽不化,死不改口,仍然坚持说世界尽善尽美。

小说的主人公老实人开始相信邦葛罗斯的乐观主义哲学，但严酷现实粉碎了他的乐观幻想。他是德意志男爵的养子,由于他与男爵的女儿居内贡小姐相爱,结果被贵族偏见极深的男爵赶出了家门。从此,他四处流浪,到处都看到封建专制的腐败和天主教会的罪恶。到里斯本时,他遇到了大地震。为防止全城毁灭,教会与大学博士相勾结,认为只有“在庄严的仪式中用文火慢慢烧死几个,才是阻止地震的万试万灵的秘方”。为此,教会抓了五个人。其中一个人的罪名是娶了自己的教母;另外两个葡萄牙人是吃鸡的时候把同煮的火腿扔掉。在场的邦葛罗斯和老实人似乎赞同他们的吃法,于是,也被一块儿送上宗教火刑场。结果三人被烧死,邦葛罗斯和老实人却奇迹般地脱了险。老实人历尽磨难,认识到世界就像一个屠宰场,他抛弃了乐观主义。最后他找到了一个黄金国,国内遍地都是黄金、碧玉和宝石,人人过着自由平等、快乐而富裕的生活。当然,这只是伏尔泰的理想。

1778 年 2 月,84 岁高龄的伏尔泰在路易十五死后重返阔别 28 年的巴黎,人民群众夹道欢迎这位勇敢的斗士。1778 年 5 月 30 日,伏尔泰病逝。临终前,神父要他承认基督的权威,他愤然拒绝。反动教会不准把他葬在巴黎。大革命时期,伏尔泰的骨灰被运回巴黎,在法国伟人公墓隆重安葬。

瓦特和工业革命

瓦特发明蒸汽机不是一个偶然的、孤立的事件，而是在一定历史条件下适应社会需求、吸取前人成果和个人努力探索的必然结果。蒸汽机的发明，对工业革命的发展起了十分重要的作用。

资产阶级革命后，英国建立了资本主义制度，资本主义经济不断发展。18世纪中叶，经济发展和国内外市场的扩大，向英国资本主义生产提出越来越多的要求，以机器生产代替手工工场生产为主要内容的工业革命提到历史日程上来。

工业革命首先发生于英国棉织业。飞梭和手摇纺纱机的发明，使纺纱和织布的速度加快，产品猛增。但是，这样迅速发展的纺织工业所依靠的动力都是水力，水力虽比人力较为优越，但仍有局限性。例如，水流湍急的地方，多为穷乡僻壤，交通困难，不宜建立大型工厂，干旱季节或冰冻时期又缺乏水源等等。当时英国也有许多企业使用马匹为动力，用马匹拖拉比水力与风力较为稳定，既不会枯竭冰冻，也不易间断或减弱。但是，由于需要颇大的力量，使用的马匹也不断增加，某些煤矿中用来作为排水泵动力的马匹达五百多匹，由此产生严重的饲养和管理问题。因此，要想进一步发展资本主义生产，必须解决动力问题，寻找新的能源。

在人类社会历史中，勇于创新的人们早已对蒸汽发生了兴趣。从古代埃及的希罗、文艺复兴时期意大利的达·芬奇，直至18世纪初法国的德尼·帕潘，已从多方面探索蒸汽的用途：设计用蒸汽开动的大炮；设计蒸汽提水机；制造供矿井使用的蒸汽水泵；试验蒸汽轮船……但是，上述探索主要在实验方面取得巨大进展，而在实际的生产使用中还存在许多难题，如蒸汽锅炉爆炸、井底水泵停工时被水淹没等等。

1705年英国苏格兰铁匠纽可门经长期研究，综合帕潘和萨弗里发明的优点，创造了空气蒸汽机——第一次将热能变为机械能的原动机，它是单活塞封闭的圆式汽缸，用低压蒸汽机解决了锅炉爆炸问题，并安装在矿井之上，不怕水淹。1712年时，英国煤矿和金属矿中普遍采用此种机器。长期使用的实践表明，纽可门的机器仍旧存在问题，蒸汽的动能未得到充分发挥，有待进一步改进。

詹姆斯·瓦特(1736—1819)发明新的蒸汽机，解决了上述难题。瓦特生于英国造船业发达的格拉斯哥城附近的格里诺克镇一个商人家庭。他的祖父和叔父都是机械工人，父亲也曾当过造船工。瓦特虽未受过系统教育，却在家庭影响下，懂得不少机械制造的知识，对制造机械有较大兴趣。他从十八岁起，就在格拉斯哥城学习手艺，不久到伦敦学习机械制造业，在钟表店里当学徒。1757年，瓦特回到格拉斯哥，成为该城大学的教学仪器修理工。在格拉斯哥大学担任这种工作，为瓦特提供了良好的学习与实践机会。他孜孜不倦地学习意大利文和德文，关心欧洲各国科学家对于蒸汽动力的研究，经常与学者、专家研讨科学技术问题，并于1761年至1762年期间进行一些改进蒸汽机的实验。1763年，瓦特因修理纽可门蒸汽机而对之备感兴趣。在此之前不久，该校约瑟夫·布莱克教授发现各种物质吸收热的容量皆不相同，瓦特和布莱克教授多次讨论研究纽可门蒸汽和燃料——煤，即汽缸在前一次冷凝中已经冷却，下一次必须先加热汽缸再重新灌入蒸汽；他还证明纽可门的小型引擎效率较差。

瓦特对症下药，提出自己的见解，试制新的更为完善的蒸汽机。他试制的第一台蒸汽机到处漏气，试验一度失败。后来，经过多次失败和试验，他于1769年制成有分离冷凝器的单动式蒸汽机，并另制一个与汽缸分开的冷凝器，在这里冷凝蒸汽，从而每次运动之前不必重新加热汽缸，大大减少了蒸汽的损失；同时他在制造汽缸和活塞时注意质量，提高了精密度；此外，他还

历史探微

工业革命最大的影响在于技术上的革新，今天的人类所享用到的大部分技术成果，多半来源于工业革命，例如蒸汽机、纺织机、汽车、铁路、石油、汽油、煤油、润滑油、阿司匹林、消毒剂、摄影用化学制品、烈性炸药、化肥、潜艇、飞机、电、电报、电灯、电影、电话等。1910年，在美国，一个教授一年的收入约在3 500美元左右，这样的收入足够他购买一幢宽敞体面的房子、在夏天喝上爽口的冰镇啤酒、冬天的火炉里炉火旺盛、日常丰富的饮食，还有闲钱可以雇用女仆和来上几次旅游；而一个星期能赚上25美元的熟练工人，在正常的情况下，也完全可以让自己俨然成为一个“上流社会人士”，可以雇用一个全职女仆，拥有丰衣足食的生活。

使用润滑油帮助活塞运动。这样，瓦特的蒸汽机比纽可门的蒸汽机具有显著优点，并且运动加快，燃料耗费减少百分之七十五。从1776年起，瓦特和金属制造商马休·波尔顿合伙，在伯明翰市制造这种新的蒸汽机，并加以某些改进。这种蒸汽机当时主要用于矿井抽水。

1782年，瓦特经过革新后，制造了更为完善的联动式蒸汽机。他利用蒸汽膨胀作用，从两面交替推动活塞，并采用曲柄运动装置，将往复运动变为回转运动，同时安置离心式调速器，自动控制蒸汽机的运转。这是一种崭新的、原则上达到现代水平的机器，它提供了新的动力——消耗煤和水而自行产生动力；它的力能完全受人控制，并且移动方便，安装也不受地点条件限制。瓦特的联动式蒸汽机立即为炼铁厂和锡矿所采用，前者用于高炉鼓风机，后者用于节约远途运来的煤。英国纺织业陆续也采用这种蒸汽机带动纺纱和织布机器。1784年英国建立了第一座以蒸汽机为动力的纺纱厂；采矿业中也不断增加这种蒸汽机。蒸汽机的生产促进了机器制造业的发展。当时，瓦特蒸汽机的生产迅速增加，从1775年到1800年，仅瓦特和波尔顿合营的一个工厂，共制造了一百七十三台蒸汽机。纽可门蒸汽机逐渐被瓦特蒸汽机所代替，英国工业各部门的动力发生了重大变化，工业革命的步伐也大大加快。19世纪三四十年代，蒸汽机已被欧洲和北美广泛采用，这就是所谓的“蒸汽时代”。

瓦特发明蒸汽机，对人类作出了重要贡献。或许在年幼时，瓦特见到水烧开后壶盖不断跳起，曾好奇地向奶奶追根问底，寻求答案。但他发明蒸汽机与广为流传的“水壶的故事”无关，他不是由于一时的灵感，而是取决于当时的社会生产条件、前人积累的成果和自己多年辛勤的科学研究和试验。

瓦特发明蒸汽机的功绩是不可磨灭的。1832年，人们为了纪念这位杰出的发明家，在格拉斯哥市乔治广场上建造了一座瓦特铜像，它至今依然屹立在那里，供人瞻(zhān)仰。

法国大革命

18世纪,资本主义在法国部分地区已相当发达,出现了许多资本主义性质的手工工场,个别企业雇佣数千名工人并拥有先进设备,且资本雄厚。资产阶级已成为经济上最富有的阶级,但在政治上仍处于无权地位。农村绝大部分地区保留着封建土地所有制,并实行严格的封建等级制度。由僧侣组成的第一等级和贵族组成的第二等级,是居于统治地位的特权阶级。资产阶级、农民和城市平民组成的第三等级,处于被统治地位。特权阶级的最高代表是波旁王朝国王路易十六。18世纪末,第三等级同特权阶级的矛盾日益加剧,而特权阶级顽固地维护其特权地位。

1789年5月国王被迫召开三级会议,继而将其改为国民议会和制宪议会。7月14日巴黎人民起义,攻占巴士底狱,革命爆发。8月26日制宪会议通过《人权与公民权宣言》(简称《人权宣言》),确立了人权、法制、公民自由和私有财产权等资本主义的基本原则。革命初期,代表大资产阶级和自由派贵族利益的斐扬派取得政权。1791年6月20日路易十六乔装出逃,中途被识破押回巴黎。广大群众要求废除王政,实行共和,但斐(fěi)扬派则主张维持现状,保留王政。斐扬派制定了《一七九一年宪法》,召开立法会议,维护君主立宪制,反对革命继续发展。

第一、二等级和大资产阶级达成了妥协,但和占法国人口大多数的农民及城市平民的矛盾依然没有缓和。相反,人民在斗争中看到了自己的力量。1792年8月10日,巴黎人民再次起义,推翻斐扬派统治,逮捕国王路易十六。

8月10日巴黎人民起义后,吉伦特派取得政权。9月20日法国军队在瓦尔密战役中打败外国干涉军。由普选产生的国民公会于9月21日开幕,9

月22日成立了法兰西共和国。1793年1月21日,国民公会经过审判,以叛国罪处死路易十六。

从1792年秋季起，要求打击投机商人和限制物价的群众运动高涨起来。以忿(fèn)激派为代表的平民革命家要求严惩投机商,全面限定生活必需品价格，以恐怖手段打击敌人。吉伦特派却颁布法令镇压运动。1793年2月—3月,以英国为首的欧洲各国组成反法联盟,加强武装干涉;法国国内也发生大规模的保王党叛乱。4月,前线的主要指挥、吉伦特派将领叛变投敌。在革命处于危急的时刻,巴黎人民于5月31日—6月2日发动第三次起义,推翻吉伦特派的统治,雅各宾派建立革命专政。

雅各宾派颁布《雅各宾宪法》,废除封建所有制,平定吉伦特派叛乱,粉碎欧洲君主国家的武装干涉。

但不幸的是,雅各宾派过激和恐怖的政策,最终使自身走向分裂和内讧,陷于孤立的罗伯斯比尔也未能完全守护住法国革命的成果,而反法同盟一再被欧洲各封建君主拼凑起来,他们一轮轮地围剿法国革命,企图恢复法国波旁王朝的封建政治。1794年7月27日,右派势力发动热月政变,逮捕了罗伯斯庇尔,建立热月党人统治。他们建立了资产阶级的正常统治,维护了共和政体,在法国国内维护了资产阶级革命的成果。

但国外围剿(jiǎo)革命的势力仍是浊浪滔天,此时,督政府中又一个新的政治明星应运而生,他就是拿破仑。在“雾月政变”中,年轻的拿破仑上台执政,担负起了扫荡欧洲封建势力、巩固大革命成果的重任。

这次革命摧毁了法国封建专制制度,促进了法国资本主义的发展,也震撼了欧洲封建体系,推动了欧洲各国革命的发展。

历史探微

拿破仑于1769年8月15日生于科西嘉岛。1793年他在土伦战役中声名大噪,后发动“雾月政变”,夺取政权。拿破仑于1804年称帝并建立法兰西第一帝国。1815年他在滑铁卢战役中战败,并被流放,1821年去世。

热月政变

在法国革命史上，最大的逆转，要算是“热月政变”了。

这一次政变，发生在 1794 年 7 月 27 日，因为当时法国的“共和历”是共和二年热月 9 日，所以人们把它称为“热月政变”。

自 1793 年 6 月雅各宾派执政以来，资产阶级革命取得了前所未有的辉煌胜利。可是，就在热月 9 日这一天，面貌起了根本性的改变!

国民公会照例是下午开会的。然而，这一天的上午十一点，就有许多代表来到会场，他们在走廊里来回踱步，相互交换着眼色。一个脸形消瘦的代表，走到一个身躯肥胖的代表面前，握着对方的手说:“看，右派才是勇敢的人! ”这时，旁边又走来两个代表，狡黠地笑着向他们点点头，表示对右派的支持。

中午十二点刚过，国民公会的议长就宣布开会。执政党雅各宾派的领袖罗伯斯比尔坐在会场正中的前排，面对着主席台，全神贯注地在听代表们的发言。

“我要把黑幕揭开！”一个代表跳上讲台。他涨红了脖子，声嘶力竭地攻击着，把矛头指向雅各宾派。

“打倒暴政者! ”又一个代表窜上了讲台，唾沫飞溅，用一切恶毒的语言攻击罗伯斯比尔。

“逮捕罗伯斯比尔！”两个代表像唱双簧一样齐声狂喊起来。会场一片骚动。

“我要求发言！”罗伯斯比尔端庄地站了起来。但是，当他刚要跨上讲台的时候，议长使劲地摇起铃铛，“丁零、丁零、丁零”意思是禁止罗伯斯比尔发言。

罗伯斯比尔回到座位上,他简直不敢相信自己的耳朵和眼睛。昨天,就在这个会场上,全体代表还全神贯注地聆听他的发言,他作了镇压反革命的报告;怎么过了一个晚上,情况完全变了,执政党的领袖成了被审判的囚犯!

“逮捕他! 逮捕他! ”会场上又响起了一阵喧哗声。

雅各宾派的代表怒不可遏,先后站起来要求发言反驳。但他们所得到的,仍然是议长的铃铛声。

“杀人凶手的议长,你能不能最后让我发一次言?”罗伯斯比尔激动地说。

“丁零、丁零”议长拼命地摇晃着铃铛。

“逮捕罗伯斯比尔! ”会场里又冒出了一片狂喊声。

“现在表决……好,通过!”议长的话还没有结束,一群宪兵冲了进来,把罗伯斯比尔逮捕了。同他一起被捕的,还有罗伯斯比尔的弟弟,以及雅各宾派的另外几名领袖。

“共和国完了! 强盗们胜利了! ”当罗伯斯比尔被押出会场时,他激昂地高呼着。这时是7月27日的下午五时半。

为法国革命做出了卓越贡献、一生廉洁奉公的罗伯斯比尔,怎么会遭到

历史探微

雅各宾派上台以后,在全国范围内实行恐怖政策以除掉异己,使得雅各宾派大失民心。但罗伯斯比尔所打击的并非都是出于政治目的。在罗伯斯比尔还是律师的时候,曾经热烈地追求过一个女孩,但那女孩拒绝了他,反而与另一名律师结了婚,这个律师后来追随了吉仑特派,雅各宾派打倒吉仑特派以后,罗伯斯比尔把那女孩的丈夫送上了断头台,并对女孩说:“看看吧,当初你没有嫁给我,现在我把你的丈夫送上了断头台,你不后悔吗?”

这样的不幸呢?是他,和其他革命者一起创建了法国的最高革命机构——国民公会,可是,今天他却被国民公会逮捕了。这一切到底是怎么回事呢?

话得从头说起。

马克西米连·罗伯斯比尔,1758年生于法国北部的阿腊斯城。他在中学时,就以极大的兴趣熟读卢梭的著作,坚决拥护书中的无神论和民主自由学说。为此,他专程去拜访了这位法国著名的思想家。后来,罗伯斯比尔当过律师和法官,因为法兰西王国的法律动辄(zhé)就把人判处死刑,他感到十分不满,就愤然辞去了法官的职务。

1789年春,三十一岁的罗伯斯比尔当选为三级会议代表,从而踏上了法国的政治舞台。他是一位争取民主的英勇战士,以斗争坚决、生活俭朴闻名,人们称赞他是“不可腐蚀者”。每当这位衣着整洁、瘦弱俊俏、中等个子的青年出现在雅各宾俱乐部时,总会得到热烈的鼓掌欢迎。

雅各宾派是当时法国资产阶级革命的左派核心。在废除国王的斗争中,在与右派(吉伦特派)的斗争中,在粉碎国内外敌人反革命武装的斗争中,他们内部是团结的。然而,当他们取得胜利、成为执政党以后,内部却分裂了。

雅各宾派有三位杰出的领袖:丹东、马拉、罗伯斯比尔。丹东因为主张温和妥协,被罗伯斯比尔处决了;马拉则被吉伦特派的女特务暗杀;剩下唯一的领袖就是罗伯斯比尔。革命力量的削弱,给右派反革命势力以可乘之机,终于出现了热月9日的政变。

罗伯斯比尔被押进监狱不到一小时,即在当晚六点多钟的时候,革命群众的队伍冲进了监狱,将罗伯斯比尔接到市政厅。雅各宾派像欢迎凯旋的战士一样,高呼着口号:“罗伯斯比尔万岁!”“消灭卖国贼!”到了晚上八点多钟,被捕的雅各宾派领袖们全部回到了市政厅, 市政厅广场上聚集了许多武装的群众。如果这个时候罗伯斯比尔马上组织起义,可能还有胜利的希望,但是,他犹豫了,到了午夜十二时半,他还没有作出决定。群众纷纷回家,罗伯斯比尔终于错失良机。

反革命力量很快组织起来了。半夜时分,议长对他的武装首领宣布了血腥的命令:“立即出发,要在天明之前把叛乱者的脑袋取下来! ”凌晨两点,他们完成了对市政厅的包围。一名宪兵首先冲了进去,一枪打中罗伯斯比尔的下颌。满脸鲜血的罗伯斯比尔同他的二十二名战友,又被押进了监狱。

第二天下午,罗伯斯比尔他们在没有审判的情况下被送上断头台。三辆刑车在夕阳影子的陪伴下缓缓行进, 宪兵用军刀指着身受重伤的罗伯斯比尔。罗伯斯比尔头上包着一块血污的布,但是,他仍然以端庄的眼光巡视着四周。五时整,罗伯斯比尔和他的战友们被押上断头台处决。

1794年7月27日的“热月政变”,结束了资产阶级民主派——雅各宾派的革命专政;同时,也标志着法国资产阶级革命的逆转。

拿破仑

拿破仑·波拿巴(1769年—1821年)出生在地中海的法国科西嘉岛阿雅克修城的一个贵族家庭。拿破仑排行第二,父亲是个律师;母亲容貌美丽且富有教养,对儿子教育极严。

拿破仑十岁时进布里埃纳军校,十五岁时因成绩优秀被送往巴黎陆军学校深造。1785年他的父亲去世,他因经济困难中断学习,弃笔从戎。

1789年法国大革命爆发,他支持革命,继续在部队服役。1793年底,他奉命前往土伦平定英军支持的王党叛乱。他奋力作战,一举攻克土伦,这时拿破仑开始崭露头角。1795年王党又在巴黎作乱,拿破仑果断地用大炮猛轰,又迅速镇压了叛乱,从此,名声大震。

1796年,他新婚后两天,就被任命为远征意大利的总司令,时年三十七岁。拿破仑在意大利利用声东击西、集中优势兵力和高度迅速运动的战略战术,连战连捷。拿破仑把在意大利掠夺的财富和艺术品大批运回巴黎,统治者十分高兴。

1797年12月,拿破仑返回巴黎,群情激奋,人们对他的崇拜到了极点。1798年5月,拿破仑率三万大军,分乘三百余艘舰船,经过一个半月的航行,躲过英国舰队的追击,于7月初在亚历山大港登陆。金字塔一战,拿破仑大败土耳其骑兵,占领开罗,并在埃及实行恐怖统治。

正当拿破仑着手治理埃及的时候,他遭到了一次惨重的打击。原来英国海军名将纳尔逊率领的英国舰队一直在追踪他。8月1日,纳尔逊发现法国舰队用一字长蛇阵停泊在尼罗河口的浅水域,他出其不意地在黑夜发起进攻,把一部分战舰插入法国舰队的内线,里外夹攻,打得法舰措手不及。法国舰队司令被打死,除两艘战舰逃走外,其余均被歼灭。这一战,切断了拿破仑的归路,与国内的联系也中断了。他考虑到困在开罗,军心可能动摇,就想通过进攻叙利亚来摆脱困境,但途中碰上瘟疫,被迫返回开罗。

正在拿破仑无计可施的时候,一天他偶然从英军那里弄到几份从欧洲带来的报纸,得知欧洲形势大变——俄、奥等国又联合起来进攻法国,已征服的意大利复又失掉,战事对法国越来越不利,法国国内政治动荡,人们极盼有个强有力的能人出来收拾这种混乱局面,督政府内的西哀士就正在寻找出路,他认为这时的法国需要两件东西:"一个头脑和一把宝剑。"拿破仑认识到历史已为自己提供了大显身手的时机。机不可失,时不再来,他毅然丢下部队,自己带领小部分随从乘小船冒险躲过英舰的封锁,匆匆赶回法国去了。

他于1799年10月自埃及回到巴黎。他在法国一登岸,"拿破仑回来啦!"的消息就像一阵风吹遍了全国。这时拿破仑的三个能干的兄弟约瑟夫·波拿巴、吕西安·波拿巴和路易·波拿巴相约去接他。吕西安年方二十四岁,但已荣任五百人院(众议院)议长之职,他对国内的政治形势洞若观火,他告诉拿破仑说,他已是实际的国家元首,剩下的只是法律手续问题。他们密谋商定从威逼两院修改宪法入手,因为拿破仑还不到做国家元首的法定年龄。

波拿巴家属全部出动,四处奔波。他们拉拢督政府内的西哀士和迪科,叫他们先提出辞职,然后于11月9日威逼督政府其他成员也辞职,并煞有介事地向元老院报告说有人图谋不轨,匆匆把两院迁往圣克鲁宫,这样督政府就架空了。第二天,两院分别在圣克鲁宫开会。拿破仑全副武装,在卫兵保护下跑到元老院去发表演说,要求修改宪法。一些议员见拿破仑全副武装冲进神圣的议会大厅,知道他不怀好意,就高呼"打倒独裁者!""打倒暴君!"他们冲到拿破仑的面前,你推我拉,有的揪住他的衣领,一阵拳打脚踢。在战场上好不威风的拿破仑此刻也被弄得昏头转向,几乎失去知觉,在士兵的护卫下好不容易才退到外面的一间房间里。他的弟弟吕西安虽沉着机智,但也没能制伏五百人院，他恰好也在这时脱掉长袍，取下议长的一切标志，匆匆跑到他哥哥身边。拿破仑眼看计划就要破产，决心动用武力，他们走到士兵面前，吕西安宣布说："我，五百人院的议长向你们宣布，本院绝大多数的议员此刻正处于若干议员的威胁之下……我把解救大多数议员的任务委托给你们。"说罢，他从拿破仑的腰间拔出佩剑，用刀尖对着拿破仑的胸膛说："若是这里头跳动着一颗独裁者的心，我就绝不留情，一刀刺进去。"士兵被说动了，一齐冲进议会厅，把惊恐不安的议员统统赶走。当晚，再由吕西安召来三十名议员，批准成立临时执政府，拿破仑任第一执政，西哀士和迪科任执政。当这一切办理完毕时已是次日凌晨。拿破仑舒了口气，问左右说：

"我说了不少蠢话吧？"

"不少，将军。"

"我愿意同士兵谈话，而不愿同那些律师饶舌。那些家伙真让我吓了一跳！"

拿破仑攫(jué)取第一执政的职务后，1802年任终身执政。1804年他又自称皇帝，爬上了权力的顶峰。

拿破仑是资产阶级的皇帝。他强化了中央集权，继续巩固和发展了资产阶级革命的成果，无情地打击了波旁王朝的复辟势力。路易十六的弟弟自称路易十八，他把复辟的希望寄托在拿破仑身上，写信给他，要求回国恢复波旁王朝。拿破仑回答得非常干脆："你不要指望回国，如果你要回来，必须用十万具尸体作代价。"

拿破仑执政后奖励工商业，鼓励农业技术革新，创办法兰西银行，修筑公路，把天主教置于他的控制之下，但他同时又镇压民主力量，制订了《工人手册》制度。他能用人，手下也不乏有才华的人，他自称："我的座右铭是'任人唯贤'，不问门第高下，不问财产多寡。"不过他搞封建的裙带关系也是够厉害的——他的哥哥约瑟夫·波拿巴被任命为那不勒斯国王，后又调任西班牙国王；弟弟吕西安任五百人院议长；弟弟路易·波拿巴被任命为荷兰国王；

小弟弟罗姆·波拿巴被任命为威斯特法伦国王。拿破仑对妇女的看法也是带有浓厚的封建色彩的,他认为“她们需要永远顺从”。《民法》中明确规定:“妻应顺从其夫。”

拿破仑的最大贡献恐怕还在于他把资产阶级革命的成果用法律的形式巩固下来。他陆续颁布了《民法》、《商法》和《刑法》。《民法》共两千二百八十一条,条文具体,引用时不必多加解释而自明。拿破仑亲自参与草拟,据说没有一条不是从他手里通过的。《民法》后来被命名为《拿破仑法典》。拿破仑自己说:“我真正的光荣并非是打了四十次胜仗,因为滑铁卢一战抹去了这一切的记忆。但是有一样东西是不会被人遗忘的,它将永垂不朽,那就是我的法典。”

关于拿破仑这个皇帝,他自己曾讲过这样的一个故事:“我从厄尔巴岛回来时看见一个老妇人拄着拐杖一颠一跛地走着,她没有认出我来。我问她:‘喂,老妈妈,你到哪儿去?’老妇人回答说:‘真的,人家告诉我皇帝在这儿,我要在死之前看他一眼。’‘你为什么要看他?你从他那儿得到过什么好处?他是一个暴君,正像其他的暴君一样……’‘好吧,先生,也许是这样。不过他毕竟是人民的君主,而波旁王朝的那些国王却是贵族的国王。’”拿破仑对自己不免有些溢美,不能尽信。不过恩格斯讲过这样的话:“说拿破仑在农民眼中不是一个人物,而是一个代表他们利益的纲领。”

拿破仑的一生紧紧地与对外战争联系在一起。他差不多经历了七次反法联盟的战争,南征北战,打了数十次胜仗,攻占过维也纳、罗马、柏林、华沙等欧洲许多名城。著名的战役有1800年的马伦哥之战,1805年的奥斯特利茨之战,1806年的耶拿之战,1809年的瓦格拉姆之战等等。他还迫使英、奥签订和约。1807年,法军大败俄军,又迫使沙皇亚历山大一世在提西尔特附近的涅曼河上的一座木筏上会见拿破仑。亚历山大问拿破仑:“什么叫欧洲?”拿破仑答道:“我们就是欧洲。”他们根据“我们就是欧洲”的精神划分势力范围,签订了《提西尔特和约》。拿破仑帝国的势力发展到了鼎盛时期,随着军旗的前进,拿破仑把资产阶级的法律、制度也带到了被他征服的地区,冲击和破坏了那里的封建制度和秩序。有人说,拿破仑军队的刺刀之所以这样有力,是因为刀尖上有思想,这讲法恐怕有点道理。当然,他的战争也有奴役性的一面,如入侵西班牙、入侵海地等。

拿破仑的权势越来越大,他的野心也一天天膨胀起来。最后,他的野心超出了历史的限度,导致了他的垮台。他公然声称"我要成为世界的主人"。在政治上他开始同封建正统主义妥协,竭力攀附欧洲的封建王族,突出的表现就是他娶奥国皇帝的女儿为妻, 在这场惊人的政治婚姻中, 双方各怀鬼胎,都显得十分积极。拿破仑原先是想娶俄国公主安娜为妻,在遭到俄国皇后的拒绝后,转而就动起奥国公主玛丽·路易丝的脑筋。此时奥国精明的梅特涅任外交大臣,他是推行"大国均势"政策的老手,他权衡形势和实力后,主张用和亲代替战争,暂时稳住拿破仑,待日后时机成熟再制伏他。

1809 年 12 月底,拿破仑同原来的妻子约瑟芬离婚;1810 年 3 月与奥国公主结婚,第二年生一子,被封为罗马王。

这时,拿破仑头脑越来越发热了。为了清除掉他称霸世界的主要障碍,他决定亲自率领六十万大军远征莫斯科。1812 年 6 月,浩浩荡荡的法国远征军向俄国开拔,在他率领大军准备渡过涅曼河进入俄境时,他的坐骑因遇到一只奔跑的野兔而受惊绊倒,他被摔倒在地——这当然不是什么不吉利,但入侵俄国却是他垮台的开始。亚历山大一世也用谋略战胜了他,俄军避开法军的锋芒,从侧翼袭击它,把拿破仑引进了莫斯科空城。法军因长途行军打仗,疲惫不堪,到了莫斯科又被饥饿所困,可怕的俄罗斯严寒又快来临,英雄面临末路。拿破仑三次向亚历山大呼吁议和,沙皇傲然不理。10 月,在严寒面前,拿破仑被迫撤退。由于又饥、又寒、又挨打,回到法国时,六十万大军只剩下三万人。1813 年 10 月,拿破仑又被俄、普、奥、英等国所败;1814 年 3 月,联军占领巴黎;4 月,拿破仑被迫退位。

根据条约,拿破仑被放逐到地中海上的厄尔巴岛。在这个有一万多居民的小岛上,他可以继续称皇,并领有一支一千多人的部队,但在英军的监护下不得离开岛屿。拿破仑登上岛上的一个高地,俯瞰(kàn)全岛,他叹道:“这个国境,未免太小了。”

拿破仑退位后,路易十八在反法联军的扶植下复辟了波旁王朝。他的所作所为,人们是不难预料的。8 月 15 日,法国人民用庆祝拿破仑生日的形式借以表示对复辟王朝的痛恨。

拿破仑很清楚人民的政治情绪。1815 年 3 月 1 日,他率领一千多人在法国南部登陆,农民高呼“皇帝万岁”。他的老部下热烈支持,纷纷前来投奔。拿破仑在人们的拥戴下向巴黎前进,奇迹般地重又登上皇帝的宝座。拿破仑自己描述向巴黎进发时的情景说:“毫无私心的人们跟着我从一个城市到另一个城市,当他们不能继续前进时,就有另外的人代替他们来护送我,就这样一直把我送到了巴黎。”路易十八在拿破仑进入巴黎的前一天深夜仓皇出逃。

俄、奥、普等国君主正在维也纳开会,听说拿破仑又东山再起,就很快组

历史探微

传说埃及的狮身人面像的鼻子是拿破仑远征埃及时,为了找到大金字塔的秘密通道,他下令炮轰时,才被破坏的。但这一说法缺乏真实性,研究拿破仑的日记和回忆录就会发现,拿破仑并不如人们所传说的那般粗鲁无知,他对历史非常感兴趣。1798 年远征埃及时,拿破仑将一支近 200 名历史学家和考古学家组成的科学考察团带进了埃及。“让学者和毛驴走在队伍中间”的名言就由此而来。造成狮身人面像破坏的第一元凶应该是自然的力量,狮身人面像由质地松软的石灰石制作而成,无法拥有金字塔一般的坚固和韧性,风化,暴晒再加上雨淋,狮身人面像曾被漫漫黄沙多次掩埋,想要被保存完好是不可能的事情。

织第七次反法联盟。6月18日滑铁卢一战，拿破仑被彻底的打垮了。这一次，拿破仑的政权维持了约一百天，史称“百日王朝”。拿破仑本想乘船去美国，后被英舰拦截。他无可奈何，只得登上一艘英舰，对英国舰长说：“我到了你的舰上，就把我自己置身于英国法律的保护之下了。”但英国人把这位穷途末日的皇帝作为俘虏，把他流放到了圣赫勒拿岛。

圣赫勒拿岛地处南大西洋，距欧洲有三千二百公里。这原是个无名小岛，因流放拿破仑而成为举世闻名的地方。岛上的英国总督划定十二英里的范围作为拿破仑的活动场所，派两百名士兵严密看守；拿破仑被允许保留四十名随从和仆役；可以在划定的范围内种花、种草、散步、骑马，也可以读报、看书、写回忆录。拿破仑对随从口述了自己一生的经历，后经整理成《拿破仑回忆录》出版。他在圣赫勒拿岛读到了安德森所写的《马戛尔尼航行中国记》后，感慨地说了句颇有见地的话：“中国一旦觉醒，世界就会震动。”

1821年5月5日，这位戎马一生、纵横一世的人物与世长辞，年仅五十二岁。

纵观拿破仑的一生，有功有过。但应该说，拿破仑是新兴资产阶级的军事家和政治家，他打击了国内外的封建反动势力，促进了欧洲人民的觉醒，保卫了法国革命的主要成果，巩固了资本主义的统治，这是他活动的主要方面，也是他的主要功绩，也是历史发展的客观结论。因此，他的功大于过。

雾月政变

18世纪后期,法国建立了国民革命军政府。而此时的拿破仑正值青年,正处于自己生涯的辉煌期,在他身上体现出来的那份才能充分说明了他是位不可多得的军事天才。卓越的指挥才能得到了军政府的青睐,军政府十分看好拿破仑,对他委以重任,派他指挥部队在欧洲大地上打击封建势力。

1797年,军政府任命拿破仑为“意大利方面军”总司令,继续打击欧洲的封建势力,进而维护革命政权的胜利果实。

但是正当拿破仑在军事上取得了巨大成就的同时,从国内传来的一个消息,让他大为震惊:保皇分子利用革命政府的软弱,趁机进入到国民议会当中,企图在适当的时机推翻国民政府,从而恢复封建统治。拿破仑坚定地支持革命,他十分仇恨保王党人的倒行逆施,他曾在信中写到:“大革命一开始,我就在不断地打击国内外的敌人,保卫革命的果实。作为一名军人,我的职责就在于此。我严守军人的义务。为了共和国,我的家产、亲人、荣誉、地位都可以抛弃,我毫无怨言!”于是,在听到保王党人企图颠覆革命政权时,他就立刻派兵回国,通过干预议会来防止这件事情的发生。

拿破仑的态度是坚决的,什么也改变不了他维护共和的决心。回国后,拿破仑立刻投入到调查保王党人的事情之中。经过彻底清查,最后一共处死了160名保王党人,资产阶级革命成果再一次得到了维护。他警告保王党人说:“如果再敢颠覆革命政府,我还会杀死你们。”这种不妥协的态度伴随了拿破仑一生。

平定国内局势后,拿破仑再一次踏上征途,翻越阿尔卑斯山抵达意大利北部,顺利铲除了那里的封建势力。不久以后,拿破仑提出了自己的远征计划:攻占埃及,从而打击英国。打败英国之后,便转头对付俄国和奥匈帝国,这样一步步的打击之后,便可以在欧洲建立一个以法国为中心的欧洲新秩序。

这个计划庞大却不失战略性,经过讨论,国民政府最终同意了这个计划。

1798年,拿破仑远征开始。但是却遇到了阻碍。埃及是英国的殖民地,英国不会坐视埃及被侵占,在英国的支持下,埃及、叙利亚人民给予了法军沉重的打击,在这种状况下,撤军与不撤军都会遭到巨大的损失,拿破仑陷入了进退两难的局面。而俄国此时却趁火打劫,沙皇勾结欧洲其他反法国家组成了第二次反法联盟,进攻法国,企图趁拿破仑不在,推翻法国革命政府。法国境内的保王党人也蠢蠢欲动,想要内外勾结,以恢复他们的封建统治。

在内忧外患之下,国家陷入动乱,即使国民政府内部也不团结,很多人认为政府太软弱,在此刻应该采取强有力的措施,维护国内稳定,打击国外反对势力。

在这种局面下,拿破仑意识到自己应该回到国内,或许回去好处更大。

于是,他将远征军事务交付其他人,自己率领少数人员,在1799年10月偷偷离开了埃及,快马加鞭地赶回了巴黎。

"法国有希望了,拿破仑将军终于回来了!"

拿破仑刚进入巴黎,就得到了广大的支持,人们纷纷传告说拿破仑回到了巴黎,整个巴黎沸腾了。人们纷纷高呼着拿破仑的名字,喜悦之情溢于言表。

就连拿破仑自己也未曾想到,自己的支持者竟然有这么多。于是机不可失,他立刻召集支持者召开会议,商讨下一步的走向。

"大革命必须要进行下去,只有您才能带领我们维护革命成果。我认为我们应该发动巴黎人民的力量,取得人民的支持以后,接管督政府的权利,成立新政府。"这个建议让拿破仑眼睛一亮,但他还需要看看别人的意见,于是就不露声色地继续听下去。

"督政府太软弱了,他们不能领导我们走向胜利。我们需要一个像您这样的人。革命果实马上就要被瓜分了,您应该领导我们来维护它。"人们纷纷发表支持拿破仑的意见。

拿破仑的犹豫是有道理的,仓促行事只会把好事变坏。看到人们此时的意见,拿破仑终于放下心来,知道时机已经成熟。部下们终于都看到了拿破仑那果敢的神情:"好,既然你们都支持我,那我就布置几个任务,必须按时完成。无论发生什么事,这些事情都不得耽误。不要失败,必须成功。"

"保证完成!"部下异口同声地回答。

看到这种情形,拿破仑自己也多了几成把握。他转头询问自己的亲信布鲁斯:"你去和银行家们谈得怎么样了,布鲁斯?"

"将军放心,他们答应了我们的要求,资金已不成问题。"布鲁斯答道。

有了这句话,最后一个困扰拿破仑的问题终于解决了。拿破仑虽然是一个军人,但他的政治头脑也十分精明,他深知,想要取得政变的成功,必须要得到那些资产阶级巨头们的支持。所以,刚回到巴黎,他就让布鲁斯联络那些大银行家。其实那些银行家早就受到了资产阶级革命带来的好处,拿破仑的到来,能使他们获得更大的利益,所以当布鲁斯找到他们时,根本没费什么周折便达到了目的。

一切都准备好了以后,11 月 9 日, 拿破

仑展开行动。首先他派军占领督政府,成功接管了革命政府的工作。由于这一天是法国共和历雾月 18 日,因此,这次政变在历史上也被称为“雾月政变”。接下来,拿破仑便解散了法国议会、元老院以及 500 人院。随即,他宣布成立执政府。就这样,拿破仑成功地掌握了议会的全部大权。执政府成立后,拿破仑任第一执政,独揽大权。经过雾月政变,法国全部的军国大权全部掌握在拿破仑手中,自此,法国进入到为期 15 年的拿破仑时代。不久以后,拿破仑恢复对外用兵,接连打败国外干涉势力的进攻,欧洲封建势力在拿破仑的打击下,政权摇摇欲坠。1800 年奥地利军队被击溃,奥皇在迫不得已的情况下签订合约。1802 年,在拿破仑的指挥下,以俄国为首的第二次反法联盟被击溃。这样,围绕在法国边境的几股反对势力悉数肃清。

在对付国外势力的同时,拿破仑在国内采取了一系列措施,用来维护资产阶级的统治。针对保王党人的复辟行动,拿破仑毫不手软,采用武力和分化两种策略,最终使复辟企图破灭。他还采取了其他措施,但是最终目的都是保护资产阶级的发展。

1804 年 12 月 2 日,在巴黎圣母院教皇庇护七世给拿破仑举行了加冕

历史探微

1804 年 12 月 2 日,拿破仑举行了加冕典礼,成为法国皇帝,地点就选在了巴黎圣母院大教堂。巴黎圣母院位于巴黎城的中心。它具有无与伦比的历史价值,无论在建筑史还是在宗教历史上都占据了无可替代的地位。这个具有哥特式建筑风格的教堂,始建于 1163 年,是在巴黎大主教莫里斯·德·苏利的发起下建成的,直至 1345 年,才正式建成,用了将近 182 年的时间。除了历史建筑,教堂还以内部精美的雕刻和绘画艺术,以及 13 世纪–17 世纪的大量艺术珍品而被世人景仰。雨果著名的小说《巴黎圣母院》就将故事的发生地设在了这里,作者比喻巴黎圣母院为“石头的交响乐”。

仪式,拿破仑登上帝位。法兰西历史上第一帝国就此诞生。

此后的时间里，欧洲封建势力不甘心失败，相继又组织了几次反法联盟。拿破仑对其采取了严厉打击的手段:1805 年击败由俄国、普鲁士、奥地利组成的第三次反法联盟;1806 年，第四次反法联盟在拿破仑的打击下失败,并且迫使普鲁士投降;1807 年在拿破仑的威胁下,沙皇俄国不得不签订梯尔西特和平条约,承认法国在欧洲的统治。

拿破仑的种种手段,既使自己在欧洲的名声大为提高,又沉重打击了欧洲封建势力,大大促进了欧洲资本主义的发展。

滑铁卢战役

拿破仑的军事行动大大地震撼了欧洲各国。他们都感到了拿破仑的威胁。在俄、英、普、奥等组成的第六次反法联盟的进攻下，拿破仑最终战败了，被迫宣布退位，不久之后便被流放到厄尔巴岛上，受到严密的看管。法国又回到了波旁王朝的统治之下。

然而拿破仑并没有因为失败而灰心，在流放地，他始终密切地关注时局的发展。1815 年，战胜拿破仑的反法联盟在维也纳召开分赃会议，会上，各国丑陋的嘴脸暴露无疑，都为了一己私利毫不让步，使得会议一开始就充满了火药味。有的时候甚至不惜兵戎相见。与此同时，复辟的波旁王朝更加残酷地剥削法国人民，人民的不满情绪越来越突出，逐步开始怀念起拿破仑时代。

见到这种情况，拿破仑觉得时机已到，自己东山再起的机会已经来临。1815 年 2 月 26 日，拿破仑带领 1050 名士兵，在周密的安排下，乘 6 艘小船，躲过了波旁王朝的重重封锁，在海上行驶了三天三夜，到 3 月 1 日，终于到达了法国南岸的儒昂湾。踏上祖国的大地，拿破仑感慨万千，情绪激昂，对上岸的士兵发表了现场演说："我的士兵们，此刻我站在你们面前，回到了你们的中间，是向你们证明，我经历的困难重重，但是失败并不能打败我，也不能打败伟大的法国人民。我在等待你们呐喊的声音，为了明天的幸福，跟随我高举雄鹰旗帜，去推翻封建王朝统治，获得我们应有的自由和幸福。士兵们，让我们并肩战斗，伟大的胜利属于你们，法兰西的荣誉属于你们！"

拿破仑慷慨激昂的演讲大大地鼓励着法国的士兵，部队开始向巴黎挺进。一路上，人们兴高采烈地欢迎拿破仑。波旁王朝大为震惊，沿途派出军队阻挠拿破仑前进。但是波旁王朝忘了，军队的军官大多是拿破仑原来的部下,在拿破仑的号召下,纷纷重新回到拿破仑身边。这样一路上兵不血刃,至3月12日,拿破仑便顺利进入巴黎。此时部队已由开始的1 050人发展到了15 000多人。路易十八眼见已无取胜的可能，只好仓皇逃出巴黎。3月19日,拿破仑重登帝位,百姓沸腾,万民同庆。而维也纳会议上吵吵闹闹的反法联盟领袖们，此刻却达到了惊人的统一，他们在第一时间就拟好了临时宣言,抨击拿破仑帝位的不合法性,并且宣布拿破仑是破坏世界和平的敌人,不受法律保护。同时,他们还纷纷调集各国军队,并于3月25日由英、俄、普、奥、荷、比等国结成了第七次反法联盟,总兵力高达70万。经过商定,决定分四路向巴黎进军,这四路都是由当时的名将带领,其中包括集结在莱茵河方向的,进攻洛林和阿尔萨斯的17万俄军和25万奥军,他们由巴克雷将军指挥;在法意边境,集结了弗里蒙指挥的6万奥撒丁联军,随时准备进攻法国;普鲁士方面,布吕歇尔元帅的军队由12万普军和300门大炮组成,集结在沙罗瓦和列日之间;最后一路是英国将军威灵顿指挥的英、德、荷、比人组成的混合部队约10万人,有200门大炮,驻军于布鲁塞尔和蒙斯之间。此外,为了以防万一,还组织了一只30万人的预备队。

进攻时间选在了6月20日。与此同时,拿破仑并没有坐以待毙,而是抓紧时间准备,招兵买马,修建防御。到了6月上旬,拿破仑手中已有了18万人,照这个趋势,他希望到6月底能够召集到50万人。但是拿破仑面临着一个严峻的问题,那就是缺少有经验的将军。许多有战斗经验的老将此时不愿再跟随拿破仑,这是一个十分严重的问题。

拿破仑是一个军事天才,他不允许被敌人牵着鼻子走,于是在认真分析敌情之后,他决定主动进攻,借以粉碎联军。他认为对自己威胁最大的是北边比利时方向的英普联军，主要兵力必须集中于这个方向，而其他像莱茵河、意大利方面只要能派兵牵制住敌人就可以了。对于敌人的将军,拿破仑认为只有威灵顿和布吕歇尔这两个老将对自己有威胁,打败了这两个人,其他人便不足为患。

部署已定，拿破仑于6月12日秘密派出12.5万法军，包括2万近卫军，300门火炮，进驻比利时边境。驻地离普军只隔着一片树林，普军竟然没发现。

6月16日下午2时，战斗正式打响。7万法军挑战林尼附近的8万普军主力。剩余的5万法军用来牵制英军，使普军与英军不能合兵一处，从而有利于自己各个击破。

然而上天并没有眷顾法军。两军在大雨中激战，一时间，枪炮声、雷雨声相互交加，连绵不断。战斗进行得异常艰难，但是形势还稍有利于法军。战斗一直进行到傍晚，普军主帅布吕歇尔发现法军占领林尼村后，普军防线已支离破碎。此时的普军已经陷入到了法军的包围之中，一场激战后，普军被击溃，布吕歇尔也摔伤了。拿破仑见自己胜局已定，便命令法军休息一天以后才令格鲁希元帅追击溃逃的普军，就这样一个小小失误，使有利于法军的局面因普军在瓦弗方面重新集结而陷入了不利。

击溃普军以后，拿破仑即刻率军进攻英军。威灵顿早已收到布吕歇尔战败的消息，由于害怕陷入孤军奋战的困境，于是便向滑铁卢方向退却。此时，没有老将的致命缺点暴露无疑，拦截英军的是法军将领内伊。这个人根本不具备作为一个将军的能力，遇事犹豫不决，英军成功撤退，丧失了战胜英军的机会。拿破仑对此也毫无办法，只好尾随英军来到滑铁卢附近。

这段时间内，普军也重新完成了集结，转而分兵进攻法军右翼和增援英军。

英军将领威灵顿是一个小心谨慎的人，他最善于防守，正是这个原因，威灵顿为自己的胜利奠定了基础。他带领的6万多英军，150门大炮，选定滑铁卢村南作为防守地点。这个地点的选择，真无愧于威灵顿“铁公爵”的称号。从地形上看，该地后方有圣让山为支撑，前部是一个盆地地形，而左翼由于多沼泽和灌木丛而不必担心会被偷袭，右侧就是坚固的乌古蒙堡垒，中间是圣拉埃村。这样的地形对进攻方来说就是一个噩梦。

而此时拿破仑只有7万士兵,270门火炮。恶劣的天气使很大一部分火炮失灵。拿破仑在仔细观察英军阵营后,准确地判断出英军弱点在中间。于是他将总预备队置于中央后方,决定采用佯攻右翼,重点进攻中部的策略。

6月18日上午11点,历史将在这一刻开始改变。法军首先发起进攻,猛攻英军右翼乌古蒙堡垒,双方一时谁都无法取得胜利,战局陷入停顿。到了中午1点,进攻英军中部的准备都已完成,拿破仑亲自指挥,展开攻击,但是一件法军所不愿看到的事情发生了,布吕歇尔的援军赶到了,拿破仑不得不抽调2个骑兵师预备队以阻击布吕歇尔。同时拿破仑下令加紧进攻英军中部阵地,并要求格鲁希元帅增援。威灵顿也知道这一仗生死攸关,于是命令士兵拼命抵抗,双方你争我夺,伤亡都十分巨大。下午6时,拿破仑严令不惜一切代价,内伊元帅必须要攻克圣拉埃村,内伊也不愧"勇士中的勇士"的称号,按时攻占了圣拉埃村。此时英军和法军都已是强弩之末,都在苦苦支撑。谁的援军先到,那么最后的胜利就属于谁。关键时刻马上就要来临了!

黄昏时分,远处终于出现了一大队人马,双方都祈祷上帝:一定是自己人!渐渐地,部队走近了,普鲁士军旗在烈风中瑟瑟抖动!

顿时,英军士气大振,威灵顿抓住时机,下令部队发动总攻,英普联军在增添新鲜血液后疯狂地攻向无力的法军。

看到普鲁士的军旗后,拿破仑暗骂那该死的格鲁希"死在了何处!"此时他也深知大势已去,但也不得不做最后一拼。近卫军在拿破仑的命令下投入到战斗之中,拼命抵抗,但却无法扭转战局,在腹背受敌的情况下,最终全军溃败。拿破仑仓皇乘马逃出战场。关于格鲁希元帅为何没能及时赶到滑铁卢战场,后世研究结果颇多。有的人认为是格鲁希元帅有悖逆之心,所以不肯发兵增援;还有说法是格鲁希元帅收到增援命令后,理解成拿破仑让他增援其他人,所以对于附近的炮声不为所动。这种说法并不可靠,只要稍稍想象,便会明白此时此刻最重要的事就是增援皇帝;还有研究认为,格鲁希元帅战前收到的命令就是原地待命，以等待命令随时增援。在等待期间，格鲁希和其他将领都感到有问题，不少将领劝格鲁希赶快增援拿破仑，以便确保战局。但是格鲁希严守拿破仑的命令，虽然战机瞬息万变，但自己没有取得拿破仑的消息，于是他仍旧按拿破仑命令等待。他不顾部下的竭力劝说，一直在等，等到了拿破仑的全军覆没。

无论如何，拿破仑在滑铁卢的失败，格鲁希元帅都负有不可推卸的责任。

1815年6月21日，拿破仑失败后回到巴黎。百万反法联军攻入法国境内。7月7日，联军攻陷巴黎，拿破仑被迫再一次退位，“百日执政”就这样结束了。不久以后，联军将他流放到大西洋南部、远离欧洲的圣赫勒拿岛，直到1821年5月逝世，拿破仑再也没有离开过那里。

历史探微

滑铁卢战役中，一队法国士兵冲上至关重要的高地工事想将其摧毁，可是直到到达山顶，士兵们才发现他们竟然没有带一把大锤子上来，而且凑巧的是山上竟然没有大石头，只要毁掉那些大炮的轮子，法军将会看到胜利的转机。但联军反攻很快蜂拥而至，将高地夺了回去，利用山上的大炮打退了法军，将战局的主动权重新掌握在手中。命运跟法军开了一个玩笑，如果法军有人可以想到带上工具上山，历史就会向着另一个方向发展。拿破仑也不会在抑郁中度过余生了。

约翰·布朗起义

熟悉美国历史的人都知道，是林肯带领着北方军队打败了南方，终于将美国的黑奴制度废除了。但是很少有人知道，在林肯领导废奴运动以前，一个叫约翰·布朗的人就曾发起一场旨在废除黑奴制度的武装起义。

1859年10月16日深夜，17个白人和5个黑人积聚在美国弗吉尼亚州的一所僻静农舍里，他们腰挎手枪、刀剑，手里还拿着长枪，神情激动地站在一位年过半百的白人面前。这个人面色苍白，而且还一直在咳嗽，显然身体不是很好，但是从他的眼睛里却看出了一种刚毅。他扫了周围人一眼，严肃地说："我十分同情黑人兄弟受到的不公平待遇，现在我下令向哈普斯渡口前进，渡过河前去解放我们受苦受难的黑人弟兄。勇士们，拿起你们的刀剑，为黑人解放事业奋斗吧！我们将以我们的鲜血实践我们的诺言。"

老人说完话以后，这22个人就在老人的带领下悄悄走出农舍，不一会就消失在茫茫夜色之中。这位老者就是约翰·布朗，是美国废奴运动的先驱。那么就让我们先来了解一下废奴运动吧。

翻开美国历史，我们先来查看一下十九世纪中期美国的社会历史状况。美国独立战争，打败了原来的英国殖民者，建立了美利坚合众国。但是长久以来，南北双方却存在着两种不同的社会制度：北方实行资本主义制度，资本主义工商业在北部高度发展；南方却实行奴隶制度。南方各州拥有大量的种植园，主要作物就是纺织业的主要原材料——棉花。当时南方棉花产量占到世界总产量的四分之三。欧洲的纺织业几乎全部使用从美国运来的棉花。既然棉花需求量很大，种植园主们就不断地扩大种植面积，这就需要大量的廉价劳动力，而黑人奴隶正合了奴隶主们的心意——既便宜又好用。为了追求更大的利益，南方各奴隶主都在拼命扩展奴隶制，到 1860 年，美国的黑人奴隶在短短的时间内由建国初的 60 万增长到 400 万。

在奴隶主的残酷剥削下，黑奴的生活还不如一只动物，他们一天到晚除了干活还是干活。早上一睁开眼，就开始干活，一直到 18 或 20 小时以后，才能休息。稍干不好，就会受到奴隶主的一顿殴打。他们就像牲畜一样可以在市场上自由买卖。有时候干活还带着脚镣。这种残酷的待遇受到了黑奴的强烈反抗，许多黑奴杀死奴隶主，杀死监工，烧掉种植园，然后就逃跑了，更有甚者，干脆直接举行武装起义。北方各州也对南方黑奴制度不满，掀起废奴运动。许多工人、农民、黑人和有良知的资产阶级知识分子都在为这一运动贡献着自己的一份力量。他们到全国各地发表演讲，并且发放各种宣传资料，揭露黑暗的奴隶制度，号召人们起来反抗，以求得黑奴解放，废除奴隶制。

为了拯救黑奴，他们还建立了一条"地下铁路"(秘密通道)，它就像一条真正的铁路一样，将逃出南方的黑奴分段送到北方的自由州或转送到加拿大。

约翰·布朗也是地下铁路中的一员。1800 年，布朗出生在美国康涅狄格州托林斯顿镇一个贫苦白人家庭，他父亲有关废奴运动的态度十分明朗——坚决废除。他的家就是一个地下铁路的中转站。布朗从小便受到父亲的影响，对黑奴制度也是深恶痛绝。长大以后，他亲眼目睹了许多发生在黑奴身上的惨剧，他下决心要为解放黑奴做点工作。他接管了父亲的工作,积极参加地下铁路的建设,并且还仔细研究黑人历史,调查黑人的分布情况,根据情况绘制出了逃亡图。后来他发现,只通过地下铁路并不能彻底解决蓄奴制,只有武装斗争才是正确的解决办法。于是,在1850年,他建立了一个黑人武装组织——基列人同盟。有了组织,以后起义就会容易很多。1854年,受南方奴隶主控制的国会通过了《堪萨斯——内布拉斯加法案》,想要通过让堪萨斯和内布拉斯加两地区的居民自行决定他们对蓄奴制的态度,但是奴隶主组织了大批武装分子进入堪萨斯州,企图在关键时候用武力迫使当地居民同意蓄奴制。于是北方的废奴主义者也组织人来到了堪萨斯,准备和匪徒作斗争。双方最后演变为搏斗。一次废奴派召开会议商讨策略对付蓄奴派。突然,一大群武装匪徒冲进会场,有好几名废奴主义者命丧当场。随后堪萨斯陷入一片恐惧之中,蓄奴派占领上风,局势十分危险。

布朗听到这个消息后心急如焚,他立刻组织人来到堪萨斯州,其中有他的4个儿子、女婿以及另外几位勇士。虽然此时布朗身体有疾,但是他就像年轻人一样,充满了战斗的热情。1854年5月24日晚上,布朗带人袭击蓄奴派巢穴,处死了杀害废奴主义者的五名罪犯。随后一段时间里,布朗带着几名手下隐藏在深山,白天休息晚上行动,以游击战术不断袭击蓄奴派的据点。蓄奴派对布朗想除之而后快,但是布朗的游击队神出鬼没,根本就捉不到他们。经过斗争,堪萨斯终于成立自由州。

1859年布朗来到弗吉尼亚,准备在这里发动武装起义,哈普斯渡口就是起义军的第一个目标。因为哈泼斯渡口位于马里兰州同弗吉尼亚州的交界处,波托马克河和申南多亚河在此处汇合,真是一个战略要地。而且旁边是群山、沼泽和丛林,地势险要,易守难攻。更主要的是,那里有一个军火库,起义军需要武器弹药来武装黑奴。他想夺去了哈泼斯渡口以后抢劫军火库,然后躲进深山打游击,积蓄力量等待更大的起义,最后彻底推翻奴隶制。

22人的小队伍义无反顾地向哈普斯渡口前进,几个小时的战斗下来,

历史探微

19世纪最畅销的小说之一就是《汤姆叔叔的小屋》,很多人认为这部书是美国废奴主义兴起的众多原因之一。小说刚刚出版,就在美国本土卖出了三十万册。斯托夫人对于黑奴生活在奴隶主压迫下的处境,充满了同情。因此她决定为黑奴们做些什么,她来到南方亲身体验黑奴生活的痛苦,搜集素材创作出了《汤姆叔叔的小屋》这部小说,在美国社会引起巨大反响,就连林肯也在南北战争初期亲自接见了斯托夫人。当见到托斯夫人时,总统不无幽默地说:“你就是那位引发了一场大战的小妇人。”

他们就缴了驻兵的枪械,控制住了整个镇,几个庄园主被抓获,庄园里的黑奴全部被解放出来。

听说小镇发生起义,军队赶来镇压,布朗一行人被困在武器库。尽管敌人力量强大,但是布朗等人却毫无惧色,22个人和军队展开激战。经过两天一夜的殊死搏斗,大部分人都已经战死,布朗的四个儿子也死了。布朗依然不投降,他站在一个死去的儿子身边,一只手握着另一个即将咽气的儿子的手,另一只手中的枪却还在不停地射击。但是最后还是不幸被捕。

敌人开始审讯他:

“谁指使你起义的?”弗吉尼亚州州长怀斯恶狠狠地问道。

“是上帝通知我,让我带领正义之人解放弗吉尼亚!”

此时的布朗身受重伤,但他还是挣扎着站在怀斯面前回答。

“你有什么目的?”

“上帝对我说,黑奴也是人。我就是要解放黑奴。”

“你犯的是死罪!杀人、叛国、鼓动,哪一样都可以叛处死刑。”

“不,我没罪,上帝让我这么做的,我是为正义而战!”

“你这个疯子!”

“你才是疯子！像蓄奴这种野蛮的制度竟然发生在美国的土地上。只有支持这种制度的人才是疯子。”

最后，约翰·布朗以“杀人叛国，煽动黑奴叛乱”的罪名被判死刑。

1859 年 12 月 2 日，布朗在临行前留下了自己最后的几句遗言：“我，约翰·布朗，现在站在这绞刑架下，深信只有鲜血才能洗刷这个丑恶国家的罪恶。以前，我认为可以不流血地做到这一点，但是现在我发现，这种想法是不切实际的。”约翰·布朗将自己宝贵的生命献给了黑人的解放事业。在他行刑的那一刻，北方各州都为他降半旗，在白色建筑上安装了黑色装置，教堂也鸣钟表示哀悼。

虽然布朗牺牲了，但是他的那种反抗精神激励着充满正义的人继续为黑奴的解放事业而奋斗，越来越多的人加入到这一运动当中，黑奴解放深入到每一个美国人心中。不久，决定美国走向的南北内战就爆发了。

1848年欧洲革命

1848年,欧洲大陆爆发了一场大规模的革命运动。这场革命,是迅速发展的资本主义生产力同封建制度及其残余势力之间的矛盾发展的必然结果。19世纪40年代,欧洲各主要国家已发展到机器大工业阶段,但大多数国家仍处于封建主义统治之下,即使是在已经实现了资产阶级革命的法国,金融贵族的统治仍阻碍着资本主义的进一步发展。这就是导致这场革命必然爆发的社会经济根源。1845年—1846年欧洲各国因自然灾害而造成的农业歉收和1847年波及全欧的经济危机,加速了革命的爆发。

法国七月革命后,法国政权落到金融大资产阶级手里。他们害怕共和,拥护查理十世的一个远房兄弟路易·菲力浦来当国王,历史上称为“七月王朝”。路易·菲力浦原是奥尔良公爵,在以往的革命中表现得像一个自由派,与金融大资产阶级关系密切。

在七月王朝的内阁中有一名大臣,名叫基佐,后来当了路易·菲力浦的首相。此人原是学者教授,长于言辞,精通议会政治,知识渊博,学术上颇有成就,著有《欧洲文明史》、《法国文明史》、《英国文明史》等。他是法国复辟时期提出阶级斗争思想的著名史学家之一,认为阶级斗争构成了近代历史的基本事实,但否认阶级斗争的必要性。基佐登上政治舞台后,随着地位的升高、权势的扩大,思想日趋保守。他保护一小部分大资产阶级的利益,坚持限制穷人的选举权。他公然说:“先生们,赶快发财吧,到那时候你们会成为选民的。”这样的人当首相,人们怎么会不憎恨他呢?因此,在1848年二月革命中,他成为众矢之的是毫不奇怪的。巴黎人民在提出“打倒基佐”后,又提出了“打倒路易·菲力浦”并把国王的宝座也搬到巴士底狱广场烧毁了。

二月革命后，法国建立了共和国，历史上称为法兰西第二共和国。掌权的大资产阶级对法国工人阶级在起义中所表现出来的力量感到十分恐惧。他们在被迫作出让步的同时，又在暗中积聚武力，并加紧推行反动政策，使矛盾不断激化。6 月 23 日，巴黎爆发了无产阶级六月起义，起义者提出“成立社会民主共和国”的口号。

在六月起义中，双方的力量是十分悬殊的。巴黎无产阶级不但处于劣势，而且很不成熟，受路易·勃朗等机会主义者的影响，许多优秀领袖被关在狱中。资产阶级调集炮队轰击，进行血腥镇压。起义者奋战三天后被残酷镇压下去。事实说明，当无产阶级作为一个独立阶级来反对资产阶级时，资产阶级是会以极其残暴的手段来进行报复的。

这时的欧洲像一堆干柴，巴黎二月起义像星火抛入柴堆，迅速燃遍欧洲各地。3 月 13 日维也纳人民举行示威游行，高呼“打倒梅特涅！”“实行宪政！”包围了皇宫。梅特涅气急败坏，顽固地说：“我为我的国家服务了 40 年，我还从来没有屈服于任何一次暴动，我现在也不屈服。”这次，他可是在说大话了。

继弗朗西斯一世后登上王位的斐迪南一世慑于人民的威力，被迫让步，只好忍痛叫梅特涅(niè)辞职。梅特涅十分吃惊，认为这有损他的尊严，因为老皇帝临终时曾一再训谕梅特涅留下来辅佐他的儿子，嘱咐说梅特涅是他的忠实臣仆，是他多年来的心腹，新皇帝绝对不可以不经过梅特涅而决定任何事，并说：“不要改变国家结构的基础；照此治理下去，什么也不要加以改变。”这位守旧的君王以为只有守旧才能引导帝国渡过困难时期的风暴。梅特涅没有辜负老皇帝的重托，忠心耿耿地守护着哈布斯堡王朝，并宣誓永不背弃当今的新皇帝。而此刻这位新皇帝居然说：“我毕竟还是一国之君，必须由我做出决定。”这位 75 岁的白发老绅士没有办法，只得化装成一个英国人逃出维也纳这个是非之地，消失在无情的历史长河中。

巴黎人民起义和梅特涅的倒台极大地鼓舞了德意志人民。3 月 13 日，柏林人民举行声势浩大的示威游行,很快发展成武装起义。国王腓特烈·威廉四世被迫让步,一度把武装撤出柏林,并向在起义中牺牲的人脱帽致哀。与此同时,德意志的其他各邦,如巴登、巴伐利亚、符腾堡等邦也先后爆发群众运动,德意志资产阶级自由派在一定时期内都曾先后参与各邦的政权。哈布斯堡王朝统治下的奥地利帝国是一座十足的民族牢狱,奥地利皇帝曾这样说过:“我和各族人民之间是格格不入的……我将匈牙利人派往意大利,将意大利人派往匈牙利,各民族监视自己的邻邦,他们互不了解,互相敌视。”然而在1848年革命中,奥匈帝国境内被压迫的民族不是互相监视、互相敌视,而是互相同情、互相支持,沉重打击了哈布斯堡王朝的统治。

意大利人民早在1848年1月,就在西西里岛举行起义,很快便解放了全岛。3月间,梅特涅被赶下台的消息进一步推动了意大利人的反奥斗争。3月18日,米兰人民举行起义;22日,威尼斯爆发起义;24日,撒丁王国首先对奥宣战;其他地区,如都灵、罗马、那不勒斯等城市也都先后爆发大规模的群众运动。面对四起的烽火,哈布斯堡王朝被弄得措手不及,乱作一团。领导意大利革命的资产阶级自由派却害怕发动群众,不敢依靠人民来进行对奥战争,而是把希望寄托在教皇及各邦的王公贵族身上。各邦的封建统治者热衷于维持自己的统治,很快背叛人民,纷纷从前线调回军队,奥军乘机反扑,革命一度转入低潮。

这时,以马志尼为首的资产阶级民主派认识到不能把民族解放的希望寄托在王公贵族的身上。当撒丁国王宣布向奥地利投降后,马志尼说:“国王战争结束了,民族的或者说人民的战争开始了。”8月以后,在马志尼的领导下,革命又转入高潮。11月,罗马爆发起义,教皇庇护九世化装出逃;1849年2月9日成立了以马志尼为首的罗马共和国;威尼斯、托斯坎尼也先后成立了共和国。出逃的教皇惊魂稍定后,马上勾结法国进行反扑,在4万法军的帮助下,于7月间攻陷罗马。奥军也乘机勾结意大利各邦君王先后颠覆了威尼斯等地的革命政权。

巴黎和维也纳的革命烈火也点燃了捷克、匈牙利的革命火种。1848年3月，布拉格、布达佩斯都爆发了规模空前的群众运动，其中匈牙利人民的革命使沙皇俄国和英国都十分惊恐。

1848年3月12日，匈牙利首都布达佩斯的人民举行争取民族独立的示威游行，提出12项要求。15日，佩斯区的人民在爱国诗人裴多菲等人的领导下举行起义，占领印刷厂，排印了《十二项要求》和裴多菲新写的革命讲话篇《民族之歌》。当天下午，冒着滂沱大雨，裴多菲在国家博物馆广场面对一万多群众朗诵了自己的《民族之歌》。

群众听了这扣人心弦的召唤，热血沸腾，甘愿为祖国的解放事业去抛头颅(lú)、洒热血。这时有人喊："军队来了！"但是没有一个人惊慌，没有一个人逃跑。相反，群众却越聚越多，大家齐声喊："拿起武器来！拿起武器来！"随后在裴多菲的率领下，两万多群众浩浩荡荡向设在布达佩斯的总督府进发。裴多菲在日记里记述当时的情况说："总督府官员见到来势汹汹的游行队伍，吓得面色发白，直打哆嗦。经过5分钟会商后，他们不得不同意群众们的全部要求。"他又说："按其成果来说，这一天，成了匈牙利历史上永远值得纪念的日子。"

奥地利统治者被迫让步，匈牙利成立了内阁，并废除农奴制。9月，匈牙利人民击败奥军反扑。1849年4月，匈牙利宣布独立，成立共和国，推举科苏特为国家元首。

奥国皇帝感到无力对付匈牙利革命，请求沙皇援助。1849年5月，沙皇尼古拉一世派遣14万大军前往匈牙利，会同奥军东西夹击。匈牙利人民奋

历史探微

开始于法国，横扫整个欧洲大陆的1848年革命，宣告了维也纳体系的彻底崩溃，从而进一步扫清了资本主义发展的障碍；同时也锻炼了无产阶级，检验了刚刚诞生的马克思主义。

起反抗,宁在战斗中死去,也决不投降。裴多菲不仅用笔,并且拿起武器进行战斗。1849 年 7 月 31 日,裴多菲在抗击沙俄军队的战场上壮烈牺牲,当时年仅 26 岁。

1848 年欧洲革命虽然失败了,但它对于历史的发展,尤其对于国际共产主义运动的发展具有深远的历史意义。首先,这次革命在不同程度上打击和动摇了欧洲的封建制度和封建残余势力, 宣告了维也纳会议所确立的封建反动体系的彻底崩溃,为资本主义的进一步发展扫清了道路;其次,这次革命教育锻炼了无产阶级,打破了他们对资产阶级的种种幻想,宣告了小资产阶级社会主义理论的破产,为马克思主义的广泛传播扫清了障碍;再次,这次革命也检验了刚刚诞生的马克思主义, 证明它才是无产阶级革命唯一正确的理论,同时,这次革命提供的经验教训,又进一步丰富和发展了马克思主义。因此,1848 年革命是马克思主义发展史上的重要阶段。

空想社会主义

19世纪初，一种社会思潮和学说——空想社会主义迅速发展起来，它批判资本主义社会，幻想建立一个消除贫富对立的美好社会。但是，这种社会主义不能指明真正的出路，它既不能阐明资本主义制度雇佣奴隶的本质，又不能发现资本主义的发展规律，也找不到能够成为新社会创造者的社会力量。所以说，这是一种批判的空想社会主义。它最著名的代表人物是法国的圣西门、傅立叶和英国的欧文。

昂利·圣西门(1760年—1825年)出身贵族家庭，深受18世纪启蒙学者的影响。还在少年时代，他就幻想建立伟大功业，他命令仆人每天用这样的话唤醒他："起来吧，伯爵，伟大的事业在等着你啊！"19岁时他前往北美参加美国独立战争，作战很勇敢。战后，圣西门带着上校头衔回到法国，并被任命为麦茨(cí)要塞的警备司令。但是圣西门抛弃军职，在欧洲旅行了很长时间，直到法国大革命开始才回到法国。圣西门不反对法国大革命，但也没有参加革命，这个时期他只是专心致志地"采集人类知识"。40岁的圣西门觉得自己缺乏知识，便再入高等工艺学校听课，沉浸于科学研究之中。他为此花尽了最后一点钱，妻子也离开了他，圣西门不得不去当铺当抄写员，后来就靠以前的仆人施舍过活。他看到革命后建

立起来的资本主义并没有解决社会矛盾和人的贫困，仍然充满着罪恶和灾难，便苦思冥想，渴望建立一个人人平等和幸福的社会。他整日整夜都在设计改造人类社会的方案。圣西门亲手抄写自己的作品，分发给各种各样的人，但是富人们甚至看都不看他的手抄本。临死前他对学生说："要完成伟大的事业，就应该鼓起勇气……我毕生所追求的就是如何保证人们自由地发展他们的才能，"他补充说："不久，工人政党将会形成，而未来是属于这个政党的。"

夏尔·傅立叶（1772年—1837年），布商出身，幼年辍学，随父经商，后因破产陷于贫困。傅立叶当过店员、推销员、交易所经纪人，他看到资本主义社会竞争、投机、欺诈等黑暗内幕，写了许多文章揭露与抨击资本主义制度，探求社会改革的道路和拟订未来理想社会的计划。他主张通过宣传教育，说服资本家接受他的社会改革方案。他认为欧洲有4 000个富人会接受他的学说，他写信给拿破仑和大银行家，指定他们访问他的时间。他登出广告呼吁资本家资助他搞试验，宣布每天12点到1点在家里等候他的支持者来访。但他等了一生，也没有一个富有者上门来。

罗伯特·欧文（1771年—1858年），一个手工业者的儿子，贫苦出身，7岁就开始劳动，10岁被送到伦敦的小店里当学徒。欧文从小目睹资本主义给广大工人和劳动人民带来的苦难，对无产阶级极为同情。他说："世界充满财富，但到处笼罩着贫困。"他企图消灭贫困和阶级对立，建立一个共同劳动、财产公有的新社会。1800年，欧文同苏格兰某工厂厂主的女儿结婚，后出任该厂经理，他把工厂的工作日减少到10个半小时，实行一系列提高工人福利的改革。1823年，他提出建立共产主义新村的计划。

历史探微

空想社会主义对资本主义制度给予了无情的批判和揭露，极大地启发和提高了工人阶级的政治觉悟。同时空想社会主义关于未来社会的主张和理论成为马克思主义理论的重要来源之一。

一年以后,他在美洲印第安纳州买了一块土地,带着一群志同道合的人到那里建立起一个共产主义新村——新和谐村,进行示范试验,以便吸引全人类。结果,在资本主义环境下,以欧文计划为基础的一切“村落”,不是很快崩溃,就是变成剥削他人的富有企业。以后,欧文去伦敦创立“公平交换银行”,结果又告失败,欧文的试验,一生中一无所成。

这三大空想社会主义者的思想,归纳起来,有两个突出特点,也是他们的主要贡献:第一,尖锐地揭露资本主义的矛盾,批判资本主义制度的罪恶现象,圣西门把资本主义社会叫做“本末倒置的世界”,社会财富的创造者处于最贫困、受压迫的地位;而政治上占统治的人都过着荒淫无耻的寄生虫生活。傅立叶对资本主义的剥削关系作了辛辣的讽刺,指出一部分人的幸福是建立在另一部分人的痛苦、灾难和死亡之上的——医生希望病人越多越好;棺材店老板希望人死得越多越好;粮食投机商希望灾荒越多越好。他把资本主义文明叫做“新成立的奴隶制”“社会的地狱”。欧文生活在资本主义生产比较发达的英国,因而批判更深刻些。他明确讲到资本主义制度和婚姻制度所产生的罪恶,而其中私有制度又是敌对、欺骗、舞弊、卖淫、贫困、犯罪和痛苦的根源,他把批判的矛头指向私有制:私有制把人变成魔鬼,把世界变成地狱;当私有制还存在的时候,人类要获得幸福是不可能的。他们主张消灭雇佣奴隶制和私有财产,确信资本主义必然由社会主义所代替。第二,设想了未来“理想”的人类社会,第一次把社会主义作为一种新的生产体系提出来,并预测到未来共产主义的一些特点,如城乡对立的消灭、脑力劳动与体力劳动对立的消灭、国家的消亡等。在圣西门的未来社会中,“人人应当劳动”,生产无政府状态将为有计划、有组织的生产所代替;对人的统治由对物的管理和对生产的领导所代替。傅立叶把他的理想社会设想为由许多工农业相结合的“法伦斯泰尔”(即“公社”)所组成的集体,人们在“法伦斯泰尔”中自给自足,共同劳动和生活,男女平等,普及免费教育。欧文的共产主义新村则要彻底废除私有制,土地和其他生产资料应为集体所有。三位空想家在不同程度上都提出在未来社会应该实行按劳分配的设想。

空想社会主义者对资本主义“文明制度”的揭露和批判，成为启发工人觉悟的极为宝贵的材料；他们关于未来社会的积极主张和学说，为科学社会主义理论的产生提供了宝贵的材料。空想社会主义成为马克思主义理论的三个来源之一，所以马克思、恩格斯把他们称为“三个伟大的空想主义者”，承认他们“在许多方面是革命的”，肯定了他们的历史功绩。

空想社会主义者的局限性和错误表现为：首先，他们不了解社会发展的客观规律，而是主观地企图将资本主义制度抛弃；其次，他们不了解阶级斗争是历史发展的动力，只是从“正义”和“理性”出发，幻想用和平手段，组织各种试验，扩大影响，希望依靠当时的统治者和有产者的资助来实现他们的理想；第三，他们只把无产阶级看成受苦最深的阶级而给予同情，没有看到它的伟大历史作用。

这种情况之所以出现，是由于当时资本主义生产方式以及无产阶级同资产阶级间的对立还没有发展到一定的程度，解决社会问题的条件还不具备，“不成熟的理论是和不成熟的资本主义生产状况、不成熟的阶级状况相适应的”。此外，空想社会主义者还受唯心主义世界观的限制，他们不承认自己是一个阶级的代表，而把自己看成是整个社会的代表；不把社会主义看做是社会历史发展的必然结果，而是看成绝对真理、理性和正义的表现。因此，空想社会主义学说是同历史发展成反比的，当马克思主义产生以后，它就变为一种反动和保守的社会主义，空想社会主义的信徒们，总是组成一些反动的宗派。把社会主义从空想变为科学的伟大历史任务，就落到了马克思和恩格斯的身上。

鲍狄埃的国际歌

1816年10月4日，欧仁·鲍狄(dí)埃生于法国首都巴黎。鲍狄埃出身于贫穷工人家庭，他的父亲是包装工人，母亲是劳动妇女。鲍狄埃的整个一生是在贫穷中度过的，他从13岁起就跟父亲到包装厂劳动，后来当绘图工，靠绘制印花图样生活。

鲍狄埃生活在无产者的环境中，他熟悉、了解和同情这些深受阶级压迫和剥削的无产者，立志献身于无产阶级的解放事业。他以顽强的毅力自学，抓紧一切业余时间，阅读他所喜欢的书籍。法国大诗人贝朗瑞和著名的空想社会主义者傅立叶的作品，是他在青少年时代最喜爱的读物。

鲍狄埃的诞生地巴黎，是一个不断受到革命暴风雨洗礼的历史名城。在这里，鲍狄埃经历了或亲自参加了声势浩大的革命运动：1830年的“七月革命”，1848年的“六月起义”，1871年的“巴黎公社革命”。鲍狄埃是在革命环境中成长的，阶级斗争的暴风骤雨深刻地影响了这个渴望追求真理的年轻无产者，使他在政治上日益成熟，终于把他锻炼成为坚定的无产阶级的先锋战士。

1851年6月，拿破仑·波拿巴的法兰西第一帝国垮台了，波旁王朝在法国复辟。在长达65年的复辟时期，以波旁王朝为核心的封建贵族势力，不仅残酷镇压剥削劳动人民，而且竭力剥夺资产阶级的政治权利，终于导致1830年“七月革命”的爆发。在这场革命中，法国大资产阶级利用劳动人民的力量，推翻了波旁的封建复辟王朝。

“七月革命”爆发时，鲍狄埃只有14岁，但他已经是一个勇敢的反封建小战士，他高喊“打倒波旁，自由万岁”的口号，再三要求参加起义队伍，因为年龄小而被阻止。鲍狄埃于是改用笔杆参加战斗,他写了一首题为《自由万岁》的诗歌,去鼓舞人民的斗志,他的处女作受到人们的欢迎和赞扬。第二年,他的一本诗集《年轻的诗神》出版了。鲍狄埃的诗歌创作从写政治诗开始,同人民的革命斗争紧密结合,始终成为他的诗歌的主要特色。

七月革命后,法国大资产阶级篡夺了革命的胜利果实,建立了七月王朝。法国大资产阶级统治地位的确立,以及七月王朝时期法国工业革命所取得的显著成果,使法国资本主义生产力空前提高,同时也使资产阶级和无产阶级之间矛盾激化,上升为法国社会的主要矛盾。残酷的剥削、悲惨的生活,迫使无产阶级走上反抗的道路。从 30 年代起,法国各地工人起义和罢工斗争,此起彼伏。1831 年和 1834 年的两次里昂工人起义,标志着法国工人阶级已经以战斗的姿态登上历史舞台。

在这个时期,法国的工人运动深受傅立叶的空想社会主义和巴贝夫的平均共产主义的强烈影响。鲍狄埃也受到这些思潮的极大影响,特别是巴贝夫关于用革命手段实现平均的共产主义社会思想,它像磁铁一般吸引鲍狄埃。1840 年,鲍狄埃发表了《是人各一份的时候了》,这首诗实际上是用诗歌的形式表述了巴贝夫的平均共产主义思想,它是鲍狄埃从一个共和主义者转变成为社会主义者的转折点。从此,鲍狄埃“就用自己的战斗歌曲对法国生活中所发生的一切巨大事件作出反应,唤醒落后的人们的觉悟,号召工人团结一致,鞭笞(biān chī)法国的资产阶级和资产阶级政府”。

1848 年 6 月,巴黎爆发了震撼欧洲的六月起义。六月起义是无产阶级反对资产阶级的第一次大搏斗,鲍狄埃满怀革命的激情,奋不顾身地参加这场战斗,险些牺牲在敌人的枪弹之下。由于敌我力量悬殊,这次起义被资产阶级残酷镇压了。在六月起义失败后的第五天,鲍狄埃写了《一八四八年六月》,愤怒地控诉资产阶级对无产阶级的惨无人道的血腥镇压。但是这时鲍狄埃毕竟还不是一个马克思主义者,因此他的这首诗悲愤多于抗争,缺乏鼓舞力量,更未能向刚刚遭到打击的工人群众指出革命的前景。

1871 年 3 月 18 日，巴黎无产阶级发动了伟大革命，成立了巴黎公社，第一次掌握了政权。在巴黎公社时期，鲍狄埃被选为公社委员，在 3 601 张选票中，有 3 352 票是选他的。鲍狄埃以充沛的革命热情，带病忘我地工作。作为公社委员，鲍狄埃担任了多种社会工作：参与公社的决策；具体负责第二区的领导工作；防备敌人的阴谋破坏；争取社会各阶层对公社革命的支持和同情；领导工人协会联合会和艺术家协会联合会等等。总之，他对第一个无产阶级政权作出了卓越的贡献。

公社在凡尔赛反动军队的镇压下，只存活了 72 天。公社失败后，白色恐怖笼罩了整个巴黎，巴黎变成了凡尔赛军队屠杀革命者的大屠场。鲍狄埃被迫转入地下，逃避敌人的搜捕。这时，残酷的阶级斗争已经把鲍狄埃锻炼成为成熟老练和刚毅坚强的革命战士。新生的无产阶级革命政权的暂时失败、敌人野兽般的反攻迫害、许多战友的英勇牺牲，使他怒火中烧，热血沸腾。鲍狄埃满怀深沉的阶级仇恨，写了一首诗，表达了无产阶级永不屈服，一定要消灭世界上一切剥削阶级的气壮山河的誓言。这首诗，就是后来的《国际歌》的歌词。

1888 年 6 月，法国工人作曲家狄盖特怀着满腔的无产阶级革命激情，为欧仁·鲍狄埃的《国际歌》谱了曲。《国际歌》曲谱完成后，迅速在法国工人群众中唱开了，并且付印出版。从此，它迅速地流传到法国和世界各地，成为号召全世界无产阶级联合起来，推翻剥削制度，用自己的力量解放自己，实

历史探微

1923 年，出席了第九次全俄苏维埃大会的瞿秋白回到祖国，开始担任中国共产党的机关刊物《新青年》的主编，在大会期间他见到了列宁，感动于这个新生的社会主义国家里蒸蒸日上的朝气和革命的精神。他回国后，翻译了《国际歌》，以它作为中国无产阶级革命的一首战歌，在中国广为流传。

现共产主义理想的战斗号角。

1887 年 11 月 6 日,鲍狄埃逝世,享年 71 岁。

华盛顿

美国的首都华盛顿位于大西洋沿岸的波托马克河畔。其实,在1800年以前美国并没有这样一座城市,它是美国人民为纪念美国的开国元勋——乔治·华盛顿而专门建立的,由此可以看出华盛顿在美国人民心目中的地位是多么崇高。

1732年2月22日,乔治·华盛顿生于弗吉尼亚的一个种植园主家庭。16岁的时候,华盛顿就去做西部的土地丈量员,后来他承袭了哥哥的一份产业,逐渐富裕起来。1758年,他与著名的弗吉尼亚一位富孀结婚,得到大量田地和林产,还得到300名奴隶与1万元现金的家资。加上他历年在土地投机事业中不断扩大自己的产业,他终于成为殖民地有名的大种植园主。

18世纪六七十年代急剧激化的英国殖民者与北美殖民地区人民的矛盾,把这位富甲一方的种植园主推上了革命的道路。

18世纪英、法两国为了争夺世界霸权进行了一连串的战争,英国为了战胜强敌法国,便对殖民地上层阶级进行拉拢。华盛顿本来就是俄亥俄公司的一员,在这样的情势下,便积极参加了英国方面对法的作战。他在一次偷袭敌营的战斗中表现出非凡的勇敢,又掩护英军撤退,显示出过人的智慧和胆识。他在战争中为英国立下了赫赫战功。然而,当1763年战争结束后,英国却立刻宣布西部的土地为“禁地”,专属王家支配。这一禁令,给了殖民地区的种植园主们一个致命打击。仅华盛顿一人就要丧失土地1.2万平方千米;更何况,英国通过压低烟草等产品的收购价格,早就把种植园主们弄得负债累累了。由于这一条使得英国把南方的种植园主推到了自己的对立面;而种植园主的代表人物就是乔治·华盛顿。

1775 年 4 月 19 日，波士顿人民在列克星敦打响了反抗英国殖民统治的第一枪,轰轰烈烈的美国独立战争爆发了。

1775 年 6 月 15 日,华盛顿被任命为大陆军的总司令。他在接受这一任命时表示,要“按照所有的能力,为这光荣的事去干”。在这以后长期的艰苦战争中,华盛顿实现了这一诺言。

华盛顿就任的时候，波士顿义军已开始向那里的班克山一带的英军发起攻击。他立即亲临前线,指挥了这次著名的班克山战役,给英国殖民军以沉重的打击。

但是,战争是十分艰苦的。北美人民所面临的敌人是击败过西班牙、荷兰和法国这些当时世界上第一流强国的大英帝国。在整个战争期间,特别是前期,美军经常处于劣势。虽然在义军初起的时候,曾拿下波士顿、纽约,连获成功,但很快北上进攻加拿大的美军就遇挫而归。1776 年 8 月,长岛之战，美军在布鲁克林高地遭遇惨败，纽约、华盛顿等要塞接连失守；到了 1777 年 9 月,连费城也陷落了。大陆会议不得不迁往约克镇。这一时期,美军几度陷于险境,一些意志不坚定的将领竟相继率兵向英军投降,一部分美国资产阶级上层分子也产生了动摇。

1777 年 10 月,萨拉托加一战大获全胜,扭转了整个战争的局面。在革命战争的烈焰中,在人民大众的推动下,华盛顿受到了锤炼和鼓舞,充分发挥了他作为军事组织者和指挥者的才能。在整个独立战争中,华盛顿始终忠于北美人民的独立事业,从来没有动摇过。1776 年 7 月 4 日,当《独立宣言》发表后,华盛顿向部队宣读了这一宣言,全军士气大振;1776 年 8 月,在长岛大战前夕,华盛顿又向部队发表动员讲话,指出:美利坚人是自由人,还是奴隶;我们的田产归自己,还是被劫夺、被毁坏;两条路,一条是勇敢的反抗,一条是被驯服,正摆在独立军将士的面前。当美军处于困境的时候,费城妇女募集 30 万元,为士兵们缝制军服。人民群众的支持给了华盛顿极大的鼓舞,他在答谢信中表示:“在女士们的同情下,我们得到了这份最好的礼品，士兵们再也不会有牺牲和痛苦的感觉了……至于我个人，我深切地感到，即便把生命献给人民与社会，也报答不了你们的美意。"华盛顿在艰苦的斗争中，花了极大的精力，把原来自由、散漫、缺乏组织纪律和统一指挥的义军组织起来，组建成强大的正规军队。他努力将各州团结、联系起来，共同作战。他以屡败不馁、百折不挠的精神，领导着美国军民，经过6年苦战，终于在1781年9月，迫使英军统帅康华里部下七千余人投降，赢得了美国独立战争的最后胜利。

> **历史探微**
>
> 大陆会议是北美13州的代表会议和独立战争期间的领导机构。在费城召开的第二次大陆会议通过了杰弗逊起草的《独立宣言》。1777年会议通过《邦联条例》，据此成立的邦联国会代替了大陆会议成为美国立法机构。

独立战争胜利后，华盛顿重新过回他原本宁静的生活。但是，独立之后，美国内部的阶级斗争迅速激化，使他无法享受这来之不易的宁静。1786年，谢司领导的下层人民起义爆发。美国资产阶级在人民反抗的威胁下，急于寻找巩固他们资产阶级专政的途径。这样一种政治需要促使华盛顿再度出山。1787年，华盛顿主持制宪会议，制定了世界上第一部资产阶级宪法。

1789年，华盛顿当选美国历史上第一任总统。在两届总统任期中，华盛顿竭力为美国大种植园主和资产阶级的利益服务。1797年，华盛顿在厌倦政治生活的情况下，发表了面向全国的《告别书》，离开了政治舞台。1799年12月，因病去世。

美国独立战争的第一枪

18世纪下半叶,英国在大西洋沿岸建立了13个殖民地。每个殖民地都由英国派来的总督统治。这时的殖民地已经开发了大量的种植园,建立了纺织、炼铁、采矿等多种工业门类,经济比较繁荣。

英国政府为了增加财政收入,不断增加殖民地的税收,对殖民地进行了蛮横的压榨和残酷的剥削。1765年,英国人又想出个新花样:印花税。他们规定,一切公文、契约合同、执照、报纸、杂志、广告、单据、遗嘱,都必须贴上印花税票,才能生效,才可流通。这激起殖民地人民极大的愤怒,于是,"自由之子"、"通讯委员会"等秘密反英组织相继出现,各地都发生了反英事件——抵制英货、赶走税吏、焚烧税票、武装反抗等等。

这一切引起了英国政府的恐慌,他们立即派军队镇压。1770年3月5日,英军在波士顿向手无寸铁的市民开枪,当场打死了5名市民,打伤了6人,制造了震惊北美的"波士顿惨案"。反英的怒火在殖民地人民心中燃烧,一场争取独立和自由的战火即将在北美大陆上燃烧起来。

1775年4月19日清晨,波士顿人民在列克星敦上空打响了独立战争的第一枪,列克星敦的枪声拉开了轰轰烈烈的美国独立战争的序幕。

1775年4月,马萨诸塞总督兼驻军总司令盖奇得到一个消息:在距波士顿不远的康科德镇上,有"通讯委员会"的一个秘密军需仓库。盖奇立即命令少校史密斯率800名英军前往搜查。部队连夜出发了。4月19日凌晨,他们来到了离康科德大约10千米的小村庄——列克星敦。

英军在黎明前的薄雾中向前行进。经过一夜行军,他们个个困倦不堪,呵欠连天。忽然,他们发现村外的草地上站着几十个村民,正手握长枪严阵以待。史密斯知道这些武装村民就是列克星敦的民兵，北美大陆殖民地上的居民都叫他们“一分钟人”，因为他们行动特别迅速，只要一听到警报，在一分钟内就能集合起来，立即投入战斗。让史密斯吃惊的是，这些民兵为什么这么快就知道英军的行动呢？原来，“通讯委员会”的侦察员早就得到了情报，并立刻在波士顿教堂的顶上挂起一盏红灯。“通讯委员会”的信使，雕板匠保尔·瑞维尔看到后立即骑马赶到康科德报警。“射击！给我冲！”史密斯一看对方只有几十个人，原来有些紧张的心情马上放松下来。他根本没把这几十个衣衫破烂的民兵放在眼里，举起指挥刀发出了进攻的命令。

列克星敦的民兵立刻还击，奋勇抵抗英军的进攻，枪声回响在列克星敦上空，传出很远很远。几分钟后，枪声渐渐稀疏，民兵们因为人少，地形不利，很快撤离了战场，分散隐蔽起来。

史密斯首战告捷，非常得意，指挥士兵直奔康科德。

英军赶到镇上时，天已大亮，但街道上却看不见一个人，家家关门闭户，显得冷冷清清。史密斯下令搜查，英军进入各家翻箱倒柜，折腾了大半天，什么也没找到。原来，民兵早已把仓库转移，“通讯委员会”的领导人也隐蔽起来了。

史密斯觉得情况有些不妙，连忙下令撤退。

这时，镇外喊杀声、枪声陡然大作，附近各村镇的民兵已得到消息，从四

历史探微

印花税，英国政府剥削殖民地的一种税收，源于荷兰。1624年，荷兰出现财政危机，统治者决定用开发税收的办法来解决危机，印花税，从此诞生了。它从人们生活中经常使用的契约、借贷等单据入手，巧立名目。而且，民众都认为单据上如果有政府印章，就有了法律保障，印花税也因此被人民普遍接受。这种税收被评价为“拔最多的鹅毛，听最少的鹅叫”。

面八方向康科德赶来,包围了正在撤退的英军。他们埋伏在篱笆后边、灌木丛中、房屋顶上、街道拐角处,向英军射击。英军一批又一批地倒在地上,而当英军举枪还击时却连民兵的影子也找不到。英军一路向波士顿方向撤退,沿途遭到民兵的不断袭击,狼狈不堪。战斗一直持续到黄昏,最后还是总督从波士顿派来一支援军,才把史密斯等人救了出去。

这一仗,英军死伤 247 人,民兵牺牲了几十人,逃走的英军弹药耗尽,回想起来也是心有余悸,他们第一次尝到殖民地人民铁拳的滋味。有个士兵说:“我 48 小时没吃一点东西,帽子被打掉了三次,两颗子弹穿透上衣,我的刺刀也被人打掉了。”

列克星敦的枪声震动了大西洋沿岸的 13 个殖民地。从此,美国独立战争开始了。

独立战争胜利后,美国人民为了纪念列克星敦的战斗,在这个村镇的中心,铸造了一座手握步枪的民兵铜像。他们永远也不会忘记,正是这个小小村镇的民兵,为美利坚民族的独立奠定了第一块基石。所以,列克星敦成为美国自由独立的象征,被人们赞誉为“美国自由的摇篮”。

林 肯

林肯于1809年2月12日出生在美国肯塔基州的一个拓荒者的农民家庭。祖父是一个从弗吉尼亚州来到肯塔基谋生的拓荒者，父亲是农村的木匠。林肯家境贫困,从小随同父亲一起在荒原上开荒劳动,并学会了一手农活。长大后,他当过农场雇工、石匠、船夫等。

1831年6月的一天,美国南方城市新奥尔良的奴隶拍卖市场上,一排排黑人奴隶戴着脚镣手铐站在那里,他们都被一根根粗壮的绳子串在一起。奴隶主们像买骡子买马一样仔细打量他们,并用皮鞭毒打他们,还用烧红的铁条烙他们。这时,几位北方来的水手走了过来,他们都被眼前的悲惨景象惊呆了,其中一个年轻人愤怒地说:“太可耻了！等一天我有机会,一定要把奴隶制度彻底打垮。”说话的这个人叫亚伯拉罕·林肯,后来他果然实现了这个伟大的抱负。

林肯没有受过正规的学校教育，他后来回忆说:“我一生中进学校的时间,加在一起总共不到一年。”然而林肯是一个勤奋好学的人,他抓紧一切时间学习,下地干活也总是把书塞在衬衫里,把玉米面饼揣在裤袋里,中午休息时边吃饭边看书。晚上,他在小油灯下读书到深夜。这一切对他日后的工作都有很大帮助。

1830年,林肯随同父母迁居到伊利诺伊州。后来,这个皱纹满面、不修边幅的林肯,由于抨击黑人奴隶制,提出一些有利于公众事业的建议,在群众中颇有影响。1834年,他当选为该州的议员,从此,林肯开始了资产阶级政治活动家的生涯。他努力钻研法律,两年后,通过考试当了律师,很快就走上州议会领袖的高位。1846年,他当选为美国众议院议员。

19世纪五六十年代，美国南北之间的矛盾上升到首位，斗争十分激烈。北方资本主义发展迅猛，从1810年到1860年五十间，美国工业总产值增长了近九倍，美国近代工业的百分之九十集中在北方。

然而，国家政权却被南方种植园奴隶主所垄断，他们大力推行有利于种植园主的各项政策，力图在新开垦的西部"自由土地"上建立蓄奴州，并把黑人奴隶制推广到全国。种植园奴隶制不但使北方发展资本主义所需的原料市场和投资场所受到很大限制，而且使北方得不到更多的自由劳动力。为了进一步发展资本主义，经济实力已大大增强了的北方资产阶级，强烈要求独掌政权。1854年，北方各州那些主张废除和限制黑人奴隶制的资产阶级分子成立了一个新的政党——共和党，同南方代表种植园奴隶主利益的民主党相对抗。共和党代表北方资产阶级的利益，它要求：废除1854年的《堪萨斯——内布拉斯加法案》，以限制黑人奴隶制的扩展；把西部"自由土地"开放给农民自由开垦；实行保护关税以利于美国资本主义的发展；让堪萨斯作为一个自由州立即加入联邦。但是它没有提出立即解放黑人奴隶的问题。从此，北方资产阶级反对南方种植园奴隶制的斗争是在共和党的旗帜下进行的。

在共和党成立之初，林肯便已参加。1858年，林肯在参加伊利诺伊州国会参议员竞选时，发表了一篇轰动全国的演说，要求限制黑人奴隶制的扩展，实现全国统一。他把南北两种制度并存局面比做"一幢裂开的房子"，他说："一幢裂开了的房子是站不住的，我相信这个政府不能永远保持半奴隶、半自由的状态。"由于怕引起南方的不满和导致分裂，林肯没有提出立即废除黑人奴隶制，只是建议通过和平途径加以解决。林肯的演说深入浅出，语言生动，表达了北方资产阶级的要求，也反映了全国人民的愿望，因而赢得了很大的声誉。从此，《裂开了的房子》这篇演说及其作者便扬名全国。1860年，林肯作为共和党的候选人，当选为美国总统。

林肯当选，意味着南方种植园奴隶主的统治受到了严重威胁，联邦政府的统治权将落到北方资产阶级手中。南方奴隶主们不甘心自行退出历史舞台，为了重新夺回他们长期把持的国家领导权，他们悍然制造分裂，发动叛乱。1860 年 12 月，南方的南卡罗来纳州首先宣布脱离联邦而独立，接着密西西比、佛罗里达、亚拉巴马、佐治亚、路易斯安那等蓄奴州也相继脱离联邦政府。

1861 年 2 月，他们组成南部联盟，制定了“宪法”，宣布黑人奴隶制为南方联盟“天然合理”的立国基础：“黑人不能和白人平等，黑人奴隶劳动是自然的、正常的状态。”南方联盟选举大种植园奴隶主的头目杰斐逊·戴维斯为总统。不久，得克萨斯、弗吉尼亚、阿肯色、北卡罗来纳、田纳西等州也都先后退出联邦，加入南方联盟。至此，南方联盟共有十一个州，定都于弗吉尼亚首府里士满。南方联盟首先将刺刀提上日程，1861 年 4 月 21 日不宣而战，炮轰联邦政府在查尔斯顿港外的萨姆特要塞，南北战争开始。

南北战争是美国历史上的一场内战。战争开始后，双方力量对比和人心向背是有利于北方的——北方拥有二十三个州，近一千九百万人口，以及全国五分之四的工厂和百分之七十的铁路，掌握国库，盛产粮食，并且得到广大人民的支持与同情；而南方仅拥有十一个州，一千二百万人口，其中四百万人是随时可能造反的黑人奴隶。南方联盟总统戴维斯也深深认识到这一点，在他刚刚就职之后，就写信给他的友人说：“我们一没有机器，二没有资财，就靠强大的反对派威胁他们。”可见，南方联盟扩展奴隶制，分裂国家，是不得人心的。

南方战争从 1861 年 4 月萨姆特要塞陷落开始，到 1865 年 4 月南方联盟总司令李将军在亚波梅托克士投降止，整整经历了四个年头。

战争初期，尽管北方占有优势，但是由于林肯政府妥协动摇，既没有解决广大农民群众迫切希望得到西部土地的问题，也没有提出要废除黑人奴隶制度，在外交上也没有取得国际上的援助与支持，战争进行中又犹疑徘徊，不能及时给对方以毁灭性的打击。因此，北方非但不能迅速摧毁南方，反而在军事上节节败退。相反，南方因蓄谋分裂已久，兵员准备充足，并拥有一支指挥得当、富于作战经验、装备精良的军队。南方联盟利用它在军事上的优势，和争取到从英、法等国的外援等条件，战争一开始就先发制人，给北方以猛击。

1861 年 7 月，双方在华盛顿附近的布尔仑河谷地展开激战，最后，南方军队竟挫败了人数较多的北方军队，直逼华盛顿；次年，北方军队进攻里士满又遭惨败，华盛顿再次告急。北方军事上的失利引起广大群众的不满，许多城市爆发了群众性的示威游行，要求采取革命措施扭转战局。在前线危急和后方人民革命的推动下，林肯再也不能继续对南方推行妥协退让的政策。他于 1862 年和 1863 年先后颁布了两项具有重大意义的法令，即著名的《宅地法》和《解放黑人奴隶的宣言》。

1862 年 5 月颁布的《宅

历史探微

据说，林肯的夫人玛丽·托德是一位有名的泼妇，曾多次用扫帚将林肯赶出家门。林肯从不敢对别的女人多看一眼，否则必定引来她的吵闹。一次，不知林肯讲了什么惹太太愤怒的话，她便当着客人的面，将一杯热咖啡，泼向林肯的脸。二十多年来，林肯一直忍让着他的妻子。这位美国总统甚至从不敢请朋友到家里吃饭。外界对玛丽·托德的责怨和嘲讽，依然没有改变林肯内心对妻子的肯定。甚至很多人都认为，正是妻子的粗暴才成就了林肯，因为林肯在煎熬中，懂得了保全自我；在沉重的压力之下，他的容忍、克制等优点都被锤炼到最高水平。

地法》规定:任何未参加过南方叛乱的美国公民,只要交纳十美元的手续费,就可以从西部国有土地中得到不超过一百六十英亩的土地,并在经营五年之后,享有这块土地的所有权。《宅地法》是北方联邦政府采取革命措施扭转战局的一个重大步骤,这个法案从根本上消除了南方种植园奴隶主夺取西部“自由”土地的可能性。

1862 年 9 月,林肯又发表了《解放黑人奴隶的宣言》,声明自 1863 年 1 月 1 日起废除叛乱诸州内的奴隶制,黑人奴隶不需向他们的主人交付赎金便可得到解放;解放了的黑人奴隶可以应召参加联邦军队。《解放黑人奴隶的宣言》的发表,宣布黑人奴隶获得自由,从根本上瓦解了南方叛乱各州的战斗力,是北方联邦政府采取的又一项重大革命措施。

《宅地法》和《解放黑人奴隶的宣言》激发了广大人民群众和黑人奴隶的革命积极性,扭转了整个战局的发展,是南北战争中重要的转折点。

1863 年 7 月 1 日到 3 日,双方在华盛顿以北的葛底斯堡地方展开了内战以来最大规模的一次战斗。结果,南方军队被迫退到弗吉尼亚山,北方军队获得了决定性的胜利。

随着北方军队的不断胜利,林肯的声望也越来越高,1864 年 11 月,林肯再次当选为总统。

北方军队乘胜前进,1865 年 4 月 3 日,攻陷南方“联盟首府”——里士满。南方总司令李将军见大势已去,4 月 9 日率军投降,南北战争结束。然而,正当举国欢庆胜利的时刻,4 月 14 日,即南方军队投降后的第五天,林肯遇刺身亡。

林肯为解放黑奴而牺牲,他的贡献为人们所称颂。一百多年以后,1982 年美国举行民意测验,在美国历届的几十位总统中挑选一位“最佳总统”时,名列前茅的就是林肯。

南北战争

南北战争是美国南方与北方之间在1861年4月至1865年4月期间进行的战争，又称美国内战。

19世纪中叶，北部的自由劳动制度与南部的奴隶制度之间的矛盾发展到了不可调和的地步，南部奴隶制度成为美国社会经济发展的主要障碍，南北之间的斗争在西部土地的争夺中表现得最为突出。

1860年，共和党人林肯当选为总统，民主党遭到惨败，这就成为南方奴隶主脱离联邦和发动叛乱的信号。南部蓄奴州之一的南卡罗来纳州首先脱离联邦，接着佐治亚、亚拉巴马、佛罗里达、密西西比、路易斯安那和得克萨斯诸州相继脱离联邦，并于1861年2月宣布成立“南部联盟”，另立以杰斐逊·戴维斯为总统的政府。1861年4月12日叛乱政府军开始炮轰在南卡罗来纳的萨姆特要塞，14日要塞被攻陷。林肯政府于4月15日发布讨伐令，内战爆发。

战争初期北方实力大大超过南方，北方有2234万人口，南方只有910万人口，而且其中有三百八十多万是黑奴。北方有发达的工业，四通八达的铁路网和丰富的粮食，而南方几乎没有工业，铁路也很少。但南方有充足的军备物资，拥有装备及训练都较精良的军队，而且，内战前夕，布坎南总统曾设法把大量武器和金钱输送到南方去。林肯政府在内战初期进行战争的目的是恢复南北的统一，担心触动奴隶制度会把一些边境奴隶州推向南方叛乱者一方，从而失掉边境诸州这个重要的战略地区。由于北方政府不肯宣布解放奴隶，因此在内战的第一阶段，北方在军事上连遭失败。在1861年7月马纳萨斯和1862年夏季的半岛战役中，北军损失惨重。北军虽然在西线取得一系列辉煌战绩,从南军手中夺取了几个重要战略据点,但是这些战绩都被东线的惨败所抵消。

在北方军事上屡次失败的情况下,共和党内部的激进派及社会上的废权主义者提出解放奴隶和武装黑人的主张。林肯也意识到解放奴隶的必要性。

1862 年 5 月颁布《宅地法》,同年 9 月 22 日,林肯又发表《解放黑人奴隶的宣言》。宣言中宣布:假如在 1863 年 1 月 1 日以前南方叛乱者不放下武器,叛乱诸州的奴隶将从那一天起获得自由。消息传到南方后,成千上万的奴隶逃往北方。英国工人阶级也展开了支持北方的运动,迫使英国政府放弃了原来的干涉计划。林肯政府还实行了一系列革命措施和政策,如实行武装黑人的政策。

1863 年,北方在军事上出现转机。同年 7 月 1 日葛底斯堡大捷,歼灭南军 2.8 万人,这成为内战的转折点。战场上的主动权转到北方军队手中。1865 年初,奴隶纷纷逃亡,种植场经济濒(bīn)于瓦解。北方海军实行的海上封锁,几乎断绝了南方与欧洲的贸易。同时,在南方内部也出现了反对派,许多小农加入联邦派从事反战活动。南方逃兵与日俱增,粮食及日用品匮乏。1865 年 4 月 9 日,南方罗伯特·李的部队陷入北方军队的重围之中,被迫向北方将领格兰特请降。美国内战终止,恢复统一。

内战期间,双方战费消耗 150 亿美元。北方军伤亡 63 万人,南方军伤亡 48 万人。战争显示了近代工业的威力,双方都大量装备了新式线膛武器,促

历史探微

林肯在 1860 年的总统选举中当选为美国总统。当南北战争开始后,林肯为了早日恢复联邦的统一而积极策划和领导战争,为战争的胜利做出了巨大的贡献。1865 年 4 月 14 日晚,林肯在华盛顿的福特剧院遇刺身亡。

进了散开队形、野战工事的运用和发展。铁路和电报发挥了重大作用,并在战争史上第一次使用装甲舰、地雷、水雷和潜水艇。

北方在战争中的胜利,确立了北方大资产阶级在全国的统治地位。内战基本消除了奴隶制,从而为美国的资本主义迅速发展扫清了道路。《宅地法》的实施,加速了西部的开发,促进农业资本主义发展中美国式道路的胜利。19 世纪末,美国一跃成为世界上最先进的工农业资本主义大国。黑人在内战后的重建时期虽仍受到多方面的歧视和种植场主的剥削,但在政治上却取得了公民权及选举权,从奴隶制中解放出来。因此,美国内战在美国历史发展中具有划时代的进步意义。

唐纳尔逊堡大战

美国独立以后,北方资产阶级发展速度越来越快,迫切需要大量的自由廉价劳动力。但是南方蓄奴制将大量的黑人奴隶禁锢在种植园里。因此林肯当选总统以后,废除蓄奴制的迫切要求摆在了他面前。南北双方的矛盾越积越深,终于在 1861 年 2 月,南方各州宣布建立新的“美利坚联邦”,摆脱原美利坚合众国联邦政府。4 月份,南方军队攻陷政府军控制的萨姆特要塞,美国内战全面爆发。

内战爆发以后,北方各州纷纷要求政府采取切实行动,出兵平定南方叛乱,以维护美利坚合众国的统一。林肯总统开始大量招募新兵,为战争作准备。到了 7 月份,已经招募了大约 2.5 万名志愿兵,他们积聚在华盛顿,经过一段时间的训练以后,战斗力有了很大的提高,也要求用一场战斗来检验训练的成果。在这种情况下,林肯总统下令,由欧文·麦克道尔将军带领军队,向南方首都里士满进军。出征的那一天,各地记者纷纷赶来,报道今天的出征仪式。华盛顿各界民众也走出家门,为将士们送行。一时间,华盛顿的道路上到处都是骑马、坐马车、步行的人。欧文·麦克道尔将军率领三万士兵,渡过波托马克河,开始向南方挺进。

7 月 21 日,在布尔伦河附近,双方军队遭遇,内战爆发后的第一场大战即将爆发。南方军队是由博雷加德带领,由 2.2 万人组成。刚开始,博雷加德据守布尔伦河后面的一片高地,这一高地平坦的地势对南方军来说极为不利,反而对进攻的北方军来说是一个很大的优势。但是有一个问题就是,虽然双方在战前都训练了士兵,但是毕竟时间仓促,训练准备都不足,作战体制混乱,很多士兵不知道自己的长官是谁,带队军官也不知道自己的兵在哪里。放眼望去,只见战场上身穿各式服饰的人混战在一起。由于双方穿着杂乱,旗帜也差不多,战斗开始不一会儿,战局就陷入了混乱,根本就分不出敌我。但是北方军人数稍占优势,一群北方士兵不断冲击博雷加德的防线,眼看就要取得成功,突然一阵呐喊声从河谷中传来,南方军旗出现在双方的视野中,原来是托马斯·杰克逊将军率领的9 000援兵赶到了战场。形势立刻扭转,北军开始溃退,南方军趁机发动猛攻。第二天早上,华盛顿的市民发现路上有许多士兵在睡觉,原来是溃败的北方军逃回华盛顿。

看到溃散的士兵,华盛顿顿时谣言四起,有的说博雷加德马上就要进入华盛顿,政府也决定放弃国会大厦,有的人就趁机怂恿人们叛国投降,局势对华盛顿极其不利。

1861年7月24日,麦克米伦将军任华盛顿军区司令。不久后便被林肯任命为陆军总司令。但是麦克米伦根本没有做总司令的能力,他总是抱着不切实际的幻想,做事优柔寡断,却又非常自负,认为自己的才能很大。任总司令已经有好几个月了,却没有看到他向南方派出一兵一卒,结果将战争的最佳时机白白浪费掉了。北方民众再也忍受不了了,纷纷要求撤换麦克米伦。但是一个消息的传来,却让沮丧中的北方民众得到了一丝安慰。

唐纳尔逊堡大捷!尤利西斯·格兰特将军指挥的北军在唐纳尔逊堡大败南方军!格兰特是美国内战中北方最重要的统帅,后来还担任了美国总统。格兰特一生很富有戏剧性,在内战爆发前,他就在军中服役,是一名军官,但是他十分厌倦军旅生涯,就辞职离开了部队。他回到社会以后,经营过农场,也做过房地产买卖,也当过皮革店店员,但是没有一样取得成功。身边的人包括他自己的兄弟在内,都嘲笑他,认为他是一个废物。在他39岁时,萨姆特堡的枪声响起,于是他决定回到军队上。格兰特长得比较矮小,平时又不修边幅,一副邋(lā)里邋遢(tā)的样子,在他身上一点也看不出军人的影子,因此他参军的要求被政府拒绝。但是经过努力,他还是回到了部队,并且当上了上校。在密苏里州的一次战斗中, 他率军击溃南军哈里斯上校的一个团,人们这时才看到格兰特的能力。

1861 年 8 月,格兰特晋升为准将,被派往伊利诺伊州作战。他驻扎在俄亥俄河和密西西比河汇合处的凯罗。这是一个十分重要的地方,往北 50 英里,就是田纳西河与坎伯兰河。在这两条河上,筑有南方军的两处重要据点——亨利堡和唐纳尔逊堡。南方军控制了这两处要塞,北方军就休想向南方进攻。但是只要占领这两处,北方军就能顺流而下,直捣南方中心,还能攻击南方军两翼,让他们应接不暇。格兰特看到了这两地的重要性,于是就率领运输船和炮艇,从 1862 年 2 月 7 日开始,首先进攻亨利堡。

占领亨利堡以后,格兰特就集中精力对付唐纳尔逊堡。在坎伯兰河左岸距离不到 15 英里的唐纳尔逊堡防守异常坚固。南军在这儿已经修建了好几年的工事,到处都能见到纵横交错的战壕,防御非常完善。而且此处驻有南军艾伯特·西德尼·约翰斯顿将军率领的 1.5 万名士兵。格兰特在分析了敌人的特点以后,开始排兵布阵:他在陆地一侧布置了陆军,对唐纳尔逊堡形成半圆形包围圈,而炮艇则一路沿田纳西河顺流而下,另一路则从坎伯兰河逆流而上,想以三路合围的态势,击败艾伯特·西德尼·约翰斯顿,占领唐纳

历史探微

格兰特,毕业于美国西点军校,美国南北战争后期始任联邦军总司令,后又担任美国第 18 任总统、陆军上将等职。是美国著名的军事家、政治家。

格兰特全名是海勒姆·尤利西斯·格兰特。1822 年 4 月 27 日,出生于俄亥俄的安乐点,父亲是一位普通的皮革小商人,母亲是位农场主的女儿,在给格兰特起名字时,家人将几个名字写出,然后从一堆写有名字的纸片中抓他的名字,尤利西斯是荷马史诗中一位大英雄的名字,虽然格兰特的外表与大英雄有一定的差距,但在事业上却取得了不俗的成绩,无愧英雄之名。

尔逊堡。

2月13日，攻击开始。北方军英勇向前，推进到了距离要塞不到100米的地方，却遭到了要塞守军的顽强抵抗。一时间，枪炮齐鸣，顿时见到北方军中浓烟滚滚，一个个北方军中弹倒地身亡，攻击失败了！格兰特见状，立刻撤下部队，他认识到，只有靠围困才能减少伤亡，迫使敌人投降。守军也发现了可流通的企图，就派兵绕道准备偷袭北军后翼。双方在要塞附近的一片密林遭遇，一场激战瞬时爆发。后翼遭到偷袭的格兰特见自己的中军开始动摇，左翼也摇摇欲坠，决定暂时收缩兵力，集中进攻唐纳尔逊堡。但是格兰特在审讯俘虏后得知，南军的粮食已经不多了，南军早就做好了撤退的准备。于是他立刻调整战略部署，命令将南军逃兵赶回战场就算完成任务。坚守要塞几个星期的艾伯特·约翰斯顿没有办法，只好带领少量残兵突围跑了出去。

占领唐纳尔逊堡之后，格兰特不给南军喘息的机会，立刻派兵攻占了纳什维尔。那里有南军最重要的火药厂和军械厂。紧接着又收复田纳西州。从查塔努加直到密西西比的广大地区的大门已经向北方军敞开了。但是最重要的是，一场胜利扭转了自开战以来北方军的不利形势，北军取得了首场胜利，北军士气大大提高。来自西北部的草原健儿击败了西南部森林地区的瘦高个子,传说中的南军不可战胜的神话破灭了。

但是正当格兰特想要追击艾伯特·约翰斯顿扩大战果而攻占孟斐斯—查塔努加铁路线时,他的上司怕格兰特取代自己的位置,就下令停止攻击。这样,本来已无胜望的约翰斯顿有了关键的休整机会,南方的援军也赶到了,约翰斯顿的力量重新集结起来。

4月6日,元气得到恢复的约翰斯顿向格兰特发起了突袭。格兰特此时处于一种背水而战的尴尬境地:驻地地势低矮,田纳西河水暴涨,面前也无堑(qiàn)壕防护。南军的攻击非常突然,但是格兰特指挥军队沉着应战,部将薛尔曼勇猛异常,士兵也发挥了破釜沉舟的牺牲精神,战场上到处是混战着的双方士兵。激烈的战斗持续了12个小时,在南军的进攻下,一些关键阵地相继失守,北军不得不进一步退到了河边。此时北军已无路可退,后面就是陡峭的河岸,局势已经到了最后的关头!但是此时南军也好不到哪去,约翰斯顿在战斗中被击中,身受重伤,南军群龙无首,攻击一时就停顿了下来。夜幕降临,一场暴雨突然而至,把双方士兵淋了个透。但是北方炮艇的炮声还在一直怒吼着,炮弹不断落在南军头上。

4月7日,战斗再次打响。此时格兰特的援军已经到了,北军发起反击,10个小时的激战过后,南军终于开始溃退,北方军胜利了!但是这是一场惨胜,北方军死伤人数高达1.3万人。虽然胜利了,但是却引起了北方民众的不满。他们要求林肯撤换格兰特,但是林肯却说:“你们谁能代替格兰特,那我就撤换他。格兰特是我不可缺少的一名将军。”事实证明,格兰特也确实没有辜负林肯的厚望。

色当战役

著名的色当战役是普法战争的一次重大战役。

普奥战争结束以后，普鲁士日渐强大，但是，紧靠法国南部的四个小邦国还仍然没有被普鲁士统一，俾斯麦下决心要统一除奥地利以外的所有德意志的国家。

要实现德意志的最后统一，必须统一这些小邦国。可是，俾斯麦知道，这四个小邦国紧靠法国，法国也早怀有吞并之心，一旦普鲁士强行占领，法国岂会善罢甘休？

对于形势正处于上升势头的普鲁士来说，找个借口与法国打一仗，既统一了南部四个小国，又占领了法国的富矿区阿尔萨斯和洛林，这是再合适不过了。可是，与法国开战的时机迟迟未到，令俾斯麦有些急不可待。

当时法国的统治者是拿破仑的侄子路易·拿破仑·波拿巴，史称拿破仑三世。这个人是个政治阴谋家和军事冒险家。1848 年法国革命失败后，他窃取了法兰西第二共和国的总统大权，又于 1851 年 12 月发动政变，恢复帝制，建立了历史上的法兰西第二帝国。

这样，普、法双方各怀鬼胎，开始了明争暗斗，都在寻找战争的契机。

法国率先一步，普奥战争刚结束，拿破仑三世就派人要求普鲁士兑现战前许下的诺言，即同意法国侵占比利时和卢森堡，并婉言提起德意志南部四个小国的领土划分问题。

这无异于要从普鲁士身上咬去一块肥肉，“铁血首相”俾(bì)斯麦当然不会同意。不过他使了个计策，没有明确拒绝，而是要求法国把这件事写成备忘录，“我好回去跟我们国王商量”。法国大使不知是计，就照办了。

俾斯麦拿到备忘录,没有去见皇帝,而是把它送给了同样想称霸欧洲的英、俄,试图挑起英、俄与法国的矛盾。

拿破仑三世知道上了俾斯麦的当,火冒三丈,决心与普鲁士决一雌雄!

尽管如此, 法国并未立刻动武。但接下来出现的西班牙王位继承人问题,终于使战争爆发了。

原来,西班牙女王伊莎贝拉被 1868 年西班牙革命推翻,女王流亡国外,王位空缺,俾斯麦看到有利可图,就派人收买了新成立的西班牙临时政府,提议让普鲁士国王威廉的堂兄利奥波德亲王去继承西班牙王位。俾斯麦的意图很明显,普鲁士的亲王做了西班牙的国王,法国腹背受敌,打起仗来,普鲁士可以前后夹击。

拿破仑三世也意识了这种危险, 随即就把抗议书递到了普鲁士国王手中。抗议书说,西班牙王位应由西班牙人去坐。否则,法国也可派去一个国王! 对此,俾斯麦非常气愤。

同时,法国政府内部议论纷纷,不少人要求普鲁士改变想法,否则将把这件事视为战争的原因,双方关系剑拔弩张。

突然,事情有了转机,利奥波德亲王在别人的劝说下,宣布放弃西班牙国王候选人资格,他说:“本来,只要西班牙人拥戴,我可以去做他们的国王。但我不想为此引发一场欧洲战争。”

于是,西班牙王位继承人问题就此宣告结束。可是,拿破仑三世看到事情这么简单就完结了, 认为普鲁士害怕他,所以他得寸进尺,提出更进一步的要求。

他令法国驻柏林大使去面见普鲁士国王威廉一世,

历史探微

拿破仑三世是法兰西第二帝国皇帝,他是拿破仑一世的侄子。在其执政期间,他大力促进法国工业革命,同时参加克里米亚战争,并发动侵略中国的殖民战争。1870 年普法战争中他亲临前线,在色当战役中战败被俘。

要求普鲁士作出书面保证，保证今后绝不派任何普鲁士国王家族的人去任西班牙国王。

1870年7月13日，威廉一世在度假地埃姆斯会见了法国大使。对法国的要求，威廉一世也感到无理，所以断然拒绝。然后威廉一世把会谈结果用电报告诉俾斯麦。

俾斯麦本来对法国就十分不满，如果没有法国干预，恐怕利奥波德亲王已经成为西班牙国王了。正在俾斯麦难以咽下这口气时，威廉一世的电报到了。电文的内容主要有：法国大使提出的无理要求不能接受，我已经拒绝；西班牙王位继承人问题已经通告了法国大使，由此引出的矛盾已经过去；关于此事，我不准备再接见法国大使了。

俾斯麦饶有兴味地仔细阅读着电文，突然他抬起头来问身旁的参谋总长毛奇和陆军总长房龙："如果与法国开战，我们能否取得胜利？"

这两个人也是"铁血政策"的得力执行人，立即说："一定取胜，我们会全力支持您的。"

"好！"俾斯麦喜形于色，立刻手指电文，"我们可以……"说完，三人哈哈大笑。

第二天，报纸公布了威廉一世的"埃姆斯急电"，但内容已经变味了。原来俾斯麦为了挑起战争，故意激怒拿破仑三世，他把电文作了改动，然后拿去发表。

法国人看了电文，感到普鲁士国王如此无理，非常气愤。尤其是拿破仑三世，认为普鲁士是在让自己出丑。这样在议会的支持下，拿破仑三世终于忍耐不住，于1870年7月19日，宣布对普鲁士开战。狂妄的拿破仑三世还说："我们这只不过是到普鲁士作一次军事散步！"战争开始时，拿破仑三世充满了信心，他把号称40万的大军调到前线，准备采用先发制人的策略一举攻入德意志境内，打败普鲁士。于是他自封司令，并于7月28日到前线视察。

可是，当他到前线后却发现，前线只有20万军队。驻守在军事要塞麦茨的兵力不足10万，而且装备不齐，物资不足，编制混乱。作战命令已经下达了，不少官兵还未找到自己所属的部队，根本无法投入战争，战机一次次失去了。

法军坐失良机，普军却赢得了时间。

8月2日，法军闯入德境，立即遭到普军的迎头痛击。

8月4日，普军转入反攻，向法军发起凶猛的攻势，普军攻入法军前哨阵地维桑堡，法军败退。拿破仑三世闻讯大怒，急忙电令麦克马洪夺回他丢失的阵地。8月6日，麦克马洪率军开到维桑堡西南的维尔特村，被普军拦截，双方展开激战，结果，法军全线溃败，继续撤退。普军乘胜追击，战场全部移入法国境内。

拿破仑三世看到情况不妙，立即把元帅印交给元帅巴赞，自己乘上一辆马车向西逃窜。8月14日，巴赞又被普军严密包围在麦茨要塞孤城，已无反抗之力。

拿破仑三世见事不妙，又随麦克马洪所率的12万大军逃向东北，到8月30日，不得不退守色当。普军随即也向色当地区集结。

9月1日，色当会战开始了。普军700门大炮猛轰法军营地，炮弹像雨点一样落向法军阵地。色当全城一片火海，硝烟弥漫。法军死伤无数，余下的士兵急忙钻进堡垒。麦克马洪几次受伤。

接着，普军20万人向色当发起猛攻，下午3时，法军终于支撑不住，在色当城楼举起了白旗，拿破仑三世还向普鲁士国王写了一封投降书，竟无耻地说："我亲爱的兄弟，因为我未能死在我的军中，所以我只得把自己的佩剑献给陛下。我希望继续做陛下的好兄弟，拿破仑。"

9月2日，拿破仑三世会见德国首相俾斯麦，正式签署了投降书。拿破仑三世、法军元帅以下的39名将军以及10万士兵全部做了普军的俘虏，650门大炮也被普军缴(jiǎo)获。

9月3日，拿破仑三世向巴黎发电："军队已被击败，全体官兵和我本人都已成为俘虏。"

1871年1月28日，普法签订《巴黎停战协定》，宣布法国投降。5月10日，双方在法兰克福签订《法兰克福和约》，法国割让了阿尔萨斯和洛林给德国，并赔偿50亿法郎，宣告战争结束。

色当战役在历史上被称为"色当惨败"，它使德国完成了最后的统一。

马克思和《资本论》

1818 年 5 月 5 日，马克思诞生于德国莱茵省特里尔城。他从小勤奋好学，善于独立思考。除母语德文外，他先后攻下了拉丁文、希腊文、法文、英文和意大利文。中学时代，他受到法国启蒙思想的影响，已有为人类谋幸福的崇高理想。中学毕业时他写的《青年在选择职业时的考虑》一文说，一个人只有立志为人类劳动，才能成为真正的伟人。1835 年 10 月，他进波恩大学攻读法学，一年后转入柏林大学法律系。在大学期间，他除研究法学外，还研究历史、哲学和艺术理论。1837 年起，马克思开始认真钻研黑格尔哲学。1841 年，他结束大学生活，获哲学博士学位。

马克思在完成博士论文后，本想在波恩大学讲授哲学，但因普鲁士政府加紧对进步知识分子的迫害，他不得不放弃这个打算。于是他转向政治，开始从事反对封建专制和争取民主的斗争。1842 年初，他写了第一篇政论性文章《评普鲁士的书报检查令》，通过对书报检查制度的批判，揭露了整个普鲁士国家制度的反动本质。同年 4 月，他开始为自由主义反对派创办的《莱茵报》撰稿，10 月担任了该报的编辑。在马克思的影响下，这份报纸越来越鲜明地倾向于革命民主主义。1843 年 3 月《莱茵报》被反动当局查封。

1844 年，马克思创办《德法年鉴》杂志。在巴黎期间，马克思进行了紧张的理论研究工作。他埋头钻研了资产阶级经济学家特别是英国古典经济学家亚当·斯密和大卫·李嘉图的劳动价值论，圣西门、傅立叶、欧文等人的空想社会主义学说和空想共产主义者的思想。

1844 年 8 月，恩格斯从英国来到巴黎，拜访了马克思。这是一次历史性会面。从此他们开始了前无古人的伟大合作。

历史探微

马克思逝世后，恩格斯投入全部精力整理马克思的《资本论》后几卷的手稿。为整理出版马克思的宝贵遗著，恩格斯前后共花了12年的时间，这是恩格斯在晚年给予国际工人运动最大的理论贡献。

1845年1月，马克思被法国政府驱逐出境，2月到了布鲁塞尔。他开始批判费尔巴哈唯物主义的局限性，写下了《关于费尔巴哈的提纲》，着重阐明了实践在社会生活和人的认识中的作用，指出实践是检验人的思维的真理性的标准。这个提纲是包含着新世界观的天才萌芽的第一个文件。接着，他又同恩格斯合写了《德意志意识形态》。这部著作第一次系统地阐明了唯物主义历史观。唯物史观是恩格斯肯定的马克思的两个伟大发现之一。

1846年初，他和恩格斯一起在布鲁塞尔建立了共产主义通讯委员会，在工人中传播科学社会主义理论。1847年11月，马克思亲自出席了共产主义者同盟第二次代表大会，并受大会委托与恩格斯共同起草同盟的纲领。这就是1848年2月正式发表的科学共产主义的纲领性文件《共产党宣言》。马克思在19世纪50年代和60年代最伟大的功绩是构建了马克思主义经济学理论体系。1857年到1858年5月期间，他写了第一个经济学手稿——《1857—1858年经济学手稿》，即通常说的《政治经济学批判大纲》。这是《资本论》的最初稿本。马克思在这个手稿中制定了马克思主义经济学的一系列重要原理，阐述了剩余价值理论的基本要点。1859年马克思利用这个手稿的有关章节写了《政治经济学批判》一书。这部著作第一次有系统地阐述了马克思的价值论，包括货币学说在内。后来他又写了一个新手稿：《1861—1863年经济学手稿》。这是《资本论》的第二个稿本，这个手稿阐述了《资本论》第一卷的主要内容，也谈到了属于第二卷和第三卷的一些内容。其中很大篇幅是对剩余价值学说史的批判，这部分后来被编为《剩余价值理论》。1863年8月到1865年底他又写了一些新的手稿，即《资本论》的第三个稿本。1867 年 9 月 14 日他发表了《资本论》第一卷。第二卷和第三卷在他逝世后由恩格斯整理后,分别在 1885 年和 1894 年出版。《资本论》这部不朽著作具有划时代意义,是政治经济学中的一次革命。它论述了资本主义社会经济运动的规律,揭露了资本主义的内在矛盾,揭示了资本家对工人剥削的秘密在于占有工人的剩余价值,并以此为前提创造了自己的社会主义——共产主义学说,对人类历史的发展产生了巨大的影响。

反动政府的迫害、贫困的物质生活以及繁重的理论工作和紧张的战斗,严重损害了马克思的健康,晚年常被病痛所折磨。1883 年 3 月 14 日,马克思那颗伟大的心停止了跳动。他被安葬在伦敦的海格特墓地,和他的夫人燕妮葬在一起。

马克思的一生是伟大的。他和恩格斯共同创立的马克思主义学说,是世界人民的宝贵财富。马克思的名字永垂史册。

第一国际的建立

1864 年 9 月28 日,英国、法国、德国、意大利,还有波兰等国的工人代表在伦敦圣马丁教堂举行支持波兰人民反对俄国沙皇统治的盛大集会。

这次大会就是英国工人联合法国工人而召开的。英法工人率先发言,鼓励大家团结起来,共同斗争。这标志着工人运动已进入了一个新的发展时期,建立国际工人组织的时机已经成熟。

在马克思的支持下,应各国工人的一致要求,大会成立了“国际工人协会”,即“第一国际”,还选举成立了其领导机构——中央委员会,后改称为“总委员会”,马克思当选为总委员会委员。

大会委托马克思起草纲领和章程,他在疾病缠身的情况下,严肃认真地对所有文件进行了审阅、修改。经过 7 个昼夜的辛勤劳动,马克思于 10 月 28 日,向总委员会提交了修改后的文件。文件共有两份:《第一国际成立宣言》和《第一国际共同章程》。

总委员会在随即召开的全体会议上,一致通过了马克思修改后的《成立宣言》和《共同章程》。

第一国际成立之后,立刻组织各国工人开展运动,掀起了国际工人运动的高潮。如1866年英国“裁缝工人大罢工”,1867年法国“钢铁工人大罢工”,1868年日内瓦“建筑工人大罢工”等,这些斗争,在第一国际的有力支持下,都取得了胜利。

第一国际在支持各国工人反对各国资产阶级、争取自己应有的权益的同时,也在同各种机会主义者作顽强的斗争。这些斗争中,最主要的是与蒲鲁东主义和巴枯宁主义的斗争。

蒲鲁东主义的代表人物是蒲鲁东,他是无政府主义者的典型代表。蒲鲁东主张取消国家,取消政党,实现个人的绝对自由,不受任何约束。这种想法其实就是要求世上所有的人,想干什么就干什么。这种主张明显是在捣乱,是根本行不通的。

巴枯宁也是无政府主义者。1868年10月,他在日内瓦背着第一国际,组织了一个“社会主义民主同盟”组织,大肆宣传“废除国家”“阶级平等”“主张个人绝对自由”等无政府主义思想;他还派人到意大利、西班牙、法国等地去建立支部。巴枯宁这样做的目的是想造成强大的声势,提高自身的威望,最后夺取第一国际的领导权。但最终蒲鲁东和巴枯宁的阴谋都失败了。

在马克思的领导下,第一国际在斗争中不断发展壮大,更加有力地团结各国工人,支持各国无产阶级的斗争,在世界各国的工人运动中,起到了巨大作用。

历史探微

蒲鲁东是法国经济学家、社会学家、无政府主义创始人之一。他出身卑微,自学成才,怀疑和敌视一切权威。他的政治文章和书籍及参加1848年革命的经历使其名噪一时,蒲鲁东主义曾对第一国际产生巨大消极影响。

明治维新

19世纪中期的日本还是一个闭关自守的封建国家，处在德川幕府统治之下。德川幕府对内建立了严密的幕藩(fān)统治体制，实行森严的等级制度；对外采取闭关锁国政策，严重阻碍了日本经济的发展，使日本一直处于落后状态。

但是，自18世纪中期以来，随着商品经济的发展，日本出现了资本主义的萌芽——商业资本侵入农村，资本主义手工工场逐渐发展起来，城市中的大商业高利贷资本也得到了很大的发展。阶级关系也随之发生了深刻变化，出现了新兴地主、工场手工业资本家、商业高利贷资本家等新兴阶级，统治阶级内部也分化出了一个资产阶级化的下级武士阶层。19世纪三四十年代，在日益高涨的人民起义的冲击下，幕府和各藩实行了改革，但幕府的改革以失败而告终；相反，西南外藩却通过改革自强，成为抗衡幕府的强大势力，这一切使幕府的封建统治陷入了严重的危机。

正当幕藩体制濒临崩溃之时，从1853年开始，以美国为首的欧美资本主义列强又用武力打开了日本的大门，迫使幕府签订了一系列不平等条约，使日本面临着严重的半殖民地危机。在内忧外患之下，幕府统治的危机更加严重了。

外国资本主义的入侵，促使日本的阶级矛盾进一步激化。农民和城市贫民掀起了一系列反封建反侵略的革命斗争，有力地动摇了幕府统治的基础。在革命运动的推动下，西南各藩的下级武士与一部分皇族公卿和工商业资产阶级结成联盟，打着“尊王攘夷”的旗号，展开了“倒幕运动”。1868年1月，联盟在京都附近的鸟羽、伏见战役中打败了幕府的军队；此后，又经过一年的内战,消灭了幕府的残余势力,最终推翻了德川幕府的统治。“倒幕”斗争的胜利,德川幕府的灭亡,为明治维新提供了可能性和条件。

明治政府在推翻幕府统治之后，于1868年到1873年间实行了一系列资产阶级性质的改革措施:

一、废藩置县,消除封建割据,加强以天皇为中心的统一的中央集权的国家统治。

1869年,各地藩主被迫先后奉还版籍,即把领地和户籍奉还给天皇;旧藩主成为新中央政府任命的藩知事，藩政基本方针必须服从中央。接着,1871年政府强行废藩置县。所有藩知事被解除职务,移居东京,领受俸禄;取消藩国,将全国划分为三府七十二县,由中央委派知事直接管辖。这个措施大大加强了国家的统一和中央集权。同时,新政府作为地主资产阶级的国家机器,发挥了镇压人民的作用,它宣布永远禁止农民结党聚众、强行控诉和相携逃亡。当农民要求把反封建斗争进行到底,在许多地方发动起义时,新政府悍然镇压了这些起义。

二、改革封建等级制度,以适应资本主义经济的发展需要。

新政府在废除纯粹的封建土地所有制的基础上,改革了封建等级制度,废除武士等级的部分特权,大部分公卿称为华族,一般武士改称为士族,农、工、商和贱民皆称平民。1873年后,政府以公债代替各种俸禄,领受公债者达303 000人,发放的公债高达100 007 500余万元。华族或用公债购买土地,成为地主;或投资于工商业,成为资本家。这种赎买政策,实际上使封建私有财产制变为资本主义私有财产制。

政府取消对农、工、商的限制,承认土地私有权,允许自由买卖土地和种植作物,允许一切人自由选择职业和迁居。这些措施意味着农民摆脱了对封建主的人身依附关系,为日本资本家提供大量的自由劳动力,从而为资本主义的发展提供有利的条件。

三、地税改革,保证政府的财政收入。

土地税收占新政府收入的 80%。为了巩固和保证这项收入,1873 年政府颁布了地税改革条例。条例规定:只对土地所有者征税;地税为法定地价的 3%,不管收成如何,地税不变;地税一律以货币缴纳。

地税改革丝毫没有减轻农民的负担,政府始终站在地主立场,保护地主对佃农的剥削;好不容易取得土地的自耕农,大部分由于缴纳不起地税,纷纷丧失土地,沦为佃农。地税改革是促使封建经济转化为资本主义经济而强制推行原始积累的重要手段,这个改革使政府的财政收入得到保证,使政府有足够的财力供养军队和补贴近代军事工业。同时,地税改革使作为天皇制政府重要社会支柱的半封建地主制迅速地确定下来。

四、实行征兵制,建立近代常备军。

明治政府成立初期,提出了“富国强兵”的口号,并努力建立一支强大的近代常备军,其目的是为了镇压士族叛乱和人民起义,也是为了对外侵略扩张。政府首先建立由亲政府的士族组成的近卫军,各县在整顿旧藩兵的基础上建立士族军队。1872 年 11 月,政府开始实行征兵制,向全国人民征兵,建立近代常备军。

天皇制政府从一开始就具有浓厚的军国主义色彩。日本地主资产阶级羽翼尚未丰满,就依靠这支常备军,开始对中国台湾和朝鲜进行侵略。

五、扶植资本主义工商业,积极引进外国先进技术。

为了扩大国内市场和促进资本主义的发展, 新政府采取了许多经济措施,例如:废除各藩设立的关卡;统一全国币制和邮政;建立示范企业,传授

历史探微

“幕府”一词指出征时将军的营帐。在日本,幕府最初指近卫大将的住所,专指武士首脑征夷大将军府第,以后又称以将军为首的中央政权为幕府。1867 年江户幕府的德川庆喜还政于天皇,幕府统治结束。

技术;向资本家发放无息贷款,扶植和补助私人企业;聘请外国技师,积极引进外国先进技术等等。政府为了军事上的需要,特别重视并大力发展军事工业。政府还把一些厂矿企业廉价转让给三井、三菱、安田、住友等财阀,促使日本垄断资本迅速形成。

天皇制政府、军阀和财阀紧密勾结,是明治维新后一个十分突出的现象。因此,从一开始,日本资本主义的发展就带有鲜明的军事特征和军国主义的倾向,这使日本资本主义迅速过渡为军事封建帝国主义。

六、与列强交涉,收回主权。

新政府成立后,努力与列强交涉,力争修改不平等条约,收回主权。1871年政府派出以岩仓为团长的代表团到欧美各国,进行关于修改不平等条约的谈判,但遭到欧美各国的蛮横拒绝。尽管如此,在19世纪70年代新政府先后收回了租借地及铁路修筑权、采矿权、驻军权、租借地警察权等;直到90年代末,日本才成功地修改了不平等条约,获得与欧美各国基本上平等的地位。

明治维新是日本历史上的一个转折点。它标志着日本从封建主义社会过渡到资本主义社会,从封建割据国家变成统一的国家,从半殖民地国家逐渐变成独立的资本主义强国。

明治维新之所以能够取得这些成就,绝非偶然。倒幕派利用人民的力量,建立了广泛的反幕统一战线,通过国内战争推翻了与外国殖民势力相勾结的幕府封建统治,建立了地主资产阶级联合专政的新政权。这是实现上述资产阶级改革的首要前提。当时美国忙于国内的南北战争,英、法等国忙于侵略和争夺比日本资源丰富、市场广大的中国,无暇顾及日本,从而使日本得以乘机自强。

西方资本主义国家各怀鬼胎,对日政策各异,对日未能采取统一行动或进行联合武装干涉;当时中国等亚洲人民反封建反殖民主义的斗争方兴未艾,也牵制了西方殖民势力,使他们不能抽调大量兵力干涉日本。这些就是明治维新能够成功的内外条件。

明治维新在历史上所起的进步作用是不容抹杀的。明治维新不仅使日本走上了发展资本主义的道路,使其资本主义生产力飞速发展,而且也使日本得以逐步废除了不平等条约,维护了国家权益,摆脱了民族危机,成为亚洲唯一独立的资本主义强国。日本通过明治维新第一个摆脱了半殖民地的束缚。明治维新的道路,坚定了近代亚洲各国被压迫民族,特别是亚洲各国民族资产阶级争取民族独立和重建祖国的信念。

苏丹马赫迪大起义

马赫迪原名穆罕(hǎn)默德·艾哈迈德(1848年—1885年),出生在尼罗河拉巴卜岛上一个贫苦的造船工人家庭里。阿赫迈德自童年起就过着漂泊不定的生活,饱尝了生活的苦难,后来成为一个伊斯兰教苦行僧。

苏丹位于非洲的东北部,在埃及的南面。1819年至1822年,埃及总督穆罕默德·阿里侵占了苏丹,苏丹名义上仍属于奥斯曼帝国,实际上由埃及统治。

19世纪70年代后,英国逐渐取代了埃及在苏丹的统治地位。英国政府利用它在埃及的债权国地位迫使埃及总督委派英国官员和其他英国代理人担任苏丹各省省长,甚至担任总督。1872年,英国殖民主义者、探险家塞缪尔·贝克担任赤道省省长,直接掌管军队,并征服了苏丹的南半部;其后,曾经镇压中国太平天国革命运动的刽子手查尔斯·戈登担任赤道省省长和苏丹的总督。英国殖民者和苏丹当地的封建贵族、部落酋长相互勾结,对苏丹人民进行残酷的剥削和压迫,使苏丹社会经济遭到严重破坏,广大人民群众贫困不堪,整个苏丹一片荒废破败的景象。

为了摆脱奴役和剥削,争取民族独立,苏丹人民不断进行斗争,19世纪80年代初便爆发了波澜壮阔的马赫迪大起义。

1871年, 艾哈迈德到了白尼罗河的阿巴岛, 开始借助宗教宣传他的主张。他通过宣讲伊斯兰教义,谴责富人、官吏和外国侵略者的贪婪、残暴,提出建立真正的伊斯兰信仰,实现人间的平等和正义的主张。1881年,艾哈迈德利用伊斯兰教关于马赫迪(救世主)将在人间建立天国的说法,正式称自己是“众所期待的马赫迪”,号召人民行动起来,跟邪恶势力作斗争。他散发了宣言并写了很多信，宣称要进行“圣战”，要驱逐叛教者、异教徒(指土耳其人和外国人)，建立“普遍平等，处处有公正的美好社会”；与此同时，他提出了“宁拼千条命，不缴一文税”的口号。

1881年8月12日，苏丹总督在威逼马赫迪放弃这个称号并停止“叛逆”行动遭到拒绝后，派出两连正规军到阿巴岛捉拿马赫迪。马赫迪早有准备，在政府军登上阿巴岛后，二百多名手执长矛、鱼叉和棍棒的马赫迪信徒，立即冲杀出来，一举歼灭二十六名敌军官兵。阿巴岛的战斗宣告苏丹人民武装起义开始了。

阿巴岛初战告捷后，马赫迪立即率领起义者向西部卡迪尔山区进发，沿途所经之处，起义者受到热烈欢迎，参加起义的人数迅速增加。卡迪尔山区位于科尔多凡省南部，地势险要，易守难攻，马赫迪在那里建立了起义的根据地。马赫迪宣布：“所有反对我的使命的人，不管是基督教、伊斯兰教徒或其他异教徒，都将遭到毁灭。”

马赫迪起义队伍的壮大使英埃统治者感到十分惊慌，急忙派重兵前去镇压。1881年12月，苏丹总督命令法绍达省省长拉希德率领一千四百多人的讨伐军向卡迪尔山区偷袭。马赫迪早已得知消息，采取伏击战术，以烽火为号，一举全歼进犯者，获得起义后的第二次胜利。1882年4月，新任苏丹总督盖格勒又指派尤来福·沙拉利率领三千五百人再次扑向卡迪尔山区。6月7日，这批讨伐军到达卡迪尔山区时已经疲惫不堪，当他们筑起栅栏呼呼大睡时，马赫迪乘机发动袭击，又全歼敌军。

马赫迪起义军的几次重大胜利，巩固了起义根据地，壮大了起义队伍。他们用缴获的大批枪支弹药武装了自己。

1882年9月，马赫迪率领三万起义军向科尔多凡省省会乌拜伊德发起进攻。1883年1月，经过艰苦的攻坚战，起义军终于攻克了乌拜伊德。英国政府看到使用苏丹军队已不能有效地镇压起义，于是便采取了用埃及人打苏丹人的办法。1883年9月，由英国军官威廉·希克斯率领的一万一千名埃及远征军，从恩图曼出发向科尔多凡省进发。这支远征军配备了十四门大炮、六挺机枪、五百匹战马和五千五百匹骆驼，苏丹新任总督阿拉丁随军督战。马赫迪起义军实行了“坚壁清野”，填平了敌军沿途所经的水井；与此同时，马赫迪又采取骚乱敌人和诱敌深入的战术，使希克斯远征军疲惫不堪，军心涣散，陷入重重包围之中。11月5日，马赫迪起义军把希克斯的军队包围在乌拜伊德以南的希甘森林空地中；四千名起义军以排山倒海之势冲入敌阵，将其分割成三部分加以歼灭。经过一上午的激战，除了二百五十名敌人侥幸逃命以外，其余敌人全部被歼，希克斯被击毙。希甘的胜利大大鼓舞了苏丹人民的革命斗志，起义地区进一步扩大。1884年初，喀土穆以南的地区获得解放；2月，东部地区发动起义，在马赫迪派去的得力将领奥斯曼·迪克纳率领下，起义军多次打败苏丹反动军队和英国侵略军，控制了除萨瓦金港外的整个红海沿岸地区。

希克斯远征军的覆没震动了英国政府，引起英国国会的激烈争吵。为挽救在苏丹的败局，英国政府决定重新起用老奸巨猾的殖民主义分子——戈登。

1884年1月，戈登动身重返苏丹。2月，戈登到达喀土穆，按照英国政府的旨意，于2月13日宣布苏丹脱离埃及而“独立”；接着他又组成了一个代行临时政府职权的委员会，这个委员会由柏柏尔省六个头面人物组成，戈登以苏丹总督和英国政府官员的身份主持工作，实际上这是一个从埃及分离出来而直接受英国控制的傀儡(kuǐ lěi)政权。为了收买人心，戈登假惺惺地公开指责埃及政府的所作所为，宣布免除欠税、新税减半、拆除监狱、焚毁欠税名册和刑具等；另一方面，戈登又以英国军队将到达喀土穆来威胁人们，不许任何人支持或参加起义军。此外戈登还使出收买手段，写信给马赫迪，任命他为科尔多凡省的省长，并随信送去一张委任状和一套华贵的服装。

马赫迪不为所诱，回信痛斥戈登说：“我是众所期待的、当之无愧的马赫迪……我无须接受你的委派……向我们投降，你才会有出路。”他同样派人捎去一套起义者的服装，让戈登向起义军投降。马赫迪又粉碎了戈登在起义队伍中挑拨离间、收买起义军将领的罪恶阴谋。

1884年3月16日，马赫迪派出四千名起义军攻占喀土穆以北的哈勒法亚据点，切断戈登的退路；随后又派兵从东面包围了喀土穆。鉴于苏丹面临的危险形势，英国政府又派出侵略军，由沃尔斯利率领，从埃及进入苏丹。马赫迪经过充分准备后，于8月率领四万起义军从乌拜伊德出发，10月22日抵达距喀土穆城不远的恩图曼城下，并立即写信敦促戈登投降。此时，英国援军尚在千里之外，戈登望眼欲穿。12月，起义军加紧了攻城战斗，戈登开始陷于绝望之中，他写信说："由于援军迟迟不来，我们的末日快要到了。"

1885年1月26日凌晨，马赫迪发动总攻，起义军像潮水般冲进城中，直捣总督府。据一位目击者叙述，当一队起义军战士冲进总督府时，戈登已吓得魂不附体，他从办公室跑到楼梯口时，一位起义军战士怒喝道："该死的家伙，你的末日到了！"随即用长矛刺死了这个沾满中国人民和苏丹人民鲜血的刽子手。当英国侵略军的先头部队乘着汽船沿着白尼罗河驶近喀土穆时，看到的已不是英国国旗，而是高高飘扬的起义军的绿色战旗，于是慌忙掉头鼠窜。1885年夏，起义军挥师北上，解放了除萨瓦金港以外的整个苏丹国土。

马赫迪领导苏丹人民经过五年的浴血奋战，终于赶走了英埃殖民者，取得了重大胜利。但正在此时，1885年6月，马赫迪不幸病逝。此后，他的战友阿卜杜拉继承了他的事业，称哈里发(先知的继承人)。阿卜杜拉建立了中央集权制国家，定都恩图曼。

但英帝国主义并不甘心在苏丹的失败。在马赫迪国家建立后，英国曾多次唆使埃塞俄比亚进攻苏丹，极大地削弱了苏丹力量。随着英法在东北非争夺的加剧，英国为了防止法国夺取苏丹南部地区，于1896年派遣由二万五千多人组成的远征军，配备新式的马克沁机枪、七千余匹战马和骆驼，由克其纳将军率领，大举进犯苏丹。

1898年4月，苏丹军队在阿特巴拉河畔与英军首次交锋，遭到英军猛烈攻击，损失了五千余人。1898年9月2日，双方在恩图曼城下进行决战。马赫迪军队作战十分英勇，士兵们冒着敌人的机枪、速射步枪的猛烈火力，一次又一次地冲上前去与英军搏斗。在这场决战中，马赫迪军队惨败，损失二万多人，首都恩图曼陷落。英军进入恩图曼后，大肆烧杀抢劫，甚至挖掘了马赫迪的陵墓，焚毁了他的尸体。阿卜杜拉率领残部转战于科尔多凡的荒漠地区。1899年11月，阿卜杜拉在一次战役中英勇牺牲，余部坚持斗争至1900年。

1899年1月，英埃签订《共管苏丹协定》，苏丹在“英埃共管”的名义下，成为英国的殖民地。

马赫迪起义是非洲近代史上一次大规模的反殖民主义、反帝国主义的武装斗争，它沉重地打击了帝国主义，有力地推迟了帝国主义对非洲的瓜分。

历史探微

马赫迪陵墓是为了纪念民族英雄马赫迪而修建的纪念馆。它位于尼罗河西岸，恩图曼城东，是一座伊斯兰风格的淡黄色建筑。马赫迪陵墓高40多米，直径20多米，在银灰色的锥形主圆顶周围有4个样式统一的小型圆顶。整个陵墓金碧辉煌、雄伟壮观。1898年，英国殖民者卷土重来，悍然挖开马赫迪陵墓，并将马赫迪的遗体抛入河中。现陵墓里陈列有雕刻精致的马赫迪棺椁、马赫迪画像以及他领导苏丹人民进行武装反抗斗争的实物、图片等。

"五一"国际劳动节

每年5月1日这天,世界各国的劳动者都要庄严地举行各种纪念活动,来庆祝自己的战斗节日——"五一"国际劳动节。为什么把这个节日定在5月1日呢?又是什么时候定下来的呢?

19世纪80年代是美国工人运动史上的转折时期。当时,美国资本主义经济高度发展,美国工人和许多国家的工人一样,工作繁重,工资很低,工时很长,一般为十小时,有的长达十二至十五小时。马萨诸塞州一个鞋厂的监工说:"让一个身强力壮体格健全的十八岁的小伙子,在这里的任何一架机器旁边工作,我能够使他在二十二岁时头发变成灰白。"沉重的阶级压迫激起了工人们的巨大愤怒,1877年,发生了美国历史上第一次全国罢工。当时,美国工人阶级队伍不断扩大,组织迅速增加,工会会员人数剧增,非熟练工人和半熟练工人纷纷参加罢工。他们要求改善劳动与生活条件,甚至要求全面改变经济制度。当时,广大群众普遍要求缩短工时,提出实行八小时工作制的口号,并为此进行斗争。有的工人说:"我们要有一个由工人自己制定的法令,规定从某一日起每日实行八小时工作制。"19世纪80年代初,争取八小时工作制的斗争主要限于立法活动。但1882年总统切斯特·阿瑟宣称:"我不认为八小时工作制的法律是符合宪法的,而世界上没有任何力量能够使我实施一项不符合宪法的法律。"美国工人忍无可忍,走上街头,进行全国性的声势浩大的斗争。

1886年5月1日,美国一万多个单位的三十五万工人举行争取八小时工作制的罢工。芝加哥、纽约、波士顿、匹兹堡和华盛顿等城市的男工、女工、黑人和白种工人,以及侨民都投入斗争。当时在罢工工人中流行着一首《八小

时之歌》,歌中唱道:

我们要把世界变个样,
我们厌倦了白白的辛劳,
光得到仅能糊口的工饷,
从没有时间让我们去思考。
我们要晒晒太阳,
我们要闻闻花香,
我们相信:
上帝只允许八小时工作日。
我们从船坞、车间和工场,
召集了我们的队伍,争取:
八小时工作,八小时休息,八小时归自己!

芝加哥是争取八小时工作制斗争最激烈的城市。这里的“五一”罢工显示了强大力量,获得了很大成功,有四万工人参加了“五一”罢工,参加示威

历史探微

时至今日,每到“五一”劳动节期间,菲律宾和泰国便会举行由工会组织的集会,在这一天,工人们会为了提高工资、获得基本利益而上街游行,争取权益。这些集会也许是距离“五一”的本义最近的庆祝方式了。

与此不同的是巴西的“五月劳动节”。那一天工会将组织游行集会,节日持续一周之久。但集会参与者不是工人,而是身着艳丽的服装,情绪昂扬,载歌载舞的平民百姓。怎么看都与巴西的狂欢节类似,在这里,劳动节完全失去了工人活动的目的与意义。

游行的工人超过了八万人,他们的领导人多为无政府主义者。当时一家芝加哥报纸写道:“芝加哥市铁路交通陷于停顿,所有仓库都关门并贴上封条,芝加哥大部分工业处于瘫痪状态。工厂和制造场高大的烟囱上看不到缕缕青烟。”

无产阶级在5月1日所表现的巨大力量使政府当局和资本家胆战心惊,他们策划进行镇压。5月3日,他们组织罢工破坏者在警察保护下接替罢工工人的工作,破坏芝加哥麦考米克收割机制造厂的罢工。罢工工人坚决抗议,但遭到屠杀,死伤多人。罢工工人决定于次日,即5月4日,在秣市广场举行群众大会,抗议警察暴行。

5月4日,芝加哥工人群众在秣市广场集会,参加者发表演说谴责警察的暴行,会场上秩序井然。当会议临近尾声时,一队全副武装的警察开进会场,用武力驱散群众。这时会场上有人向警察扔了一枚炸弹,当场死亡或重伤致死的警察共六人。警察立即向群众开枪,不少工人中弹而死,受伤者二百多人。当局逮捕了工人运动领导人和数百名工人,并对其中八人进行审讯。警察曾用了六个星期的时间都未能捕到的工运领导人之一——派生斯,在开庭这一天,他突然来到法庭,并公然宣布:“法官阁下,我是来和我的同伴们一起出庭受审的。”

这些工人领导人在法庭上进行斗争。斯庇斯慷慨激昂地发表演说:“我以一个阶级的代表的身份对另一个阶级的代表说话,如果你们以为用绞死我们的办法,就能够摧毁劳工运动,摧毁那些被蹂躏(róu lìn)的、在贫困和悲惨中从事劳动的、期待通过它获得解放的千百万人,那么就绞死我们吧！你们可以在这里踩熄一个火花，但是，正是在那里，在你们的后面和前面到处会燃起火焰。这是来自地狱的烈火，你们是不能把它扑灭的。”

审讯结果，判处七人死刑。1887年11月1日，派生斯、斯庇斯、费煦和恩格尔四人被处死；费尔登和许瓦布原判死刑后改为无期徒刑；林登自杀；奈比被判十五年徒刑。美国大资产阶级政府对工人的暴行引起了美国和全世界工人阶级的强烈抗议。马克思的女儿爱琳娜·马克思·爱威林和她的丈夫号召英国工人“以举行集会和通过决议的方法来支持美国兄弟”。英国工人曾多次举行集会，对谋杀劳工领袖的行为提出抗议。

美国工人在斗争中提出的八小时工作制反映了当时资本主义各国工人的具体要求，从而被欧美无产阶级迅速接受，并为国际工人运动所重视。1889年，在巴黎召开各国社会主义者代表大会，成立了第二国际。在这次代表大会上，法国代表拉文建议，每年5月1日作为全世界无产者的节日，以纪念芝加哥工人的革命斗争。大会接受了他的建议，通过了关于“五一”国际劳动节的决议，指出：“在一个作为永久规定的日子里组织国际性的大规模示威游行，以便各国和一切城市的工人都在同一天里要求当局规定八小时工作制，并实现巴黎国际代表大会的其他决议。”

1890年5月1日，法国、德国、美国、奥匈、比利时、意大利、西班牙、丹麦、挪威和瑞典等国工人都举行了示威游行；英国工人于5月4日(星期日)举行示威游行；各国工人一致提出八小时工作制等要求。恩格斯对这次活动给予了充分的肯定，他在记述1890年的“五一”国际劳动节时写道：“今天的情景定会使全世界的资本家和地主知道，全世界的无产者现在已经真正联合起来了。”

戊戌变法

光绪二十四年八月六日(1898年9月21日)凌晨。

光绪帝前夜由于心绪不宁,折腾半宿才合眼,早晨正做着那布新政、展宏图的美梦时,御前太监王商唤醒了他。

“小福马,什么事,慌里慌张的?”

“万岁爷,太后老佛爷回宫了!”

光绪一听,脑袋顿时“嗡”的一声,神色为之一变!因为按惯例,每年的端午节到万寿节这一段初夏至仲秋之际,慈禧一向住在颐和园中消暑的,此时尚早,她突然回宫,其中必有缘故。光绪忙起身准备去迎接。王商递过热毛巾,替他抹了把脸,低声说:“万岁爷,听说老佛爷气色可不大好……”

光绪两只大眼睛转了转,皱了一下眉,不禁满腹狐疑:难道是袁世凯那里出了什么岔(chà)子?他定了定神吩咐道:

“叫过珍妃,跪迎老佛爷!”

“已经通知珍妃主子了!”

太监们簇拥着光绪、珍妃,径朝乾清门迎去。

这时,只见八个太监抬着一个蒙着黄缎子的銮舆迎面而来,五六十个太监前护后拥,总管李莲英神气活现地走在最前面。

光绪、珍妃快步跪于铺着红色地毯的甬道上:

“亲爸爸,孩儿给您请安!”

銮舆停下,慈禧掀开轿帘,瞥了光绪、珍妃一眼,然后吩咐太监:

“到养心殿!”

銮舆进了养心门,太监们轻轻撂下轿杆。慈禧由两个宫女搀扶着下了轿,向东暖阁走去。

那里原是皇上的卧室,后来皇上搬到殿后的二层殿居住,这里就成了慈禧垂帘听政的地方。阁的正中是龙饰木雕的毗卢罩,罩下垂一幅黄纱帘,纱幕后面是一宽大黄缎宝座,昔日慈禧垂帘听政曾在此稳坐三十余年,但自从光绪亲政以后,她就已经离开了这里;纱幕前面是一个稍小的御座,这是光绪接见大臣的座位。

慈禧入阁以后,在门口站定,那凤眼凝视着墙上那幅巨书“龙”字,然后转向两个宝座,现出若有所思的神情。她缓缓地走到光绪御座前,一下坐了上去。

光绪见状,心中不禁一沉,有一种不祥的预感。众人也疑窦丛生,面面相觑(qù),不知道到底发生了什么事。

光绪、珍妃立即跪于织花地毯上,行过大礼,又请了一遍安后,垂手立于案前。

慈禧瞪视着光绪,手指着他道:“哼!我一点儿也不如意!在你眼里,还有我这个亲爸爸吗?”

“亲爸爸”是满族人对姑母的一种尊敬而又亲切的称呼。光绪四岁进宫时,慈禧就命乳娘、太监教小载湉(tián)称她为“亲爸爸”。

光绪支吾道:“连日政务繁忙,不曾到颐和园去给亲爸爸请安,实在是孩儿的不是。”

慈禧挖苦着:“我知道你很忙:一会儿部署斩杀荣禄,一会儿部署兵力包围颐和园;如此军国大事,岂能不忙!”

光绪不听犹可,一听脑袋“嗡”的一下,几乎昏倒在地——他知道机密已经泄露。半晌,他才讷讷地说:“亲爸爸言重了。孩儿岂敢?孩儿因不愿大清倾覆,不愿当亡国之君,才效法日本明治维新,以求中兴大清太平盛世;而那些老耄们极力阻挠,孩儿才不得不杀一儆百……”

没等光绪说完,只听“啪”的一声,满脸铁青的慈禧用手猛拍了一下御案："'杀一儆百'，你不是杀到我头上来了吗？你好大的胆！你旁支侧出，四岁时我把你抱进宫来，二十多年，我替你成婚，让你亲政；可如今你长大了，你却报答得很好啊，你听信小人的话要杀我这老耄！天理良心何在？你从小就读过圣贤书，知道'子不违父命'的道理；如今你贵为天子，我倒要问你：这当儿子的要杀父母，该当何罪？你这忘恩负义的东西！"

她说着说着，不禁有些哽咽了，那双凤眼溢满了泪水。一个宫女递过一条丝巾，慈禧接过丝巾却不拭泪，瞪圆眼睛等着光绪回答。

光绪"扑通"一声跪倒地上，珍妃也陪他跪在地上。

此时，阁内鸦雀无声，静得骇人。

"噤若寒蝉！如今，你的圣旨哪里去了？说呀！"

"亲爸爸，孩儿绝无此意，莫听小人谗言……"

事实上，光绪下诏围颐和园也是迫不得已，原只想控制局势，并没有丝毫伤害慈禧之意；但事到如今，他纵然浑身是嘴也分辩不清了。

"那谕旨和令箭也是小人的谗言吗？"

这，光绪已经解释过了，他不想再啰唆。

"可惜呀，可惜，你辜负了我这份心哪！你口口声声'大清江山'，可是大清江山就要断送在你手里了！你这个不孝——"慈禧想说"逆子"二字，但对皇上说"逆子"有些不妥，就咽回去了。她接着又道："你也不想想，今天没了我，明天还能有你吗？你根本不配当皇上。我一定废黜你，另立明君！"

珍妃听了大吃一惊，插嘴道："亲爸爸，皇上系一国之君，岂可随意废黜？再说，维新之道，皇上完全出自一片好心，他不想成为亡国之君……"

慈禧"啪"的一声猛拍了一下御案，怒吼道："大胆！有你插嘴的份吗？你这不要脸的狐媚子。"

珍妃一直是光绪帝最宠爱的妃子，一直心怀嫉恨的隆裕皇后此时趁机报复道："老佛爷，其实皇上本是忠厚仁德之君，这几年全是这狐媚子给挑唆的。什么维新不维新的，还不是枕边风吹得紧哪！"

珍妃本是直性子，而且她也知道，事到如今，已没有什么退路了，便回敬道："奴才并不敢挑唆皇上！"

慈禧怒道："你还少挑唆了？大胆的奴才，一点规矩也没有，竟敢信口雌黄！你给我教训她一顿！"

隆裕巴不得这句话，于是咬牙切齿，左右开弓，给了珍妃五六个嘴巴！

珍妃本是傲气十足的主儿，今日当众被辱，脸虽肿起，却不啼哭，也不求饶，只向皇后怒目而视。

慈禧见状更怒："给我掴！再掴！"

隆裕又劈头盖脸给珍妃一阵猛打。

光绪心疼珍妃，便求情道："亲爸爸，珍妃年轻不懂事，就饶了她吧！"

慈禧眉尖一挑，道："谁让我一时不痛快，我就让她一世不痛快！今天我革去她的妃号！莲英，把这贱人关进冷宫！"

李莲英扯着珍妃的胳膊拖她出去。珍妃一步三回头，含泪道："皇上！保重！"

这天上午，王公大臣们集聚于庄严肃穆的乾清宫。

慈禧在御座上正襟危坐。荣禄、李鸿章、庆亲王、端郡王等，都跪在案前。

慈禧将筹划好的计划开门见山地说出来：

"近年来我归政以后，不料皇上听信康逆妖言，闹得举国上下，乌烟瘴(zhàng)气，坏了大清的体统。皇上既然已经辜负祖宗寄托，已不堪为帝。我意以为应当废黜(chù)。众卿以为如何？"

群臣面面相觑，半晌不敢出声。

荣禄因听到一些风声，知道洋人对光绪的新政颇有好感，都支持他变法；如果真的废黜了光绪皇帝，国内、国际皆有人反对，于是便壮着胆子说："废立恐引起国际干涉，臣以为暂缓为妥。臣等再请老佛爷训政。"

其实，谁当皇帝并不重要，重要的是慈禧重新垂帘听政，这样大权在握，一切都好办了。荣禄提出此议，既合慈禧之意，又省去了不少麻烦。

慈禧又问群臣："众卿以为如何？"

荣禄乃慈禧第一心腹，他一锤定音，谁还敢有异议？

"制台大人所言甚妥，我们恳请老佛爷重新训政。"

"只有太后重新训政，大清才有希望。"

于是当日下午，荣禄便命军机处拟旨，矫称帝诏，布告天下，略称：

朕躬疾脞，再请慈禧皇太后亲政；由即日起，在便殿设朝、办事。钦此。

第二天一早，备受监视的光绪忽见总管太监李莲英至养心殿。

"万岁爷，老佛爷有要事，请皇上速去。老佛爷在瀛(yíng)台候驾！"

光绪听了未免一愣：老佛爷一向是住在乐寿堂的，在瀛台岛召见他，尚属首次，不知这里搞的是什么鬼名堂。但他不愿多问，只好向备好的銮舆走去。

太监们抬着銮舆，出养心门，至西苑湖，过了一座小桥，来到瀛台岛。光绪来到涵元殿，并未见到太后，正纳闷，李莲英阴阳怪气地道："奴才奉老佛爷之命，请皇上居于瀛台！"他又吩咐他手下的太监道："你们要好生'侍候'皇上，不要让皇上到别处去！"

光绪此时已经明白：自己已被幽禁于此了！他走出涵元殿，望着茫茫的西苑湖秋水，仰天叹道："吾不如汉献帝也！"光绪的变法到此也完全结束了。从宣布变法到变法失败，前后只有一百零三天的时间，所以人们又把戊戌变法叫"百日维新"。

慈禧重新走上前台的头一道懿旨，就是下令缉拿康有为、谭嗣同等维新派人物。

光绪在风声鹤唳的时候，并没有忘记与他休戚与共的维新派。他在去瀛台之前，曾下一道密旨，令康有为等逃匿。

康有为接到密旨，知道不妙，立即乘火车前往天津，又从天津搭一艘英商太古公司"重庆"轮去上海。他在英国领事白利南的保护下，从上海乘快艇去了香港。

梁启超接到密旨急赴日本大使馆避难，后来在日本人保护下伺机逃到日本横滨。

康、梁免遭其祸，其他人的命运却很惨烈。

谭嗣同因身在军机处，政变第一天，便已知道消息。他感到极为震惊与悔恨，深悔自己认错了袁世凯而误了皇上的大事。

如果谭嗣同想逃走，有很充足的时间和机会；但此时他已暗暗打定主意：国难当头，以死来唤醒国人。

他在浏阳会馆中从容不迫地整理信札(zhá)、书稿……

他的密友江湖侠客大刀王五、通臂猿胡七听说风声不好，就直赴浏阳会馆，欲保护他出逃。但谭嗣同一口谢绝道："各国变革无不从流血开始。中国维新也必须流血，那么，就从我谭某开始吧！"

王、胡二人无论怎么劝说，均告无效。

"二位侠肝义胆，心意我领了！但我决难从命。你们快离开这里吧，很快就会有人来逮捕我了，免得二位受到牵连……"

这时，北半截胡同响起一片杂沓的脚步声，喊叫声嚷成一片：

"快！包抄院子，别让他跑了！"

显然，从大路逃跑已经不可能。王五焦急地催促道：

"谭七爷！快跳上屋顶，我俩在此阻击，量捕快也奈何不了我王某！"谭嗣(sì)同摇了摇头，他的死意已决。

谭嗣同镇定自若地走出屋子，说道："各位差爷，是来抓谭某的吧？我随你们去好了！"

谭嗣同就这样走进了牢房。在牢房里，谭嗣同用炭写了一首表达壮志的诗：

望门投止思张俭，忍死须臾待杜根。

我自横刀向天笑，去留肝胆两昆仑。

虽然谭嗣同死心已决，可王五、胡七等却并不甘心。在行刑那天，二人带着数十名侠客、镖师扮作五行八作之人，来到菜市口。未到午时，便涌来无数捕快、兵勇，三步一岗，五步一哨，形成了一道道刀墙剑壁。菜市口刑场布置得如铁桶一般，苍蝇也休想飞走!

王五、胡七等一筹莫展，只好偃(yǎn)旗息鼓。

午时三刻，谭嗣同、杨深秀、康广仁、刘光第、林旭、杨锐“六君子”血染维新旗，倒在顽固派的屠刀之下。临刑前，谭嗣同大义凛然地高声吟颂自己的绝命诗：

有心杀贼，

无力回天。

死得其所，

快哉快哉。

“六君子”被诛(zhū)以后，荣禄升调军机大臣；袁世凯密告“有功”，慈禧赏赐白银五千两；而登上西苑湖命运之舟的光绪帝，则于惊涛骇浪中载沉载浮……

历史探微

戊戌六君子分别为谭嗣同、康广仁、杨深秀、林旭、杨锐、刘光第。谭嗣同，字复生，号壮飞，湖南浏阳人，是改革中的激进派，其思想之深刻为同时代少有。康广仁，名有溥，字广仁，号幼博，广东南海人，康有为之胞弟，少年时期便反对八股科考。杨深秀，字漪邨，本名毓秀，山西闻喜人，光绪十五年进士，“以澄清天下为己任”。林旭，字暾谷，号晚翠，福建侯官人，举人出身。杨锐，字叔峤，四川绵竹人，举人出身，光绪十五年授内阁中书，后为侍读。刘光第，字裴村，四川富顺人，光绪九年中进士，授刑部主事，为官清廉、不媚权贵。

亚洲觉醒

19 世纪中叶以前,亚洲的大多数国家还处在封建社会。20 世纪初,亚洲国家出现了资产阶级民族民主运动的高潮。几亿被压迫的、在停滞状态的亚洲各国人民觉醒了,他们为争取民族独立和建立资产阶级民主国家、为争取民主权利和新的生活而英勇斗争。列宁称这个前所未有的历史事件为"亚洲的觉醒"。

亚洲的觉醒不是偶然的,它具有客观的历史条件。世界资本主义进入帝国主义阶段以后, 帝国主义国家在亚洲各国的主要殖民侵略方式是资本输出。为了追求高额垄断利润,帝国主义国家把大量"过剩"资本输出到具有廉价劳动力和低廉地价的亚洲各国,在那里修建铁路、港口、工厂、银行、商业中心、种植园和各种企业。帝国主义国家激烈地争夺殖民地和半殖民地,把亚洲各国卷入更深的世界资本主义潮流之中。

帝国主义国家的资本输出, 刺激并加速了亚洲许多国家民族资本主义的发展。在这一时期,印度、菲律宾、土耳其、中国、伊朗等国的民族资产阶级已经形成。棉纺织业是 19 世纪下半叶印度民族工业中最发达的产业,1907 年成立的塔塔钢铁公司则标志着印度民族资本主义的进一步发展。20 世纪初,中国民族资产阶级的棉纺织、缫丝、面粉、火柴等行业发展最为迅速。新兴的亚洲民族资产阶级没有掌握政权,缺乏资本,经济力量十分薄弱,无法同外国资产阶级竞争。他们不堪忍受外国资本主义以及本国封建主义的束缚和压迫,因此迫切要求进行民主改革和实现民族独立,为发展民族资本主义经济开辟出一条道路。

19 世纪末,亚洲许多国家出现了资产阶级改良主义运动。土耳其新奥斯曼党人立宪运动、印度国民大会党运动、菲律宾的宣传运动、伊朗君主立宪运动、中国戊戌变法、越南潘佩珠领导的维新运动、印度尼西亚至善和伊斯兰联盟的改革运动等都是这样的运动。上述亚洲资产阶级改良主义运动，都是以地主资产阶级知识分子为核心，代表民族资产阶级和自由地主的利益。他们提出的政治经济要求都没有超出现行法律之外，即没有从根本上触动殖民制度或封建统治，只是提出一些温和的改革要求，如君主立宪、改革教育、发展民族工商业、扩大民主权利等；他们都没有与工农运动相结合，甚至对工农运动持不同程度的敌视态度，因此皆以失败告终。然而，这些运动在当时的历史条件下起到了促进的作用，它启发了民众的民族民主意识，为亚洲资产阶级革命准备了精神条件。

20 世纪初，帝国主义殖民侵略的加强、民族危机的加深、工农大众反帝爱国斗争的蓬勃发展，以及 1905 年俄国资产阶级民主革命的影响，促进了

> **历史探微**
>
> 1911年中国爆发了资产阶级民主革命，因该年以干支计为辛亥年，故称为辛亥革命，其目的是推翻清王朝专制统治，挽救民族危亡。领导这次革命的是中国资产阶级政党同盟会及其领袖孙中山。

亚洲各国民族资产阶级从改良主义转向革命。从此，亚洲各国人民的反帝反封建斗争进入了一个新的时期——资产阶级民主革命时期。1896年爆发的具有资产阶级革命性质的菲律宾民族独立战争，揭开了亚洲觉醒的序幕。接着，1905年—1911年伊朗也发生了轰轰烈烈的资产阶级革命；在土耳其，资产阶级革命(1908年—1909年)是在青年土耳其党的领导下进行的；中国辛亥革命(1911年—1912年)是亚洲资产阶级革命的高潮。除此之外，一些亚洲国家的民族民主运动也汹涌而起，如1905年—1908年印度出现了反英斗争高潮；1908年后印度尼西亚民族民主运动勃然兴起。

亚洲觉醒时期的民族解放运动同前一阶段比较起来，在阶级内容、领导权、政治纲领、斗争方式等各方面，都大不相同。新兴的民族资产阶级掌握了革命领导权，组织政党，提出新的政治纲领，开始在不同程度上与工农运动相结合。例如，以滂尼发秀为首的菲律宾资产阶级激进派广泛吸收工农群众加入革命组织卡的普南；青年土耳其党暂时联合马其顿等地的农民游击队；以孙中山为首的同盟会，联络会党组织武装起义。亚洲资产阶级政治运动与工农运动之所以能在不同程度上结合起来，一方面是蓬勃发展的工农运动推动民族资产阶级走上革命道路；另一方面是因为民族资产阶级以全民族的代表自居，提出了在某种程度上符合人民要求的政治纲领，如建立民族独立国家，限制王权、颁布宪法，推翻封建政权、建立民主共和国，平均地权、耕者有其田等，因而得到工农群众的拥护和支持。然而由于亚洲民族资产阶级有其软弱性和妥协性，这些纲领都具有政治局限性。在纲领中，一些重大的现实问题，如反帝问题、农民土地等问题的提法十分暧昧，甚至避而不谈；在实践中，亚洲各国的民族资产阶级更没有胆量把反帝反封建的斗争进行到底。民族资产阶级是剥削阶级，他们与封建剥削有着千丝万缕的联系，总是担心工农群众会威胁他们的阶级利益，因此他们不可能把被剥削的工农群众长时期地团结在自己的周围。民族资产阶级往往在革命取得初步成就时，就甩掉工农群众，甚至背叛革命，向帝国主义和封建主义妥协，转而镇压工农运动。

20世纪初的亚洲资产阶级革命无一例外地都以失败告终。亚洲资产阶级革命失败的原因是多方面的：一方面，欧美帝国主义结成反革命联盟，采取从欺骗、笼络、收买亚洲资产阶级，到赤裸裸地武装干涉等多种手段，先后镇压了亚洲各国的资产阶级革命；另一方面，亚洲民族资产阶级的两面性使他们不愿和不能彻底推翻帝国主义和封建主义的统治，这是亚洲各国资产阶级革命失败的重要原因；同时，农民的土地问题没有得到彻底解决，农村没有发生大的变动，农民群众的革命积极性没有被充分调动起来，这是革命失败的又一个重要原因；此外，当时的亚洲工人阶级虽然已经形成，开始走上历史舞台，但力量还很薄弱，还不具备领导资产阶级民主革命的条件，因此当民族资产阶级中途叛变投降时，没有更先进的阶级接过革命领导权，致使革命必然难逃失败的命运。尽管亚洲资产阶级革命全部失败，但亚洲的觉醒在世界近代史上具有十分重要的历史意义——它标志着20世纪初所揭开的世界历史进入了一个崭新的阶段。

日俄旅顺战役

1904 年 2 月 8 日晚，天气非常寒冷，海风轻拂着海面，发出阵阵涛声。可停泊在旅顺港的俄国太平洋舰队却热闹非凡，舰上灯火通明，到处挂满了彩灯，充满了节日的喜庆气氛。

岸上的俄军俱乐部里，一对对衣着华丽的男女，伴随着优美的舞曲，尽情地跳舞。他们是在庆祝俄国太平洋舰队纪念斯达尔克将军夫人的命名日。

这时，一位身着考究的青年军官高举着酒杯，兴奋地对大家说道："女士们，先生们，为我们尊贵的夫人干杯！"

众人纷纷举起酒杯，互相碰了一下，顿时全场响起悦耳的玻璃撞击声；紧接着，他们一饮而尽，兴高采烈地议论起他们的夫人。

午夜时分，这些男女正准备享受一下半夜的宁静，突然，轰隆隆的炮声从港口方向传来，紧接着便是震耳欲聋的爆炸声，窗外接连闪现出无数道光亮。顿时，舞池里乱作一团，人们惊慌失措地四处躲藏，女士们也失去平时的优雅，尖叫声接连不断。

这时，那位年轻的军官猛地一下跳到桌子上，高声向大家宣布："诸位！诸位！请不必惊慌，这是我们舰队为纪念阁下和夫人施放的礼炮！"

这下，四处逃窜的男女方恢复了常态，他们长长出了一口气，心中嘀咕着：这也太突然、太猛烈了！

虚惊一场的达官贵人们正准备继续欢庆时，又一阵炮声传来，火光更加明亮。就在这时，一名士兵气喘吁吁地跑来报告："日本已向俄国不宣而战！"这下，大家才真的慌了手脚，惊恐万状地跑出俱乐部。

俄国人哪里知道，正在他们跳舞取乐之时，在浓浓夜色的掩护下，日本海军中将东乡平八郎率领的联合舰队已经偷偷地接近了停泊在港口的俄国军舰。没等那几个悠闲的值勤哨兵明白过来，日军各舰突然一齐开火，密集的炮弹在俄国舰船周围爆炸。刚从梦中惊醒的俄国人急忙把舰船掉头，逃往旅顺港内，不想又遭到日本追雷舰的伏击，而此前俄军已有两艘战舰和一艘巡洋舰被击沉。

日本的这次偷袭可以说是蓄谋已久的，它是日俄之间矛盾激化的必然结果。

19 世纪末到 20 世纪初，日俄之间的矛盾越来越尖锐。他们为了独吞中国这块“肥肉”，早已争得面红耳赤。早在 19 世纪中期，俄国趁第二次鸦片战争的机会，强迫清政府签订不平等条约，强占了我国黑龙江以北、乌苏里江以东的大片领土；接着，又想把我国的东北三省霸占过去变成它的“黄色俄罗斯”。而经过明治维新走上了资本主义道路的日本，也在处心积虑地向外扩张，它发动了侵略中国和朝鲜的甲午战争，威逼清政府签订《马关条约》，夺占了中国的台湾，准备进一步把自己势力渗入到辽东半岛和东北。

这下，俄国当然不会乐意——它已经强占了辽东半岛上的旅顺为“租界”，早已把东北看成是自己的“势力范围”。

1900 年后，日俄两国都发生严重的经济危机，国内阶级矛盾激化，两国统治阶级都企图通过发动战争来转移本国人民的视线。俄国内政大臣普列维叫嚣道：“为了避免国内的革命，我们需要一次小小的、但是胜利的战争。”

日俄战争前夕，两国一方面疯狂备战；另一方面，为了争取时间，迷惑对方，又进行了“和平”谈判。但随着双方备战工作接近完成，到 1904 年 2 月，谈判终于破裂。

从此，日俄两国为了争夺我国东北，在中国领土上进行了长达一年半的野蛮战争。他们到处烧杀抢掠，甚至驱使中国老百姓为他们的战争效力。可是腐败的清朝政府，不但不敢抗议，反而宣布“中立”，并且划定辽河以东为日俄战区，供他们厮杀。

战争一开始，日军为了保证陆军在朝鲜和辽东半岛顺利登陆，消灭在南满的俄军主力，所以决定先夺取旅顺。

于是，在偷袭旅顺港的次日，他们又派大量军舰主动袭击。沙俄舰队不仅没有出击，反而把港外的舰队全部开进了旅顺港内。这正中日本人下怀，他们准备在旅顺港外设置层层封锁，下决心要将俄国舰队困死在旅顺港内。

一天深夜，天气极其寒冷。在旅顺港外的海面上，一支由八十多名日军组成的敢死队，驾驶着 5 艘装满巨石的破旧船只，迎着刺骨的海风，急急朝旅顺港驶去。

守卫在海岸炮台上的俄军发现之后，便纷纷开炮射击。日军敢死队长高叫一声："点燃火药，准备跳船！"队员们不顾刺骨的海水，纷纷跳海而去。

随着阵阵"隆隆"的爆炸声，满载巨石的船只沉入海底。但这里并不是出航要道，日本人用沉船堵塞航道的阴谋，未能得逞。

日本联合舰队司令东乡平八郎见此计无效，就下令在旅顺港外海域存设大量水雷；他又派军舰在港外巡逻，死死盯住困守港内的俄国舰只。

这个办法果然奏效，俄国海军胆战心惊，几次出航都被炮击回来，只好驶进港内不敢出来。这下，日军掌握了制海权，便大胆地运送陆军，在朝鲜和辽东半岛登陆作战。

不久，日军第二和第三军在海军舰船的护送下，先后在辽东半岛登陆，并很快占领了大连，切断了旅顺和辽沈之间俄军的陆上联系。旅顺成了孤立的据点，守卫旅顺的俄军司令施特塞尔被迫下令与日本决战。

旅顺要塞先后经过清朝北洋舰队和沙俄海军的修筑，防御工事非常坚固，大小堡垒、炮台星罗棋布，并配有各种火炮，交叉控制整个要塞。

俄军司令施特塞尔曾经参加过八国联军，带兵侵入中国北京，可以说是个侵华老手。他非常相信自己的防卫能力，尽管这时俄军孤立无援，但他仍然相信旅顺不会被日军攻破。

到 8 月中旬，日本海军和陆军完成了海上和陆上的包围，数万名日军已进逼到旅顺前沿,几百门大炮已停放完毕,炮口直指旅顺要塞。日军总指挥乃木希典得意扬扬,认为攻破旅顺指日可待。

双方谁也不服谁,但谁也不愿主动出击,暂时形成对峙局面。不久,忍饥挨冻的俄军舰队沉不住气了,有二十多艘俄舰驶出旅顺港,准备向海参崴方向突围。

海面上风平浪静,也没发现日军军舰,舰队司令维特洛甫梯十分得意地命令舰队缓缓前进。

中午时分,一队日舰突然出现在海平面上——他们早已盯上突围的俄军舰队,准备来个突然袭击。

俄舰冷不防碰到对手,惊慌之中奋力炮击;日舰有备而来,早已开炮。霎时海面炮声隆隆,双方各有几只舰船着火,一场海战就这样开始了。

俄军舰队凭借数量优势,又抱有突围的决心,因而拼命炮击日舰,终于以惨重的代价冲出了包围,继续向前航行。

下午 5 点,俄舰失去数量上的优势,并且很多舰只在首战中负伤,炮弹也用得差不多了,因此,很快便被日军的一排排炮弹压得喘不过来气。

历史探微

日俄旅顺战役持续了 329 天,牵制日军约二十万的兵力,使其损失惨重,并打破了日军迅速粉碎满洲俄军的美梦。旅顺口防御对军事学术的发展起了重要作用:首次在海上使用了雷击舰;在组织协同作战中,海军和陆军获得了丰富经验;在旅顺口,建造和使用了迫击炮和探照灯;采用工程障碍物和工事进行防御;继续发展了从遮蔽阵地进行火炮射击的方法。旅顺口防御表明:如果要坚持长期战斗,那么濒海要塞必须将其守备部队与海军和陆军组织紧密协同。列宁曾评价旅顺口陷落的政治意义:他认为这是专制制度的危机,是“沙皇制度投降的前奏”。

日军指挥官命令所有船只集中炮火轰击旗舰。一会儿,俄军旗舰便中弹起火,维特洛甫梯也中弹身亡。俄舰失去指挥,顿时大乱,纷纷向旅顺港逃去。

就在这时,陆上日军也开始炮击旅顺要塞。乃木希典凶相毕露,命令三百多门大炮一齐轰击旅顺。

旅顺要塞顿时成了一片火海,很多堡垒和炮台被日军炮火摧毁。俄军奋起还击,凭借居高临下的优势和坚固的工事,把准备进入的几万日军压得抬不起头来。

乃木希典急红了眼睛,一面命令炮兵轰击,一面下令日军分三路进攻旅顺的几个制高点。日军硬着头皮,艰难地向前爬行,伤亡十分惨重。

战斗进行了6天,五万多日军已伤亡过半,但旅顺仍然牢牢控制在俄军手中。俄军司令施特塞尔看着伤亡惨重的日军,不由得冷笑了起来。

乃木希典无计可施,决定用挖地道的办法突破俄军炮火控制的前沿阵地,但俄军发现日军的诡计,在前沿挖了一道横向的堑壕。结果,日军费了九牛二虎之力刚一挖通,就遭到俄军炮击。这样,日军又死亡几千人。

乃木希典急得“嗷嗷”乱叫,电告总司令部速派援兵。不久,日军又抽调一个师,携带大批重型大炮和新式手榴弹,以及大批的物资和弹药,前来增援乃木希典。

这家伙顿时来了精神,他下令从各师抽出精干人员,组成三千多人的敢死队,并由自己亲自率领,准备夜袭旅顺要塞。

这一天, 乃木希典首先命令各种炮火集中轰击一处, 准备打开一个缺口。顿时,重型大炮把一发发重磅炸弹送了出去,炮弹呼啸着从空中划过,直飞俄军阵地。随着阵阵猛烈的爆炸声,俄军的一处防线被击溃,堑壕被填满,城墙被夷为平地,很多炮台也被炸毁。

夜幕刚刚降临,乃木希典头裹一条白毛巾,雪白的衬衣被闪亮的皮带勒在腰中,他手持一把雪亮的东洋刀,带领敢死队员从缺口处猛冲进去。

这一招果然奏效，这些敢死队员冲进要塞，抢夺制高点。俄国人被这种气势吓得魂不附体，纷纷投降。随后，日军后续部队也拥了进来，占领了要塞的制高点——二〇三高地。

紧接着，他们在高地上架设大炮，向旅顺市区和港口停泊的舰船进行轰击。俄军终于溃不成军。

施特塞尔看到大势已去，只好在1905年1月开城投降，旅顺终于落到日本人手中。

旅顺的得手，使日本人取得占领东北的根基。俄国无力再战，只好承认朝鲜为日本的“保护国”，还把“管理”中国辽东半岛的权利转让给日本。从此，中国人民在日本帝国主义的铁蹄下，备受侵略者的欺凌。

辛亥革命

20世纪初，资产阶级民主革命思潮迅猛传播，震撼着中国思想界，并推动民主革命运动的到来。首先觉醒的是新兴知识分子群体。近代知识分子宣传民主革命学说，以报刊为重要阵地，创办了《江苏》、《浙江潮》、《苏报》、《中国白话报》等二十多种政治性刊物；还出版发行了陈天华的《警世钟》、《猛回头》，邹容的《革命军》等宣传民主革命思想的小册子一百三十余种；资产阶级、小资产阶级知识分子还翻译了不少西方资产阶级的社会政治著作——蔡元培翻译了德国科培尔的《哲学要领》、严复翻译了赫胥（xū）黎的《天演论》、亚当斯密的《原富》等著作。

民主思潮广泛传播的同时，国内外出现许多革命团体，影响较大的有兴中会、华兴会、科学补习所和光复会。1905年8月20日，中国同盟会成立。孙中山提出“驱除鞑（dá）虏，恢复中华，创立民国，平均地权”的政治纲领。中国同盟会的成立，标志着中国资产阶级民主革命进入一个新阶段。

清政府的“铁路国有”政策一公布，立即引起湘、鄂、川、粤四省各阶层人民的反对，出现了广泛的保路运动。保路运动规模最大、斗争最激烈的是四川。1911年6月，四川成立保路同志会，宣布“以保路、废约”为宗旨；9月，全省六十余县成立保路公会，数千万人卷入运动。清政府一面调湖北新军入川，一面命“实弹力压”保路运动，四川保路运动成为武昌起义的直接导火线。

四省保路风潮兴起时，湖北武昌的文学社和共进会便积极准备伺机发动武装起义。10月9日，孙武在汉口机关配制炸药不慎，起义机密泄漏，刘复基、彭楚藩等人被捕；10日晨，彭、刘被杀，清军四处捕捉革命党人；当日晚，武昌城内新军士兵，打死镇压革命士兵的排长，攻占楚望台军械库，打响武昌起义的第一枪。经一夜苦战，11日，起义军占领武昌城，成立湖北军政府；12日至13日，起义军攻占汉阳、汉口。武昌起义的成功，鼓舞了全国各地人民的革命斗志，全国各地革命党人纷纷起义响应。首先响应的是湖南和陕西；此后，江西、山西、云南、贵州、浙江、江苏、广西、安徽、四川以及福建、广东等省先后宣布脱离清政府而独立。因为1911年是农历辛亥年，所以史称“辛亥革命”。

1911年12月29日，孙中山以十六票的绝对多数当选为中华民国第一任临时大总统。1912年元旦，孙中山宣誓就职，宣告中华民国成立；3日，中华民国临时政府成立；28日，各省代表会议改组为临时参议院，成为临时政府的最高立法机关。

南京临时政府颁布了一系列有利于推行民主政治和发展资本主义的政策和法令，如：命令各省官厅焚毁刑具、废止刑讯；取消清朝律令中各类“贱民”条令；保护华侨；禁止买卖人口；废除主奴身份；通令剪辫子；禁止赌博、缠足、吸食鸦片；鼓励兴办工商业；振兴农垦业；奖励华侨在国内投资；提倡普及教育，删除旧教科书中的封建内容。这些政策法令，移风易俗，革故鼎新，促进了民族资本主义的发展和民主观念的传播。

历史探微

据何厚锡先生(阎锡山原配夫人徐竹清本族)用中华汉易文化论证：阎锡山在辛亥革命前夕曾与时任湖北第八镇统制张彪(山西榆次县左付村人，时任武昌守将)交往深厚。武昌起义之所以能够迅速扩展到全国，受到人民的积极响应，可以说与张彪的关系极为密切。中原大战后，阎锡山下榻张彪天津张园府邸。1912年9月，孙中山先生视察太原时，曾重点强调了山西辛亥革命的重大意义。

普希金

“俄国文学的始祖”、“伟大的俄国人民诗人”、“俄罗斯诗歌的太阳”——亚历山大·谢尔盖耶维奇·普希金，1799年6月6日诞生在莫斯科一个大贵族家庭。他从小就喜欢读书，为了读书，经常通宵达旦地躲在父亲书房里。八岁时，他就阅读了许多世界文学名著，并开始自己写诗了。

1820年3月的一天，沙皇亚历山大一世正对群臣大发雷霆：“应该把普希金流放到西伯利亚去！他弄得俄罗斯到处都是煽动性的诗，所有的青年都在背诵它们。”

“普希金太放肆了，他竟敢写诗咒骂皇帝，应该送他去服苦役。”一个贵族随声附和。

“陛(bì)下，普希金还算是个孩子呢，他不懂事，只要稍稍惩罚他一下就行了。先让他吃点儿苦头，将来他手中的笔也许对陛下有用呢。”宫廷诗人杰尔查文为普希金求情。

“是啊，请陛下开恩，别太过于严厉了。”另一个宫廷诗人茹科夫斯基也说道。

“那好，就把普希金流放到南方去，没有我的允许，不准他回彼得堡和莫斯科。”

这个引起沙皇震怒的普希金到底是个什么样的人呢？他可是个了不起的人！他奠定了俄国文学的基础，他在多种文学体裁——抒情诗、叙事诗、诗剧、小说、散文、童话等都取得了杰出的成绩，为后代的作家提供了典范。所以，他被称为“俄国文学的始祖”、“伟大的俄国人民诗人”、“俄罗斯诗歌的太阳”。

1811年至1817年，普希金在当时俄国最有名的中学——皇村中学读书，那里的老师都是有进步思想的人，经常向学生宣扬法国的启蒙思想和法国大革命，普希金深受影响，从此逐渐形成了他爱好自由的思想。

1817年，普希金从皇村中学毕业，进外交部服务。这期间他和进步的十二月党人有密切联系，普希金在他们的影响下写出了大量歌颂自由、反对专制暴政的政治抒情诗，如《自由颂》、《致恰达耶夫》等。在这些诗里，普希金把批判的矛头直接指向沙皇，公开号召民众为推翻专制暴政而斗争。结果普希金被流放到俄国的南方。

普希金在南方生活了四年。在那里，美丽、和谐、宁静的大自然景色引起了诗人崇尚自由的情感，他写了许多诗篇赞美纯洁的爱情和美妙的大自然，表现了对自由的渴望。

1824年，普希金和敖德萨总督沃隆佐夫发生冲突，沙皇又把普希金送到他父亲的领地里幽禁起来。在两年的幽禁生活中，普希金接近了劳动人民，他经常穿着农民的服装，去集市上和他们谈话，听流浪艺人吟唱歌曲，搜集民歌、谚语、格言；同时，他开始研究俄国的历史。

1825年，他写成了历史悲剧《鲍里斯·戈都诺夫》，该剧取材于16世纪末、17世纪初俄国历史上的真实事件。1589年，沙皇去世，他没有儿子，幼弟季米特里早已被杀害，因此，皇位悬着。主教请皇后即位，皇后不肯。实际上，皇后的哥哥鲍里斯·戈都诺夫早在沙皇去世之前就掌握了朝政和宗教大权。于是鲍里斯即位，他的一系列政策引起了俄国人民的不满，国内骚动不安。

这时，莫斯科楚陀(tuó)夫修道院的小修士格里高利听历史学家说戈都东诺夫曾参与杀害季米特里，他突然想出一个大胆的计划，冒充季米特里，做俄国沙皇。于是他从修道院逃往波兰，1604年，格里高利在波兰军队援助下，攻入俄国国内。1605年，格里高利在人民支持下，攻进莫斯科，当了皇帝。剧本的主题是反映了人民和专制沙皇之间的冲突，指出人心向背是改朝换代的决定性力量。

1825年12月14日，俄国爆发的“十二月党人”起义，被沙皇残酷镇压下去了，起义的五个首领被绞死，一百多人被流放到西伯利亚，六百多人受到牵连。他们中间有很多人是普希金的朋友。1826年秋天,新上台的沙皇尼古拉一世把普希金召回了莫斯科,想扭转他的笔锋为自己服务。

“如果1825年12月14日那天,你在彼得堡,你会干什么?”沙皇尼古拉一世试探普希金。

“我将在起义者的队伍里。”普希金毫不迟疑地回答。

“你没想过这样做的结果吗?”

“当然想过——我的朋友们不是被陛下绞死了吗?”

尼古拉知道普希金不那么容易对付,要是因为写几首讽刺诗就把他杀了,自己肯定要被人嘲笑,最好是控制他,不让他写。于是,沙皇假装温和地说:“普希金,你知道我为什么把你召回莫斯科吗?”

“我不关心这个,我在乡下生活得很好。”

“我也喜欢诗,我欣赏你的天才,所以,你写诗,先送给我看看,你认为怎么样?”

普希金知道沙皇要亲自审查自己的诗,于是,他直截了当地说:“陛下要审查我的诗,到时候我会亲自送来。”

普希金出了宫廷之后,并没有把沙皇和他的谈话放在心上。他照旧写政治抒情诗和政治讽刺诗,歌颂(sòng)十二月党人,谴责沙皇。

1830年5月,他和莫斯科第一美人娜塔丽亚·冈察洛娃订婚。他到父亲领地波尔金诺去筹办自己的婚事,因瘟疫流行,交通封锁,他在波尔金诺住了三个月,在这期间他写了大量作品,包括一部小说集、一部长诗、三十多首抒情诗,并完成了他的代表作——长篇诗体小说《叶甫盖尼·奥涅金》。

为写《叶甫盖尼·奥涅金》,诗人整整用了八年时间。这是一部杰出作品,它成功塑造了俄国文学史上第一个“多余人”的形象——叶甫盖尼·奥涅金。

奥涅金是有进步思想的贵族青年,他聪明机智,精力充沛,很想有所作为。他虽然厌恶上流社会虚伪生活,可又没有自己的生活目标,整天无所事事地闲荡,浪费自己的青春和生命。他拒绝了塔吉雅娜的爱情,可塔吉雅娜和别人结婚之后，他又转过来向她求爱，结果遭到拒绝。他为了一件微不足道的事和朋友决斗，打死了自己的朋友，事后又非常后悔。

普希金笔下的奥涅金这个形象表现了当时俄国进步贵族青年思想上的苦闷。

1831年2月18日，诗人和冈察洛娃结婚。1833年秋天，他再次回到波尔金诺，在那里他写了叙事诗《青铜骑士》、童话《渔夫和金鱼的故事》、小说《黑桃皇后》。

普希金最后的重要作品是历史小说《上尉的女儿》，在这个小说里，普希金歌颂和赞美了农民起义领袖普加乔夫，把他塑造成一个自信、乐观、和蔼可亲、酷爱自由、深受人民拥戴的英雄；同时，他还谴责了沙皇的专制和残暴，这在当时是非常大胆的。

1837年2月8日，普希金和流亡到俄国的法国保王党人丹特斯决斗，结果被打成重伤；两天后，普希金去世，年仅三十八岁——这是沙皇尼古拉一世精心策划的一个阴谋。诗人的惨死，使全体俄罗斯人都大为震惊和愤懑(mèn)，纷纷向沙皇提出强烈抗议。

普希金虽然去世了，但他的精神却激励着更多的人同沙皇的专制暴政作斗争。他至今依然受到俄罗斯人民的尊敬和爱戴。

历史探微

众所周知，普希金是一位伟大的诗人，但为人所不知的是：普希金还是一位美术家。只要你随便翻阅一下普希金的手稿，就能在其稿纸上发现有许多草图和速写。这些图画的线条不仅急速而且还轻盈飞舞，与诗人的气质和性格完全相符。普希金的绘画有风景、奔马、花卉和肖像等，除此之外还有他为自己作品所配的插图。普希金十分擅长肖像画。他的肖像画人物传神，栩栩如生，往往比一些专业的画家还真实，他只需寥寥几笔，就可将人物的典型特征勾画出来。在他的一系列肖像画中，有很多历史名人，这些人中包括：俄国作家格里鲍耶陀夫、英国诗人拜伦、俄国诗人雷列耶夫以及伟大的法国启蒙思想家伏尔泰和狄德罗等。

果戈理

1836年春天的一个晚上,彼得堡大剧院正上演一部戏,戏名是《钦差大臣》。这是部讽刺喜剧,剧本写得精彩极了,演员的表演也非常出色,观众完全被征服了,不时爆发出阵阵欢快的笑声和热烈的掌声。

这时,从一个豪华包厢里站起来一个人,他就是沙皇尼古拉一世。只听他恨恨地对身边的王公大臣说:“这叫什么戏! 我感到它在用鞭子抽打我们的脸,其中把我抽打得最厉害。”说罢,他出了包厢,气呼呼地回到了宫中。贵族大臣们早就感到不痛快了,戏好像专门讽刺他们似的,沙皇走了,他们一个个也都溜掉了。戏还在演,观众还在热烈地鼓掌和欢笑。

为什么沙皇如此讨厌《钦差大臣》这出戏呢?这事还得先从他的作者果戈理说起。

尼古拉·瓦西里耶维奇·果戈理,1809年4月1日生于乌克兰波尔塔瓦省密尔格拉得县索罗庆采镇。

果戈理的父亲是个不太富裕的地主,博学多才,爱好戏剧,曾经用俄文写过诗,用乌克兰文写过剧本。他常带着年幼的果戈理去看戏,所以果戈理从小受到熏陶。上学时,果戈理就尝试写剧本,在学校举行的节日晚会上,果戈理亲自登台演戏,他尤其善于演老年人的角色,老师们都说他有演员的天赋。

1828年春天,果戈理中学毕业,他到彼得堡谋得了一个小公务员的职务。这期间,他看到了俄国官僚(liáo)制度的黑暗内幕——上司贪赃枉法,同僚卑鄙庸俗,果戈理很快就辞职不干了。但这段生活为他后来的创作积累了丰富的生活素材。

1835年,果戈理出版了一部现实主义小说集《密尔格拉得》,主要表现俄国偏远的乡村里地主们空虚庸俗的生活。其中写得最好的一篇小说是《伊凡·伊凡诺维奇和伊凡·尼基福罗维奇吵架的故事》,故事大致是这样的:

伊凡·伊凡诺维奇和伊凡·尼基福罗维奇是邻居,也是要好的朋友,两人亲密无间,形影不离。伊凡诺维奇的脑袋长得像一只尖头朝下的萝卜,而尼基福罗维奇的脑袋长得像一只尖头朝上的萝卜。伊凡诺维奇是纵向发展,又瘦又长;尼基福罗维奇则是横着发福,又粗又胖。两个伊凡各有所好。伊凡诺维奇喜欢吃香瓜,每次吃饭后都要吃两个,吃完后把瓜子包在特备的纸里,纸上写着:“此瓜食于某日。”如有人同座,他则在后面加上:“与某君同食。”尼基福罗维奇喜欢洗澡,而且把桌子、茶具都放在澡池里,他喜欢在这样清凉的环境中喝茶。后来,两人为争夺一支猎枪,尼基福罗维奇骂伊凡诺维奇是只“公鹅”(俄语意思是“笨蛋”),为此两人结下深仇大恨,一连打了十几年官司,双方都倾家荡产。由此我们看出,俄国地主的生活是多么无聊啊!

继《密尔格拉得》之后,果戈理又出版了一部小说集:《彼得堡故事》。这部小说集主要描写的是俄国京城的黑暗现实,其中最有名的是中篇小说《外套》。小说的主人公叫亚卡基,是个小公务员,他每天埋头抄写公文,每年只有四百卢布的收入。他的外套已经破烂不堪。他好不容易省吃俭用,做了一件外套, 兴高采烈地穿着新外套去上班, 大家要他请客, 后来他的顶头上司—— 一个副科长答应代他请。亚卡基也应邀参加了晚会,在这天夜里回家的路上,他的外套被强盗抢走了。他去找警察局长,局长不管;他又去找某个“要人”,“要人”把他痛斥了一顿,他吓昏了过去,回去后倒在床上。第二天,他发高烧死掉了。这个小说揭露了俄国贵族官僚的自私冷漠,描写了沙皇专制制度下“小人物”的悲惨命运。

1835年秋天,果戈理去拜访普希金。两人谈了一些文学创作上的问题。接着,普希金讲了一个笑话,是他亲身经历的事。他说:“两年前,我到喀山一带搜集材料,准备写一部关于普加乔夫的历史著作。路过奥伦堡附近的一个小县城时,那里的县长听说我是彼得堡去的,就把我当做皇上派去的‘钦差大臣’，拼命地奉承巴结我，还向我行贿。想象一下当时他们的丑态吧！我一再声明自己不是什么‘钦差大臣’，等他们弄清了真相，对我的态度便立刻不同了，我像变成另外一个人似的。”

“竟然会有这种事！真可笑。”

“是啊，这样的事也许在我们专制的俄国不知发生了多少次。说起来，这真是个喜剧素材呢！”

“对呀！我马上回去写个剧本，把这种丑恶的事写进去，把官场中的丑态统统揭露出来。”

1835年底，果戈理根据普希金提供的素材，写成了五幕讽刺喜剧《钦差大臣》。1836年初《钦差大臣》开始上演，引起了轰动，但却遭到沙皇和官僚们的痛恨，他们写文章恶毒地攻击作者，还威胁要把果戈理流放到西伯利亚。果戈理不得不离开俄国，逃亡到意大利。

《钦差大臣》的情节是这样的：

剧本一开始，县长就召集手下大大小小的官吏开会，他的第一句话就是:“钦差大臣要来了。”于是这些人个个心惊胆战,因为他们平时作恶多端,唯恐被戳(chuō)穿后受到处罚。这时,有个彼得堡的小官吏赫列斯塔可夫路过小县城,官僚们以为他就是钦差大臣,争先恐后地奉迎巴结他。县长把他请进家里,甚至把女儿许配给他。赫列斯塔可夫最开始莫名其妙,后来索性假戏真做。官吏们排着队向他行贿，赫列斯塔可夫捞了一笔钱之后偷偷溜了。县长明白自己上了当,正要派人追赶赫列斯塔可夫时,真正的钦差大臣到了。官僚们听了这个消息面面相觑,个个呆若木鸡。

《钦差大臣》无情地揭露了俄国官僚的丑恶。县长是外省官僚的典型代表,他当官当了三十年,老奸巨滑,贪污成性;他自己说他骗过三个省长,骗子中的骗子都上过他的当;他用各种名目敲诈勒索老百姓的钱财,从不放过任何一次捞取钱财的机会。县里的其他官吏更是没一个好东西，法官一贯贪赃枉法,行贿(huì)受贿;慈善医院的院长阴险毒辣;教育局长是个酒鬼,每天喝得烂醉;邮政局长专门偷看别人的信件。赫列斯达可夫则是厚颜无耻的骗子,他吹牛撒谎,说自己当过局长,每天都能见沙皇,明天就要当元帅了等等。他吹牛吹得漫无边际,连自己都相信自己的话是真的。

《钦差大臣》通过这些官僚艺术形象全面批判了俄国社会中的丑恶,所以才遭到沙皇的痛恨。

果戈理逃到意大利之后,在罗马住了很长一段时间,并在那里完成了他的代表作——长篇小说《死魂灵》的第一部。

《死魂灵》的基本情节是六等文官乞乞科夫企图利用购买“死魂灵”牟取暴利的故事。俄国地主把农奴叫做“魂灵”,当时俄国地主不仅拥有土地,而且拥有农奴,主人可以任意买卖他们。每隔十年,国家进行一次人口调查,调查后死掉的农奴在国家户口花名册上仍然存在,地主照样为他们纳税,直到下次注销为止。乞乞科夫想趁新的人口调查没有进行之前,买进一千个死魂灵,再到救济局抵押,每个魂灵二百卢布,这样就可以赚二十万。他拜访了不少地主，买了许多死农奴，但最后事情败露，乞乞科夫逃之夭夭。

《死魂灵》刻画了俄国地主的丑恶形像。乞乞科夫拜访的第一个地主叫马尼洛夫。他是个精神极端贫乏、空虚无聊、无所事事、整天沉溺在毫无边际的幻想之中的地主。他没有个性，对任何事情、任何人都非常满意。马尼洛夫经常抽着旱烟管，坐在屋门口幻想在自己庄园的池塘上架一座桥，桥上可以开商店；他幻想在河边建造一幢大宅子，修筑一座高高的塔楼，从那儿甚至可以看见莫斯科；他相信自己有学问，可是书房里的一本书看了两年才看到第十四页；他非常醉心于“优美的礼节”，可他的礼貌让人觉得虚假而可笑。当乞乞科夫来到他家门口时，两人谁也不愿先进门，互相谦让了两个小时，结果两人侧着身子稍微挤了一下，同时走了进去。总之，玛尼洛夫的思想感情畸形发展，是个百无聊赖、毫无价值的废物。

历史探微

果戈理的小说《狂人日记》艺术构思独特，形式荒诞，小说中出现在读者面前的是狂人、狗的通讯和几篇日记。小说的主人公是一个小公务员，身份低微，还安分守己，在阶级社会重重压迫下，到处被人侮辱蹂躏，直至最后被逼发疯。鲁迅的《狂人日记》在形式、体裁和表现方法上与果戈理的《狂人日记》相比，虽然某些地方有些相同或近似，但是鲁迅的《狂人日记》只是在形式上有所借鉴；在小说思想内容的深度方面，鲁迅的《狂人日记》是果戈理所难以企及的。

泼留希金是乞乞科夫拜访的最后一个地主，他既贪婪又吝啬。泼留希金有万贯家财、上千个农奴，但他仍然不满足，满脑子都想着搜刮更多的财物。他每天在村子里转来转去，东瞅瞅西看看，凡是他眼睛看见的、能拿得动的东西，他都捡回家扔在自己的院子里。什么锈铁钉、碎碗片、旧鞋跟、女人用过的破布等等他都要，以至于他走过的路根本用不着打扫。他吝啬到令人难以想象的程度，他自己吃的穿的还不如一个乞丐，家里几十个农奴只穿一双靴子。儿子和女儿都受不了他，从家里跑掉了，而他一文钱也不给儿女。有一次女儿带着他的小外孙回来看他，他把小外孙抱在膝盖上玩了半天，临走时只给小外孙一枚旧钮扣当礼物，女儿气得发誓再也不回家了。

总之，通过这些地主形象，果戈理深刻揭露了俄国专制农奴制的反动和腐朽。

接着，果戈理着手写《死魂灵》的第二部。他想在第二部里写几个好地主，树立俄国地主的正面形象，把乞乞科夫写成个弃恶从善的人。但他写了很长时间，仍然不满意，因为缺少现实基础，他无法凭空写出好地主来。最后，他一气之下把第二部的手稿扔进壁炉烧掉了。

1847年1月，果戈理出版了《与友人书信选》。在书中，他竟然说农奴制是俄国历史发展的基础，不能动摇，俄国应该退回到中世纪的宗法制社会中去；他甚至荒谬(miù)地声称地主是农民的父亲，农奴必须服从地主，农奴的脸不过是一些没洗净的猪脸。进步的思想知识界为此感到非常震惊，别林斯基于1847年7月15日写了《给果戈理的一封信》，对果戈理进行了严厉痛斥。

果戈理于1852年3月4日病逝。

托尔斯泰

列夫·尼古拉耶维奇·托尔斯泰(1828年—1910年)代表了俄国批判现实主义的顶峰。他出身贵族,自二十四岁发表《童年》后,从事了半个多世纪的文学活动,创作了好几部世界文坛上的第一流巨著,揭露了沙皇统治的黑暗和新兴资本主义的罪恶。列宁称他是“俄国革命的镜子”。

夜里十一点钟,年迈的列夫·托尔斯泰用颤抖的双手穿上衣服,燃起蜡烛,给他的妻子写最后一封信。

他激动地写道:“我不能再在这种奢华的环境中生活了。我要像在我这个年龄段的老人所习惯的那样去做:从尘世的生活中逃出来,在孤独和寂寞中度过自己的晚年。”

第二天拂晓前,托尔斯泰乘上一辆四轮轻便马车,离开了自己的庄园。接着,他来到火车站,登上一节拥挤的三等车厢,同车上的工人、农民促膝而谈,询问他们的生活和饥苦。一天后,他到达一个修道院,和他妹妹相处了两天,又不辞而别。谁也不知道他究竟要到哪里去。

秋天的阴霾天气和激动的心情,严重地影响了这位八十二岁老人衰弱的身体。在到达阿斯塔波沃车站(现改名为列夫·托尔斯泰车站)的时候,他终于病倒了。车站站长赶紧把他安置在自己家里。医生诊断他患了肺炎。

托尔斯泰是俄国一位享有世界声誉的伟大作家。他突然离家出走和途中患病的消息,一下子传遍了全世界。这个小小的车站,顿时成了俄国和全世界进步人士瞩目的中心。

他的病情越来越严重了。1910年11月7日,也就是他离家出走的第十一天,这位举世闻名的文学家溘然长逝!

在成千上万人的护送下，托尔斯泰的遗体被运回到他出走前生活的地方——图拉城附近的雅斯纳亚·波良纳庄园，并安葬在一个峡谷的边缘。他的童年时代就是在这里度过的。

托尔斯泰出生于贵族家庭，两岁时母亲就去世了，九岁时又失去了父亲。他十六岁进入喀山大学，三年后又转到彼得堡大学，不久退学回到波良纳。

那时，俄国腐朽的农奴制还很盛行。托尔斯泰是波良纳庄园三百多名农奴的主人，他亲眼看到农奴们过着悲惨的生活，觉得自己有罪过，便试图帮助农奴改善生活。但农奴们始终把他看做是老爷，不相信他会帮助他们，这使他非常苦恼。

托尔斯泰的哥哥是沙皇政府的炮兵军官，见弟弟心情不好，便建议他从军。1851年4月，兄弟二人一起到高加索去了。在紧张的军事生活之余，托尔斯泰开始从事文学创作。

1852年7月，托尔斯泰把他的处女作——中篇小说《童年》，寄给了《现代人》杂志的主编涅克拉索夫。他附了一封信，说明这是他一部长篇小说的第一部分，其他几部是否写下去，取决于这一部分成功与否。因为缺乏信心，托尔斯泰在手稿和信上只署了自己姓名的缩写“列·尼”。

涅克拉索夫对《童年》印象良好。他立刻给托尔斯泰写了一封回信：

“我读了您的手稿，它是这样的引人入胜。我已经决定把它发表。因为没有读到后文，不能下明确的结论。不过我觉得，作者确实是有天才的……”

这一年的11月，《童年》在《现代人》上发表。这部倾注着托尔斯泰童年生活体验的小说，生动地反映了旧贵族家庭中孩子们的生活，问世后便受到读者包括知名作家的交口赞誉，使他一下子跃进了俄国著名作家的行列。

从高加索回来以后，托尔斯泰又被调到克里米亚。他参加了保卫塞瓦斯

历史探微

托尔斯泰关于幸福的理解：

幸福不表现为造成别人的哪怕是极小的一点痛苦，而表现为直接促成别人的快乐和幸福。照我看来，它在这一方面可以最为简明地表达为：幸福在于勿恶、宽恕和热爱他人。

幸福并不在于外在的原因，而是以我们对外界原因的态度为转移，一个吃苦耐劳惯了的人就不可能不幸。

幸福的家庭都是相似的，不幸的家庭各有各的不幸。

在富有、权力、荣誉和独占的爱当中去探求幸福，不但不会得到幸福而且还一定会失去幸福。

托波尔的战斗，担任炮兵连长，指挥五门大炮，向英法联军反击。在激烈战斗的间隙中，托尔斯泰完成了三篇《塞瓦斯托波尔的故事》以及其他短篇小说。这些作品也都获得成功。

1863年到1869年，托尔斯泰完成了他的长篇巨著《战争与和平》。这部小说以1812年拿破仑入侵俄国为题材，描写了俄国人民奋起抗击法军的斗争，反映了当时俄国社会的生活动态。小说生动地描写了一批贵族青年在战争年代中的生活遭遇和思想情感，同时揭露了漠(mò)视祖国和人民命运的贵族社会的腐朽，还描写了沙皇亚历山大一世和拿破仑等人的活动。全书篇幅巨大，有一百九十多万字，出现的人物多达五百五十余个，是19世纪欧洲文学中的重要作品。

为了写这部长篇小说，托尔斯泰下了很大的苦功。他阅读了大量的历史书籍、回忆录和有关报刊资料，走遍了莫斯科各大图书馆，寻找那些参加过战争的人们给他讲述故事。无论在什么地方，他都用敏锐的眼光注视着周围的一切，不断地做笔记。为了使自己有真切的感受，他特地到当年主要的战场一趟，在当地记札记，画战役地形图，进行实地考察等。他每天一早就走进书房写作，并不准任何人打扰。夜间，他的妻子在写字台边仔细辨认他的字迹，抄写他满是涂抹痕迹的手稿，经常通宵达旦。

写完《战争与和平》后，托尔斯泰休息了相当长的一段时间。1870年的夏天，他整天同农民在一起耕地、割草。后来他又学习起希腊语来。隔了不长时间，他要求老师对自己进行一次考试。结果他竟然能够不用字典就译出希腊文，老师惊诧极了。早在十年前，他就办了一所供农家孩子读书的学校；现在，他又为孩子们编写起《识字课本》。为此他又钻研物理学、历史学、人类学、地理学，研究阿拉伯和印度文学，亲自翻译与改编了近七百篇故事。后来，他又把课本进行精简，广为发行，使好几代俄国孩子用这个课本学会了读和写。

有一天，托尔斯泰又一次拿起《普希金文集》阅读，当朗读到其中一个片断时，他不禁喊道："多么好！多么质朴！开门见山，也不用开场白！"说罢立即提起笔来，开始了一部新的长篇小说的创作。这部小说便是1877年完成的著名长篇小说《安娜·卡列尼娜》。小说反映了农奴制改革后俄国社会的矛盾，对贵族资产阶级社会的政治、法律和道德进行了深刻的揭露和批判。

在《安娜·卡列尼娜》写作的最后阶段，托尔斯泰对自己的生活越来越感到不满。他意识到地主和农民不可能合作，因而感到绝望，甚至想到自杀。后来他把注意力转到宗教上去，阅读了许多宗教书籍，并徒步十天，到一个修道院去朝拜。他去了解贫民的生活，并向他们施舍，甚至写文章呼吁土地应当成为公有。此后，他对自己优裕的物质生活感到良心不安，时常干农民的活，甚至和农民一起吃黑面包。

1887年，正当托尔斯泰思想上日趋矛盾的时候，他的一位当检察官的朋友向他讲述了一个案件：有个普通的姑娘受到一个贵族的欺骗，结果堕落受审。托尔斯泰对这个案件很有兴趣。两年后，他以此为题材，创作了著名的长篇小说《复活》。

《复活》写的是这样一个故事：贵族聂赫留朵夫在法庭陪审时，发现被诬告为杀人犯的妓女卡秋莎·玛丝洛娃，就是以前被他引诱以致堕落的一个农奴的女儿。聂赫留朵夫为了减轻“良心”的谴责，想方设法营救卡秋莎，一直跟踪到她的流放地。最后，他在忏悔中求得精神上的“复活”。

这部小说对俄国的国家制度、教会制度、社会制度和经济制度，作了激烈的批判，但又宣传了不以暴力抗恶、用道德自我完善和用宗教来拯救人类的思想。

托尔斯泰写《复活》的时间，前后长达十一年。这部小说在1899年3月开始在《田地》杂志上发表，连续刊登了一年。由于书中批判了教会，托尔斯泰被革除教籍。

晚年时，托尔斯泰的思想发生了更大的变化。他不再出席贵族们举办的社交晚会，甚至不愿在家里接待高贵的客人。他的装束完全像个普通农民，并且自命为“一亿农民的律师”。他主张必须消灭土地私有制，但又反对用暴力方法把土地从地主手里剥夺过来。他认为只要人们拒绝到地主土地上去劳作，地主就会放弃自己的土地，因为他们无利可图。但是，他的主张得不到任何人的响应，这使他思想上的痛苦越来越深。

托尔斯泰与他妻子的矛盾也越来越激化了。妻子坚决反对丈夫的观点，不同意他放弃1881年后写的一切作品的版权，也反对他和农民生活在一起。

这一切，使托尔斯泰失去了继续在波良纳庄园生活下去的信心。于是发生了本文开头所叙述的他离家出走的事。

现代戏剧之父

北欧戏剧文学中成就最大的当属挪威的易卜生（1828年—1906年），他前后写了二十五部剧本，被誉为“现代戏剧之父”。

在挪威王国首都奥斯陆的一所住宅里，有个七十多岁的老人，时常凭窗眺望对面的花园。

他患有严重的心脏病，精神非常忧郁。家人们都想，如果能让他上那个花园去散散心，那多好啊！

可是，对面是一座皇家花园，不是皇家的人员，是不准随便进去的。

这件事让国王知道了，他便特地把老人请来说：

“听说您很希望到我的花园里来走走看看，那就请您随时过来散步玩赏吧。在政治上，我是王；可是在文学上，您是王哩！”

从此，每逢风和日丽的日子，老人便到这个芳草如茵、百花争艳的御花园里去散步。

这位老人是谁呢？为什么连国王也对他如此尊敬呢？

他，就是闻名世界的挪威剧作家、被人们誉为“现代戏剧之父”的亨利·易卜生。

在易卜生的作品中影响最大的是《玩偶之家》、《社会支柱》、《人民公敌》等。这些剧作一反历来的戏剧传统，以现实中日常生活为题材，通过作品中的人物和情节，批判地揭露资本主义社会的某些不合理现象，提出令人思考的社会问题，从而引导人们起来改革社会的弊端，所以被称为“社会问题剧”。他为戏剧创作开辟了一条新路，世界上不少著名剧作家都从他的剧作中得到借鉴和教益。

先介绍一下《玩偶之家》的剧情吧。这个剧本于1879年出版，它可以说是易卜生的代表作品，也是社会问题剧的代表作品之一。

故事发生在某一年的圣诞节前。

娜拉生活在一个幸福的家庭里。她的丈夫托伐·海尔茂非常爱她，一见面就亲昵地叫她“小鸟儿”、“小松鼠”。海尔茂不日就要当上银行经理，往后，娜拉的生活要更加幸福了。

正当娜拉欢乐地过节的时候，她的女朋友林丹太太来访了。她俩本是同学，许多年没有见面了，于是两人拉起了家常。交谈中，娜拉告诉了林丹太太一件自己曾经做过的“又得意、又高兴”的事情。

这件事是娜拉瞒着她丈夫做的，时间在他们结婚后不久。那时，海尔茂地位低、收入少，为了多挣钱，他起早摸黑地工作，结果累得害了一场重病。医生劝他去南方疗养，否则有生命危险。为了筹集去意大利的费用，娜拉向银行职员柯洛克斯泰借了一笔钱。柯洛克斯泰要娜拉的父亲在借据上签字担保。娜拉因父亲也身患重病，不敢把这件事告诉他，在不得已的情况下，她模仿了父亲的签名。靠着这笔钱，娜拉全家人到了意大利，把海尔茂的病给治好了。回国后，娜拉千方百计地还债，为此她省吃俭用，找零活干。她很高兴自己为家庭尽了力，救了海尔茂的命。

说来凑巧，借钱给娜拉的柯洛克斯泰，正是海尔茂就任经理的那家银行的职员。海尔茂对他印象不好，把他解雇了。柯洛克斯泰请求娜拉向海尔茂说情，希望能保住他的职位，但是没有成功。于是他写了一封信，把娜拉向他借钱并伪造签字的事一古脑儿告诉了海尔茂。

在这之前，海尔茂一再表示自己对娜拉的爱，甚至说过：“常常盼望有桩危险事情威胁你，好让我拼着命，牺牲一切去救你。”可是他看了柯洛克斯泰的信后，竟勃然大怒，指责娜拉瞒着他干了触犯法律的事，毁了他的前途；还辱骂她是撒谎者、罪人和下贱女人等等。娜拉面对海尔茂狰狞虚伪的面目，觉得前途无望，想去投水自杀。海尔茂知道后又说，就是死了也洗不清她的罪孽。

娜拉这才看透了丈夫的卑鄙自私和自己被看做是玩偶的屈辱处境。她觉得八年来，自己只是跟一个陌生人共同生活，现在再也待不下去了。于是，她毅然离开了这个“玩偶之家”。

这个剧本提出了资本主义社会的法律、道德和妇女地位等社会问题。娜拉的离家出走，实际上是作为一个要求与男子平等的女子向社会的公开挑战。

易卜生社会问题剧的又一部代表作品是1882年发表的《人民公敌》。

《人民公敌》的剧情是这样的：

挪威南海岸某个小城市的市长彼得，是个唯利是图的人。他投资兴建了一座温泉浴场，生意非常兴隆。他的弟弟斯多克芒医生，原在偏僻的北方，现在来到浴场当医官。

斯多克芒给报社写了一篇介绍浴场优点、招徕顾客的文章。文章快发表时，他忽然发现温泉中含有传染病菌，便把文章抽了回去；接着他打报告给他当市长的哥哥，提出改建浴场的计划。彼得和浴场股东们怕花钱，想稍微修一修敷衍了事。斯多克芒认为他要尽到国民的责任，便不顾他们的威逼利诱，准备把这件事公布于众。他把许多人召集起来开会。市长等早已作好准备，说他故意夸大浴场弊病，改修浴场是为了增加纳税人的负担。

在会上，斯多克芒激烈地抨击地方当局不顾国民健康，拿腐臭的泉水毒害人们，但不幸的是，他接着又攻击起普通群众来了。原来他认为国民是有知识和教养的人，平常人不过是“原料”罢了，要经过加工才会成为国民。这一来，他便四面树敌。结果大家投票宣布他是“国民公敌”，他被轰出会场，免去了医官职务；家里人也受到株连。他虽然因被宣布为“国民公敌”非常难过，但在精神上安慰自己：“世界上最有力量的人是最孤立的人！”

这个剧本塑造了斯多克芒这个性格倔强、孤军奋战的知识分子形象，揭露了资产阶级民主和自由的虚伪，但也反映了易卜生对群众力量的忽视。

易卜生能被人们誉为“现代戏剧之父”，与他所走过的不平凡的道路有很大关系。1828年3月，他生于挪威一个木材商人家庭。他幼年时家里非常富有，但八岁时家道衰落，日子越过越艰难。十六岁时，父母不得已让他出外谋生。他当过药店学徒，对贫富悬殊的社会有深刻的了解。二十二岁时他报考大学未被录取。他的第一个剧本《凯替来恩》，是朋友出钱帮助印刷出版的，但出版后销路不畅，剧院也不愿上演。他没有灰心，接着写第二个剧本《勇士坟》。剧院接受了它，上演后很受观众欢迎。

1851年，易卜生进卑尔根剧院当舞台主任，六年后又转到挪威剧院任经理。由于他不善于经营管理，挪威剧院终于破产，他也失去了工作，经济上时常处于拮据困顿之中。1864年，他利用申请到的一笔旅行资金，前往意大利。此后的二十七年，他一直侨居国外。他的一些重要剧本，都是在国外创作的。

1891年，易卜生已经六十三岁了。这年7月，他载誉回到祖国，受到文化界的热烈欢迎。归国后，他平均每隔两年发表一部剧作。1898年他七十寿辰，

历史探微

1874年夏天，当时易卜生已经成名，他在与朋友劳拉交谈时，劳拉告诉他：她为了给丈夫治病，但一时又筹不到钱，只好伪造签名来借钱，但事后她丈夫竟然拒绝原谅她，她的家庭也因此而破裂。当时易卜生认为这个男人气量太小了，后来他想起前一段时间看过的小说《职业的女儿们》，文中流露出要争取妇女自由解放的激情……四年后，易卜生写下了一篇题为《关于一出现代悲剧的札记》的文章：“世界上有两种精神的法律，两种良心。一种是男人的，一种是妇女的……这个社会纯粹是男权社会，一切法律都由男人制定的……”后来他又想到：现在的家庭与封建时代没什么两样，妇女根本没有独立的人格，他们仍然是男人的玩偶。一年后，他写出了著名的剧本《玩偶之家》。

挪威文化界举行了一次聚会庆祝他的生日；挪威国家剧院还为他树立了一尊铜像,以表示对他的敬仰。

这一年易卜生没有发表新的剧作，原来他患了心脏病。但他还是坚持写作,在第二年发表了《当我们死而复苏时》——这是他最后一部剧作。

此后,易卜生的心脏病越来越严重,继而引起手臂麻木,不能再提笔写作。皇家花园的散步玩赏,当然也不能减轻他的病情。1906年5月,这位享有“现代戏剧之父”盛誉的剧作家永远告别了人间。

诺贝尔

1833年10月21日，诺贝尔生于瑞典首都斯德哥尔摩的一个知识分子家庭，他的祖父是名军医，父亲伊曼怒厄尔·诺贝尔是一个科学家、发明家，致力于炸药、水雷及其他爆破性化学的研究；对外科器械设计和造船工程学也很感兴趣。他把科学研究的精神传给了自己的儿子阿尔弗列德·诺贝尔。

1901年12月10日下午四时三十分，在瑞典王国首都斯德哥尔摩的音乐厅内，一次世界性盛会在这里举行。在这次盛会中，由瑞典科学院等机构推荐的物理、化学、医药学、文学、和平等方面的杰出人才，接受"诺贝尔基金会"颁发的荣誉证书和巨额奖金，以表彰他们对社会和人类的杰出贡献。

在音乐声中，这些来自不同国家的优秀科学家、文学家和社会活动家由奖金基金会成员陪同进入大厅。音乐厅内顿时爆发出雷鸣般的掌声，人们不仅对这些优秀人才表示崇敬，更重要的是纪念瑞典著名的科学家阿尔弗列德·伯里哈德·诺贝尔。

授奖仪式开始先是由基金会主席用瑞典语介绍获奖者在物理学、化学、生理学或医学、文学、和平上的成就；紧接着，便是获奖者用本国语言致答谢词；然后是颁发荣誉证书和金质奖章;最后,由瑞典国王亲临致词,向获奖者祝福,授奖仪式到此结束。

第二天,获奖者领取一笔巨额奖金,作为对他杰出成就的奖励。这些奖金就是诺贝尔的遗产,大约二百万英镑,以此作为基金,以每年的利息提供的。

从此,诺贝尔奖金就产生了。那么,为什么诺贝尔要把这些遗产捐献出来?他又是怎样积累这么多财富呢?事情还得从头说起。

阿尔弗列德·诺贝尔在父亲的影响下,从小就热爱化学、物理学和机械工程学。起初,诺贝尔对造船工程极感兴趣,十七岁时,他在美国学习造船工程学。

在此期间,诺贝尔经常到郊外游玩,看到工人们在荒山野岭里用铁锤砸石头,为了开通一条铁路或公路,他们劈山斩岭,花费了很大的心血和劳动。这在他的心中留下很深的印象,他经常想:如果能够发明一种东西,一下子就能把大山劈开,那该多节省力气呀!

回国后,他便同父兄合作,先后在瑞典和俄国从事硝化甘油和其他烈性炸药的实验和制造。

经过他们刻苦的试验和研究,1866年,诺贝尔终于研制成功了一种液体炸药。这种炸药爆炸力极强,人们把它称为“诺贝尔炸油”,被全世界普遍使用。

但是,这种炸药有一个极大的弱点,就是容易引起爆炸,尤其是在长途运输过程之中,受到震动和磨擦,往往会自动引爆。美国旧金山的一列火车,就是在运送这种炸药时受到震动,整列火车车毁人亡;运送这种炸药的巨轮“欧罗巴号”,在大西洋航行的时候,因为风浪颠簸,引起炸药爆炸,整条船沉没在大西洋中。

这种事件的不断发生,一下子使人们非常紧张。一谈到这种“诺贝尔炸油”,人们便退避三舍,不敢接触。这样,许多政府不准它进口,许多运输公司也拒绝运送这种可怕的东西。

诺贝尔并不气馁，他开始着手发明一种安全的炸药，从此以后，他少言寡语，整日躲在实验室，潜心于新炸药的研制。

炸药的研制要经过无数次试验，而每一次试验都是非常危险的，稍不注意，便会发生爆炸事件。

1864年9月3日，诺贝尔一大早便出外办事。等到晚上回来的时候，他一下子惊呆了，他的实验室变成了平地，到处是碎砖破瓦，空中还弥漫着浓浓的硝烟；空荡荡的地面上，到处沾满了鲜血。更让诺贝尔痛心的是，他亲爱的弟弟和同甘共苦的五名工作人员，因爆炸而身亡，而父亲也成了终身残废。

诺贝尔从此陷入无限的悲痛之中，在心里进行着强烈的斗争，怎么办？是放弃试验，还是继续？

但诺贝尔明白，科学试验是不可能一帆风顺的，如若从此放弃试验，弟弟和同事的鲜血不是白流了吗？

于是，在朋友的帮助下，诺贝尔租了一条大船，在瑞典首都附近的马拉伦湖上搞实验。这样，便可以避免因爆炸引起其他人员和建筑物的伤亡或破坏。

诺贝尔在船上冒着生命危险，进行了几百次的试验。四年以后，经过自己艰苦、认真的工作，他终于获得了成功。

他把液体炸药吸入一种硅土里面，这样，即使遇到一定的温度或摩擦、震动，这种固体炸药也不容易爆炸。这样，能够安全运输的固体炸药——黄色炸药就问世了。

但这种炸药必须经过引爆后才能爆炸。为此，诺贝尔又发明了人类历史上第一个引爆装置——雷管。这就给人们提供了很多方便，使人类有计划地利用炸药，进行开山劈路、钻隧打井，为此节省了很多力气。

后来，诺贝尔为了发明更具爆炸力的炸药，又投入了艰苦而又复杂的，而且是更加危险的试验。

经过无数次试验，诺贝尔终于制成了这种炸药，但对炸药的爆炸力缺乏正确的判断，因而他进行了一次冒险的试验。

这一天，他把工作人员统统赶出实验室，自己一人留在那里，要亲自点燃导火线。大家不放心他的安全，多次劝说不让他点燃导火线，但诺贝尔执意不肯，他清楚记得1864年9月3日那天的爆炸事件，因此，他一定要让危险远离他人。

大家见劝说无效，只好远远地离开，躲在实验室四周，静静地等待着试验的结果。

实验室里，诺贝尔安装好炸药，又仔细地检查了一遍，便上前点燃了导火线。

火星"吱吱"地冒着，导火线越来越短，诺贝尔为了仔细观察炸药的爆炸情况，一动不动地站在跟前，双眼死盯着燃烧的导火线。

"轰"的一声，炸药爆炸了，浓烟从实验室里飞速地涌出。

附近的人们睁大眼睛看着，始终不见诺贝尔的身影，他们顾不得危险，纷纷向实验室奔去。

人们刚跑到门口，就见一个满身鲜血的中年人从实验室里跑了出来，边跑边叫道："我成功了！我成功了！"

大家看到诺贝尔还活着，便激动地跑上前去，一边替他检查伤势，一边热烈地

历史探微

诺贝尔十分爱好文学，涉猎范围也十分广泛，他阅读过多国的作品，并对这些作品做出独特的评价。在他的祖国瑞典在内的斯堪的纳维亚半岛各国的文学中，他喜欢阅读基兰、易卜生、加博格、比约恩森等人的作品。在俄国文学中，他阅读过托尔斯泰、屠格涅夫、陀思妥耶夫斯基、果戈理等人的作品。在法国文学中，他不仅与雨果有直接交往，还阅读了他的作品，并且广泛地阅读左拉、巴尔扎克、莫泊桑等人的作品。在英国文学中，诺贝尔非常喜欢阅读雪莱、拜伦和莎士比亚等人的作品，就连英国不怎么著名的作家作品他也极为熟悉。

祝贺他。

这是1875年的一天,诺贝尔终于成功地发明了威力强大的胶质炸药。于是,诺贝尔在很多国家建造炸药厂,并申请专利,很快便成为拥有巨富的“炸药大王”。

后来,他移居巴黎,在实验室中继续进行各种炸药的研究和试验。1887年,诺贝尔又发明了无烟炸药,这就是我们现在使用的炸药。

1896年12月10日,诺贝尔在他意大利的工厂里突然去世。在死前一年,即1895年11月27日,诺贝尔立下了一个独特的遗嘱,把自己一生的积蓄捐献出来当做基金,将其利息作为奖金,每年奖给世界上对物理、化学、医药学、文学和促进世界和平有特殊贡献的人;后来,又增加了经济奖,这就是现在很多科学家为之骄傲的“诺贝尔奖金”的由来。

诺贝尔在科学领域取得的功绩是不可磨灭的。为了纪念这位伟大的科学家,诺贝尔金质奖章的正面雕有诺贝尔的浮雕像,镌有他出生和亡故的年月日。基金会还决定,每年的诺贝尔奖金颁发的时间地点,是根据诺贝尔诞生地点和逝世时间而定。那就是每年12月10日 (诺贝尔1896年12月10日逝世),分别在瑞典首都斯德哥尔摩(诺贝尔1833年10月21日诞生于斯德哥尔摩)和挪威首都奥斯陆举行。

爱因斯坦

阿尔伯特·爱因斯坦(1879年—1955年)是当代最伟大的物理学家,他因创立了相对论而闻名于世。

爱因斯坦1879年3月14日出生在德国的一个犹太人家庭。父亲是一个电器作坊的小业主,当爱因斯坦十五岁时,父亲因企业倒闭带领全家迁往意大利谋生。

1911年的一天,在著名的布拉格大学校园里的一片草地上,一群大学生围坐在一位年轻学者的身旁,正进行着激烈的讨论。

“请您通俗地解释一下,什么叫相对论?”一位学生微笑着向年轻学者发问。

年轻学者环视一下周围的男女学生, 微笑着答道:“如果你在一个漂亮的姑娘旁边坐了两个小时,就会觉得只过了一分钟;而你若在一个火炉旁边坐着,即使只坐一分钟,也会感觉到已过了两个小时。这就是相对论。”

大学生们先是一愣,接着便大笑起来。

“好!今天我们就谈到这里。”年轻学者站起身来,向大家告别后,便向图书馆走去。

这位年轻学者,就是伟大的科学家、相对论的创始人——爱因斯坦。

1896年秋天,爱因斯坦就读于苏黎世工业大学。在学校里,除了数学课以外,他对其他枯燥无味的课程都不感兴趣。但他热衷于探索自然界的奥秘,对此产生了浓厚的兴趣,还利用课外时间阅读大量有关哲学和自然科学的书籍。

1900年,爱因斯坦从苏黎世工业大学毕业后,加入了瑞士国籍,但长期找不到工作。两年后,他才在瑞士联邦专利局找到同科学研究无关的固定职业。但在专利局供职期间，他不顾工资低微的清贫生活，坚持不懈地利用业余时间进行科学研究，并不断取得成果。1905年，爱因斯坦在物理学方面的研究，取得突破性进展——创立了狭义相对论。这时他刚刚二十六岁。

相对论是爱因斯坦在自己题为《论动体的电动力学》这篇论文中提出的。在此之前，传统物理学的时空观是静止的、机械的、绝对的，空间、时间、物质和物质运动相互独立，彼此没有什么内在联系。也就是说，物质只不过是孤立地处于空间的某一个位置，物质运动只是在虚无的、绝对的空间作位置移动；时间也是绝对的，它到处都是一样的，是独立于空间的不断流逝着的长流。这就是牛顿古典力学的时空观。

爱因斯坦以极大的毅力和胆识，突破了传统物理学的束缚，猛烈地冲击形而上学的自然观。他认为，空间、时间、物质和物质运动，彼此不可分割，它们之间紧密相联。作为物质存在形式的空间和时间，在本质上是统一的，随着物质的运动而变化。狭义相对论的最重要的结论之一，是关于质量和能量的关系($E=MC^2$)，它告诉我们，物质的质量是不固定的，运动的速度增加，质量也随着增加；一定质量的转化必定伴随着一定能量的转化，反之亦然。这个著名的公式成为原子弹、氢弹以及各种原子能应用的理论基础，由此而打开了原子时代的大门。

狭义相对论的问世，震动了物理学界，也使这位年轻学者的名字马上传遍了整个欧洲，并给他带来了极高的声誉。德国著名的理论物理学家普朗克，向布拉格大学推荐爱因斯坦时说：“要对爱因斯坦理论作出中肯评价的话，那么可以把他比做20世纪的哥白尼。这也是我所期望的评价。”

1911年，年仅三十二岁的爱因斯坦，被布拉格德意志大学聘为教授；1913年，他重新回到德国，任柏林大学教授，并当选为普鲁士科学院正式院士。但不到四个月，第一次世界大战爆发了。

爱因斯坦一向憎恶战争，主张民族和睦，他公开发表反战宣言，同一位哲学家共同起草了《告欧洲人民书》，呼吁欧洲科学家应竭尽全力，尽快结束这场人类大屠杀。然而,却没有什么著名人士响应。在这段岁月里,爱因斯坦满腹愁肠,闭门不出,深入进行自己的科学研究。

在研究中,他发现狭义相对论的理论体系还不完善,它只解释了等速直线运动,而不能解释加速运动和万有引力的问题。因此,爱因斯坦又花了整整十年时间,于1916年创立了广义相对论。

广义相对论的重要结论是:加速运动与引力场的运动是等价的,要区别是由惯性力或者引力所产生的运动是不可能的。对此,爱因斯坦作了一个形象的比喻——他设想有一个人乘摩天楼的电梯自由降落,人不会感到自己在下降,因为这时电梯和人都依照重力加速度定律在下降,仿佛在电梯里不存在地球引力;反之,如果电梯以不变的加速度上升,那么人在电梯里将觉得双脚紧贴在地板上,好像站在地球表面一样。这个等价原理是广义相对论的基础,它显示了等速运动的一些基本原理可以应用到加速度运动中,把狭义相对论推广到更为普遍的情况。

爱因斯坦认为,光在引力场中不是沿着直线,而是沿着曲线传播;并指出,当从一个遥远的星球上发出的光在到达地球的途中经过太阳的时候,应当由于太阳的引力而产生弯曲,因此,而使这个星球看起来的位置与实际位置不符。其偏斜的弧度,据爱因斯坦计算,应当是一点七五秒。因此他建议,在下一次日全食时,通过天文观测来验证这个理论预见。

1919年5月,英国一位天体物理学家率领两个天文考察队,拟定在日全食时分别在巴西和西非摄影,以验证从广义相对论推出的这一重要结论。同年11月,伦敦皇家学会和天文学会联席会议正式公布观测结果——测得的光线偏转度竟和爱因斯坦计算的非常一致。这下使牛顿的引力学说失去了普遍的意义。

这个消息公布后,全世界为之轰动,爱因斯坦的名字在社会上广为流传,几乎家喻户晓,科学家们公认他是继伽利略、哥白尼以后最伟大的物理学家之一,是“20世纪的牛顿”。

1933年,德国法西斯头子希特勒上台后,加紧了对犹太人的迫害。爱因斯坦被迫迁居美国，任普林斯顿高级研究所教授，并于1940年取得美国国籍。

1955年4月，爱因斯坦在普林斯顿病逝。这位伟大的科学家在他的遗嘱中，要求把他的骨灰撒在不为人知的地方。爱因斯坦不愧是自然科学的伟大革新家，他的伟大科学成就——相对论，是自然科学发展史上的一个划时代的里程碑，他追求真理和为人类谋福利的崇高理想，以及不畏强暴的战斗精神，将在人类历史上永垂不朽。

历史探微

普林斯顿医院有一位顶级医师，名叫托马斯·哈维。他为了研究爱因斯坦的大脑和智商，在爱因斯坦逝世后，将爱因斯坦的大脑悄悄带回家中，并把其大脑放在消毒防腐药水里浸泡，然后又用树脂将其固化，再把他切成大约两百片，并亲自动手研究大脑，同时还将切片提供给科学界以进行研究。据威尔特森(加拿大安大略省麦克马斯特大学女教授)研究表明：爱因斯坦大脑左右半球的顶下叶区域非常发达，超出常人百分之十五。一个人大脑后上部的顶下叶区发达，对其想象能力、数学思维以及视觉空间认识，都起着十分重要的作用，这就解释了爱因斯坦为何才智过人和具有独特的思维。然而令人遗憾的是，在经过超过三千次的数据测试统计后，威尔特森的研究小组结果证明：爱因斯坦的智商只有一百四十六。而按照当年的威尔特森研究规则，任意取一百名普通人大脑的智商也有一百二十五。

第一次世界大战

第一次世界大战发生于1914年7月结束于1918年11月，是一场以欧洲为起点但波及全球的世界大战。

战争过程主要是在同盟国和协约国之间展开的。德意志帝国、奥匈帝国和意大利是同盟国主要成员，协约国主要包括英国、法国、俄罗斯帝国和塞尔维亚。在1914年到1918年期间，亚洲、欧洲和美洲的很多国家都加入了协约国。值得注意的是意大利虽曾是同盟国，但是由于英国、法国及俄国与意大利签订密约，承诺给予意大利某些利益，结果意大利加入了协约国对抗同盟国的军事行动中。

这场战争是欧洲历史上破坏性最强的战争之一。这次战争大约有6 500万人参战，其中有1000万人失去了生命，2 000万人受伤。

战争的导火索是1914年6月的萨拉热窝事件，战线主要分为东线（俄国对德、奥作战），西线（英、法对德作战）和南线（又称巴尔干战线，塞尔维亚对奥匈帝国作战）。其中西线最惨烈、著名的战役有马恩河会战、凡尔登战役和索姆河战役。

这次战争最根本的原因是资本主义世界的严重的经济政治不平衡。

普法战争后，德国首相俾斯麦担心法国报复，因此他采取结盟政策，围堵法国。德国于1879年与奥匈帝国缔结秘密的“德奥联盟”。此外，俾斯麦与面临孤立的意大利结盟。因此德意志帝国、奥匈帝国与意大利王国三国缔结“三国同盟”。

俄国得知德奥两国签订了“德奥同盟”后，十分愤怒，因此在1892年俄国与法国缔结了“俄法同盟”。

在 1907 年英、俄双方终于结束它们的殖民地纠纷,签订“英俄谅解”。同年,法国、英国和俄国因受到德国在奥斯曼帝国的力量威胁,组成“三国协约”。

欧洲从此分为两大阵营,因此只要有任何风吹草动,都有演变为世界大战的可能,第一次世界大战就是由奥匈帝国皇储——斐迪南大公被暗杀引起的。

1914 年 8 月 2 日,德军出兵中立国卢森堡,以取得卢森堡的铁路网。8 月 3 日,德军对比利时不宣而战,并占领比利时全境。9 月 3 日,德军进逼巴黎,法国政府被迫撤退至波尔多。9 月 5 日到 9 月 12 日,德军与英法联军在巴黎近郊马恩河至凡尔登一线爆发马恩河会战,结果两败俱伤,德军只得转入战略防御,固守安纳河一线,战斗演变为阵地战。接着,双方爆发了奔向海边的运动战,结果英法联军大败。德军成功夺取法国东北部的广阔领

土,但始终不能截断英法两国的运输线。随后双方再次进行佛兰德斯会战,但双方均无重大成果,结果战事进入胶着对峙(zhì)状态。

1915 年春,英法联军趁德军主力集中在东面战线,发动了香巴尼和阿杜瓦两轮攻势。但因为沿用旧战术,且欠缺强大火力作掩护,结果被德军成功抵挡,己方反而伤亡惨重。该年 4 月德军反击,并首次使用毒气,使双方的损失更为惨重。结果 1915 年的西面战线,英法联军死伤百万人,德军亦死伤 61 万人,但战事仍然进行着。

1916 年 2 月,东面战线的压力稍有降低,德军主力再次移师西线,与法军爆发凡尔登会战。结果在激战七个多月后,德军仍不能攻取凡尔登。而英法联军为了制衡德军,于该年 7 月初在索姆河一线与德军爆发索姆河战役,战况更为惨烈。英军在这场战役里首次使用坦克,但双方在伤亡共 120 余万人后,战事仍未有重大突破。持续至该年 11 月,西线再次变为胶着对峙状态,不过协约国开始掌握战争的主动权。

虽然英德两国在战前争建"无畏舰",但整个第一次世界大战却只有一次大规模的舰队主力决战,就是日德兰海战。这场战役的结果比较特别:一方面,舍尔海军上将率领的德国舰队以相对较少吨位的舰只损失击沉了更多的英国舰只,从而取得了战术上的胜利;另一方面,杰立克海军上将指挥的英国主力舰队成功地将德国海军封锁在了德国港口,使得后者在战争后期几乎毫无作为,从而取得了战略上的胜利。

另一方面,在战争初期,德国主要依靠潜艇战阻止他国对英国的物资援助,但因为美国抗议而一度中止。但当前线战况越来越差,国内的经济亦日趋恶化时,德国在 1917 年 1 月决定恢复无限制潜艇战,即凡是在英国水域的船只,不论是敌方或是中立国的,都有可能被德国潜艇击沉。这大大影响了美国商船的航行,而且亦有美国商船被击沉的记录,因此德美关系恶化,美国开始有对德宣战的打算。

1917 年 2 月 24 日,美国驻英大使佩奇收到英国截获的德国外长齐默曼给墨西哥的电报，称如果墨西哥对美国宣战，德国将协助墨西哥得到美国西南部。于是美国以此为借口，在该年4月6日向德国宣战。1917年4月，法军于西线展开春季攻势，与德军在兰斯和苏瓦松之间进行会战，历时一个月。但法军在伤亡十万人后却仍未有进展，这引起了法国士兵的骚动，战事再度进入胶着状态，而法军因内部骚动，无力防御，只得由英军负责西线防御。在该年下半年，美国提供的装备到达欧洲，英军于是又在西线猛攻，但在损失一百多万人后，仍无法改变战事的胶着状态。

1917年，东线因俄国发生十月革命并退出战争而结束，德军立即集中于西线，意图在美军到达欧洲之前，于1918年夏季打败英法两国，以扭转局势。1918年3月—7月，德军接连于西线发动了5次大规模的攻势，前两次攻势在损兵14万后仍无所获。而美军则已到达欧洲，使协约国兵力大增。该年5月底，德军发动第三次攻势。这次德军成功突破法军防线，进逼至距巴黎仅37千米之处，但并不能歼灭英法联军的主力，而己方则损失13万人。在6月9日到6月13日这5天，德军发动第四次攻势，企图将德军在亚眠和马恩河的两个突出点连接起来，以集中兵力攻击巴黎，但并未成功。7月15日，德军发动第五次攻势，但在损失15个师后，一无所获，己方军力反而消耗殆(dài)尽，只得撤退至兴登堡防线，从此只能作消极防御。

虽然俄国退出战争，但德国的各盟国——奥斯曼土耳其、保加利亚及奥匈帝国却因持续作战，致使经济崩溃，国内各民族爆发起义，结果无力再战，相继向协约国求和。最后德国内部亦发生政变，并向协约国求和，第一次世界大战结束。

在第一次世界大战中，沙皇俄国、德意志帝国、奥匈帝国、奥斯曼土耳其帝国这四大帝国覆灭；而巴尔干半岛与中东地区的民族国家则随之而起，如南斯拉夫、匈牙利及伊拉克等。

原来为世界金融中心及世界霸主的英国，在战后虽然领土有所增加，但其对领土的控制力却因战争的巨大伤亡与物资损失而大大减弱，而其经济亦因战争而大受影响,出现严重衰退,从此其世界金融中心的地位让给了美国。

大战期间,俄国发生了十月革命,世界上出现了第一个社会主义国家——苏联。

这场大战削弱了英、法、意的实力;而美国则成为世界头号经济强国,世界金融中心也由伦敦转移到纽约;而日本也由债务国变成债权国。

历史探微

第一次世界大战时,法国送给美国20辆坦克,巴顿被任命为由这20辆坦克组成的坦克部队的指挥官。经过艰苦的努力,巴顿在不到半年的时间内组建了6个坦克连,这些坦克连是美国军队中战斗力最强的军事力量。

《凡尔赛条约》将发动战争的责任全部推给了德国,从而对德国实行条件极为严苛的经济与军事制裁。德国失去了13%的国土和12%的人口,并被迫解除武装,其陆军被控制在10万人以下。德国虽然在一战中最后战败,但德国的元气并未受到过大的伤害,工业体系依然保存完整,而且德国本土并未受到战火的波及。《凡尔赛条约》过多考虑战胜国的利益分配,完全没有考虑战败国的利益,加上条约的空前苛刻性和掠夺的本质,使得德国国民对强加给他们的条约有极强的抵触和反感情绪,这引发了德国民众强烈的民族复仇主义情绪。这为德国发动一次新的大战提供了条件。结果德国在希特勒的纳粹党的领导下,发动了第二次世界大战。

鉴于第一次世界大战的伤亡与巨大的物资损失，英法等战胜国建立了一个以减少武器数量、平息国际纠纷及维持民众生活水平为目的的国际组织,即国际联盟(简称国联)。然而,国联却不能有效阻止法西斯的侵略行为,第二次世界大战后它被联合国取代。

英德海上大决战

英德这一对冤家,几百年来,双方的斗争一直没有停息。特别是两次世界大战,双方展开了殊死搏斗。一战中发生的英德海上大决战,是新兴帝国对传统帝国的一次挑战。

英国的海上力量一直非常强大,它的舰队曾踏遍世界上的每一个角落。德国却不甘示弱,派潜艇连连袭击英国军舰,但是后来英国建造了一支“神秘之船”舰队,使德国潜艇受到了巨大的打击。为了将英国彻底击败,夺取制海权,德海军司令部命令德国公海舰队司令舍尔上将出海巡航,搜寻英军舰队主力展开决战,企图彻底打垮英国海军。

1916 年 5 月 30 日,德军派出的以“留佐”号为首的战斗巡洋舰,沿日德兰一线一路北行,并把自己的方位时刻告诉军港,以让海军部知道自己的位置和航线。

但是德国人不知道,自己发出的无线电信号早就被英国截获,它们立刻被送到了英国海军司令杰立克桌前。根据这些情报,杰立克得知:海军中将希佩尔指挥的以“留佐”号为旗舰的德国舰队只不过是德国公海舰队的一个支罢了。杰立克笑了笑对部下说:“这些傲慢的德国人竟然在北海游荡,企图只用这样一支舰队消灭大英帝国的海军,真是自不量力。只要我们的舰队一出发,他们就得赶快溜走。但是我决定让这些军舰留在这里,我要将它们全部击沉。”他思索了一会,果断地发布命令道:“贝蒂中将,您率领一支较弱的舰队前去迎战德舰,我将尾随在你的后面,布置好包围圈。请你与我敌作战时佯装战败,将敌人引入口袋。这样我们就可一举歼灭敌人。”

接到命令的贝蒂立刻就带着 4 艘战列舰和 6 艘巡洋舰向日德兰半岛西

北部出发，前去引诱德舰。

贝蒂出发不久，杰立克就亲自带着自己的24艘战列舰、3艘巡洋舰以及许多辅助战舰，离开驻地，前往预设阵地埋伏待敌。杰立克相信，自己的这个计划定会使德军尝到失败的滋味，一场海上大战即将爆发。

但是结果往往和预想中的不一样。德军频繁的发出电报，并不是真的向军港报告自己的位置，而是故意向英军报信，将其主力引出军港，好在海面上与英国决战。

这个精心策划的方案是由德军公海舰队司令舍尔提出的，他之所以派出了配有12英寸口径的大炮，载水量达2600吨的“留佐”号巡洋舰，就是引诱英军，而自己则跟在了它的后面。为了进一步引诱英军，所以就命令德国军港用舍尔旗舰的呼号广播，让英军做出公海舰队的主力仍在本港内的错误判断。这真是一个“巧合”，用英雄所见略同来说也不为过，因为两国都企图用自己相对优势的舰队消灭对方。

5月31日下午2点，两支舰队越来越近，但是谁都没有发现对方就在50英里外。终于在日德兰西北部的海面上他们相遇了。一支英国前哨船发现了德舰。舰长见状立刻向主力舰队发出了警告：“前方发现敌舰，请求进一步指示。”贝蒂中将面露喜色，终于等到了敌人，他立刻给前哨舰下达命令：前去查看敌人数目。

舰长受到中将的命令，立刻就脱离舰队，全速奔向敌舰，生怕敌人发现不了自己。

此时，两军的行动极为一致。发现英舰的德军也在司令的命令下高速向英舰驶去。“留佐”号冲在最前面，战争号角的响起让希佩尔喜出望外。很快，两军进入到了有效射击距离。贝蒂命令全队进入最高戒备状态，只要敌舰靠近，立刻攻击。

希佩尔眼见英舰越来越近，也下令舰队做好随时应敌准备。他看准时机，下令开炮，想给敌人一个“惊喜”。

一声炮响，贝蒂的旗舰“狮”号中弹，但船身只不过稍微晃了一下。贝蒂却笑了，原来他从敌人的炮弹上看到了敌人的武器口径。自己的大炮是15英寸的，而敌人则比自己小了整整三英寸，仅为12英寸。于是他下令还击，打算让德国佬尝尝15英寸大炮的厉害。

一枚15英寸口径重型炮弹呼啸着奔向德舰，但是却没有击中德舰，只是在海面上炸起了一阵水雾。

希佩尔见状也露出笑容：“英国人的炮弹炸海水还是很厉害的，但是对我军舰队没用。”

这样，双方你来我往，一发发炮弹飞向对方军舰上，开始对轰起来。

炮声响彻在日德兰海面上，等在远处的德英大部队可以清晰地听到。两军司令都露出了笑容，认为自己的计谋即将取得成功，就下令舰队全速前进，赶赴战场。

而此时，双方前军舰队仍在互相射击。贝蒂本打算按原计划，只要接触敌舰就立刻撤回，但是此时却被德舰死死咬住不得脱身。敌人的炮弹像长了眼睛一般，纷纷落在自己的舰上。他十分着急，命令舰队立刻结束战斗。

然而希佩尔则不给他这个机会，趁英舰转身之际，命令炮火集中攻击贝蒂的旗舰“狮”号。

“轰”的一声，“狮”号炮塔中部被一发炮弹击中，并发生了剧烈的爆炸。炮塔上除了指挥官哈维少校外全部阵亡。大爆炸引发了火药库的大火，眼看着弹药就要爆炸，军舰被击沉的命运不得避免时，深受重伤的哈维发出了自己最后一条命令：将海水引进弹药库，“狮”号的大火被浇灭了。

“狮”号被重创后，“玛丽王后”号成了德军下一个攻击目标。一阵炮火过后，这艘战斗巡洋舰开始下沉。紧接着，“不屈”号也被击中，舰上冒出了滚滚浓烟，震耳欲聋的爆炸声响起，也开始下沉。

贝蒂被激怒了，他不顾命令，掉转舰头向敌人冲去。

希佩尔却不恋战，马上命令舰队后撤，开始向主力靠拢。

贝蒂见敌人退却，就下令全速追击。但是远方冒出了大批敌舰的影子，他心知不妙，知道自己中了敌人诡计，就面露怯色，下令舰队立刻后撤。

“留佐”号见英舰后撤，就想趁机攻击。它跟在英舰屁股后面，紧追不舍，英国人从未受到过如此的欺负，就集中火力炮轰德舰，一下子就击中了德舰要害，“留佐”号中弹起火，丧失动力，飘荡在水面上。

这时，英舰主力也赶到了，杰立克看到眼前的德舰，认为贝蒂的任务完成了，德舰已经被引诱来了，于是就命令道：“全舰进入一级战斗状态，随时准备开炮。”

很快，收到命令的 24 艘战列舰排成了单行作战阵型。而舍尔只顾眼前英国小舰队，没有注意到英舰大部队已经在等着他了，当他发现有什么不对的地方时，自己已经陷入到了英舰当中。这下子，德舰乱了马脚，因为此时自己是面向德舰，只有舰首炮能够发挥作用，而 T 形阵势使英舰能够用所有的大炮轰击，自己舰队还远远落在后面，远水解不了近火。

英军见状，立刻下令开炮，一时间，炮弹雨一般落进德国舰队中，不一会儿，就有 3 艘德舰受到重创，正在缓缓下沉。

“留佐”号本来就丧失了动力，现在只能被动挨打，一发炮弹落在舰

历史探微

日德兰海战发生在一战期间，它是该时期内规模最大的一场海战，同时，在世界海战史上，它还是最后一次战列舰大编队交战。尽管如此，交战双方（英国和德国）的舰队主力由于未组织周密的侦查，造成指挥不力和情况不明，并未进行决战，也没有达到预期的战役目的。战后在北海的力量对比和军事态势方面，双方均未发生重大变化。德军“同时转向”战术运用娴熟，舰艇操作和射击技术水平较高，但舰队实力不及英国，只好夺路而逃。英军则掌握着主动权，但是行动却不坚决，最终失去了歼敌良机。

上，猛烈的爆炸过后，希佩尔只得换乘另一艘军舰，眼看着“留佐”号沉没。

舍尔乘兴而来却败兴而归，本来打算歼灭敌人，最后却差点被敌人歼灭。一阵炮弹袭来，急得他“哇哇”大叫，他下令舰队全速后撤，在浓雾的掩护下仓皇逃去。

夜幕降临，一场海战终于结束了，海面恢复了宁静，只剩下船骸和浮动着的浓浓硝烟。

舍尔的计划彻底失败了，他决定撤回本土休整，但是由于天黑雾浓，当时的船只装备又不是很先进，在深夜时分，他又与英舰遭遇。一场混战又爆发了，在照明弹、探照灯的照射下，双方互相对射，又有一些战舰沉没。

黎明时分，德国舰队终于摆脱了英军，驶上了回家之路。

这次海战德军有一艘大型战舰被击沉，10 艘小舰也没有回到本土，士兵死亡二千五百余人；而英军则损失 3 艘大型战舰、11 艘战船，伤亡高达六千多人。但是双方主力却没有遭到打击，德国人想控制海上通道的愿望终于实现了。

凡尔登战役

1914年第一次世界大战爆发以后,世界各主要的国家都卷入了这场大战当中。到了1916年,德国的“史里芬”计划彻底破产,德军指挥部只好改变作战计划,将防御重点放在东部,而在西部则发起新一轮的进攻。进攻地点就选在了法军右翼部队所依托的“凡尔登突出部”。

这个计划是由德军新任参谋总长法尔根汉提出的。原总参谋长毛奇下台以后,由他接任总参谋长一职。这次行动被他命名为“处决地”计划,作战目标就是进攻一个叫凡尔登的法军要塞。这个要塞法军已经坚守了很长时间。他要将法军的主力全部吸引到那里,然后歼灭他们,让法军在军事上不会再对自己构成威胁,从而迫使法国投降。战役开始前,法尔根汉就在叫嚣:“法国的血将在这里流尽!”

这时的法军总司令是霞飞将军。此时他正忙于索姆战役前的准备工作,一时无暇顾及这个距离巴黎200公里的要塞。再说了,凡尔登要塞是一个坚固之地,正面距离宽达112公里,前后一共有4道防线,最核心的第四道防线工事严密还有两个保垒地带,而且最主要的是那里驻有法军4个师,共计十万余人。

德军为了做好进攻准备,不断调集兵力武器。很快,凡尔登要塞里法军的对面就部署了德军10个师27万人,达到法军的三倍。为了加强火力,法尔根汉下令,俄国、巴尔干半岛前线以及克虏伯兵工厂的大炮,全部集中起来,统一听从自己的命令。12公里的战线上,有德军的近千门大炮,这还不包括五千多个掷雷器。

2月21日清晨,德军开始向法军进攻。一串串信号弹射向空中,大炮开始怒吼了。近千门大炮的威力是毁灭性的，德军以每小时10万发的速度开始向法军轰击。顿时，凡尔登地区法军阵地上爆炸连连，只能看到一颗颗炮弹炸出的阵阵火光。

紧随大炮而至的是德军的13门16.5英寸口径的攻城榴弹炮。这种巨大口径的炮弹，产生的威力十分巨大。一颗颗重磅炮弹射向了法军防守最严密的第四道工事上。德军掷雷器也开始炮击，它将装有一百多磅高爆炸药和金属碎片的榴散弹投向了法军阵地，人们只能听见一声声的爆炸声，硝烟过后，只能看到无数的断壁残垣，法军阵地的防御工事遭到了重创。

轰炸一直持续了12个小时，之后又是德军的5.2英寸小口径高速炮的轰击。这种炮可以以发射子弹的速度将炮弹不停地发射出去。法军此时陷入了巨大的恐慌之中，到处都是慌不择路、抱头鼠窜的士兵。而德军却用喷火器阻止法军逃跑。

炮击的效果很快体现出来。在经过长时间的高强度轰炸以后，法军在凡尔登要塞附近的狭窄的三角地带的战壕(háo)中几乎看不到一处完整的地方，森林被烧毁，就连山头也在这种轰炸中被削低了好几米。整个法军阵地完全暴露在德军面前，战场上到处都是燃烧着的残骸。漫长的炮声终于在法军的祈祷声中停息了，一阵呐喊声传来，原来，六个德军步兵师在正面十公里的战线上，向

历史探微

凡尔登战役发生在一战期间，在战役中，双方均使用了当时的先进武器(比如德军使用了毒气弹和喷火器，法军使用了大口径巨炮)，对一战产生了重要的影响。这次战役改变了火炮的用途，以前火炮多数是用来在发动进攻前进行一下轰击，或者是用来防守的，而这次德军运用了火炮的新战法——将火炮大量集中并运用到进攻中。这种火炮战法，严格说来，应该是火炮支援。自此以后，该种火炮战法——火炮支援被其他国家所纷纷效仿，从而得到新的发展。二战中，发展最为成熟的火炮战法当属苏联。

法军发起了进攻。

此时的法军阵地，仍然笼罩在一片火海之中，法军死伤惨重，但是剩余的法军仍然没有放弃阵地，他们凭借手中的武器，向德军发起反击。敌人冲上来时，军官带头向敌人冲去，与敌人展开肉搏战。法军的士气仍然高昂，他们在蜂拥而来的德军面前毫不畏惧，敌人一次次的进攻都在法军的反击下退了回去。

战斗一直持续了两天，在敌众我寡的情况下，法军最终没有守住前沿阵地，一万多法军成为了德军的俘虏。

法军总司令部很快便收到了凡尔登战事失利的消息。霞飞将军立刻召集军官，召开军事会议，商讨如何对付德军。他命令参谋总长立刻前往前线指挥作战，无论如何都要守住阵地，等待援军的到来。随后，贝当将军任法军凡尔登地区司令长官，开始集结兵力，准备增援前线。

贝当首先来到了凡尔登前线，看到满地的尸体和破败不堪的防御工事，贝当心里十分着急，凡尔登的局势已不容乐观，德军的包围圈随时会形成。

就在这个时候，又有消息传来，要塞东北部的都慕炮台失守。法军在这个炮台的一个轻步兵师，在12万发炮弹的轰炸下全部阵亡，德军派上来的一支9人侦察分队，未发一枪一弹就占领了炮台。

局势对法军越来越不利，贝当见状，就在法军阵前画了一条督战线，严令越过该线者立刻枪毙，想用这种方法顶住德军进攻。

他回到驻地，立刻召开前线军事会议，商讨后方援军以及军火物资的运输方法。只听贝当说："当前的局势在坐的诸位都已清楚，霞飞将军已经电告我说，援军正在增援的路上。只要我们能坚守一个星期，20万援军和二万多吨物资就会运到我们面前。我们必须要守住凡尔登，否则法国就要面临危险了。我让大家来，就是想和你们探讨一下，该如何将如此多的士兵和物资运到我们手里。"

"现在我们只有一条通向西南巴勒杜克的路——凡尔登公路，还相对比较完整,敌人的大炮暂时还未能轰击到这里。”后勤处的一名军官紧皱眉头,回答了贝当的问题。

“整条道路的情况怎么样?有多宽?能够经受住载重汽车的碾压吗?”贝当立刻问到这个最主要的问题。

“这得看有多少汽车通过,只要数量合适,还是能够通行的。”

贝当想了一想,说:“那么多的军需物资和人员,没有 6 000 辆汽车昼夜运输,恐怕一时间难以运到我们手里。”

听到这种情况,军官们都沉默不语,如此繁重的运输任务,早就超过了那条道路的承重能力。“这样恐怕道路会承受不了,容易引发车祸。除非我们对它进行抢修,还有可能承受住压力。”那位军官回答说。

“那就立刻命令工兵部队前去抢修。宣传部门做好宣传工作,让周围的民众一起加入到抢修道路的行动中来。一定要拓宽加固路面,保证汽车的通行安全。凡尔登能不能守得住,就看这条公路了。”贝当闻言立刻下令道。

“你一定要保证从 27 号开始,汽车就能行驶在这条路上。”贝当向这名军官发出了命令,让他前去监督修复公路。军官领命立刻动身前往。

两天后,在无数人的努力下,这条路终于通车了。6 000 多辆汽车源源不断地将 19 万法军和 2 万多吨物资运到了凡尔登前线。这条路也因为在承受运输任务中发挥的巨大作用,被法国人称为“圣路”。

在法军得到了援助以后,敌我双方的力量渐趋平衡。德军虽然在一开始的猛烈攻击下取得了一些战果,但是随着法军人员和武器的运来,德军再也无法大踏步地前进,战场一时陷入了僵局。

法尔根汉的算盘打得很好, 就是要趁着短期内法军无法向前线运送更多的人员和弹药的时候,一举击破法军防线。但是无论如何他都想不到,法军竟然有能力在一个周内运来如此多的援军。这样一来,也正合法尔根汉的心意,在这里将法军一举歼灭,这也正是他发动此次战役的目的。“好吧,既然来了就不用我再去找他们了。来了就不要再回去了!”

他立刻命德军调整部署,让德军进行了短暂的休整,准备向法军发起更大规模的进攻。

此时贝当也没有闲着,他不断地调整战略部署,将援军立刻调往法军阵地。命令士兵加紧修补战壕,安置武器大炮,准备迎击敌人。

3 月 5 日,经过几天的休整,德军再次恢复了攻击。德军在猛烈的炮火掩护下,在 30 公里宽的战线上一齐向法军猛攻。贝当立刻下令,所有的大炮开火,将德军阻挡在阵地外围。同时,二十多万士兵也开始用自己手中武器向敌人射击。

在猛烈的火力面前,德军死伤惨重,不得不暂时退出战斗。但是法尔根汉并不死心,他集中了兵力,向法军防守的马斯河左岸发起了进攻。他一改以往采取的闪电战术,而是命令德军稳步前进。但即使是这样,在向前推进不到两公里,攻占沃堡垒以后,再也前进不了了。进入 4 月份,德军已经发起了七十多个昼夜的苦战,但是凡尔登仍牢牢掌握在法军手里。战局一直僵化下去。至 7 月份,双方来回拉锯,都死伤惨重,但是谁都没有取得胜利,德军的战线只向前推进了不到 8 公里。

到了 1916 年 10 月 24 日, 再次得到增援的法军向德军发起了反攻,阵地一点点地被收复回来。德军最终无力支撑,只好退出了凡尔登地区。一场大战至此结束。

这场战役是一战中规模最大的战役,双方总共投入了 100 个师,伤亡总计高达七十多万,如此严重的伤亡,使凡尔登获得了“绞肉机”的称号。法尔根汉确实达到了目的,让法军流尽了血,但是德国的血也流得差不多了。他回国后不得不辞去了参谋总长的职务。

攻占冬宫

1917年3月12日(俄历2月27日)在布尔什维克党的领导下,俄国工人和革命士兵举行起义,打倒了沙皇,结束了长达300年的罗曼诺夫王朝的统治。

可是,“二月革命”之后,政权却被代表着资产阶级利益的临时政府把持着。它对外继续进行帝国主义战争,维护英、美、法帝国主义的利益;对内则竭力维护旧统治机器,压制人民群众,企图解散工人武装,进而消灭苏维埃。他们四处调集军队,挥着闪亮的屠刀,准备屠杀人民群众。

在这种严峻的形势下,被迫流亡芬兰的列宁,不顾个人的安危,毅然于10月20日(俄历10月7日)秘密回到圣彼得堡。

这天夜里,一位个头不高、工人打扮的人匆匆来到斯莫尔尼宫,已经等候在那里的布尔什维克党中央委员会成员激动地站了起来。这位工人打扮的人摘去了假发,微笑着和大家握手。一位老“布尔什维克”流着激动的热泪,充满感情地问道:“列宁同志,您身体好吧!”

“好!好!同志们也好!”列宁也异常激动地问候大家。

随后,紧急会议便在这种热烈气氛中召开了。

列宁非常严肃地讲道:“目前形势极为严峻,我们必须及时地进行一次新的革命，把国家权力从临时政府手中夺过来，全部权力应归工人代表苏维埃……”

接着，大家进行了热烈的讨论，一致同意列宁关于准备举行新的武装起义的提议。

不料，就在他们秘密召开会议的时候，有个奸细混进了斯莫尔尼宫，他杀害了放哨的苏维埃战士，偷听了他们讨论的内容。

资产阶级临时政府立刻警觉起来，加紧调集军队，并下令逮捕列宁。

在这种情况下，布尔什维克党中央委员会按照列宁的布置，准备提前举行武装起义。为了把列宁的讲话内容传达给圣彼得堡的布尔什维克党人，以便号召大家行动起来，中央委员会决定在 11 月 6 日的《工人之路报》上将列宁讲话刊登出来。

但临时军队早有察觉，这天清晨，一伙临时政府军队突然闯进《工人之路报》编辑部，当即查封了这份报纸。

这个消息传开之后，赤卫队员和革命士兵们立即赶到，把临时政府的军队轰了出去。工人们加班加点，很快便把《工人之路报》印了出来，并散发出去。

于是，圣彼得堡到处传扬着列宁的讲话，大家都高声读着：

“政权应该交给代表苏维埃的工兵！”

人们奔走相告，几个小时以后，二十多万人组成的革命队伍集合起来，在布尔什维克党的领导下，迅即进入战斗状态。

在列宁的亲自指挥下，一队队战士出发了，很快便占领了火车站、邮电局、电话局和银行等一些重要设施和部门。他们所到之处，受到群众支援，很多临时政府军队官兵也转到人民这边，临时政府完全孤立了。

第二天，也就是11 月 7 日(俄历 10 月 25 日)，除了临时政府所在地冬宫和少数几个据点以外，圣彼得堡实际上都掌握在革命军队的手里。列宁当即作出决定：占领冬宫！于是，革命军队从四面八方团团包围了冬宫。

冬宫是历代沙皇专制统治的象征,这座宏伟华丽的宫殿,位于圣彼得堡市中心的涅瓦河畔。“二月革命”后,沙皇被永远赶出了冬宫,但“七月事变”后,一个新“沙皇”——临时政府又搬了进来,沙皇的办公室随即变成临时政府头目克伦斯基的办公室。

冬宫是座堡垒式建筑,要攻占它相当困难。它西北面紧靠涅瓦河,东南方是一条水渠,正前方则是一个开阔的广场。从 11 月 7 日清晨起,临时政府就命令士官用成垛成垛的木头,排成深厚的街垒,堵住了冬宫的全部入口。在街垒里面,架设有机枪和各种小型火炮,守卫在这里的两千多名士官生,昼夜注视着冬宫四周。

克伦斯基一面给自己的部下打气,鼓动他们坚决抵抗,而自己则借口迎接援军,乘上美国大使馆的汽车,逃之夭夭了。

起义部队领导人安东诺夫,按照列宁的指示,派人给临时政府发出最后通牒。可临时政府认为冬宫牢不可摧,而且克伦斯基请求的援军将到,因而毫不迟疑地拒绝了起义部队的要求,欲作顽抗。

列宁当即向安东诺夫下达命令:必须在今天夜里占领冬宫,逮捕临时政府的全部成员!

这天夜里,夜幕刚刚降临,一只小船划向停泊在涅瓦河里“阿芙乐尔”号巡洋舰,一个年轻的小伙子从小船跳到舰上。

一个放哨的士兵走上前来,厉声喝道:“干什么的?”

“我要见别雷舍夫!”年轻小伙子气喘吁吁地说道。

历史探微

俄罗斯封建王朝罗曼诺夫王朝始于 1613 年,其统治时间长达 300 余年。罗曼诺夫王朝对内实行绝对君主统治,对外实行侵略扩张政策,侵吞欧、亚各国大片土地,镇压各国人民革命,成为欧洲反动势力的主要代表。

那哨兵又端详了一下对方,才勉强说道:“请跟我来!”

于是,两人一起走进舱内。一个中年汉子正对围在自己身边的几个人说着什么,见进来两个人,便急忙问道:

“有什么事吗?”

年轻小伙子急忙上前,迫不及待地问道:“您就是别雷舍夫同志吗?”

“是的,我就是!”

“这是革命军事委员会给您的命令!”说完,便从怀中掏出一封信来。

别雷舍夫接过一看,转身对大家说道:“同志们,军事委员会命令我们,今晚 9 时 40 分向冬宫开炮。”

众人一听,兴奋地叫了出来。别雷舍夫急忙让大家静下来,认真地向各位布置了一番。然后,对那位年轻的小伙子说:

“请你转告军事委员会,9 时 40 分,我们准时开炮。”那位年轻小伙子满意地点了点头,告别了众人,走出船舱,上了小船,又匆匆地向岸上划去。

别雷舍夫是巡洋舰上的政治委员,因而当晚由他指挥。他不时地看看表,按捺不住心中的兴奋之情,炯(jiǒng)炯有神的双眼直视着前方。

9 时 40 分,别雷舍夫果断地发出命令:“舰首炮,准备!”

炮手们“咔嗒”一声把炮弹推上膛。

接着,他毫不迟疑地将高举的右臂向下一劈,喊道:“放!”

“轰!”的一声巨响,炮弹带着硝烟从炮口直冲冬宫。紧接着,其他大炮也一齐轰鸣,颗颗炮弹向冬宫飞去。

巨大的宫殿颤动起来,顷刻之间,宫内变成一片火海。

随着“阿芙乐尔”巡洋舰的炮声响起,起义部队在安东诺夫的亲自率领下,冲向冬宫,与街垒的士官生展开激烈的枪战。

起义战士前仆后继,英勇无畏,不顾敌人疯狂的扫射,勇敢地向前冲去。

街垒的士官生哪见过这种气势,吓得纷纷逃跑,有的干脆扔下枪支,举手投降。

“冲啊！”战士们边喊边跑边射击，很快穿过空地，奔上宫门前的阶梯。

但是，巨大的铅制宫门拦住了他们的去路，很多战士从未见过这般威严坚固的门槛，一时不知所措。

这时，一名指挥官高声叫道：“爬过去打开大门！”

于是，几十名战士同时攀着铜杆爬了上去。一会儿，沉重的大门缓缓打开，上千名战士呐喊着拥了进去。这呐喊声，代表着他们几世的怨愤，带着无数被沙皇残害过的人的仇怨，因而，格外响亮，可以说是惊天动地。

几千人拥进冬宫，便四处搜寻敌人。但冬宫很大，建筑物又多，战士们东找西寻，并未发现临时政府的要员，并不时被隐藏在阴暗的楼梯和栏杆后面的士官射中。

安东诺夫见状，急忙找到一些倾向革命的冬宫仆役，让他们带路，有组织地袭击敌人。这样，士官失去地理优势，很快便成了丧家之犬，纷纷被战士们击毙。

经过一番激战，敌人基本上被消灭，可临时政府的要员还未抓到，战士们把一楼和二楼彻底搜查了一番，仍一无所获。

安东诺夫身先士卒，带着一支队伍，直向三楼冲去，有几个守卫的敌人刚开枪，就被起义战士俘(fú)获或击毙。他们冲到一个大房间，看到几个人影在东躲西藏，安东诺夫举枪喝道：“缴(jiǎo)枪不杀！”

这群衣着讲究、脸色苍白的家伙，颤抖着举起了双手。他们正是临时政府的副总理和诸位部长们。

“我们以革命军事委员会的名义宣布：你们被逮捕了！”安东诺夫严厉地说道。

这些平时专横拔扈(hù)、不可一世的达官贵人们终于低下了他们高傲的头颅。

拿下冬宫的消息马上传开了。已经两夜没合眼的列宁顾不得休息，马上起草了《和平法令》和《土地法令》，并在第二天召开的苏维埃代表大会的第二次会议上讨论通过。

在这次大会上,成立了苏维埃政府,列宁也当选为人民委员会主席。

这样,人类历史上第一个由人民当家做主的政权诞生了,工农革命的曙光照亮了整个地球!

巴黎和会

巴黎和会在巴黎凡尔赛宫召开，参加会议的有27个国家的代表团,此外还有一些殖民地国家、新成立的国家和一些社会团体的代表;战败国不许参加,苏维埃俄国也被无理地排斥在和会之外。中国作为战胜国,当时北洋政府派外交总长等5人出席会议。绝大多数与会国的代表根本无权参加讨论会议的和约。5个月来,全体会议只开过7次,一切重要问题都是在10人会议或4人会议上决定的。参加10人会议的是美、英、法、意、日5国政府首脑、外长或主要代表;4人会议是由美国总统伍德罗·威尔逊、英国首相劳合·乔治、法国总理克列孟梭和意大利首相奥兰多组成的。不过奥兰多在会上并不起多大作用,实际上是英法美“三巨头”操纵了大会的一切。

英、法、美三大国各带着自己的方案来参加会议,都想损人利己,彼此矛盾重重。英国是老牌帝国主义国家,在第一次世界大战后开始衰落了——它不仅工业生产落后于美国,而且金融、出口贸易等方面也丧失了领先地位,它欠美国的债务有四百多亿美元，保持了250年的海上霸权地位也受到了威胁。但是,英国仍是第一号的殖民大帝国,殖民地比本土面积大一百多倍。它在国际政治中仍处于举足轻重的地位。英国参加和会的目的有两个:一是巩固既得利益。通过大战,英国占领了德国的大部分殖民地,掌握了德国的大部分海军舰只。现在,就是要使这些战利品永远归自己所有。二是要恢复和保持自己的霸权地位。为此,英国不愿过分削弱德国,力图利用德国来抗衡法国,反对苏俄。英国代表团团长劳合·乔治是个老奸巨猾的人,列宁称他是全世界最有经验、最老练的政治家。他在和会上玩弄各种手段,使英国的意图基本得逞。

法国是第二号殖民帝国,战后又成为欧洲最强大的陆军国家,但经济上比英国弱得多,在战前它的工业产值不及英国的一半;同时法国是一战的主要战场,受到的破坏很大。因此,法国想乘胜利之机,最大限度地削弱德国,以称霸欧洲大陆。它不仅要求大量赔款,而且企图吞并莱茵地区,肢解德国。参加会议的法国代表团团长是克列孟梭,他担任和会主席。他以法国军队为后盾,公然赤裸裸地要求分割德国土地,气焰十分嚣张,被人们称为“老虎”。但是,法国的实力有限,“老虎”也不得不向自己的盟国让步。

美国是后起的帝国主义国家,战前它的工业生产居于世界首位,战争期间,工业产值又增加了一倍多,超过英、法、德、日的产值总和。在财政金融方面,美国从战前的债务国变成了债权国,仅借给欧洲各国的借款就达 100 亿美元;此外,它拥有世界黄金储备的 40%左右。总之,美国已成为世界第一经济大国。随着经济实力的增长,美国不愿再孤立于欧洲事务之外,美国总统第一次到欧洲参加国际会议,想进一步使美国成为第一政治大国,称霸全世界。由于世界已被帝国主义瓜分完毕,美国从战败国手里抢到的殖民地不会很多,很难满足它的要求,因此,美国采取了不同于老牌帝国主义国家的手法。1918 年初,美国总统威尔逊提出实现公正和平的“十四点”和平纲领。他不是叫喊武力征服世界,而是提出“海上自由”和“贸易自由”,企图凭借美国的经济实力向外扩张。他打出“和平裁军”的旗号,要求建立国际联盟,以加强美国在国际事务中的影响。威尔逊的这种“新姿态”迷惑了一些人,当他踏上法国土地时,人们举着“光荣的威尔逊,正义的主持者”这样的标语牌欢迎他。威尔逊到达巴黎时,受到热烈欢迎,其热烈程度,甚至超过对法国民族英雄福煦总司令的欢迎。威尔逊的这一套做法取得了一定成效,交战双方都同意以“十四点”和平纲领为基础签订停战协议。但是,美国毕竟是后起的“暴发户”,它在国际舞台上根基不够深,陆军不如法国。因此,威尔逊的“理想”在和会上碰了壁。威尔逊也被劳合·乔治讥讽为“充满着理想主义的总统”。

英、法、美三国的打算是如此的不同,以至他们在和会上争吵不休。克列孟梭要求得到德国的萨尔，威尔逊十分恼火，说至今还没听到有什么萨尔问题;克列孟梭暴跳如雷,说威尔逊是亲德分子,并宣布如不把萨尔交给法国,就拒绝签署和约;威尔逊也不肯示弱,会议陷入僵局。

1919 年 3 月 25 日，劳合·乔治从别墅中给法、美发出一份备忘录,即《枫丹白露文件》。文件中反对法国吞并莱茵地区,建议莱茵地区实行非军事化;文件提出英、美可以联合保障法国安全,希望法国不要过分削弱德国。克列孟梭看到文件以后,立即反唇相讥。他知道英国关心自己的殖民帝国利益和世界贸易的地位,就说:“如果有必要对德国表示宽宏大量的话,那就应在殖民地和海军方面给它提供补偿,还应扩大它的贸易范围。”劳合·乔治当即表示,撤回自己的一切提议。威尔逊则下令华盛顿号轮船立即从纽约开往法国布列斯特接美国代表团回国。

英、法、美就是这样争吵不休,正像列宁所说的:“这是一群野兽,他们彼此斗来斗去,互相撕咬……他们要决定给谁多一些,于是彼此撕打了 5 个月。”尽管如此,他们之间在共同对付苏维埃俄国的问题上却找到了统一点。巴黎和会召开之时,正值苏俄红军在各条战线发动攻势,帝国主义干涉军接连遭到失败之际,法军统帅福煦在预备会议上提出,“不解决苏俄问题,协约国就有失去战争果实的危险”,主张“派遣 200 万军队进攻苏俄”。劳合·乔治等人都怕“军队将发生叛变”,不敢同意。1919 年 2 月,10 人会议决定对苏俄实行经济封锁;和会还决定保留德国在东线的军队,建立由爱沙尼亚、拉脱维亚、立陶宛和芬兰等国组成的所谓“防疫地带”,妄图阻止俄国革命影响的扩散。巴黎和会还批准了反苏武装干涉计划，划分了各国在俄国的行动范围。巴黎和会期间,帝国主义分子还曾策划召开王子岛会议和派遣以布利特为首的特别代表团去莫斯科,与苏维埃政府谈判,这些阴谋都被列宁采取的外交斗争所挫败。帝国主义处心积虑想摧毁苏维埃政权,并使资本主义制度在俄国复辟，巴黎和会实际上成了帝国主义武装干涉苏维埃俄国的联合指挥部。

1919 年 6 月 28 日，列强在尔虞(yú)我诈、钩心斗角的争吵中，勉强达成协议，在巴黎凡尔赛宫明镜大厅签订了《凡尔赛和约》。

《凡尔赛和约》共 15 部分，440 条。第一部分是国际联盟盟约。建立国联是英、法、美在群众反战情绪高涨的情况下提出来的。法国提出的方案具有明显的反德倾向，规定德国不得加入这一组织，并且建议在国联下面成立国际军队；但英美反对这一提案，他们担心这样的军队会受陆军最强的法国控制；美国的方案规定参加国联的大国有权仲裁各种纠纷，美国认为这样便于它干预国际事务。美国提出，应允许小国和德国加入国联。它指望拉拢经济上依附美国的小国来扩大自己的影响，削弱英法的势力。经过激烈的争吵，和会最后通过了国际联盟盟约。盟约规定:除德国集团国家外，其他国家都可申请加入；国联设有大会和行政院，行政院的权力最大，它由英、法、美、意、日 5 个常任理事国和 4 个选举产生的非常任理事国组成。

关于德国边界问题争吵得最为激烈。法国以保证安全为理由，不仅要收回阿尔萨斯—洛林，而且要把边界推到莱茵河，或在法德之间成立法国保护下的莱茵共和国，英美坚决反对，认为这种做法会使法国独霸欧洲大陆。面对英美联合阵线，法国不得不让步。和约规定:阿尔萨斯—洛林归还法国；萨尔地区交国际联盟代管 15 年，法国有权开采萨尔煤矿；莱茵河西岸由协约国占领；东岸 50 千米宽的地区为不设防地区。德国东部的波兹南地区和上西里西亚一部分划归波兰；但泽市为国联管理下的自由市。关于德国海外殖民地问题，美国原想交国联讨论决定，但遭到英法反对。和会决定建立委任统治制——德国的全部殖民地，形式上成为国联的委托统治地，实际上是战胜国的殖民地。和会决定把坦噶尼喀交给英国，喀麦隆和多哥由英法瓜分，德属西南非洲交给英国自治区南非联邦，太平洋中部的岛屿归日本所有。德国强占的中国山东地区理应归还作为战胜国的中国，但是英、美、法却通过私下交易让给了日本。

关于赔偿问题，法国代表要求德国缴付 6 000 亿马克，而英美则反对这样严重地削弱德国。由于彼此分歧过大,和约没有规定赔款的数目,只要求德国在 1921 年 5 月 1 日前交纳第一期赔款 200 亿马克。

和约还规定限制德国军备。法国要求大量裁减德国军事力量;威尔逊则认为,德国应该保留必要的军队以“维护国内秩序和压制布尔什维克主义”。最后英、法、美三国达成协议,决定德国的陆军不得超过 10 万人,不得拥有大口径的大炮,海军只能有 6 艘战舰和相应数量的其他舰只,不得拥有潜艇和军用飞机。

除对德和约即《凡尔赛和约》之外,在巴黎和会上还与德国的几个盟国缔结了和约。如 1919 年 9 月 10 日与奥地利签订的《圣日耳曼条约》,1919 年 11 月 27 日与保加利亚签订的《纳依条约》,1920 年 6 月 4 日与匈牙利签订的《特里亚农条约》,1920 年 8 月 10 日与土耳其签订的《色佛尔条约》。1920 年 1 月 21 日,巴黎和会正式结束。

历时一年的巴黎和会并没有给世界人民带来真正的和平,20 年后,第二次世界大战爆发,巴黎和会彻底失败。

历史探微

中国著名外交家顾维钧(1888 年—1985 年)于 1919 年代表中国政府出席巴黎和会,在维护中国山东半岛的主权和拒绝对德和约签字等问题上作出了努力。《我的一九一九》是以顾维钧前半生职业生涯为内容的传记影片。

“五四”爱国运动

1918年11月间欧战结束了。巴黎和会召开前,美国总统威尔逊发表了国会演说,提出一切殖民地的处置,应顾全各殖民地居民的利益,而且大小国家都要互相保证政治自由和领土完整。这样,中国作为战胜国之一,就有权收回被德国占领的土地,因而中国政府对巴黎和会抱着很大的希望。但日本代表在会上却提出极其荒谬的要求:欧战结束前,德国在胶州、青岛的特权,包括铁路、矿产、海底电缆等一切动产和不动产以及筑路开矿权,均将无条件归日本所有。

日本之所以能够公然提出这种无理的要求,是因段祺瑞上台后,充当了日本走狗。1918年9月段祺瑞曾派驻日公使章宗祥和日本政府交换了“山东问题的秘密换文”,使得日本在山东占有的权利大大超越了德国。

在巴黎和会上,日本代表就是以“山东问题的秘密换文”为借口,提出了无理要求。巴黎和会本是列强战胜国的分赃会,因此同意了日本的无理要求,而段祺瑞的代表陆徵祥也准备签字认账。这一卖国行为很快被留日学生披露,并通电全国。

1919年5月2日,济南三千名工人聚集在北岗子举行讲演会,要求收回青岛;5月3日北京国民外交协会开会,决定在5月7日召开国民大会,通电全国各地各界共同行动,阻止北京政府代表签约。

5月3日晚,北京大学法科礼堂挤满了学生,除北大全体学生外,还有北京高师等学校的学生。北大学生代表邓中夏站到讲台上激昂地说:“同学们,不能再等待下去了,段祺瑞政府是个卖国政府,只会讨好日本主子。我们明天下午1点各校到天安门前集合,举行学界大示威,直接唤起民众,制止签约！”

1919月5月4日下午1点，北京大学等十三所大专院校的三千多名爱国学生汇集到天安门城楼下，潮水般地涌向外国使馆区——东郊民巷。他们一路上振臂高呼“还我山东！”“保我主权！”“外争国权，内惩国贼！”“取消卖国的二十一条！”“拒绝和约签字！”等口号。

当游行队伍被使馆区的警察拦阻时，学生们立即转向赵家楼找老牌卖国贼曹汝霖(lín)算账。

很快，赵家楼曹公馆挤满了人，“诛卖国贼曹汝霖、章宗祥、陆宗舆”的怒吼声震天动地。正巧，曹汝霖和章宗祥两人刚从总统府饮宴回来不久。二贼吓得面无血色，体似筛糠(shāi kāng)，战战兢兢地溜到后院大墙下，企图越墙逃走。曹汝霖在四个仆人的帮助下越墙逃走，章宗祥不敢翻墙，正急得团团转时，被冲进来的学生一把揪住，痛打起来，章宗祥被打得跪地连连求饶。

学生痛打了章宗祥，但没有抓住曹汝霖，心头怒火难平，就放火把曹汝霖家烧了。

历史探微

丧权辱国的二十一条的主要内容：

①承认日本继承德国在山东的一切权益，山东省不得让与或租借他国。

②承认日本人有在南满洲和内蒙古东部居住、往来、经营工商业及开矿等项特权。旅顺、大连的租借期限并南满洲、安奉两铁路管理期限，均延长至99年为限。

③汉冶萍公司改为中日合办，附近矿山不准公司以外的人开采。

④所有中国沿海港湾、岛屿概不租借或让给他国。

⑤中国政府聘用日本人为政治、军事、财政等顾问。中日合办警政和兵工厂。武昌至南昌、南昌至杭州、南昌至潮州之间各铁路建筑权让与日本。日本在福建省有开矿、建筑海港和船厂及筑路的优先权等等。

爱国学生痛打章宗祥、火烧赵家楼，北京民众无不拍手称快。但北洋军阀段祺瑞竟下令逮捕闹事学生，一下子抓走了三十多名学生。这更激起北京民众的强烈抗议。第二天，北京街头出现了《北京市民宣言》，《北京市民宣言》大力支持学生的爱国行动，要求集会和言论自由；陈独秀、李大钊等亲自撰写声援学生的文章；北京大学开始罢课，并通电全国各界，请求声援。上海、天津、济南、南京、武汉等城市的民众先后集合，抗议政府，声援学生。上海工商界率先罢工罢市，抵制洋货；工厂工人罢工，汽车抛锚(máo)，铁路和码头瘫痪，这势头不断向全国各地发展扩大。

后来，"五四"爱国运动的中心由北京转到上海，运动主力由学生转为工人，全国性的反帝反封建运动迅速形成。北京政府为形势所迫不得不下令免去曹汝霖、章宗祥、陆宗舆三人的职务，并释放被捕的学生。

伟大的"五四"爱国运动从此掀开了中国历史的新篇章，中国无产阶级开始作为一个独立的阶级登上了历史舞台。比中国资产阶级旧民主主义革命气势更为波澜壮阔的中国新民主主义革命的序幕就此拉开了。

华盛顿会议

1919年的巴黎和会历经磨难,终于确立了凡尔赛体系,但是它却只是着重解决了与德国有关的一些问题,暂时调整了帝国主义在西方的关系。1921年11月为建立起远东和太平洋地区战后的新秩序,美、英、法、意、日等国代表在华盛顿召开会议,史称"华盛顿会议"。

第一次世界大战后,美国的经济实力迅速增强,但是它的外交政策在巴黎和会上遭到英法的联合反对,没有实现美国垄断资产阶级在战后建立世界霸权的目的。由于《凡尔赛和约》的签订,帝国主义争夺欧洲的行动暂时缓和下来。强大的美国垄断资产阶级强烈要求对外扩张,因此巴黎和会以后,美国把注意力集中到远东和太平洋地区;此外,由于德国海军力量已被消灭,帝国主义列强的海上竞争重心就从北海和大西洋转移到太平洋地区。这一切就使各个帝国主义国家在远东地区争夺霸权的斗争迅速激化,其中美日矛盾特别尖锐。"蓝辛——石井协定"没有阻止日本在中国的扩张,日美关系进一步恶化。战后,美国觉察到,日本不仅要在经济上控制中国东北,而且还利用武力干涉苏俄之机,控制了东西伯利亚的全部战略中心,有占领苏俄滨海地区的意图。

美日对抗已经达到公开化、炽热化的程度。1917年美国国务卿蓝辛直言道,只有阻止日本单独霸占中国的投资领域,才有可能恢复美国对中国的"援助"。战后,美国采取行动制止日本对中国的西原借款。1919年6月,美国提出成立新的国际借款团,妄图垄断对中国的一切借款,摧毁日本对中国借款的独占地位。1921年,日本海军上将佐藤愤怒地指责美国说:"我们帝国无论地理方面还是就历史方面来说,都有用一切手段在大陆上求得发展的使命……帝国也只有当它们的根延伸到大陆上的时候才能够继续存在和生存。它离开大陆就必然会死亡。可是美国却残忍地企图斩断这些根，并企图取日本而代之，在东亚大陆上推行自己的帝国主义。"美日之间爆发战争似乎不可避免了。

美英之间在争夺中国长江流域和华南地区的势力范围上也矛盾重重。英日之间原本有一个"英日同盟"，而且在巴黎和会上，英国还帮助日本获取德国在山东的"权益"和太平洋上的岛屿，但这并没有缓和它们之间的矛盾。日本在中国扩张，特别是向长江流域和华南入侵。事实上，日本成了英国在远东的强大竞争对手，使得英国和日本反目。以中国问题为主要矛盾的远东国际关系，使美英接近，反对日本独占中国。但是英国在外交策略上仍保留英日同盟以对抗美国在这个地区的争霸。

帝国主义列强为了争霸，必然进行扩军备战，而扩建海军则对争夺海上霸权具有特别重大的意义。战后，美、英、日集中在太平洋上扩大海军军备。威尔逊1916年就鼓吹："美国应有一支超过世界其他各国的海军。"当时它们都拥有相当庞大的海军力量，却仍然计划组建更多的舰队。美国1919年批准的海军规划，要在几年内建造大小军舰75艘；海军军费由1914年的1.36亿美元增加到1921年的4.32亿美元。1921年—1922年日本海军拨款占全部国家预算的1/3；海军军费开支由1917年的8500万美元猛增到1921年的2.45亿美元。美日发展海军使英国极为不安，英国首相劳合·乔治宣称："英国将花掉最后一个金币以使其海军优于美国或其他任何国家。"丘吉尔也叫嚷："世界上无论什么东西……都不应迫使我们放弃我国赖以生存的海上霸权。"意大利也参与了海军军备竞赛。德国虽然在大战中被击败，但它不甘心《凡尔赛和约》的束缚，决心重建海军。日本在太平洋地区的海军占优势。当时，英国和日本都在建造35 000吨以上的新型战舰。虽然美国在发展海军方面拥有比英国和日本大得多的潜力，但是这需要时间，何况当时美国国内反战情绪增长，经济危机尚未摆脱，如果无止境地增加军费定会引起人民群众的不满情绪。以上种种原因迫使美国政府不得不借助于外交途径,设法限制竞争对手,以打击日本的独占地位,建立起自己在东方的霸权。此外,在十月革命的影响下,东方被压迫民族的革命风暴蓬勃兴起,帝国主义各国为了共同镇压革命运动,也需要暂时勾结起来。

基于上述原因,美国邀请英、日、法、意、中参加会议。比、荷、葡以在远东有重大利益为理由,主动要求参加。英国的自治领澳大利亚、新西兰、加拿大、南非联邦以及印度也派出了自己的代表团。但是,苏俄没有被邀请参加会议。

会议于1921年11月12日开幕。美国国务卿休斯、英国枢密院院长贝尔福、日本海军大臣加藤友三郎、法国总理白里安、中国驻美公使施肇基分别率领本国代表团出席了会议。会议开得十分热闹。当时,苏俄已宣布废除秘密外交,并公布了沙俄的秘密外交文件。美国为了对抗苏俄的影响,表明自己的"开明"、"民主",大肆宣扬华盛顿会议和以前的会议不同,说它取消了秘密外交,即允许民众进入会议旁听,又让报纸刊登代表的发言。实际上,这些表演都是骗人的把戏,会议的主要问题都是美、英、日、法四国在幕后"讨价还价"决定的。

华盛顿会议的正式议程有两项:海军军备的限制和使用新的战争武器的规则;太平洋问题和远东问题。大会没有把英日同盟问题列入议程,但是,不打散这个同盟就难以重新调整列强在远东的相互关系。因此,美国首先就这一问题同英国秘密谈判。英国提出用美、英、日三边协定代替英日同盟,同时允许缔约国中的两方签订军事防御协定。美国拒绝这一方案,认为它会变相保留英日同盟。美国坚持要求把法国拉进协议,企图利用英法矛盾来加强自己的地位。英国同意了美国的方案。在英美联合的情况下,日本被迫接受了这一协议。1921年12月13日,出乎大多数代表的意料,英、美、日、法签署了《太平洋公约》,期限为十年。条约规定:相互尊重各自在太平洋地区的权利,当一方的权利受到威胁时,彼此进行磋商;同时规定,该条约生效后,英日同盟立即失效。《太平洋公约》的签订标志着美国的胜利和日本的失败。日本代表忿忿地说："你们给英日同盟安排了盛大的葬礼。"

限制海军军备是会议的一个重要议题。美国提出停止造舰竞赛，美、英、日军舰的吨位比例是10:10:6。英国由于财政拮据，被迫同意这一方案；日本持反对态度，要求10:10:7的比例。美国回答说，如果日本坚持这个要求，那么日本每造一艘军舰，美国就造四艘。在美国的压力下，日本只好让步，但要求美英不在太平洋西部，即距离日本列岛5 000千米以内的地方新建海军基地。美英同意了这一要求。经过近三个月的争吵，1922年2月6日，美、英、日、法、意签订了《五国公约》。这个条约在"减轻军备竞争之负担"的名义下，规定了五个国家的主力舰吨位，美英各为52.5万吨，日本是31.5万吨，法意各为17.5万吨。五个国家的吨位比例大体是5:5:3:1.75:1.75。

会议在讨论限制潜水艇的问题时，争吵得更为激烈。英美拥有大量商船，在大战期间受潜水艇之害较大。因此，英国在美国的支持下，提出完全销毁潜水艇的方案。法日坚决反对，它们受经济条件的限制，在主力舰上已被迫居于二流地位，再不肯在潜水艇上受限制。法国不仅主张保留潜水艇，并且要求同英美处于平等地位。这时，与会者中英国的贝尔福反驳说："决不能让拥有80万陆军的法国再有一支头等的潜水艇舰队。"法国的白里安回敬说："如果英国愿意销毁常备军舰，那么，我们将立即同意取消潜水艇舰队。"英美无法压制法日，会议没有就潜水艇问题达成任何协议。

中国问题是会议的另一项重要议题。中国北洋政府代表在国内反帝运动高涨的情况下，提出了解决中国问题的十条基本原则：列强保证尊重中国的领土完整和政治独立；中国不收回也不再把任何领土租借给任何国家；中国接受"门户开放，机会均等"的原则；废除一切特别权利和豁免权；收回山东；取消"二十一条"；收复关税自主权；解除海外法权；取消势力范围；放弃租借地，撤退外国军队。在讨论中，英美为了打击日本在华势力，支持中国收回山东。日本迫于形势，于1922年2月4日同中国达成协议，恢复中国对山东的主权;胶济铁路由中国向日本贷款赎(shú)回。这样,日本仍在山东保持相当大的势力。关于“二十一条”,日本坚决反对取消,仅同意放弃其中的某些条款,如放弃向中国派遣顾问和教官的优先权等。对于中国提出的关税自主、废除治外法权、撤出外国军队等重大要求,帝国主义或是公开反对,或是用“派人调查情况”“条件成熟后再定”来推拖。

1922 年 2 月 6 日,英、美、日、法、意、比、荷、葡、中签订了关于中国问题的《九国公约》。条约规定:各国尊重中国主权和领土的完整,遵守“在中国之门户开放,或各国商务实业机会均等”的原则。这实际是宣布,中国不应是日本独霸的场所,而是帝国主义共同宰割的对象。

华盛顿会议是继巴黎和会之后的另一次重要国际会议。通过这两次会议,帝国主义列强调整了彼此的关系,确定了各自的势力范围,从而建立了战后帝国主义重新瓜分世界的新秩序,即“凡尔赛——华盛顿体系”。这个体系非常不稳定,它是建立在反对苏俄和民族运动的基础上的,因而遭到世界各国人民的反对;它是以牺牲战败国利益来缓和战胜国之间矛盾的,反而埋下了冲突的种子。凡尔赛——华盛顿体系是建立在“火山”上的,它形成后不久就出现了裂隙和争斗。十几年后,新的世界大战爆发,英、美、法经营的凡尔赛——华盛顿体系彻底崩溃。

历史探微

帝国主义列强产生于 19 世纪末 20 世纪初,是以垄断组织的形成为标志的,进入帝国主义阶段的资本主义国家。这一时期的生产力发展水平由蒸汽时代进入了电气时代。垄断集团凭借垄断地位获得高额垄断利润。

罗斯福新政

1929 年 3 月，共和党人赫伯特·胡佛就任美国第三十一任总统。胡佛在上台前曾向人们许愿：美国将消灭贫困，保证让每家人锅里都有一只鸡，每间车库里都有一辆汽车。可是就在他上台执政的第一年，经济危机的爆发使他的诺言变成了天方夜谭。

空前严重的经济危机，使工农群众走投无路，挣扎在死亡线上。大批的失业和半失业工人，饥寒交迫，被抛上街头，各城市的“贫民窟”迅速扩大。当时的《时代》周刊说，“无法无天的雇主”已经把美国工人的工资压低到苦力的水平了。

在失业和饥饿面前，人民群众终于忍无可忍了，阶级矛盾空前尖锐。1930 年春，在美国共产党的领导下，全国各地举行了约有 125 万失业工人参加的大规模群众集会和示威游行；1931 年 11 月至 1932 年 12 月，全国的失业工人再次向华盛顿进行“饥饿进军”。在危机面前，美国法西斯主义的威胁也一度增长。1930 年 5 月，众议院通过成立“北美活动调查委员会”，迫害共产党和其他进步力量，使法西斯势力一时甚为猖獗；一部分垄断资本家也曾企图在美国建立法西斯专政，但由于美国工人和广大人民群众的斗争，他们的阴谋未能得逞。

对胡佛总统来说，美国经济的“长期繁荣”使他根本没有估计到 1929 年开始的这场大危机的严重性。他四处散布谎言说：“繁荣就在前头，转过街角就是。”由于胡佛信奉资本主义自由放任原则，认为政府应尽量减少对经济事务的干预，在危机面前，胡佛和他的美国政府一直没有拿出得力措施来缓和危机，使经济危机进一步发展。

在危机面前,胡佛总统威信扫地。1932 年,民主党人富兰克林·罗斯福以 472 票对 59 票的优势,击败共和党候选人、当时在任总统胡佛,当选为新一届的美国总统。罗斯福在竞选中就强调要实行计划经济,更合理地分配国民收入,答应克服危机和实现"阶级和平"。罗斯福到处向"被忘却的人们"保证,许诺实行社会保险,扩大就业机会。他向选民们保证,新政府决不会对危机听之任之,他将改革现有的美国政治、经济政策,在美国实行"新政"。

1882 年 1 月 30 日出生在纽约州的罗斯福,出身于富裕的家庭,并有显赫的背景。他的堂兄西奥多·罗斯福曾是美国总统,以推行"胡萝卜加大棒"的对外政策而名噪一时。罗斯福自幼受到良好教育,青年时期在哈佛大学学过历史,在哥伦比亚大学法学院学过法律。罗斯福于 1917 年当选为纽约州参议员,开始步入政界。1921 年 8 月,罗斯福在加拿大度假时得了脊髓灰质炎,下肢瘫痪。这时罗斯福只有 39 岁,却患上了这样的疾病,从此,他只能借助双拐,或者以轮椅代步。

但是,性格沉稳、倔犟(jué jiàng)的罗斯福却没有在疾病面前屈服。1928 年,罗斯福竞选纽约州州长获胜,开始朝着成功迈出了坚实的一步。

罗斯福刚当上纽约州州长,就把本州农民的捐税免了,使农民的积极性大大提高。1929 年,美国经济大危机爆发,罗斯福推行了一项"保障老年人免于匮乏"的计划,使纽约州的民众在危机期间免遭了不少苦难。1930 年,罗斯福再次当选纽约州州长,这次他主持通过了拨款 2 000 万美元救济失业工人的提案。罗斯福积极的行动使他在全国的名气大增,所以当他宣布竞选总统后,美国民众怀着一线希望把选票投给了他。1933 年 3 月 4 日,罗斯福正式就任美国总统。

当罗斯福就任美国总统时,美国经济正处于最困难的时期。虽然罗斯福是垄断资产阶级的代言人,但这个时候的他,也不能不考虑大众的利益。罗斯福知道,只有度过这次危机,才能保证国家的利益和资产阶级的利益。因此,一就任总统,他就开始了以恢复和改革为宗旨的"新政",采取了一系列反危机的政策和措施。

1933 年 3 月 9 日至 6 月 16 日，罗斯福政府通过国会首批制定了七十多条法令,集中克服大危机带来的紊乱状态,被称为“百日新政”。罗斯福实施的“新政”对美国经济、政治和社会生活的各个领域进行了改革,“新政”的实施,使美国经济逐渐停止了衰退,并最终走向复苏。

罗斯福上任时,金融危机闹得正凶,全国有一半以上的银行倒闭。罗斯福认为银行倒闭不光是使银行家破产，在这些银行中有储蓄的一般储户也会跟着倒霉。这些储户一夜之间变得身无分文的悲剧,会吓得其他人赶紧把钱从银行取出来,这样又会使别的银行倒闭。银行都倒闭了,各行各业资金周转就不灵了,经济形势就会更糟。因此,一方面要由政府拿出钱来帮助信誉好的银行恢复或继续营业,另一方面也要向人民讲清楚这个道理,让人们愿意把钱存入银行。

1933 年 3 月 9 日,美国国会通过了《紧急银行法案》,授权总统改组破产的银行,使银行资本高度集中;同时提供 30 亿美元的补助和贷款,帮助一些大银行恢复营业。罗斯福举行记者招待会,发表“炉边谈话”,使人民消除对银行的不信任,以保障存款的安全。有了政府对银行的资助和对储户的保证,许多人重新把钱存入银行。到 4 月份,全国已有 13 000 家银行恢复了营业。银行稳定了以后,罗斯福又对货币和税收制度等方面进行了一系列改革。政府进一步健全银行制度,规定把投资银行和商业银行分开,制止股票交易中的投机欺诈行为;建立联邦储蓄保险公司,对 5 000 美元以下的储户给予安全保障;为濒临破产的农户、房主设立低息贷款,帮助他们暂时保住农田、住房;同时,美国也放弃货币金本位,宣布美元贬(biǎn)值,以加强美国商品在国外的竞争能力。此外,政府还大量发行纸币,实行通货膨胀,刺激工业生产和投资的增加。经过一系列的改革举措后,整个国家的金融形势慢慢恢复了正常。

稳定了金融,罗斯福又和他的经济顾问们把注意力放到了工业上面。当时，工业上主要的问题是失业问题和一些大企业利用种种手段从事非法竞争挤垮中小企业的问题。罗斯福认为工业企业要健康发展，不能听任企业之间盲目竞争，必须让企业同政府合作，共同拟定计划。1933 年 6 月，国会通过“新政”的主要法令《全国工业复兴法》。为此，国家建立了有大银行家、工业家和经济学家参加的“全国工业复兴委员会”，作为这个法令的执行机关。国家通过这个机构，一方面监督生产，调整商业及金融，帮助工业部门制定关于生产产量、质量、价格、销售定额和雇佣工人条件的协定；另一方面，给大资本家们提供大量贷款，加强他们的竞争实力，支持他们吞并中小企业，帮助他们度过经济危机中的难关。《全国工业复兴法》还对劳资关系等作了规定，规定工人有权参加工会并同资方集体谈判劳动条件。这个法案得到了工人的热烈支持，但企业主们对它却十分不满。1935 年，最高法院宣布这个法案违反宪法，但随后罗斯福又让国会通过了《全国劳工关系法》和《公平劳动标准法》，将被判违反宪法的法案的主要条款都保留了下来。

在经济危机期间，农产品价格暴跌，使农民收入急剧减少，甚至因无钱偿还贷款而大量破产。罗斯福认为解决农业危机的办法，一是政府要拿出钱来帮助农民收回自己的农庄，同时也要限制剩余农产品的生产，这样农产品的价格才会回升，农民的收入才能有保障。于是罗斯福促使国会于 1933 年 5 月通过了《农业调整法》。国家根据这个法案，缩减农业生产，销毁农产品，以提高农产品价格，克服农业生产过剩的危机。

1933 年，政府同农场主们签订了数百万份合同，使小麦耕地及棉田各减少 40 485.8 平方千米，玉米种植面积减少近 6 000 平方千米，由此产生的损失由政府补偿；政府还拨出巨款收购各种农畜产品，予以销毁。这样，在千百万劳动人民忍饥挨饿、无法度日的情况下，却有大量的农畜产品被销毁。政府的这些措施，使大农场主获利，也使整个农业形势慢慢稳定下来。

在着重调整金融秩序、恢复工业和农业生产的同时，罗斯福认为，美国经济要复苏，就必须保证国家稳定、社会安宁。大量的失业工人由于没有生活上的保障，构成了一个极不稳定的因素，而目前无论是私人、社会团体还是地方政府的慈善行为都是治标不治本，能够解决失业者的生活问题，却无法改变他们面临的困境。要消除他们的不稳定感，只有给他们工作。

1933年—1937年间，政府拨款120亿美元，兴修水利、种植防护林、修建公路和运动场、公园、学校、机场等公共设施，以增加就业机会，提高社会购买力。这些措施，不仅解决了许多失业者的就业问题，而且净化了投资环境，吸收了大量资金。此外，联邦政府设立了紧急救济署，拨款5亿美元救济各州失业者。1935年8月，国会通过了《社会保障法》，它规定建立养老保险、失业保险和老年保险，并且对盲人、需赡养的老人、儿童和其他病残不幸者提供救济。

罗斯福从缓和危机的目的出发，力图畅通国际贸易渠道，巩固美国在世界市场中的地位。为了改变美国的“胡萝卜加大棒”的国际形象，他提出了一些比较缓和的政策。1934年6月，国会通过了《互惠贸易协定法》，授权总统不经国会便可签订对外贸易协定，并降低长期以来的美国高关税。美国和许多国家签订了互惠贸易协定。为保护美国在拉美的投资，缓和当地的民族情绪，罗斯福对拉丁美洲提出了“睦邻政策”。为了抓住机床、拖拉机和农业机械等产品的“大主顾”——苏联，罗斯福甚至还一改反共的初衷，于1933年11月同苏联建立了外交关系。

经过罗斯福这一番“新政”，经济危机的局势被扭转了，人心稳住了，但是，这些五花八门的“新政”并没有脱离资本主义制度。罗斯福作为资本主义制度的忠实卫士，他所采取的这些措施，主观上也是从资产阶级利益出发的。但是

历史探微

美国国会是美国最高立法机关，由参议院和众议院组成。参议员由各州选民直接选出，每州两名，实行各州代表权平等原则。美国国会行使立法权。议案一般经过提出、委员会审议、全院大会审议等程序。

罗斯福知道资产阶级要想获取利润，决不能干“杀鸡取卵”的蠢事，因此，罗斯福“新政”在客观上改善了劳动人民的痛苦处境，缓和了社会危机，抑制了在美国也曾喧嚣一时的法西斯运动。同时，“新政”的实施，扩大了民主党的社会基础和影响；联邦政府对经济的干预，加强了政府对各联邦的控制，使美国政府的权力进一步扩大。

总之，罗斯福“新政”通过政府对经济的干预和控制，遏制了经济危机的进一步发展，并使经济转向复苏；“新政”缓和了国内的阶级矛盾，加强了国内的民族团结，使美国得以作为“民主国家的大兵工厂”参加反法西斯战争，并一跃成为战后超级大国。

国会纵火案

1929年,资本主义世界前所未有的大危机开始了。严重依赖美国资本的德国经济自然难逃厄运,失业人数从一年前不足百万突然增加到三百万,工业生产比一年前有了很大程度的萎(wěi)缩,成千上万的小企业破产。当时的德国米勒政府想尽了一切办法,经济形势仍旧得不到任何改善,反而变得更糟。德国社会变得动荡不安。1930年3月27日,德国总统兴登堡宣布解散议会,根据德国宪法第四十八条授予的权力,在新的选举进行以前,任命中央党人布吕宁为总理,依靠总统的紧急法令管理国家。

德国社会局势动荡不安,人民迫切需要一个强有力的政权出来领导德国人民走出经济危机的困境,这给了希特勒可乘之机。希特勒和他的纳粹党向德国各个阶层的人许诺,一旦他和他的政党获胜,他们将满足所有人的愿望,建立一个强大的德意志国家。虽然希特勒满嘴空话,但那些在苦难中受尽了煎熬的德国人却仿佛真的看到了希望——既然现在的执政党政府如此无能,为什么不让希特勒和他的纳粹党来试一试呢?抱着这些想法,在1930年9月举行的国会选举中,不少德国人把选票投给了纳粹党,纳粹党一跃成为德国仅次于社会民主党的第二大党,取得了一百零七个国会席位。

由于社会民主党对解决德国危机的软弱无力,社会民主党的政府变得摇摇欲坠。纳粹党在选举中的成功,使希特勒相信这一回他将取代布吕宁当上德国总理,为此他欣喜若狂。但是意外的情况出现了,总统兴登堡不同意任命希特勒为总理,他告诉军方的首脑人物施莱歇尔,希特勒也许可以当邮政部长,但是当不了总理。希特勒得知这一消息后,大为恼火,但他却无法改变总统的决定,只好眼睁睁地看着布吕宁在兴登堡的支持下,继续担任德国总理。

1932 年，兴登堡总统任期届满，本来可以由国会通过决议延长任期，使八十五岁的兴登堡免去一场竞选之苦。但是，希特勒不同意：你兴登堡不让我当总理，我还不让你当总统哩！结果，兴登堡一气之下同意再来一次竞选。而此时，希特勒也宣布竞选总统，他向选民许诺：如果他当选德国总统，他将让每个德国人都过上幸福生活——工人有工作，农民的产品能卖好价钱，工商业者有更多的生意，军国主义者可以建立一支庞大军队，甚至每一个德国女郎都可以找到一个好丈夫。希特勒那夸张的动作、滔滔不绝的口才确实打动了不少德国人，尤其是充满幻想的青年人。但这一切也改变不了希特勒的失败命运，1932 年 4 月 10 日举行的第二轮选举中，兴登堡获胜。

这次失败，让希特勒恼火不已，这也使他明白了他无法通过正常渠道窃取国家最高权力的现实。这位靠玩弄小把戏，通过阴谋、谎言惑众而起家的投机者于是决定再一次故伎重演。他抓住总统兴登堡的儿子奥斯卡的逃税行为，对奥斯卡威逼利诱，迫使奥斯卡答应为希特勒效力；接着，他又将被施莱歇尔赶下台的巴本总理拉拢过来，让巴本支持自己，获得议会中的多数席位，将施莱歇尔赶下台。这一次，希特勒终于如愿以偿。1933 年 1 月 28 日，施

历史探微

在战后的纽伦堡审判中，德国将军弗兰茨·哈德尔供认道："1942 年，在元首的生日午宴上，当大家谈论到国会大厦的建筑和其艺术价值时，戈林说只有他最清楚国会纵火案，因为火是他放的。"但戈林在审判中对弗兰茨·哈德尔的说法予以否认。关于国会大厦纵火案的起因，历史学家们有几种不同的看法：一种认为是纳粹党策划范·德·卢勃放火；另一种认为是共产党策划范·德·卢勃放火。但大部分人认为是纳粹党策划的该起纵火案。1981 年 12 月 31 日，西柏林法院正式推翻"国会纵火案"的原判决，并宣布这一判决是错误的。

莱歇尔被迫辞去总理职务;1933年1月30日,希特勒被正式任命为总理。

希特勒虽然当上了总理,但他还不拥有绝对权力——除了受兴登堡的制约外,更要紧的是纳粹党在国会中不构成多数,随时都有被赶下台的可能。一心一意要实现其个人野心的希特勒决不甘心受制于人,他迫切需要稳定政权,取得国会多数支持。于是,担任总理后不久,他就说服兴登堡同意举行一次国会选举。

希特勒又打起了他的如意算盘:想利用纳粹党掌握国家机器的有利条件,控制选举,获得国会多数席位;或者,利用自己的冲锋队挑起事端,迫使其他政党作出防卫反应,再借口其他政党搞暴乱而将它们取缔。但是,希特勒所希望的两种情况都没有出现。随着选举的深入,希特勒感到失败再一次迫近了。

但是,希特勒作为一个政治野心家,有着极丰富的"想象力"。他想,既然没有发生其他政党"革命"或"暴动"的事情,为什么不能由纳粹党替他们制造一个这类事情呢?想到这里,希特勒习惯性地挥动了一下右手,命令他的信徒和爪牙们赶快去制造一起事端。

在戈林和戈培尔的筹划下,冲锋队决定放火焚烧国会,并把它嫁祸给在德国人民心中有着崇高威望的德国共产党。但是,这也并不是一件容易的事情。首先,纳粹党必须找到一个自称是共产党员的纵火者;然后,还要让舆论相信他是受德国共产党主使的。满足这样要求的人并不好找,眼看着选举揭晓的日期逐渐临近,在希特勒面前打下包票、保证完成任务的戈林和戈培尔急得像热锅上的蚂蚁。

就在这时,有一天,几名冲锋队员在一个酒馆里喝闷酒。他们由于没有完成戈林交代的任务,被戈林骂了个狗血淋头,他们便来到这里,借酒浇愁。在他们的旁边,一个头发凌乱、表情激动的青年正坐在靠近柜台的凳子上,向服务员小姐讲着他的传奇故事。原来,这是一个名叫范·德·卢勃的荷兰青年,他对纵火有着特殊的癖好,他曾经加入过荷兰共产党,但不久就因不遵守党的纪律、无故的纵火行为被荷兰共产党开除。卢勃曾经听人说起德国纳粹党的狂热和冲动,便来到了德国柏林,希望在这里找到有着共同“理想”的知音和战友。如今,巧合的是,他的这番话被旁边的冲锋队员听在耳里。那几个冲锋队员欣喜若狂,立刻走上前,把卢勃拉回了纳粹党部。

经过几天的精心策划,3 月 27 日晚上, 一小队冲锋队员从戈林的国会议长官邸下面的一条暖气通道进入国会大厦, 在那里洒上了大量汽油和易燃化学品,点着火后,冲锋队员们很快从原路撤回。与此同时,卢勃被放进国会大厦,在那里,他点着自己的衬衫,引燃了几个窗帘。正当卢勃准备继续纵火时,戈林带着他的冲锋队赶到了现场,当场抓住了卢勃。

第二天,戈林向德国国会宣称,卢勃已经对所犯罪行供认不讳——这起纵火案是德国共产党指使卢勃干的。戈林还声称纳粹的冲锋队搜查了德国共产党的办事处,从那里找到一本小册子能“证明”“共产党阴谋在 2 月 27 日发动起义”,企图推翻纳粹政府。戈林在议会赌咒发誓地说:“这是共产党反对新政府的罪行……今天晚上就要把共产党议员统统吊死。”

“国会纵火案”发生后,德国共产党和其他一些左翼政党强烈要求弄清事实真相,找出真正的纵火元凶。兴登堡总统宣布德国进入紧急状态,并授权希特勒维护国家秩序。为了彻底消灭德国的反法西斯力量,希特勒于 2 月 28 日发布命令,以危害国家安全为理由,在全国范围内抓捕革命者,当晚就逮捕了上万名反法西斯战士。第二天,法西斯党徒又拘捕了德国共产党国会议员托尔格刘尔,随后,又逮捕了国际工人运动活动家、保加利亚共产党人季米特洛夫和德国共产党中央主席台尔曼, 以及另外两名保加利亚共产党活动家布拉戈伊·波波夫和瓦西尔·塔内夫。

希特勒同时还以保持国家正常秩序为由,发布命令,废止了《魏玛宪法》中有关保障人身自由和新闻、通讯、言论、集会、结社自由等条文。宣布共产党为非法政党,占领了共产党在全国各地的办事机构。3 月 23 日,希特勒以保障政府有效行使国家权力为由,强迫国会和参议院通过了“授权法”,授予政府独裁权力直至1937年4月1日。5月,希特勒下令解散一切工会,没收工会财产,逮捕工会领导人,成立由法西斯头子把持的“德国劳工阵线”来代替工会。5月10日,社会民主党被取缔,党员被宣布为叛国分子,许多党员被捕或被处死。7月,纳粹政府颁布法令:解散除纳粹党以外的一切的政党,任何在组织上的结合或建立新党的活动将一律处以苦役或徒刑。为了加强法西斯统治,希特勒建立了一支由特务头子希姆莱主持的秘密警察(即“盖世太保”),随意捕人、杀人,实行白色恐怖,人民的生命财产变得毫无保障。许多无辜百姓被抓起来,送进监狱或集中营。

虽然“国会纵火案”使纳粹在德国开始了法西斯统治,但围绕“国会纵火案”的莱比锡公开审判却使纳粹的本来面目在公众面前暴露无遗。德国纳粹诬蔑“国会纵火案”是由季米特洛夫等人主使的,是“国际共产党”的阴谋。纳粹们拼凑了几十个“证人”,用连篇的谎言捏造了一份起诉书。面对敌人的诬陷,季米特洛夫用铁的事实驳斥了法西斯捏造的谎言。经过几个月的斗争,法西斯法庭无奈地宣布季米特洛夫等人无罪, 把二十四岁的卢勃作为替罪羊,判处死刑。

1934年1月10日,卢勃被德国法西斯以纵火罪枪决;2月27日,季米特洛夫、波波夫、塔夫三人因为被承认为苏联公民,在苏联政府的干预下终于获得释放,被送往莫斯科。围绕“国会纵火案”的审判宣告结束。经过这场阴谋,希特勒终于如愿以偿地实现了他的“理想”:建立一个独裁专制的法西斯德国。1934年8月,兴登堡去世,希特勒修改了宪法,取消总统职务,自任国家元首总理,开始把德国人民引向了战争的深渊。

慕尼黑阴谋

慕尼黑阴谋是互相斗争的西方帝国主义大国同德国之间，妄图通过牺牲和肢解捷克斯洛伐克，达成暂时妥协和勾结的世界现代史上的大丑剧。

捷克地处欧洲中心，战略位置十分重要，德国人占领捷克后，就可以把它作为向东进攻苏联的跳板，向西攻击英、法的重要阵地。

在靠近德捷边境的捷克苏台德区，有三百多万日耳曼居民。希特勒利用这一地区居民和德国人同一种族的关系，在那里也搞了纳粹组织，并指挥他们不断制造事端，要求“自治”。实际上是要苏台德区脱离捷克斯洛伐克，归附德国。

希特勒叫嚷着不能容忍有人“欺侮”德国境外的日耳曼人，要替他们“伸张正义”。他扬言要对捷克发动战争，又大规模地向捷克斯洛伐克边境调集军队，拟订了“绿色计划”，准备在 1938 年 10 月 1 日进攻捷克。

眼看兵临城下，捷克政府也开始加大边境的作战兵力。两军对峙，战争似乎一触即发。

英法是捷克斯洛伐克主权和领土的主要保护者，在这危急时刻，最伤脑筋的当数英法等国领导人，英国首相张伯伦更是彻夜不眠。

1938 年 9 月 13 日，希特勒收到张伯伦一份十万火急的电报。电文是：“由于局势越来越严重，我有意前来看你，以寻求和平解决的办法。我想乘飞机前来，并准备明天动身。”

堂堂的大英帝国首相，为何要如此迫不及待地求见希特勒呢？

原来，第一次世界大战后，捷克在英法保护下恢复了主权，同英法都签订了互助同盟条约。如果德军进攻捷克，英法按照条约规定必然会卷入对德

战争中,西欧的战火就将蔓延开来。由于考虑到自身的利益,张伯伦紧张万分;法国首相达拉第也胆战心惊,达拉第打电报给张伯伦,催促他去见希特勒,要他“尽可能取得最好的效果”。

9月15日张伯伦坐了7个小时的飞机,在慕尼黑着陆。之后,他又乘坐3个小时的火车,来到德国的伯希特斯加登拜见希特勒。

希特勒正在为侵略捷克的事大伤脑筋,见到张伯伦后他喜出望外。因为当时的德军实力有限,准备攻打捷克的只有12个师,而捷克却有35个装备精良的师;德国的国防军参谋部也反对侵略捷克的军事冒险。如果英法坚决站在捷克一边,希特勒的如意算盘就落空了。如今张伯伦登门求和,这不是现成的敲诈机会吗?

希特勒和张伯伦的谈判在一间密室秘密进行。据战后查获的当时翻译官的笔记透露,当时希特勒大谈他对德国人民、对国际和平、对德英亲善的“功劳”。到最后的时候,希特勒已不是谈苏台德日耳曼人自治的问题,而是赤裸裸地要求把这一地区割让给德国了。

这一问题并没使张伯伦感到吃惊,来谈判之前,他已同法国商定,两国决不会帮助捷克作战,而且决心牺牲捷克斯洛伐克的利益以求得希特勒的妥协。

9月16日,张伯伦回到伦敦,当晚召开内阁会议,鼓吹只有把苏台德区割让给德国,才能阻止希特勒进犯整个捷克。

9月18日,达拉第也愁眉苦脸地赶到伦敦。经过一番秘密的策划,英法炮制出一项出卖捷克的计划:“凡是苏台德区日耳曼居民占一半以上的全部领土,都直接转让给德意志帝国。”

第二天,英法两国向捷克政府提出割让苏台德区给德国的“建议”。在人民的压力下,捷克政府起初拒绝这一“建议”。英法以解除盟约要挟,还警告如果因此发动战争,威胁到欧洲的利益,捷克要负全部责任。在万般无奈之下,捷克政府只好屈从英法的利益,同意割让领土。

9 月 29 日,希特勒、墨索里尼、张伯伦和达拉第等在慕尼黑的“元首宫”里进行会谈。其实这次会谈没有新的内容,只是给已达成的交易补办个“手续”。

第二天凌晨 1 时 30 分,四国便在没有捷克代表的情况下签订了《慕尼黑协定》。根据协定,捷克必须从 10 月 1 日开始的 10 天内,把苏台德区及其附属的一切设备无偿地交给德国。捷克的两名代表在会谈前已经到达,但不许参加会谈,只能在会议室外的隔壁房间里等待四个大国的判决。英法两国政府为了自己的“安全”,不惜牺牲小国的利益,去助长法西斯的野心。《慕尼黑协定》使捷克斯洛伐克丧失了 29%的领土,共 40 900 平方千米;失去了 34%的居民,共 500 万人。捷克斯洛伐克失去西部最坚固的国防线,门户洞开,毫无保障。

希特勒在慕尼黑会议上说,占领苏台德区是他对西方的最后一次领土要求。但在第二年的 3 月,德国就侵占了整个捷克,再过 6 个月,就以侵略波兰挑起了对英法的全面战争。

历史探微

张伯伦是 20 世纪 30 年代绥靖政策的代表人物。在任英国首相期间,他执行与纳粹妥协,怂恿德国东进反苏的政策,承认德国对奥地利的吞并,并参与制造了慕尼黑阴谋。第二次世界大战爆发后,他在英国民众的一片声讨中黯然辞职。

敦刻尔克大撤退

在世界战争史上，敦刻尔克大撤退至今仍被人所津津乐道。英国人也为自己能组织起如此成功的计划而骄傲，那么下面就让我们来看看这一事件的始末。

远处，人们看到了一艘艘各种各样的船只冒着德军的猛烈炮火正在向敦刻尔克赶来。这真是一只奇怪的“无敌舰队”：有颜色鲜艳的渔船，有豪华的旅游船，还有各式各样的拖带驳船，护航船，扫雷船，拖着渔网的船，还有高大的军舰，英国救援船，用来警戒的雷达船……

这支船队没有统一的指挥，他们分别由银行家、牙科医生、出租汽车司机、快艇驾驶员、码头工人、少年、工程师、渔夫和文职官员等人驾驶，里面有法国人也有英国人。你能看到白发苍苍的老人，还能看到面容稚嫩的孩童。这些人一看就知道，其中大部分都是穷苦人，在寒冷的海风中，他们没有穿外套，只穿了破旧的毛衣和卫生衫。脚上的胶鞋也早已有了裂缝。任凭海水和雨水将他们打湿，他们在寒风中忍受着饥饿……

不只以上那些困难，他们还要时刻躲避着不知道从哪里飞来的炮弹。没有自己的炮火为他们掩护前进，也没有自己的军舰为自己护航，四处都漂浮着沉船的碎片，那么为什么这些人会这样不顾生命危险，穿梭于枪林弹雨和硝(xiāo)烟烈火之中呢？明知前面就是地狱，但他们仍然灵活地驾着船，毫无惧色地在波涛中前进，是什么给了他们如此大的勇气，让他们奋勇向前呢？

事情还得从二战爆发开始说起。1939 年 9 月 1 日，德军进攻波兰，二战爆发。英法对德宣战。但是却发生了“静坐战”，英法错失击败德国的良机。到了 1940 年 5 月 10 日，空出手来的德军开始进攻西欧。德国在西线上将要面对包括英国、法国、比利时、荷兰、卢森堡在内的147个师,300多万军队。其实此时双方的实力不相上下,如果抓住机会,还是有可能打败德国的。但是法国实行了保守战略,认为有固若金汤的马其诺防线,德国不可能攻入法国,便对德国宣而不战。于是历史上有名的“奇怪的战争”发生了。漫长的德法边境线上只发生过零星的冲突,连一场大战也看不到。

但是法国人忘了,在它的背部还有比利时、荷兰和卢森堡这几个国家,德国也没有硬碰硬地进攻马其诺防线,而是先攻打这三个国家,从比利时出发,绕过马奇诺防线从色当一带渡河进入法国。不久以后,荷兰、比利时、卢森堡相继沦(lún)陷。

紧接着,德国军队一路高歌猛进,两周内打败法国,迫使法国投降,继续向法国西部挺进。5月21日,将40多万英法联军逼到了法国北部狭小地带,只剩下敦刻尔克这个仅有万名居民的小港可以作为海上退路。

形势已到了刻不容缓的时候,万一这40多万人被德国歼灭,那么英国

历史探微

据统计,英法联军在撤回英国本土后,只剩下步枪和机枪等轻武器,重装备全部被丢弃在了撤退途中。英法联军在敦刻尔克的海滩上共丢弃了1 200门大炮、750门高射炮、500门反坦克炮、6.3万辆汽车、7.5万辆摩托车、700辆坦克、2.1万挺机枪、6 400支反坦克枪以及50万吨军需物资。此外,有4万余名英法军人被俘,还有2.8万余人死伤。在撤退过程中出动的861艘各型船被击沉了243艘。英国空军为掩护撤退而投入的2 739架飞机,共损失了106架。一艘被征用为撤退军事运输船的豪华邮轮——“兰开斯特里亚号”被德军击沉,至少有3 500名英军士兵在此次海难中丧生,该事故比“泰坦尼克号”的死亡人数还要多。英国政府事后一直对此消息严加封锁,直到近些年才得以解密。

沦陷的时间也就不远了。面对德军的重重包围，还有德国空军的狂轰滥炸，敦刻尔克港口此时极易受到炮火的持续打击。在这种情况下，能撤出3万人就不错了。于是英国政府开始动员民众和海军，让他们驾船到敦刻尔克营救军队。

虽然政府的这一政策，对他们来说是一个悲剧，人民抱怨不休，十分不满政府的无能和腐败，但是他们还是义无反顾地投入到了撤离部队的行动中去，因为海峡那面就是他们的同胞。于是本文开头那一幕就发生了，一支奇怪的“无敌舰队”行驶在英吉利海峡。

这支船队只有很少一部分是政府征用的，其他大部分是自发前去营救部队的人民。不列颠民族征服海洋的精神激励着这些既没有登记也没有接到命令的人们朝着敦刻尔克进发，这比政府组织更有号召力。其中一位亲自驾船参加营救任务的英国人事后说：“本来在黑夜行船就是一件极其危险的事，在一片漆黑的大海里，没有航向灯，没有航标，就是近在咫尺的船，你也分不清是敌是友。还没走到英吉利海峡的一半，我们就遇到了第一批前去营救的返航船队。我们小心翼翼地驾船，躲避着对方船队前行时，船头劈出的白浪，不一会又落入到前面半昏不明的船影里。黑暗中常听到喊叫声，还有偶尔响起的汽笛声。上帝在指引着我们航行。”

等待上船的士兵也体现出了极高的素质。他们从开始就一直在不停地后撤，这一状况已经持续了三个星期。在这个过程中，他们常常群龙无首，孤立无援。几天几夜没有睡觉，而且还得忍受饥饿。但是就在这样的困难之下，他们的阵型也没有乱，一直在海滩上等待撤退的命令，没有一个人不遵守命令。等到轮到自己上船，这些极度疲惫的战士步履蹒跚地跨过海滩走向小船。这时候德军的战斗机还在不停地倾泻着弹药，子弹炮弹在身边乱飞，战士们就这样冒着扫射涉入水中，走到及肩深的海水里才能爬上船去，一些大船放下小船前来接战士们，一艘艘严重超载的小船摇摇晃晃地返回到大船之上……

为了节省时间，一些大船不顾危险几乎都冲上了岸边……

沙滩上落满了各类武器的残骸，熊熊大火在燃烧着……

在红色的背景下，敦刻尔克就像在燃烧。没有水去扑火，也没人有空去救火……

炮兵此时还在不停地开炮，以求缓解德军进攻的步伐，炮声隆隆，火光闪闪。到处都是嘈杂的人声，还夹杂着枪声、炮声……在敦刻尔克待过的人都有一种极为特殊的嗓音——嘶哑。这是一种荣耀，是一种“敦刻尔克嗓子”。

就这样，在无数人的共同努力下，这支杂牌船队一共救出了三十三万五千人，而且仅仅用了一个多星期。

这就是举世震惊的撤退——敦刻尔克大撤退。

保卫列宁格勒

苏德战争爆发了。

希特勒调集了四十个师、六千门大炮和一千多架飞机向苏联第二大城市列宁格勒发起了疯狂的进攻。

1941 年 8 月中旬,希特勒的部队兵临城下,希特勒得意忘形地向全世界宣布:要在 9 月 1 日前占领列宁格勒!

列宁格勒是伟大的十月革命的摇篮,列宁格勒的人民是勇敢和坚强的人民,面对希特勒的疯狂进攻,他们的回答是:

“宁死不屈,列宁的城市永远是我们的!”

全城不分男女老少,纷纷行动起来,拿起手中的武器,修筑战壕街垒,投入到保卫列宁格勒的伟大斗争中去。

英勇的列宁格勒人民众志成城,大家的共同心愿就是绝不能让列宁格勒落入希特勒的手中。

由于列宁格勒人民誓死捍卫列宁格勒,希特勒扬言 9 月 1 日前占领列宁格勒的计划很快成了泡影。德军每前进一步都付出了巨大的代价。

从 9 月初到 9 月下旬,德国进攻列宁格勒的半个月内,死伤官兵十七万多人,损失飞机三百多架、坦克五百多辆、大炮五百多门。德国负责进攻列宁格勒的莱布元帅焦头烂额,不得不向希特勒告急:

“我军死伤惨重,剩下的兵力已无法向列宁格勒进攻了!”

希特勒接到报告后,暴跳如雷,痛骂莱布的无能,并疯狂地叫嚣道:“给我把列宁格勒从地球表面抹掉!”

德军使用了更阴险毒辣的计策:从陆海两方面严密封锁列宁格勒,同时日夜不停地轰击,企图迫使城内的军民整天待在防空洞里,无法进行抵抗。

围困的时间越来越长,城里的粮食越来越少,人们开始寻找各种能吃的东西来弥补粮食的不足:

军队养马场的饲料——燕麦被当做粮食了;榨油厂做燃料的棉籽渣也成了代食品了;从海底沉舰上打捞起来的发了芽的谷子也成了宝贵的粮食……

粮食仍在一天天减少,列宁格勒市苏维埃一次一次降低粮食供应标准。11 月下旬开始,工人每天只配给二百五十克面包,居民只供应一百二十克黑面包。

城里慢慢有人因饥饿而丧生了。从 1941 年 11 月到 1942 年 12 月期间,列宁格勒死于饥饿的人共有六万三千多人。

列宁格勒党组织和苏维埃政府想尽一切办法来改善人民的生活，降低人民的死亡率。列宁格勒的居民在危难的时候，发扬高尚的互相友爱精神——共青团员们组织起服务队,走街串巷地帮助群众。他们把面包分送给居民,把政府的关心和慰问带给民众。有一次有人饿倒时,有一个女青年立即把自己第二天的定量面包给他吃。虽然她心里明白,也许明天自己也会饿倒，再也爬不起来。

曾经有过这样一个动人的故事:

一天黎明，一位卡车司机驾驶一车专供病人吃的新鲜面包行驶在列宁格勒的大街上。突然,敌人的一枚炮弹在车前爆炸了,司机牺牲了,车上的面包撒得到处都是。

历史探微

1703 年，俄国沙皇彼得一世下令建造一座新城,这座新城以该城的第一座建筑物——圣彼得保罗要塞命名。城名直接译自德文“SanktPeterburg”。1914 年,第一次世界大战爆发后,由于俄国弥漫着反日耳曼情绪,所以沙皇政府便将“圣彼得堡”更名为“彼得格勒”。苏联成立之后的 1924 年,列宁逝世。为了纪念列宁在该市发动的十月革命,该市被更名为“列宁格勒”。1991 年苏联解体后,“圣彼得堡”这个旧名称在经过市民投票后被重新使用。

过路居民发现后，不约而同地拾起一个个诱人的小面包，小心地吹去尘土，仍旧放在车斗里，然后守护在车旁，直到面包厂的另一辆车来把面包拉走。忍住饥饿，抗拒诱人的面包香味，这需要多大的意志力呀!

1941 年 11 月下半旬，列宁格勒的粮库终于枯竭了，列宁格勒全城陷入危急关头。

但英勇的列宁格勒人民是不会屈服的，他们想尽种种办法，历尽千辛万苦，终于在冰封的拉多加湖上开辟了一条冰上运输线。这条运输线联结拉多加湖东西两岸的运输线，列宁格勒终于取得了外界的支援！这条冰上运输线被列宁格勒人民亲切地称为“生命之路”。

狡猾的德军很快发现了“生命之路”，他们派飞机整天轰炸湖面，冰面常常无法通车。英勇的列宁格勒居民以顽强的斗志和敢于牺牲的精神，终于保住了这条“生命之路”。

六十辆卡车在“生命之路”上昼夜不停地行驶着，勇敢无畏的司机们冒着生命危险、冒着敌人的枪林弹雨、冒着零下三四十度的严寒，把粮食、燃料和各种急需物品运进城里；同时又把城内的老人、儿童、妇女、伤员和重要的文化珍品撤离城市。

由于全城人民的团结互助，加上司机们的昼夜奋战，列宁格勒的人民终于摆脱饥饿的威胁。

1942 年 4 月，全城已存下了十二天的粮食，从而粉碎了希特勒妄图困死、饿死列宁格勒人民的阴谋诡计。

1943 年 1 月，苏军开始反攻了，二千门火炮和迫击炮一齐轰鸣，列宁格勒的战士们从四面八方向敌人发起了猛烈的进攻。德国法西斯对列宁格勒长达十七个月的围困，终于被突破了。

1943 年 1 月 18 日，列宁格勒终于回到了人民的怀抱。列宁格勒人民沉浸在胜利的喜悦中，到处都是“乌拉，列宁格勒”的欢呼声。英勇的列宁格勒人民信守自己的诺言：“列宁的城市永远是我们的！”

偷袭珍珠港

珍珠港战役是太平洋战争全面爆发的标志。

1941 年 12 月 7 日，星期日的早晨，夏威夷的珍珠港阳光灿烂，碧海如镜。驻扎在这里的是美国太平洋舰队，官兵们有的在吃早饭，有的已经上岸度假去了。舰艇整齐地停泊在港内，飞机也密密麻麻地排在瓦胡岛的 7 个机场上。

两个值班的美军新兵在雷达监视器前无聊地摆弄着仪器。突然，荧屏上显示出东北方向 130 海里外，一群飞机正朝瓦胡岛飞来。他们立即拿起电话通报给陆军基地。

“别神经过敏，那是我们自己的飞机。”值班军官嘲笑地说，并告诉他们别多管闲事。

原来，值班军官曾接到通知，今天早晨将有一队美国空军的 B-17 飞机从本土飞来。他放下话筒，打开收音机，欣赏起音乐来。

在港湾里，美国军舰正准备举行升旗典礼。一切像平常一样，充满了轻松安详的气氛。雷达屏幕上的那群飞机更近了，人们还不知道一场灾难将从天而降。雷达屏幕上显示的机群实际是从日本特遣舰队的 6 艘航空母舰上起飞的 183 架日本飞机，它们的袭击目标正是珍珠港。

日本法西斯偷袭珍珠港的阴谋策划已久。苏德战争爆发后，日本军国主义急不可待地想扩大侵略范围，把占领印度支那和南太平洋诸国、夺取石油资源作为其主要目标；而驻守在夏威夷群岛上的美国太平洋舰队就成为日本军国主义南进太平洋的最大障碍。

于是，在日本天皇的授意下，日本联合舰队司令山本五十六，秘密制订了远渡重洋偷袭珍珠港的计划，并决定由海军中将南云率领舰队去完成这一任务。

为了迷惑、麻痹美国，日本还派出了特使到华盛顿进行谈判，要求和平解决两国争端，称“日本和美国没有任何理由打仗”等等。与此同时，偷袭珍珠港的特遣舰队则在 11 月 26 日秘密离开了日本，在海上隐蔽航行了 12 天，到达距离瓦胡岛 368 千米处，执行攻击任务的飞机从航空母舰上起飞，直扑珍珠港。

此时，负责偷袭珍珠港的机群指挥官渊田中佐已飞临珍珠港上空。他的身后是 49 架水平轰炸机、40 架鱼雷轰炸机、51 架俯冲轰炸机和 43 架制空战斗机。在到达预定位置时，渊田中佐命令全体飞机开始进攻。

随着一阵阵巨大的爆炸声，岛上的机场升起滚滚烟火，港湾的军舰四周水柱冲天而起。

美军官兵惊呆了！

“空袭！空袭！”直到看见自己的舰艇起火，舰队司令部的军官们才醒过神来——这不是“特殊演习”！

顷刻间，珍珠港已笼罩在了硝烟战火之中。渊田中佐发出了突袭成功的预定信号：托拉！托拉！托拉！（虎！虎！虎！）坐镇在万里之外的广岛“长门”号旗舰上的海军大将山本五十六收到这个信号，扬扬自得，兴奋不已。

日机的第一次攻击进行了约半个小时，随后，171 架日机进行第二次攻击，直到 9 时 15 分才全部撤离珍珠港上空。前后历时 1 小时 50 分钟的袭击，共炸毁美主力舰 4 艘，重创 1 艘，炸伤 3 艘。另外，炸毁、炸伤驱逐舰、巡洋舰等各

历史探微

山本五十六是日本海军重要将领。他主张发展海军航空兵，积极支持和参与日本侵华战争。他还是太平洋战争的重要策划者，谋划了对珍珠港的偷袭，并且指挥了中途岛战役，1943 年 4 月 18 日他因飞机被美军击落而丧命。

类辅助舰 10 余艘，击毁飞机 260 余架，机场全部炸毁，美军官兵死伤 4 500 多名。日本仅损失 29 架飞机，6 艘潜艇，死伤约 200 人。

在日本飞机开始攻击珍珠港 1 小时 10 分钟后，日本驻华盛顿代表野村和来栖才来到美国国务卿(qīng)赫尔的办公室，递交了一份最后通牒。

第二天，美国总统罗斯福要求国会宣布向日本宣战。接着，澳大利亚、荷兰等 20 多个国家也对日宣战；当时中日战争已经进行了 4 年，12 月 9 日中国国民党政府跟着对日宣战；随后，德、意对美宣战。第二次世界大战范围扩大。

中途岛海战

日本偷袭珍珠港获得了重大胜利之后,决定再集中优势兵力,彻底歼灭美国航空母舰。

要实现这一计划,首先就要拿下位于夏威夷群岛东北方的美国重要的航空基地——中途岛,把它作为日军的作战基地。

进攻中途岛的日本海军,仍由策划指挥偷袭珍珠港的山本五十六海军大将率领。舰队分为八支特遣队:第一支由南云中将指挥,从西北方向主攻中途岛;第二支至第七支分别担任掩护、侦察、警戒等任务,并协同进攻作战;山本五十六自己率领第八特遣队,守候在中途岛西北海面上,指挥整个舰队作战。

日本海军做梦也没想到,他们的这次偷袭行动竟然会失败!美国情报机关不仅破译出了日军的密码电报,而且弄清了密码电报中“AF”这个代号就是指中途岛。美国决定将计就计,设下埋伏,让日本海军自投罗网。

1942 年 6 月 4 日,在黎明的晨曦(xī)中,隐蔽在预定海域的日本舰队开始进攻了。

“战斗机起飞!”南云中将的命令从扩音器的喇叭中传出。“赤诚”、“加贺”、“飞龙”和“苍龙”四艘巨型航空母舰上灯火通明,15 分钟内,108 架飞机飞离了甲板,轰鸣着一齐向东南方向的中途岛飞去。

不一会儿,扩音器里又发出了命令:“第二次攻击准备!”升降机立刻把又一批飞机提到了甲板上。南云站在指挥舱窗前,急切地等待着第一批飞机攻击胜利的消息。

与此同时,中途岛的美国空军早已严阵以待。当日机距离中途岛有 48 千米时,25 架“野猫式”战斗机组成的拦截队出现在日本机群前。日本护航的“零式”战斗机随即上前缠住“野猫式”，双方展开了激战；日本轰炸机则继续飞赴中途岛。穿过美军高射炮的猛烈火网，一颗颗250千克重的炸弹从日机上投下，12架水平轰炸机开始用800千克重的炸弹轰炸机场和跑道。然而，机场和跑道上空空如也，美军飞机早已做好准备——有的飞到空中，有的进行拦截和攻击，其他的则隐藏了起来。

负责指挥轰炸的指挥官返航时，向南云报告了轰炸的情况，并请求对中途岛进行第二次轰炸。此时，升到甲板上的第二批飞机，已装好鱼雷，准备前去轰炸美军军舰，南云命令士兵卸下鱼雷，换上炸弹。甲板上顿时一片忙乱。

就在此刻，日本侦察机报告：东北方向320千米处发现10艘美国军舰。南云大吃一惊——他知道，这么大的舰队，至少拥有一艘航空母舰。他赶忙又下令，战斗机重又卸下炸弹，重新装上鱼雷，改去袭击美军舰队。

恰巧这时，第一批轰炸中途岛的飞机归来。南云只得又命令把飞行甲板腾出，让返航飞机降落。

时间一分一秒地过去，装好鱼雷的飞机很快整装待发，信号兵发出了起飞命令的信号。然而，正是这很短的一段时间的耽搁，战场形势发生了根本性的转变！

“美国轰炸机！”

随着瞭望兵的喊声，三架美国“无畏式”轰炸机朝南云所在的旗舰“赤诚”号垂直俯冲下来。日舰上的机关炮向轰炸机猛烈射击，但是已经晚了。只见，一颗颗黑色的炸弹从美机机翼下落下，在一阵尖厉的呼啸声后，“赤诚”号闪起夺目的亮光，随即便是巨大的爆炸声。机关炮哑了，弹片到处飞舞，大火在甲板上的蔓延，又引起飞机上刚刚装

历史探微

尼米兹是美国海军五星上将。他在任太平洋战区总司令期间充分运用航空母舰的作战能力，取得了中途岛海战的胜利，从而赢得了太平洋战争的主动权。他采用“蛙跳”战术及多种作战方式多次击败日本陆、海军。

上的鱼雷爆炸。整个机库成为一片火海。

南云惊呆了。在万般无奈下,他不得不离开火焰冲天的“赤诚”号旗舰。

此时的山本五十六正威风凛凛地端坐在“大和”号战舰上,这是当时世界上最大的战舰。南云惨败的消息使山本五十六目瞪口呆,看着烈火蔓延的“赤诚”号,山本五十六忍痛发出炸沉它的命令。“野分”号驱逐舰射出强大的新型鱼雷,“赤诚”号在猛烈的爆炸声中葬身海底。这竟是“野分”号在这次海战中执行的第一个任务!

山本五十六终于愤怒了,他知道日本舰队惨败的命运不可避免了,但他还要作垂死的挣扎。他命令所有的舰队向他集中,企图诱使美国舰队西移到他的舰队猛烈的炮火射程内。但美国人识破了山本五十六的诡计。

6 月 4 日中午,日本只幸存下“飞龙”号航空母舰。在 6 架“零式”战斗机的掩护下,“飞龙”号上 18 架轰炸机重创美国航空母舰“约克城”号,“约克城”号慢慢沉入海底。

“飞龙”号成为美国舰队猛烈攻击的目标。虽然它成功地躲过 26 枚鱼雷和大约 70 颗炸弹,但最后还是被击沉,在一片火海中被日本舰队自己的鱼雷击沉。

5 日凌晨,日本舰队收到了山本五十六的命令:“取消中途岛行动。”

中途岛战役美军只损失 1 艘航空母舰、1 艘驱逐舰和 147 架飞机;而日本却损失了 4 艘航空母舰、1 艘巡洋舰和 330 架飞机,还有几百名经验丰富的飞行员和几千名舰员。

日本海军从此走向了失败。为了掩饰自己的惨败,避免挫伤部队的士气,6 月 10 日日本电台播放了嘹(liáo)亮的海军曲,并宣称日本已“成为太平洋上的最强国”。当惨败的舰队疲惫不堪地回到驻地时,东京竟举行灯笼游行以庆祝胜利。

美国海军首脑事后评价道:“中途岛战斗是日本海军 350 年以来的第一次决定性的败仗。它结束了日本的长期优势,恢复了太平洋海军力量的均势。”

斯大林格勒保卫战

斯大林格勒位于伏尔加河下游的西岸,原名察里津,是苏联内河航运干线伏尔加河的重要港口,又是苏联南方铁路交通的枢(shū)纽和重要工业城市。

德军在围攻列宁格勒不久,又于1942年7月17日,投入150万的兵力进攻斯大林格勒。希特勒甚至制订了7月25日以前攻占斯大林格勒的计划。

德军集中了40个师的精锐部队,每天出动上千架次飞机,把一百多万颗炸弹投向这座城市,斯大林格勒的建筑几乎全被炸毁。

9月13日,德军17万人、500辆坦克向保卫斯大林格勒的苏联第六十二集团军发起猛攻。德军在几个地段突破了苏军防线,进入市区阵地。

在这危急的时刻,苏军进行了英勇的抵抗。一场残酷、激烈的市区争夺战开始了。

为了打败法西斯,斯大林格勒的人民付出了惨重的代价,谱写了一曲可歌可泣的爱国主义赞歌。

9月14日,争夺市中心的激战达到了白热

化的程度。

为了争夺火车站，德苏双方斗争激烈，一周之内火车站竟然13次易手。

守卫“巴甫洛夫大楼”的激战持续了58个昼夜，敌人用火炮、迫击炮进行射击，还派飞机向楼房进行轰炸。楼房虽被炸得面目全非，却始终未被完全摧毁，苏军坚守楼房，给予敌人一次次的还击。

全城的人民和苏军密切配合，共同奋战。拖拉机厂的工人们一边反击敌人，一边在弹片横飞的车间里坚持生产。在激战的9月份里，他们仍生产出1 200辆坦克和150辆牵引车……

在保卫战期间，无论男女老少，人人都是战士，到处都是战场，希特勒的军队陷入人民战争的汪洋大海中，久战不胜。

德军陷入困境。从9月13日至26日，德军每天伤亡达三千多人，但仍然不能占领全城，德军的士气一天天低落下去。

寒冷的冬季终于来到了，德国士兵陷入饥寒交迫中，很多士兵被冻死。德军的战斗力一天天地衰弱下去，战争的形势逐渐开始变化。

11月19日，苏联红军终于迎来了激动人心的时刻，斯大林发出了大反攻的命令。

11月23日，苏军把33万德军困在了包围圈中。

德军弹尽粮绝，他们处在死亡的恐惧之中。鲍罗斯向希特勒发出突围撤退的请求。

刚从阿尔卑斯山赏雪归来的希特勒发来一份急电：不许投降，第六军团必须死守阵地，直至一兵一卒、一枪一弹。

鲍罗斯陷入万分绝望之

历史探微

朱可夫曾任苏联元帅、苏军统帅。苏德战争期间，他任最高统帅部成员，战时最高副统帅。他曾多次参与制订战略计划，指挥莫斯科、斯大林格勒、柏林等一系列重要战役，并代表苏军接受德军投降。

中，他向希特勒发出了最后一份急电："部队将于24小时内最后崩溃。"

万般无奈的希特勒急忙发出一份电令，升鲍罗斯为陆军元帅，其余117名军官也各升一级——希特勒希望他的封功加爵(jué)能增强德军将士"光荣殉职"的决心。

接到电令的鲍罗斯彻底地失去了希望，一下子瘫倒在地上。

1943年2月2日，坚持了6个月的斯大林格勒大会战终于结束了。九万一千多名德国官兵，其中包括鲍罗斯在内的24名高级将领，穿着单薄的衣衫，紧抓着裹在身上满是血污的毛毯，在-24℃的严寒下，一瘸一拐地走向寒冷的西伯利亚战俘营。

斯大林格勒保卫战给以希特勒为首的法西斯致命的打击，更为以朱可夫为首的苏军统帅部调集预备队赢得了时间。德军再也无力进行大规模的反攻了，他们一步步后退，开始走下坡路。苏联红军则开始大反攻，陆续收复了失地，并攻入德国本土。

苏联人民和全世界人民都从斯大林格勒保卫战的胜利中看到了胜利的希望，也坚定了彻底打败法西斯的信心。

斯大林格勒保卫战的胜利，是苏德战争的转折点，也是第二次世界大战的伟大转折。

世界反法西斯联盟的建立

在德、意、日法西斯疯狂向外扩张，严重地威胁世界和平和各国安全的情况下，苏联曾经多次呼吁，建立集体安全体系，共同抗击侵略。可是，英国和法国从自身利益考虑，不愿和苏联结成同盟。他们推行绥靖政策，妄图把战争祸水引向苏联，利用德国人的军队把社会主义制度下的苏联毁掉。但是，他们没有想到，已经强大起来的苏联令希特勒不敢轻举妄动。相反，为了消除后顾之忧，希特勒决定先向英法开战。

1939 年 8 月 23 日《苏德互不侵犯条约》签订。9 月 1 日，德国宣布向英法开战。与此同时，苏联宣布中立。1940 年，德意打败法国，几乎占领了整个西欧大陆，英国也变得岌岌可危。西欧战火的蔓延使美国充满了忧虑，害怕战火烧到大西洋，会损害本国的利益。1941 年 3 月，美国国会通过了《租借法案》，授权总统为了美国国防的利益，可以把军事物资出售、转让和租借给任何国家。罗斯福根据这一法案向英国提供了大量军火。美英两国在反对希特勒的过程中逐渐结成了同盟。

1941 年 6 月 22 日清晨，德国法西斯悍然撕毁了《苏德互不侵犯条约》，出动了包括它的附庸国匈牙利、罗马尼亚和芬兰等国的军队在内的 3 个集团军群，550 余万人、约 4 300 辆坦克、近 4 000 架飞机、4 700 门以上的大炮，对苏联发动了突然袭击。

6 月 22 日晚上，英国首相丘吉尔发表广播演说，表示英国将支持苏联，打击法西斯德国。6 月 23 日，美国副国务卿威尔斯发表声明，支持苏联。同一天，罗斯福在记者招待会上又表示："今天，美国准备给予苏联一切力所能及的援助。"

美英政府的这些声明对苏联是很大的支持和帮助。此时组织世界反法西斯统一战线,是每个爱好和平的民族和人民的迫切要求和共同愿望。

在苏联人民奋力抗争、反抗法西斯侵略的时候,美英表示了积极的支持态度。但同时美英都认为,苏联在对德战争中最多只能支持两三个月,因而必须给予苏联一定的援助,借以延长苏德战争的时间,更多地消耗德国的实力。

在这种情况下,苏联政府正确地分析了当时的主要矛盾,充分地利用帝国主义的矛盾,采取了一系列措施,争取同英美以及其他受到法西斯侵略和威胁的国家,建立反法西斯联盟,以打击最主要的敌人。

1941 年 7 月 12 日,苏联和英国签订了《关于对德作战联合行动协定》。双方保证在战争中互相支援和不单独对德举行停战和谈。1941 年 8 月,美国答应给苏联以全面援助。8 月 10 日,罗斯福和丘吉尔在大西洋一艘军舰上进行了会谈。这次会谈是在苏德战争爆发后,国际形势有了极大的变化,两国为了调整彼此之间的关系,重新安排两国的全球战略部署而举行的。8 月 14 日,两国发表了一篇关于对德战争的目的和战后和平的宣言,即《大西洋宪章》。宣言声称英美两国不承认法西斯国家通过侵略所造成的领土变更,两国将联合起来,以打败“纳粹暴政”。

9 月 24 日,苏联政府发表声明,表示基本同意《大西洋宪章》的原则,以推动反法西斯联盟的形成。9 月 29 日—10 月 1 日,苏、英、美在莫斯科会议上签订了《秘密议定书》,规定英美在短期内供给苏联武器和物资,苏联提供

历史探微

1940 年德、日、意三个法西斯国家的外长在柏林签订了《德日意三国同盟条约》,以达到瓜分世界的目的。这是第二次世界大战中三国组成的政治和军事侵略性同盟,条约的签订表明轴心国军事同盟的正式形成。

大量原料帮助英美军事生产，三国共同在反法西斯战争中采取联合行动。10月30日，罗斯福代表美国政府宣布给苏联10亿美元的物资装备，11月7日，美国宣布《租借法》适用于苏联，为美国向苏联提供军事援助创造了更加有利的条件。

1941年12月7日，日本偷袭珍珠港，发动了太平洋战争。11日，德、意、日签订了反对英美的《德意日联合作战协定》。美英对日宣战，德意也同美国互相宣战。接着，一系列国家对日宣战，中国也对日、德、意宣战。战争波及五大洲，全世界大部分的地区卷入了这场战争。

1942年1月1日，由美国倡议，对轴心国作战或宣战的26个同盟国在华盛顿签署了《联合国家宣言》，声明要打败妄图征服世界的野蛮和残暴的法西斯力量，各国保证使用全部资源对德、意、日三国同盟及其仆从国作战，不与敌人缔结单独停战协定或和约。《联合国家宣言》的签署标志着世界反法西斯联盟的正式建立。

世界反法西斯联盟的建立，是世界人民的一次伟大胜利。它团结了一切反法西斯的力量，使各国人民的斗争相互支持、相互配合；它孤立了法西斯国家，争取了英美等国站在反法西斯阵营一边。反法西斯联盟的建立，有利于世界人民尽快取得反法西斯战争的胜利。

反法西斯联盟的建立，无疑对轴心国是个沉重的打击。为了挑拨反法西斯国家的团结，削弱反法西斯联盟的力量，法西斯分子不时地打出反共产国际的旗号。为了能够动员更多的力量早日打败侵略者，考虑到世界形势的巨大变化以及各国共产党已成为政治上成熟的、广大群众性的工人阶级政党的情况，共产国际决定在1943年10月6日正式解散。共产国际的解散，粉碎了法西斯分子对共产主义运动的诬蔑，有利于反法西斯力量的团结，加速了法西斯集团的灭亡。

诺曼底登陆

1944年6月，近三百万盟军陆海空将士在英伦三岛集结，准备横跨英吉利海峡，登上欧洲大陆，开辟第二战场，和东线的苏联红军配合，夹击德军。这个大规模的作战计划代号为“霸王”行动。

盟军参谋部详尽分析了法国游击队和情报人员提供的西海岸德军设防情况的情报，结合其他各种条件，决定把登陆地点选在法国西北部的诺曼底。

盟军利用种种假象迷惑德军，而德军果然中计，认为盟军要在加莱海岸登陆并做好了预防措施。盟军的百万大军已做好了从诺曼底登陆的准备，预定的登陆日期是6月6日。

6月6日凌晨，载着3个伞兵空降师的3 000余架英美运输机、滑翔机，从英国20个机场起飞，飞向法国的诺曼底海岸。4 000艘舰船和无数的登陆艇在飞机的掩护下，驶出了严密伪装的英国南海岸基地。著名的“诺曼底登陆”就此开始了！

直到此时，德军仍然被蒙在鼓里。黎明时分，英国皇家空军的1 136架飞机对事先选定的德军海岸的10个堡垒，投下了5 885吨炸弹；美军第八航空队1 083架轰炸机又对德军海岸防御工事投下了1 760吨炸弹。盟军的各种飞机轮番轰炸着海岸目标和内陆的炮兵阵地。

太阳升起来了，盟军的海军战舰开始向着沿海德军阵地开火。天空中炮火伴着炸弹，万道火光和着初升的太阳，烧红了辽阔的苍穹。诺曼底海滩成了一片火海，山摇地动。

6时30分，美军第四师在诺曼底滩头阵地登陆；7时20分，蒙哥马利指挥的英国第二集团军也登上海岸。后续部队和装备源源不断地运到岸上。

伦斯特和几个德军将领焦急地把情况汇报给了希特勒，要求批准急调两个精锐坦克师去诺曼底。希特勒回答说:“这两个坦克师不能轻举妄动,要看看形势的发展再决定。”说完,他上床去午休了。当天下午3时,希特勒午睡醒来,前线报告:盟军已有大批部队登陆,并深入陆地几十千米。希特勒这才如梦初醒,他慌忙批准派出装甲师支援诺曼底,同时发出命令:“必须在傍晚前消灭登陆敌军,收复滩头阵地……”

到傍晚时分,登陆的盟军已在诺曼底建立了牢固的阵地。深夜,将近十个师的部队连同坦克、大炮及其他武器装备都已上岸,后续部队仍源源不断而来。6月12日,盟军在诺曼底的几个滩头连成了一条阵线。

希特勒所吹嘘的“大西洋铁壁”被攻破了!从此,法西斯德国陷入了与苏联和英美盟军两线作战的局势中,加速走向灭亡。

历史探微

艾森豪威尔曾任二战欧洲战区盟军最高司令,1944年指挥盟军进行诺曼底登陆,同年被晋升为五星上将。1952年他代表共和党参加总统竞选获胜。1956年他连任总统,1957年1月向国会提出被称为“艾森豪威尔主义”的法案。

雅尔塔会议

第二次世界大战末期，美、英、苏三国首脑罗斯福、丘吉尔、斯大林在苏联克里米亚半岛雅尔塔举行了一场会议，史称“雅尔塔会议”，又称“克里米亚会议”。

1944 年，第二次世界大战进入关键性阶段，一系列战事问题亟待解决，美国总统罗斯福于该年 7 月 19 日，正式提出了举行最高级别的三大同盟国首脑会晤的建议。罗斯福在致斯大林的信中这样写道：

“鉴于事情进展得如此迅速和顺利，我认为应该尽快由您、首相和我举行一次会晤”。

丘吉尔同意这种想法并确定会晤日期在 1944 年 9 月第二个星期左右，以苏格兰北部作为会晤地点。但此建议被斯大林委婉拒绝了。

魁(kuí)北克会议之后，丘吉尔和罗斯福再次向斯大林提出举行三方会晤的建议。斯大林以“医生劝我不要做长期旅行”为由再次拒绝。

10 月，丘吉尔起程去莫斯科参加莫斯科会谈，罗斯福把即将举行的莫斯科会谈看做是三大盟国首脑会晤的预备会议，并对此次会谈中的每一个问题都相当关注。

莫斯科会谈之后，美、英、苏三国政府首脑在来往信函中就召开新的三国最高级会议问题交换意见，决定三大盟国首脑会晤于 1944 年 11 月在苏联的雅尔塔举行。但由于罗斯福总统的就职典礼，会议又被推迟到 1945 年 1 月底至 2 月初举行。

丘吉尔将会议代号命名为“阿尔戈航海者”。该代号名称来源于“勇士们到黑海沿岸寻找金羊毛”的古希腊传说。美英两国领导人将苏联对盟军进行援助,以及同意对日作战看做是他们寻找的“金羊毛”。

1944年12月,美英军队在西战场陷入了困境,丘吉尔不得不向苏联求救。1945年1月12日,苏军从波罗的海到喀尔巴阡山的整个战线上连续不断地给德军强有力的打击,德军被迫停止了在西战场的进攻,此举缓和了西战场盟军的处境。在1月战役中,苏军朝柏林方向推进500公里。到2月1日,苏军已进入了德境,从而为继续进攻取得了有利的战略地位。纵观整个欧洲战场,德国全线溃败的日子已经不远了。

在远东战场方面,虽然英美两国在太平洋和东南亚地区集结了大量海空军,但要进攻日本本土,其兵力仍显不足。因此,罗斯福决心在雅尔塔会议中得到苏联关于参加远东战争的“书面保证”。

1945年2月2日,美英两国领导人前往克里米亚的雅尔塔途中,在马耳他岛讨论了有关结束对德、日战争的一些问题。丘吉尔强调不宜“让俄国人占领的西欧地区超出必要”,在是否要执行早先通过的艾森豪威尔计划上与美国代表发生了激烈的争论。丘吉尔矢志不做“大英帝国的掘墓人”,他认为地中海也是英帝国的一部分,所以决定把原先准备调往其他地区的部分军队仍旧留驻地中海。当时三大盟国的关系十分微妙。有美国专家认为,当时正在出现的英苏冲突有可能引起第三次世界大战,罗斯福在不列颠和苏联之间充当了仲裁人的角色,罗斯福决意要防止第三次世界大战的发生。

这次会议是继1943年的德黑兰会议后的第二次同盟国首脑会议。这次会议的结论遭到许多中欧、东欧以及亚洲国家的批评,因为罗斯福以及丘吉尔并没有像他们所期望的那样,对苏联提出将被苏联“解放”的国家交由联合国代管的方案。此外,美英两国领导人为了争取苏联对远东战场的增援和支持,在会中拟定了很多侵犯中国权利的内容。这些损害他国利益的内容在会前并未公开征求他国意见,所以雅尔塔会议的结论亦被称为“雅尔塔密约”。

苏联在雅尔塔会议中收获颇丰:其在会议中取得了分区占领德国的权

力；确定了有利于苏联的苏波边界，保留了苏联支持的波兰卢布林政府；“大国一致”的原则确立了苏联在联合国的牢固地位和作用；在远东获得了极大的权益。所以，雅尔塔会议对苏联而言，实际上是划定了其在东欧的势力范围，保证了其在战后欧洲和世界格局中的有利地位。

雅尔塔会议基本上解决了战后的一系列问题。同年 7 月至 8 月，苏美英三国首脑在波茨坦会议上对雅尔塔会议的决议和规定作了进一步的补充和修缮(shàn)。会议上，各国领导人主要讨论了德国问题、波兰问题、对意大利等战败国的基本政策和黑海海峡问题等。会议规定：必须使德国非军国主义化、民主化和肃清纳粹主义；苏美英法四国总司令分别在各自的占领区内行使管理权；英美承认波兰临时政府并与流亡政府断交；波兰西部边界问题由和会最后决定；设立外长会议，讨论对德国和意大利等战败国的和约问题；认为关于海峡的《蒙特勒公约》应予修订；哥尼斯堡及其附近地区划归苏联。

雅尔塔会议对战后世界格局的形成有着深远的影响。它对于缓和盟国之间的矛盾、加强反法西斯统一战线起到了积极作用；对推进反法西斯战争胜利进程以及战后惩处战争罪犯、消除纳粹主义和军国主义势力等起到了重要作用。雅尔塔会议在未征得中国政府同意的情况下所作出的有损中国主权和领土完整的决定，是大国

历史探微

位于克里米亚半岛南岸的雅尔塔(yalta)是乌克兰的一个著名的疗养城市，它距辛菲罗波尔有 79 公里，是世界闻名的历史古城。雅尔塔建于 12 世纪，2004 年的统计数据表明，该城约有人口 77 100 人。雅尔塔一词起源于希腊文“雅洛斯”，意为“海岸”。相传在很久以前，几艘希腊船只在驶离君士坦丁堡后于黑海遭遇风暴，并迷失了方向。在绝望之际，一缕霞光突然出现在了东方，在霞光的映照下，船员们看到了海岸及岸上的村庄，大家为此而欢呼雀跃。此后，这批希腊人就把这片海岸及村庄称为“雅洛斯”，雅尔塔便是因此得名的。

沙文主义和强权政治的集中表现，象征着绥(suí)靖政策又一次发展到了高潮，同时也常被认为是冷战开始的标志。

雅尔塔会议是第二次世界大战中的一次重要的国际会议。在会议中，苏联与美英之间的关系得到了协调，双方加强了信任和谅解，反法西斯统一战线因此得以强化。此外，会议还对战后的一些重大国际问题进行了深入探讨，并作出了相关安排，获得了较好的结果。但是，在涉及其他国家特别是中国的主权完整和领土问题时，该会议无疑违背了世界各国平等合作、尊重各自主权领土完整的原则，表现出了大国主宰一切的强权政治特征。

日本投降

1945 年 8 月 9 日，在东京的日本皇宫防空洞里，一群军政要人正在激烈地争论着国家未来的前进方向。

7 月间，中、美、英三国发表《波茨坦公告》，敦促日本必须立即无条件投降，否则就将它彻底消灭；8 月 6 日，美国在广岛投下了原子弹；8 月 8 日，苏联对日宣战；9 日零时刚过，苏联百万红军以迅雷不及掩耳的凌厉攻势，向盘踞在中国东北的日本 70 万关东军发起了全线总进攻。

日本所有的军政要人都清楚，在世界反法西斯总反攻的浪潮中，日本就像一只破败的帆船，很快就会在风雨飘摇中沉没。

然而，并不是每一个人都甘心接受这样的结局。

会议没有结果。

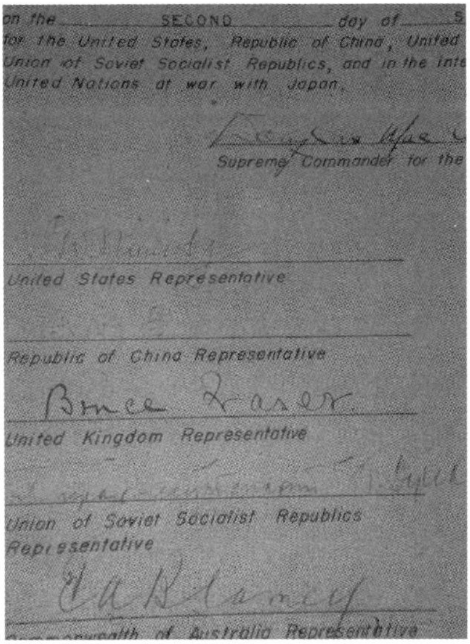

下午，首相铃木召开内阁会议。铃木简单说了两句，然后由外相东乡报告了苏联参战及原子弹爆炸后各方面的反应，同时提出日本应投降。会议又展开了争论。最后，铃木征询各大臣是否应接受《波茨坦公告》无条件投降，结果 6 人赞成，3 人反对，5 人没有表态。铃木无可奈何地说："内阁既然不能决定，只好上奏天皇了……"

随后的御前会议仍旧在皇宫防空洞中举行，天皇裕仁来到会议室。

历史探微

《波茨坦公告》的全称是《中美英三国促令日本投降之波茨坦公告》也称《波茨坦宣言》。它是1945年7月26日，在中、美、英波茨坦会议期间，由中、美、英三国联合发表的。主要内容是敦促日本无条件投降等。

铃木先让书记官朗读《波茨坦公告》，然后宣读他拟好的提案：

“日本政府准备接受1945年7月26日由美国、英国、中国政府，以及后来由苏联政府签字的在波茨坦发表的联合公告中所列举的条款，但应取得如下谅解，即上述公告并不含任何有损于陛下作为至高统治者之特权的要求。”

接着，由东乡说明提案理由：“对日本来说，接受《波茨坦公告》虽不体面，但在目前情况下不得不接受。再加上原子弹出现，苏联又对我国宣战，时局骤变，对方更加强硬。”他停顿了一下，又说：“此时此刻，只能提出一条，就是维护天皇制度。只要天皇保存，我大和民族就有复兴之日。”

他刚说完，陆军大臣阿南、参谋总长梅津和军令部长官丰田等人马上表示反对，争议又起。铃木摆了摆手，示意大家安静，然后把目光转向了天皇。天皇裕仁一直默默地听着众人的争论，这时他喃喃地说道：“这几天一直听取胜自信的话，但计划和实践并不一致。就目前的情况，要对付盟国军队，看来没有胜利的希望……”他把手一挥，“此时只有作这样的决定了……”

8月10日，美国政府收听到了日本接受《波茨坦公告》的广播，随即征询英、苏、中三方意见，发表了一道复文：“自投降之时起，日本天皇必须听命于美国最高司令官……日本政府之最后形成，将依日本人民自身表示之意愿确定之。”

两天后，美国飞机在东京上空撒下了写有日本政府接受《波茨坦公告》的电文和同盟国复文的日语传单。一时间，政府接受无条件投降的消息在日本民众中传开来。

天皇下令起草接受无条件投降的诏书,并将诏书录音,准备在第二天播出。

主战派的一伙少壮侍卫军官得知这一消息,决定举行政变。当晚,他们闯入皇宫,四处搜寻,企图劫走天皇广播诏(zhào)书的录音唱片,阻止向全国广播。警卫部队很快镇压了这次叛乱;投降诏书也立即在电台播出;主战派陆军大臣阿南在他的官邸剖腹自杀。

8月28日,美国空军的飞机在东京机场降落。大批的英美军队开始在日本海岸登陆,实现对日本的控制。

9月2日上午,日本东京湾,晴空万里,碧波无垠。美国战列舰“密苏里号”迎来了一个庄严的时刻。9时许,日本新任外相重光葵和日本参谋总长梅津美治郎代表日本政府在投降书上签字;随后,接受投降的同盟国代表:盟军最高统帅麦克阿瑟上将、美国尼米兹海军上将、中国徐永昌将军、英国福莱塞海军上将、苏联杰列维亚科中将,以及澳大利亚、加拿大、法国、荷兰、新西兰等国的代表依次签字。

至此,日本帝国主义历时15年的侵略战争,以彻底失败而告终。第二次世界大战也以全世界人民的伟大胜利而结束。

第二次世界大战后的西方世界

第二次世界大战后，西方资本主义各国政府除了向工业投入科学技术外，还纷纷加强对经济的宏观指导，积极发展国家垄断资本主义，利用国家的力量推动资本主义经济的发展。

第二次世界大战后，主要资本主义国家纷纷向一些投资大、风险大、有关国计民生的重要工业部门投资，国家政权同垄断资本紧密结合，国家垄断资本主义进一步发展。同家垄断资本主义的发展有利于国家对经济进行干预和调节，促进了对基础工业和新兴产业的投资，在一定程度上推动了经济的发展。

20世纪50年代初，西欧国家凭着原有的经济技术基础，借助马歇尔计划的援助，工业生产大体都已恢复到战前水平。至20世纪70年代初，各国通过采取有效的社会经济政策，维持了经济的相对稳定和持续发展。这些政策主要包括：加强政府对经济的宏观管理，不同程度地推行国有化政策；进行一些社会改革，适当改善人民的生活条件，以缓和社会矛盾，稳定社会秩序。其中，联邦德国的经济发展尤为迅速，成为西欧最强的经济大国。西欧各资产阶级政府吸取历史上的经验教训，注意国民经济的计划性，制定经济发展目标，并把资产阶级超额利润的一小部分用来改善人民的生活条件，推行比较广泛的社会福利制度，对防止人民的极端贫困和社会动荡起了一定的作用，从而有利于资本主义经济的发展。20世纪五六十年代，西欧经济出现了繁荣局面，国民生产总值年平均增长率达到5%以上。

第二次世界大战后，联邦德国实行非军事化，集中有限的财力物力进行经济建设。同时，政局相对稳定，原有的劳动力素质和工业布局的基础良好。

政府在对经济进行宏观管理的前提下，注意发展科学技术和教育事业，发挥了市场经济的作用，促进了经济的起飞。20世纪60年代初，联邦德国成为世界第二、欧洲第一的资本主义经济大国。1970年，国民生产总值比1952年增加了6倍。

第二次世界大战后的日本进行了一些社会改革，进一步废除生产关系中的封建落后因素，为发展现代经济奠定了基础。日本政府利用第二次世界大战后国民经济非军事化、国防费用小的有利条件，制定了外向型的经济发展战略，引进先进的科学技术，提高生产率，加快产业的更新换代；同时，重视发展教育，培养人才。20世纪50年代中期开始，日本经济进入快速发展时期。在此期间，朝鲜战争和越南战争爆发，日本接受了美军的大批订货，刺激了经济的发展。20世纪60年代末，日本已经是仅次于美国的资本主义世界第二号经济大国。

朝鲜战争爆发后，美国向日本订购了几十亿美元的军事及后勤物资。为了把日本变成对抗社会主义国家的重要据点，美国大力扶植日本经济。据统计，仅从1954年至1958年间，美国政府对日本的援助就达4.66亿美元。美国私人资本也大量涌入日本。引进资本的同时，日本也注意吸收先进的科学技术来发展生产。到20世纪60年代末，日本淘汰了40%的传统工业产品，新技术、新产业带动了整个国民经济的发展，日本成为战后资本主义世界发展速度最快的国家。

美国在战后利用资本主义世界霸主的有利地位，大力拓展国际市场。同时应用最新科学技术成果，革新生产技术，发展新兴工业，经济也得到了稳定发展。

美国利用第三次科学技

历史探微

马歇尔计划也被称为“欧洲复兴方案”它是第二次世界大战后美国“援助欧洲复兴”的一整套计划的的总称。马歇尔计划是由1947年6月5日美国国务卿马歇尔在哈佛大学演讲中提出的，因而得名。

术革命的成果，大力发展新兴工业，如计算机、航空航天工业等。对需要巨额资金的工业，如原子能和宇航等新兴工业由政府直接投资。同时政府还通过各种手段对国民经济进行宏观管理。例如，20世纪50年代美国政府用于采购商品和支付劳务费用的总金额超过国民生产总值的1/5，鼓励资本家按照政府的计划进行投资。同时，美国还向世界各地输出资本，扩大海外市场，赚取高额利润。20世纪60年代末，美国的国民生产总值比20世纪50年代初大约增加了1倍。

中华人民共和国成立

1949年9月21日，中国人民政治协商会议第一届全体会议在古都北平(即北京)开幕了。这次会议将宣告新中国——中华人民共和国的建立，中国历史上第一个属于人民自己的统一的中央政府诞生了。

中国人民政治协商会议是一个全国人民大团结的会议，它具有代表全国人民的性质。因此，中国人民政治协商会议宣布自主执行全国人民代表大会的职权。

第一届全国政协会议共开了10天，于1949年9月30日胜利闭幕。会议通过了《中国人民政治协商会议共同纲领》《中国人民政治协商会议组织法》《中华人民共和国中央人民政府组织法》。会议决定：中华人民共和国国都定于北平并改名为北京；中华人民共和国的纪年采用公元纪年；中华人民共和国的国歌未正式制定前，以《义勇军进行曲》为代国歌；中华人民共和国的国旗为五星红旗。会议选举毛泽东为中华人民共和国中央人民政府主席，朱德、刘少奇、宋庆龄、李济深、张澜、高岗6人为副主席，并选出了中央人民政府委员会委员56人，中国人民政治协商会议全国委员会委员180人。

历史探微

辛亥革命推翻了清王朝统治；1919年五四运动的爆发标志着中国新民主主义革命的开端；1921年中国共产党诞生；1949年，中国人民在中国共产党的带领下，终于取得了新民主主义革命的彻底胜利。

1949年10月1日，中央人民政府委员会正式宣布就职。在这天举行的第一次会议上，会议决定接受《中国人民政治协商会议共同纲领》为中央人民政府的施政方针，推选林伯渠为中央人民政府委员会秘书长，任命周恩来为政务院总理兼外交部长，朱德为中同人民解放军总司令，沈钧儒为中央人民政府最高人民法院院长，罗荣桓为中央人民政府最高人民检察署检察长，并责成他们迅速组成各个政府机关，开始进行各项政府工作会议并发表公告，向各国政府宣布：中华人民共和国中央人民政府为代表我国人民的唯一合法政府，愿和遵守平等、互利及互相尊重领土主权等五项原则的任何外国政府建立外交关系。

10月1日下午3时，中华人民共和国开国大典在首都北京隆重举行。30万群众集合在天安门广场，他们高举红旗，雀跃欢呼。毛泽东在天安门城楼上亲手按电钮升起了新中国第一面鲜艳的五星红旗，庄严地向全世界宣告中华人民共和国中央人民政府的成立。1949年10月1日这一天，作为开辟新纪元的伟大、光辉的节日而载入史册。

朝鲜战争

1950年6月的最后一个周末，杜鲁门总统主持完巴尔的摩市国际友谊机场的开幕式，于下午二时飞回堪萨斯市，希望用这个周末剩下来的时间和他的兄弟维维安一起处理一下家事，和一些老朋友叙叙旧。白宫的记者们已接到通知，星期一之前总统将没有任何政治活动。

按照惯例，总统不在华盛顿时，政府的高级官员都会松一口气，这次也是如此——国务卿艾奇逊在他的马里兰州"野兔林庄园"种花消磨时光；国务院远东事务新闻官布雷德利·康纳斯则在华盛顿的公寓里和他的孩子们玩游戏。

就是在美国人休闲消夏的这个周末，在遥远的朝鲜三八分界线上，万炮齐发，火光映天，朝鲜南部军队沿着三八线发起进攻，朝鲜南北两军全面厮杀起来。

朝鲜在历史上本是一个统一的国家。第二次世界大战结束后，美苏以北纬三十八度线为临时军事分界线，对朝鲜实行"国际托管"。此后南北双方各自建立的政权分别得到美国和苏联的支持，南北朝鲜对峙局面正式形成。南北朝鲜建立不久，双方就接连发生军事冲突，直至1950年6月25日，终于演变成大规模战斗。

听到朝鲜爆发战争的消息，美国政府一片慌乱，各个部门立刻恢复正常工作，电话、发报机响个不停，传递着最新消息。华盛顿密切关注着朝鲜半岛上的一切动向。

战争开始后，朝鲜人民军迅速向南推进，以秋风扫落叶之势，三天后便攻克了南朝鲜的汉城。"大韩民国总统"李承晚及其总参谋长弃军逃命，前线指挥混乱不堪。南朝鲜军丢盔弃甲，拼命南逃，全面崩溃。

美国远东军总司令麦克阿瑟匆匆乘飞机赶来视察。他到了汉城前线的一个小山丘上一看，满目皆是兵败如山倒的混乱景象，他连连摇头叹道："溃军如可怕的逆流，完全是狼狈逃窜。"见此情景，麦克阿瑟赶紧登机返回日本，前后不过五个小时。他一到日本便急电美国政府要求派美军参战。杜鲁门立即批准先派一支美军参战。从此，美国开始直接派兵介入朝鲜战争。

朝鲜人民军占领汉城后，挥戈南下，7月4日，攻克李承晚的第二根据地水原，基本上歼灭了朝鲜南部军队的主力；7月14日，又跨过锦江，击溃了从日本空运来的美军，解放了大田，全歼美军第二十四师，活捉师长迪安少将。经过一个多月的激烈战争，到8月初，朝鲜人民军解放了朝鲜南部大部分的土地和大部分的人口，把敌人压缩到洛东江左岸，大丘至釜山约一百平方公里的狭小地区。

为了挽救败局，美国在洛东江一线增强兵力，负隅顽抗，双方相持。同时，美国集结了它在远东的兵力，并以联合国的名义，纠集了十五个国家的军队，组成了"联合国军"，派麦克阿瑟为总司令。战争初期的慌乱已经过去，现在大军在手，麦克阿瑟打算在汉城附近的仁川登陆，夹击包围，对朝鲜人民军发起反攻，釜山军情危急之下，杜鲁门批准了麦克阿瑟的作战计划。

9月12日，麦克阿瑟登上"麦金利山号"旗舰，亲率七万大军，三百余艘战舰，五百多架飞机向朝鲜半岛逼近。14日，庞大的舰队悄悄 高速驶向仁川。15日清晨，美舰重炮突然开火猛轰仁川港口要塞月尾岛，飞机黑压压地布满天空，开始狂轰滥炸。少数守军英勇抵抗，但是寡不敌众，美军顺利登陆，并直扑汉城，形成合围之势。

守备汉城的朝鲜人民军在二十倍于己的优势敌人进攻面前，进行了英勇顽强的阻击战。激战十四天后，美军夺取了汉城。除突围部队外，被围的朝鲜人民军主力部队伤亡惨重。杜鲁门致电麦克阿瑟祝贺："军事上几乎没有任何战役能同你解放汉城的战功相比。"他简直把仁川登陆看成空前绝后的战绩。

在胜利面前，杜鲁门和麦克阿瑟头脑昏然。杜鲁门9月底下令美军可越过三八线，麦克阿瑟10月7日下令北进。几十万美军越过三八线向北推进，一路攻城掠地，直取平壤，将其夷为平地，然后挥戈直逼中朝边境的界河——鸭绿江。美国飞机、大炮向中国边境城市丹东和一些渡口狂轰滥炸。美军将领叫嚣："在历史上，鸭绿江并不是把中朝截然划分的、不可逾越的障碍。"并叫嚷要到"鸭绿江饮马"。

新中国的领导们面对严重威胁，连连举行紧急会议，商讨对策。唇亡齿寒，中国政府不得不做出出兵朝鲜、抗美援朝、保家卫国的重大决策。一声令下，数十万志愿军火速云集东北，等待号令。

1950年10月25日，数十万中国人民志愿军先后越过鸭绿江，同朝鲜人民并肩作战。第二天，鸭绿江江边的南朝鲜军第六师第七团突然陷入猛烈炮火中，"中国人像是从地下钻出来的，以凶猛的近战"几乎在顷刻间全歼该团。几日内，南朝鲜三个师全军溃败，四散奔逃。从此，南朝鲜军对中国部队闻风丧胆，几乎不成对手。

凭借海军、空军的绝对优势，麦克阿瑟并不把中国人民志愿军放在眼里，他梦想在11月1日全线推进到中朝边境，要在11月23日感恩节以前结束朝鲜战争。但是，残酷的现实将他的梦想击得粉碎。朝中人民军队抓住美军害怕近战、夜战和迂回、断后的弱点，采取以运动战为主的方针，大胆穿插分割，迂回包围，以劣势装备在运动中速决歼敌。

清川江一战，歼敌一万五千多人，稳定了战局；朝中人民军队接着粉碎了麦克阿瑟发动的"圣诞节前结束朝鲜战争的总攻势"，歼敌三万六千多人，解放了平壤以北的土地。美军节节溃败。从1950年10月25日—1951年5月21日，经过五次大战役，朝中人民军队共歼敌十九万六千多人，把美军赶回三八线附近，从而从根本上改变了朝鲜战局。美国军队损失惨重，士气低落，失败情绪笼罩着整个阵营。一气之下，杜鲁门撤去麦克阿瑟的所有军职，使他从总司令立刻变成一介平民。

接替麦克阿瑟的李奇微，依靠优势空军和猛烈炮火组织反扑，甚至灭绝人性地在朝鲜北部和中国东北进行细菌战，但这终究挽救不了美军在军事上的颓势。1951年7月，美国被迫接受朝鲜停战谈判的建议。

但是，美国对和谈并无诚意，它企图从谈判桌上得到战场上得不到的东西。在开城、板门店的谈判贯穿着一场尖锐复杂的军事与外交相互交错的斗争，美国一面在淡判中玩弄各种手段，一面继续发动军事进攻。

1952年10月，美中又一次中断谈判，在朝鲜战场上实行所谓的“钢铁战术”，对金化以北上甘岭地区发动大规模进攻。经过43天的浴血奋斗战，朝中人民军队沉重挫败了美军的攻势，把上甘岭变成了美军的“伤心岭”。1953年中旬，朝中军队又协同作战，发动夏季反击战，歼敌十二万多人。这一战役击破了美国和李承晚集团拖延停战谈判的企图。1953年7月27日，美国被迫在《朝鲜停战协定》上签字。

在整个朝鲜战争期间，美国动用它全部陆军的三分之一，空军的五分之一和近半数的海军投入朝鲜战场作战，使用了除原子弹以外当时所有的现代化武器，耗资1650亿美元，但并未达到目的。曾任“联合国军”总司令的克拉克将军在停战协定签字后苦叹道：“我是美国历史上第一个在没有取得胜利的停战协定上签字的司令官。”

历史探微

为了解放朝鲜半岛，中国付出了惨重的代价，十几万中国人民志愿军在朝鲜半岛献出了自己年轻的生命。同时又因为在战争中，中国对“帝国主义阵营的侵略”的坚决反抗，使得中苏关系在战后反而密切起来。此前苏联认为中国会步南斯拉夫后尘的顾虑完全打消，并于1952年开始为中国全面的工业基础建设进行大规模的援助，在此期间，苏联定下了援助中国的156个重点项目，中国的采矿、电力、机械、轻工业、航空航天、交通、国防等全面的科研生产基础全都得益于此时的建设，从此中国的工业化的建设步入了种类丰富、独立富强的新时代。

亚非万隆会议

为了响应印度尼西亚总理沙斯特罗阿米佐约的号召，1954年4月和12月，新独立的南亚五国：印度、印度尼西亚、缅甸、锡兰(今斯里兰卡)和巴基斯坦的总理先后在锡兰的科伦坡和印度尼西亚的茂物举行会议，就召开亚非会议进行专门研究。茂物会议决定1955年4月在万隆召开亚非会议，邀请亚非国家的政府首脑或其代表参加。被邀请的这些国家除中非联邦因“环境困难”不能与会外，其余国家都同意参加会议。

新老殖民主义者对亚非会议的召开十分仇视，特别是美国，千方百计地破坏会议。美、蒋特务阴谋暗害中国代表团团长周恩来，竟将定时炸弹暗藏于中国代表团工作人员包租的印度航空公司所属的“克什米尔公主号”客机上。1955年4月11日发生的“克什米尔公主号”爆炸事件，致使中国代表团工作人员和中外记者11人全部遇难。这一破坏活动曾使亚非国家担心会议难以成功。但是，周恩束率领中国代表团如期出席会议，给会议以极大的支持，确保了会议的顺利召开。

1955年4月18日—24日亚非会议在万隆市隆重举行，有

29个国家340名代表出席了会议。印度尼西亚总统苏加诺以“让新亚洲和新非洲诞生吧”为题致开幕词。会上，大多数代表都发言谴责新老殖民主义、帝国主义和种族主义，强调民族独立，各国和平共处和团结合作。因此，会议遭到帝国主义的挑拨与破坏。美国不是与会国，却派出七十多人的“记者团”来到万隆，企图利用亚非国家社会制度的不同、意识形态的差异、殖民统治所造成的隔阂，制造分歧，破坏会议。中国代表团团长、中国政府总理兼外交部长周恩来，针对帝国主义的阴谋，在会议上提出“求同存异”的方针。他说：“中国代表团是来求同而不是来求异的，这个求同的基础就是亚非绝大多数国家和人民自近代以来都曾经受过、并且现在仍在受着殖民主义所造成的灾难和痛苦。从解除殖民主义痛苦和灾难中找到共同基础，我们就很容易互相了解和尊重、互相同情和支持。”周恩来的发言使会议取得极大成功。主持会议的沙斯特罗阿米佐约和尼赫鲁及缅甸总理吴努等许多国家的著名政治家纷纷离开座位，前来同周恩来总理握手、拥抱。甚至在会上攻击过中国的代表也主动与周总理握手，并表示歉意。4月24日，会议全体一致通过了最后公报。大会胜利闭幕。

亚非万隆会议取得了重大成就，具有不可磨灭的历史意义。会议在《亚非会议最后公报》中提出了各国和平相处、友好合作的十项原则：(1)尊重基本人权、尊重《联合国宪章》的宗旨和原则；(2)尊重一切国家的主权和领土完整；(3)承认一切种族、国家的平等；(4)不干涉他国内政；(5)尊重各国进行自卫的权利；(6)不使用集体防御的安排来为任何一个大国的特殊利益服务；任何国家不

历史探微

周恩来，字翔宇，生于江苏淮安。他是中国无产阶级革命家、政治家、军事家和外交家，是中国共产党和中华人民共和国的主要领导人及中国人民解放军的主要创建者和领导人。他曾任新中国政府总理兼外交部长，并任中央军委副主席，全国政协副主席、主席。

对其他国家施加压力;(7)不以威胁或武力侵犯任何国家的领土完整或政治独立;(8)通过谈判、调停、仲裁或司法解决等和平方法解决一切国际争端;(9)促进相互的利益和合作;(10)尊重正义和国际义务。这十项原则也是中印两国早就倡导的和平共处五项原则的发展。

亚非万隆会议是亚非历史上第一次在没有西方殖民主义国家参加的情况下举行的国际会议。它反映了亚非人民团结互助、反殖反帝、争取民族独立、维护世界和平、加强各国人民之间友好与合作的精神,即“万隆精神”。在万隆精神的鼓舞下,亚洲的民族解放运动继续向纵深发展。在非洲,民族解放运动的浪潮猛烈冲击着殖民统治。

亚非万隆会议是第二次世界大战后新兴政治力量登上同际政治舞台的重要标志,它宣布新独立的国家要求奉行独立自主、和平中立的外交原则,这种要求终于成为强大的国际政治潮流,随后又发展成为非集团的不结盟运动,并形成了第三世界的力量。

东欧剧变

东欧剧变，又称苏东剧变、东欧大革命、东欧民主化，西方社会也称之为“1989年革命”。指的是从20世纪80年代末到90年代初，东欧各个社会主义国家的政治经济制度发生根本性的改变，是斯大林模式的社会主义制度最终演变为西方欧美资本主义制度的剧烈动荡过程。最先在波兰出现，后来扩展到东德、捷克斯洛伐克、匈牙利、保加利亚、罗马尼亚等前华沙条约组织国家。这个事件以苏联解体告终，一般认为它标志着冷战的结束。东欧剧变的实质是东欧各国的政治体制和社会性质的根本改变。

第二次世界大战在欧洲结束后，雅尔塔体系开始形成。1949年，以美国为主导的北约在西欧及大西洋两岸成立，推行资本主义并大力扶植反苏政权。另一方面，苏联则加强推行共产主义并扶植亲苏的共产党政权。1955年，华沙公约组织成立，除南斯拉夫外，所有东欧国家均加入，以苏联为首的社会主义阵营在东欧正式结成军事同盟。美苏两国之间的政治集团于欧洲展开全面对峙，历史进入“冷战时期”。

在冷战后期，东欧各国在各方面的矛盾日益突出。由于东欧袭用苏联高度集中的经济体制，片面发展重工业，人民生活水平仍然很低。此外，执政党和政府因为缺乏监督和选举，贪污腐败、知法犯法的事件层出不穷。这些都为东欧剧变埋了“引线”。戈尔巴乔夫上台后推行的“民主社会主义”纲领则为“引线”点了一把火，东欧各党开始改组。与此同时，戈尔巴乔夫采取“辛纳屈主义”，减少了苏联对东欧国家的控制。可以说，东欧剧变是东欧各国在冷战期间长期积累的各种矛盾的总爆发。

东欧剧变大体经历了三个阶段：

阶段一:执政的共产党和工人党由于内部和外部的原因,在经济上和政治上面临着严重的困难,民主化思想随着戈尔巴乔夫的新思维而传入东欧,东欧各国党内开始出现民主派。与此同时,共产党已经在一贯的专制统治中渐渐失去了民众的信任。

阶段二:在此情况下,民主派的势力逐渐壮大,共产党在东欧各国国内的统治开始瓦解,党内领导者不断对反对派妥协和退让,他们放弃了社会主义原则,实行政治多元化、多党制。此外,以美国为首的资本主义国家所采取的“和平演变”策略也逐见成效,民主派的势力得到了空前扩大。

阶段三:民主派在得到壮大后,开始向执政党施加压力以实现其执政目的,因此引发了执政党与民主派人士的冲突,使执政党陷入困境,民主派取得了政权。个别国家甚至通过武装冲突来实现政权更迭。

最终,在保加利亚、匈牙利、捷克斯洛伐克、阿尔巴尼亚、南斯拉夫等东欧国家,都发生了政权更迭、社会制度改变的事件。南斯拉夫一分为五,分为了波斯尼亚和黑塞哥维那、南斯拉夫联盟、斯洛文尼亚、克罗地亚、马其顿五个国家;捷克斯洛伐克一分为二;民主德国则与联邦德国实现了统一。

东欧剧变的原因大致有以下几点:

其一,历史原因。东欧各国共产党执政后,在很大程度上受制于苏联,他们实际上没有取得独立自主的权利。而且其中一些东欧国家在历史上曾与苏联有着较深的民族积怨和宗教矛盾。

其二,内部原因。在经济上,大多数国家经济发展缓慢,改革收效甚微,同西欧国家的差距越拉越大。经济困难导致政治危机和民族矛盾。在政治上,由于严重破坏了民主和法制,东欧各国的党和政府脱离了群众。此外,党的自身建设也出现了极大的问题。东欧各党随着党员人数的增加,党员素质大幅下降。另外,党的领导干部腐败退化的现象十分严重,严重影响了党的自身建设和在群众心目中的地位。

其三,苏联因素。戈尔巴乔夫的改革给东欧国家“松绑”,他的建设“人道的民主的社会主义"纲领和对外政策的"新思维"导致各国共产党内部思想的混乱,推动了东欧各党的改组、分裂和社会制度的转变。戈尔巴乔夫的思想,以及苏共关于多党制的主张,与东欧各国政党的想法是一致的。意识形态和政治实践上的一致性,使苏共对东欧剧变采取了支持的态度。当苏共自己也主张实行多党制以后,东欧更是欢欣鼓舞,越走越远,以至于连政权也丢掉了。所以,苏共指导思想和对东欧国家的态度,是东欧迅速发生变化的重要原因。

其四,西方因素。西方国家以经济、政治、文化和意识形态渗透等手段诱压东欧国家,促使它们向资本主义"和平演变"发展。进入80年代,东欧各国普遍遇到了经济上的困难,西方国家的经济援助,给了它们一点甜头,逐步诱其上钩。除经济上援助以外,在政治、文化上也加紧渗透,资本主义国家通过所谓的文化交流,向东欧兜售西方的社会观、政治观、人生观和价值观,借此抵消马克思主义,否定社会主义,以便达到和平演变的目的。

由于上述主要原因,1989年12月3日,美苏两国领袖在马耳他的高峰会议上宣布结束冷战。1991年7月1日,华沙条约组织在布拉格的会议中宣布正式解散。1991年7月的峰会上,戈尔巴乔夫与美国总统布什建立美苏战略伙伴关系,使冷战走向终结。1991年12月25日,苏联最高苏维埃主席团主席戈尔巴乔夫宣布辞职,这标志着立国69年的苏联解体。

历史探微

东欧剧变之后,其结果是促使了冷战的结束:1989年12月3日,在马耳他的高峰会上,美苏两国领袖正式宣布结束冷战。1990年7月,为了清除东西两德统一的最后障碍,西德总理赫尔穆特·科尔(Helmut Kohl)说服戈尔巴乔夫,让他同意德国在北约组织下实现统一,条件是德国持续经济援助苏联。1991年7月1日,在布拉格的会议中,华沙条约组织宣布正式解散。戈尔巴乔夫与美国总统布什在同月峰会上建立美苏战略伙伴关系,促使冷战走向终结。布什总统称:美苏合作在1990年至1991年的波斯湾战争中实现,这为双方在处理彼此关系和世界问题上打好了基础。

苏联解体

1991年12月25日晚，苏联第一任、也是最后一任总统戈尔巴乔夫宣布正式辞去苏联总统的职务。莫斯科红场上空降下了飘扬六十九年的苏联国旗；升起了俄罗斯的蓝白红三色国旗。至此影响全球的超级大国苏联,真正地在世界上消失了。

一、解体过程

宣布解体的时间也许只有几分钟，但整个苏联的解体却经历了一段并不简单的过程。

20世纪70年代末、80年代初，唯一一个可以与美国相抗衡的超级大国就是苏联，此时苏联的综合实力达到了鼎盛时期。美国由于越南战争的失利，大受影响，只能将战线全面收缩。但同时苏联社会积淀的矛盾也日益明显，严重阻碍了苏联的发展。

30年代形成的高度集中和集权的体制，已与飞速发展的科技水平及因此发生的经济结构大调整不再相适应。苏联经济的增长水平已经由1965年到1985年的7.4%下降至3.3%。除了军事工业外，苏联在科技水平、轻工业发展及国民生活水平等多方面与西方发达国家的差距越来越大。

当时，苏联的经济实力仅相当于美国的三分之一，但为了争夺全球的霸主地位，苏联还是竭力将军费开支维持在与美国相同的水平上。1979年苏联入侵阿富汗，此次战争苏联损失巨大。美国推出的“星球大战”计划，标志着新一轮的军备竞赛开始了，苏联经济将有被拖垮的危机。同时苏联政府以长期高度集权治理国家，使得政府腐败现象日益严重，人民对此积怨颇深，苏联共产党逐渐丧失了曾经的威信。

1985年，戈尔巴乔夫始任苏共中央总书记，开始大力倡导改革，此次改革以“新思维”“公开性”为标志，目的是利用改革使政府恢复活力，复苏经济。但改革并未取得预期效果反而使社会越来越不安定了。

社会中的种种问题更加激化了民族矛盾。1990年3月，立陶宛率先宣布脱离苏联，接着爱沙尼亚、拉脱维亚与亚美尼亚、格鲁吉亚也先后宣布独立。

1990年11月戈尔巴乔夫提出新联盟条约草案。内容有：联盟中央只掌握关系国家经济命脉的主要部门，其余主权都归还各共和国，条约将联盟名称改为苏维埃主权共和国联盟，仍然简称苏联。

新联盟条约正式文件于1991年8月14日经过塔斯社发布，就在新条约签署的前一天，即8月19日，苏联政府保守派在黑海畔软禁了正在度假的戈尔巴乔夫，试图以此来终止新条约的签署(shǔ)。但遭到了社会各界的一致反对，3天后政变结束。它没有达到预期的目的，却推动了苏联的解体的进程。8月22日，戈尔巴乔夫回到莫斯科。8月23日，俄罗斯联邦总统叶利钦公布禁止俄共活动的决定。第二天，戈尔巴乔夫辞职，提出解散苏共中央的意见。戈尔巴乔夫只能于9月6日对波罗的海三国的独立持承认态度。戈尔巴乔夫曾尝试将共和国变成联邦制国家，但实力位居苏联第二的乌克兰提出了反

历史探微

早在苏联解体之前，就有很多学者对于苏联内部的民族矛盾进行过评论。

法国史学家埃莱娜·唐科斯说：“在苏联面临的所有问题中，最急需解决而又最难解决的显然是民族问题。像它所继承的沙俄一样，苏联似乎也无法走出民族问题的死胡同。”

日本学者谷烟良三强调说：“民族问题已成为左右苏联对外行动的危险因素，也是从内部动摇苏联体制的一个严重的政治问题，如果处理不当，将会导致苏联的崩溃。”

对意见，新联盟条约计划最终破灭。

截至12月1日，苏联的加盟共和国总计十五个宣布独立。12月7日，在白俄罗斯首都明斯克郊外的“别洛韦日森林”庄园内进行了一场会晤，参与人员有白俄罗斯最高苏维埃主席舒什克维奇、俄罗斯总统叶利钦、乌克兰总统克拉夫丘克。12月8日，三国元首签署了《关于建立独立国家联合体的协议》(又称“明斯克协议”)，宣布苏联已不复存在，三国组成“独立国家联合体”。12月21日，十一个前苏联共和国，在哈萨克首都阿拉木图举行首脑会议，此次会议只有波罗的海沿岸三国与格鲁吉亚没有参加，会议宣布了苏联解体。正式成立“独联体”。

二、原因

苏联解体，原因是多方面的。

首先，政治经济制度与经济发展水平不相适应。

斯大林时期的高度集权的政治经济体制，在战争时期可以集中全国的人力、物力、财力，抵御外敌、解决战争需要，在工业化进程取得了令人瞩目的成绩。但却与现代化的经济发展规律背道而驰，在政治上，严格地镇压反对意见，僵(jiāng)化、封闭、麻木整个社会。二战后，世界的主旋律已经转向了和平与发展，高度集权的苏联的旧体制已不再适应经济的发展及人民的生活需要。

其次，领导阶层战略实施的失误。

戈尔巴乔夫上台之时，苏联各方面已经危机四伏，面临一大堆的社会问题，他采取的一系列改革措施连连失误，加重了苏联解体的危机。戈尔巴乔夫又倡导了以“改造整个社会主义大厦”为理念的改革，即试图对苏联的经济政治体制进行全面彻底的改革，直到他主动辞职，苏联政府正式走向解体。从戈尔巴乔夫所采取的没有带领政府走出危机，反而继续推动了解体的进程的改革的结果来看，戈尔巴乔夫对于苏联解体负有不可推卸的责任。

苏联与美国之间展开了旷日持久的军备竞赛，苏联在军事上投入了过多的资金，使政府财政危机加剧，勃列日涅夫时期苏联还发兵入侵阿富汗，更加剧了国防部门的开支，各方面的矛盾冲突加剧，也推动了苏联的解体。

此外苏联党内腐败现象日益严重，二战后各级干部的特权现象日益恶化。到勃列日涅夫时期，领导阶层形成“官僚氏族集团”，不同集团成员利用婚姻，结成共同利益体，相互袒护，腐败贪污，使民众对党的积怨越来越深。

第三，民族问题日益深化。

十月社会主义革命将旧的国家体制全部推翻，将社会主义制度建立起来，尽管如此，多民族国家所遗留的民族问题仍然影响着苏联。

各种矛盾主要包括四大方面：俄罗斯民族同其他民族之间的矛盾、成员国内民族之间的矛盾、成员国之间的民族矛盾、成员国与同盟中央的矛盾。

与此同时，苏联政府还在采取一系列加大民族矛盾的措施，推进了解体的进程：政府夸大俄罗斯民族在战争中的领导地位和历史功绩，对其他民族的贡献任意忽视；在政治上，俄罗斯享有特殊权利，甚至在非俄罗斯地区的重要职务，都必须由俄罗斯人担任；对于俄语实行强制推行的政策，不允许非俄罗斯民族保留自己的语言。这样，苏联的民族平等原则被严重破坏了，各民族长期处于地位不平等的情况之下，使得民族矛盾进一步激化，苏联解体的危机进一步加剧。

第四，外部原因的影响。

以美国为首的西方国家对苏联实行“和平演变”政策，在拥有强大的军事力量的基础上遏止社会主义国家的发展，利用政治、经济、文化等多重手段，将资本主义社会的人生观、价值观，传递给社会主义社会，对苏联的分裂势力予以或明或暗的支持，使美国的“全球民主化”加速推进至全世界。对于苏联解体，和平演变起着推动的作用，但这种推动想取得作用，必须在苏联内部各种矛盾尖锐突出、社会危机加剧时才会发生作用。美国推行“和平演变”期间，苏联内部政治经济极不稳定，苏联人民在认识了资本主义世界的现状后就更加对本国现状充满了不满，为和平演变和苏联解体都提供了推进的动力。

三、影响

第一，苏联解体后，美国成了世界上唯一的超级大国，再也没有能与之抗衡的力量了。世界呈现多元化趋势。

第二，早在苏联解体以前，社会主义阵营内部就已岌岌可危了，但苏联解体意味着社会主义阵营正式瓦解。

9·11事件

“9·11事件”又称“9·11恐怖袭击事件”“美国9·11事件”等，是指美国东部时间2001年9月11日上午(北京时间9月11日晚上)恐怖分子劫持的四架民航客机撞击美国纽约世界贸易中心和华盛顿五角大楼的历史事件。

美国东部时间2001年9月11日上午8:40，四架美国国内民航航班几乎同时被劫持，其中两架撞击了位于纽约曼哈顿的世界贸易中心，一架袭击了首都华盛顿美国国防部总部所在地五角大楼，另一架被劫持的飞机在宾夕法尼亚州坠毁，据事后调查表明：坠毁原因是飞机上乘客试图从劫机者手中夺回飞机控制权，双方发生冲突从而导致飞机坠毁。但这架飞机的飞行目标不明确，美国官方却认为劫机者撞击目标是美国国会或者是美国白宫，据事后对参与策划袭击的恐怖分子进行审问的结果表明：恐怖分子袭击的第四个目标是国会大厦。

纽约世界贸易中心的两幢110层摩天大楼在遭到袭击后相继倒塌，世贸中心附近5幢建筑物因受震而坍(tān)塌损毁，其他23座高层建筑物遭到破坏：五角大楼遭到局部破坏，部分结构坍塌；袭击事件令曼哈顿上空布满烟尘。

袭击事件发生后，纽约市消防队员、警察、建筑工程师协会、志愿者们赶到现场进行救援。消防队在世贸一楼大厅设立了指挥中心，很多消防队员在未到指挥中心报到的情况下就立即展开救援，纽约市消防队共派出了200个单位参与救援。由于无线电通讯发生故障，很多冲入火中的消防队员无法准时接到撤离的命令，当大楼倒塌时，343名消防队员葬身火场。消防队员们24小时轮班救援。纽约市警察12小时轮班救援，并随时报告现场的最新状况，很多纽约市警察、纽约港口警察及新泽西州警察未能及时逃出大楼，不幸被掩埋。工程师们负责查勘附近大楼的强度与受损程度，疏散了出事现场数百幢房屋，同时设计规划了具体处理废墟的方法。一些有特殊技术如工程、拆除、医疗及心理治疗等行业的志愿者参加了救援工作，甚至还有一支灾难救援专家队专程从法国赶来救援。最终从世贸大楼的废墟下救下了20名幸存者。

在这次事件中，有2 996人罹(lí)难(不包括19名劫机者)，其中2 974人被官方证实死亡，另外还有24人下落不明。罹难人员包括四架被劫持飞机上的全部乘客共246人，世贸中心里2 603人，五角大楼里125人。共有411名救援人员在此事件中殉职。中国公民有2人死亡，1人受伤，并有35人失去联系。

美国政府的各级部门对此事件通过各种方法展开了全方位调查。国会通过了400亿美元的晋级拨款，同时拨款200亿美元给航空公司。多部被指责侵犯人身自由，为政府监视民众提供便利的法律也获得通过。2001年10月10日，美国联邦调查局公布了“FBI恐怖分子通缉(jī)令”。根据这份通缉令，美国政府发动了军事报复。第一个目标就是阿富汗塔利班政权，理由是他们拒绝交出头号嫌疑犯本·拉登。美国东部时间2001年10月7日下午12:30(当地时间晚上9:00)，美国与支援的英国军队发动了对阿富汗的军事袭击，针对盖达组织和阿富汗塔利班的军事、通讯设施及可能的恐怖分子训练营投掷(zhì)了炸弹。2001年11月，由美英部队支持的阿富汗北方联盟控制了阿富汗首都喀布尔。美国还派出战斗机前往波斯湾军事基地。布什政府利用“9·11事件”来挑起民意支持攻打伊拉克，尽管没有任何证据证明伊拉克萨达姆政权到底是否与“基地”组织有联系。

“9·11事件”是继第二次世界大战期间珍珠港事件后，历史上第二次对美国造成重大伤亡的袭击。此次恐怖事件对美国及全球产生了巨大的影响。

政治方面，前往美国和加拿大的航班全部停飞；所有英国军事基地都提高警戒；所有途经伦敦市区的航班全部改为绕过市区飞行；美国政府形成了“国际反恐联盟”，以彻底摧毁“基地”组织，中、俄、法、德、加拿大等国家纷纷表示支持和同情；一些传统上与美国不太友好的国家的领导人也表示了同情；世界人民对美国人民所遭受的牺牲和损失表现出了巨大的同情；西方各国政府的民间支持率大幅上升。

经济方面，美国曾经一度处于瘫痪状态，对一些产业造成了直接的经济损失，两座摩天大楼一下子化为乌有，其人才损失难以用数字估量；交通运输和旅游业的损失严重；其经济影响不仅局限于事件本身的直接损失，更重要的是使人们丧失了对投资和消费的信心，从而使美元相对主流货币贬值、股市下跌，而石油等战略物资价格一度上涨，并且波及欧洲和亚洲等主流金融市场，引起了市场的国际反应，从而导致美国和世界其他国家的经济增长减慢。

“9·11事件”后6个月，世界贸易中心遗址上的150万吨瓦砾才被完全清理干净，但救援人员仍然继续在地底下进行清理工作。直到2002年5月

历史探微

美国经济在“9·11事件”发生后很长一段时间内，都在颓废的状态下度过，恐怖事件造成了无法估量的经济损失的同时还直接影响了美国的绝大多数产业。世界贸易中心是一座20世纪70年代初建起来的摩天大楼，位于纽约曼哈顿岛，造价高达11亿美元，来自世界各地的大企业1 200家汇聚于此，平时上班的人数就达到5万人，每天来到这里的游客和业务人员就达到了15万人。两座大楼的倒塌造成了数量庞大的经济损失，对于五角大楼的修复，所要花费的资金就达到了几亿美元。交通和旅游业也受此影响波动极大。在人类历史上，同一天里，无论是发生如此巨大的灾难还是造成如此巨大的经济损失，都是极其罕见的。

底,才彻底结束了清理工作。

本来“911”是美国的报警电话号码,它诞生于20世纪60年代,1967年,美国总统法律事实与司法管理委员会建议在全国范围内设立一个统一的电话号码,以便于人们及时报告紧急事件。美国电报公司也很快宣布将911作为报警电话号码。1968年2月,全国第一个报警台在亚拉巴马州的哈利维尔设立。美国五角大楼是在1941年9月11日动工建立的,和恐怖袭击正好相隔60年。

世界联合反恐会议宣言

2003年1月21日举行的联合国安理会外长会议是2003年的第一个高级别国际反恐会议。会议由法国外长德维尔潘主持，与会人员包括中国外长唐家璇在内的12个安理会成员国的外长及叙利亚和智利的常驻联合国代表。

会议上，审议和总结了当前国际反恐斗争形势，并且一致通过一项打击恐怖主义的宣言。宣言重申了联合国击溃国际恐怖主义的决心，并呼吁各国进一步加强反恐合作。

宣言指出，一切形式和表现的恐怖主义都是对国际和平与安全最严重的威胁，要击溃国际恐怖主义就必须以《联合国宪章》和国际法为准则，采取持久、全面的斗争，世界上所有国家、国际组织和区域组织都应积极参与、彼此合作。反恐宣言要求联合国各成员国在防止、调查、起诉和惩罚恐怖行为等方面最大可能相互协助，并充分执行对恐怖分子及其同伙、特别是“基地”组织、塔利班及其同伙的制裁措施。安理会反恐委员会将进一步努力推动各国执行联合国第1373号决议，同时呼吁各主区域和次区域组织与反恐委员会和其他国际组织合作，并协助其成员履行打击恐怖主义的义务。

同时，宣言还呼吁各国按照国际法，如其中的“不引渡就起诉”原则等，将那些资助、策划、支持或犯下恐怖行为、或为恐怖分子提供庇护的人绳之以法。在2003年3月7日召开反恐委员会与国际区域和次区域组织特别会议上，还讨论了关于反恐宣言的相关问题。

环境与发展

环境问题是人类面临的严重问题。

20世纪50年代初，瑞典、比利时、荷兰等气象学家最先发现酸雨，这是现代工业、交通排入大气的硫和氮的氧化物与大气中的氧、水蒸气结合而产生的稀硫酸、稀硝酸，随雨、雪、雹、雾落到地面。当其酸碱度(pH值)低于5.6时，具有很大的腐蚀性，能使湖泊丧失生机、森林枯萎、土壤酸化；如果被人吸收可以致癌。在北美、欧洲，约35%的森林已经受害，水源也已受到污染，使水中生物受到影响。20世纪六七十年代，世界各地都发现了酸雨，人们称其为“空中死神”。

另一个环境危机是温室效应、全球气候变暖问题。近百年来，特别是第二次世界大战后，由于大量燃烧石油、天然气等矿物燃料，加上森林遭到破坏，使大气中的二氧化碳、氧化氮、甲烷(wán)等温室气体大幅度增加，使本已存在的温室效应加重，从而严重地破坏了地球气候系统的热量平衡。研究表明，在过去一百年内，大气中二氧化碳的浓度已增加了25%，平均气温升高0.3℃-0.6℃。特别是20世纪80年代以来，气温持续上升，1988年、1990年、1991年为20世纪全球平均气温最高的三年。如不减少温室气体的排放，21世纪内，全球气温可能上升1.5℃-4.5℃(每10年升高0.3℃)，这将导致气候带分别向两极移动数百千米，将对陆地生态系统产生严重影响。农作物、森林、草场会退化，有些地区的气候会变得非常干旱，有些地区还会暴雨成灾。海水的热膨胀和极地冰雪的融化会使海平面上升，使一些岛屿和大陆沿海低地被侵蚀、淹没。

20世纪70年代后，一系列地区性的恶性环境污染事件的发生，更引起世界人民对环境的关注。

美国联合碳化物公司将一座农药厂设在印度中央邦的博帕尔市。1984年12月3日凌晨，制杀虫剂的原料、有剧毒的异氰酸甲酯随着储藏温度上升而泄漏，气化后形成蘑菇状毒雾，随风扩散到居民区，不少人在睡梦中中毒而死；到了白天，约15万人赴医院治疗，死亡3 000人，伤残者约20万人，其中5万人双眼失明。大批牲畜也中毒而死，而且水源等还在继续受污染，印度政府要求该公司赔偿30亿美元。

核污染事件、核泄漏事故的频频发生，更加重了世界性的环境危机。且不论核武器的巨大杀伤力对人类的危害，仅核试验一项就给生态环境带来严重的破坏。据统计，1945年—1987年，全球核试验已超过1 500次，仅美国在1945年—1988年就进行了910次，这使大气层中的放射性物质含量大大增加。20世纪七八十年代，由于能源危机，核电站得到迅速发展，到1986年底，全世界已有366座核电站在运行，140座在建设中。核能虽然是一种经济、干净的能源，但随着核电站的迅速发展，也引发了一些环境污染问题。

环境危机还表现在森林破坏、物种减少方面。地球上原有7 600万平方千米森林，到20世纪70年代减少一半，1980年—1995年又失去了180万平方千米的森林，其面积相当于一个墨西哥；而且森林的消失速度正在加快。热带雨林的砍伐、生物环境的改变、空气和水的污染，以及无节制的海洋捕捞和陆地猎获等原因，使地球上的生物物种在持续减少。全球生物物种大约在500万—3000万之间，已被人类认识的约有140万种。长期以来，物种的灭绝速度和形成速度基本相等。但进入20世纪后，每年灭绝一种；到20世纪80年代，每天至少灭绝一个物种，照此下去，过不了几年，很可能每小时就会灭绝一个物种，这将破坏生态平衡，对人类未来有严重的影响。

1997年，世界气候异常，自然灾害频发。暴风雪、飓风、暴雨、洪涝、干旱、高温、酷暑等异常气象袭击五大洲。1997年全球性气候灾害发生的重要原因之一便是厄(è)尔尼诺现象。

由于地球温度上升，自20世纪80年代初以来，厄尔尼诺现象出现得更频繁，持续时间更长，强度也更大。受厄尔尼诺影响的地区不仅包括沿赤道太平洋的热带低纬度地区，还包括地处中纬度的广大地区和高纬度地区。因此厄尔尼诺也将影响到地处中纬度的中国。1997年冬季，中国受其影响，出现暖冬。

人类已经认识到环保问题的严重性，并采取措施来改善环境状况。联合国十分重视环境保护工作，早在1973年就成立了环境规划署，1987年签署了《蒙特利尔保护臭氧层公约》，1992年召开了联合国环发首脑会议。前联合国秘书长安南在1997年6月5日"世界环境日"发表文告，呼吁世界人民更加重视环境保护，将它变成一种生活行为方式。

1997年12月11日在日本京都举行的气候变化的框架条件第三次缔约方会议上，通过了一项关于限制排放使全球气候变暖的气体的议定书《京都议定书》，其中规定：受到限制的气体包括人为排出的二氧化碳、甲烷、一氧化碳、两种氟利昂气体及六氟化硫。

议定书规定对发展中国家不施以新的限制排放指标，发达国家则要从资金和技术上帮助发展中国家实施减少有害气体排放的工程。

各国都十分重视环保问题，但是要做好全球环境的发展与保护工作，必须要求全球各国的共同参与。环保工作中最为重要的是要消除贫困，发达国家应该向第三世界国家提供资金、技术。如果全球环境继续恶化，没有哪个国家能幸免于难，因此各国应该加强合作，共同努力。

历史探微

有人曾说："这里没有硝烟却发生着战争，这里没有枪炮却残杀着生灵。"在人类社会迅速发展，人类欲望不断膨胀的今天，地球母亲已伤痕累累，生态平衡越来越脆弱，环境污染日趋严重……

计算机与网络时代

最初的计算机由约翰·冯·诺伊曼发明,有三间库房那么大。

世界上第一台个人电脑由IBM公司于1981年推出。

1946年,美国生产了第一台全自动电子数字计算机“埃尼阿克”(英文缩写词是ENIAC,即Electronic Numerical Integrator and Calculator,中文意思是电子数字积分器和计算器)。其主要发明人是电气工程师普雷斯波·埃克特和物理学家约翰·莫奇利博士。它占地170平方米,重达30吨,耗电140千瓦时—150千瓦时,是名副其实的“庞然大物”。

从20世纪70年代开始,计算机发展到了一个新阶段。到1976年,由大规模集成电路和超大规模集成电路制成的“克雷一号”,使电脑进入了第四代。超大规模集成电路的发明,使电子计算机不断向着微型化、低功耗、智能化及系统化的方向发展。

20世纪90年代,计算机向“智能”方向发展,制造出与人脑相似的电脑,可以进行思维、学习、记忆,以及网络通信等工作。进入21世纪,电脑更加微型化和专业化,每秒运算速度超过100万次,不但操作简易、价格便宜,而且可以代替人们的部分脑力劳动,甚至在某些方面扩展了人的智能。

历史探微

电子计算机的广泛应用引起了整个人类社会的产业结构、生产过程、工作方式和生活方式的巨大变革。而互联网的出现更是缩短了时空的距离,加快了信息的传递,使全球实现了资源共享。

于是，今天的微型电子计算机就被形象地称作电脑了。可以说在人类科技史上还没有可以与电子计算机的发展速度相提并论的科技产品。

电子计算机的广泛应用，促进了生产自动化、管理现代化、科技手段现代化、国防技术现代化和家庭工业现代化，更推动了情报信息自动化。它的广泛应用引起了整个人类社会的产业结构、生产过程、工作方式和生活方式的巨大变革。人们称其为“一场新的产业革命或工业革命”，也有人称其为“信息革命”。

计算机的出现促进了网络时代的到来。

互联网给全世界带来了非同寻常的机遇。它正在改变着人们的生产方式、工作方式、生活方式和学习方式。首先，网络缩短了时空的距离，大大加快了信息的传递，使得社会的各种资源得以共享。其次，网络创造出了更多的机会，可以有效地提高传统产业的生产效率，有力地拉动消费需求，从而促进经济增长，推动生产力进步。同时，网络也为各个层次的文化交流提供了良好的平台。在越来越多的人加入到互联网、人类生活越来越多地使用互联网的过程中，人们也会不断地从社会、文化的角度对互联网的意义、价值和本质提出新的理解。

图书在版编目（CIP）数据

世界上下五千年 / 崔钟雷主编.—哈尔滨：哈尔滨出版社，2018.1
（课外讲堂：专供版）
ISBN 978-7-5484-3665-2

Ⅰ.①世… Ⅱ.①崔… Ⅲ.①世界史-青少年读物 Ⅳ.①K109

中国版本图书馆CIP数据核字（2017）第225914号

书　　名： 世界上下五千年

作　　者： 崔钟雷　主编
责任编辑： 杨　磊　韩金华
责任审校： 李　战
封面设计： 上尚装帧设计

出版发行： 哈尔滨出版社（Harbin Publishing House）
社　　址： 哈尔滨市松北区世坤路738号9号楼　**邮编：** 150028
经　　销： 全国新华书店
印　　刷： 哈尔滨报达人印务有限公司
网　　址： www.hrbcbs.com　www.mifengniao.com
E-mail： hrbcbs@yeah.net
编辑版权热线：（0451）87900271　87900272
销售热线：（0451）87900202　87900203
邮购热线： 4006900345　（0451）87900345　87900256

开　　本： 880mm × 1230mm　1/32　**印张：** 13　**字数：** 350千字
版　　次： 2018年1月第1版
印　　次： 2018年1月第1次印刷
书　　号： ISBN 978-7-5484-3665-2
定　　价： 32.80元

凡购本社图书发现印装错误，请与本社印制部联系调换。
服务热线：（0451）87900278